全国高等教育自学考试指定教材

秘书学专业（独立本科段）

秘书参谋职能概论

（附：秘书参谋职能概论自学考试大纲）

全国高等教育自学考试指导委员会　组编

主　编　张清明

副主编　方国雄

武汉大学出版社

图书在版编目(CIP)数据

秘书参谋职能概论/全国高等教育自学考试指导委员会组编；张清明主编；方国雄副主编.—武汉：武汉大学出版社,2001.2(2025.4重印)

全国高等教育自学考试指定教材　秘书学专业(独立本科段)

ISBN 978-7-307-03081-7

Ⅰ.秘… Ⅱ.①全… ②张… ③方… Ⅲ.秘书—职能—高等教育—自学考试—教材 Ⅳ.C931.46

中国版本图书馆 CIP 数据核字(2001)第 00543 号

责任编辑:蔡先保　　　责任校对:程小宜　　　版式设计:支　笛

出版发行: **武汉大学出版社**　　(430072　武昌　珞珈山)
　　　　　(电子邮箱: cbs22@ whu.edu.cn　网址: www.wdp.com.cn)

印刷:武汉邮科印务有限公司

开本:880×1230　1/32　印张:13.375　字数:380千字

版次:2001年2月第1版　2025年4月第12次印刷

ISBN 978-7-307-03081-7/C·108　　定价:35.00元

组 编 前 言

当您开始阅读本书时，人类已经迈入了 21 世纪。

这是一个变幻难测的世纪，这是一个催人奋进的时代。科学技术飞速发展，知识更替日新月异。希望、困惑、机遇、挑战，随时随地都有可能出现在每一个社会成员的生活之中。抓住机遇，寻求发展，迎接挑战，适应变化的制胜法宝就是学习——依靠自己学习、终生学习。

作为我国高等教育组成部分的自学考试，其职责就是在高等教育这个水平上倡导自学、鼓励自学、帮助自学、推动自学，为每一个自学者铺就成才之路。组织编写供读者学习的教材就是履行这个职责的重要环节。毫无疑问，这种教材应当适合自学，应当有利于学习者掌握、了解新知识、新信息，有利于学习者增强创新意识、培养实践能力、形成自学能力，也有利于学习者学以致用、解决实际工作中所遇到的问题。具有如此特点的书，我们虽然沿用了"教材"这个概念，但它与那种仅供教师讲、学生听，教师不讲、学生不懂，以"教"为中心的教科书相比，已经在内容安排、形式体例、行文风格等方面大不相同了。希望读者对此有所了解，以便从一开始就树立起依靠自己学习的坚定信念，不断探索适合自己的学习方法，充分利用已有的知识基础和实际工作实验，最大限度地发挥自己的潜能，以达到学习的目标。

欢迎读者提出意见和建议。

祝每一位读者自学成功。

全国高等教育自学考试指导委员会

2000 年 10 月

目　　录

第一章 绪 论

第一节 秘书及秘书工作

一、秘书

1. 秘书的概念

秘书及秘书职能，领导及领导职能，是适应人类社会正常运转和发展的实际需要，相继应运而生的一对依存事体。

在这一对依存事体中，领导职能及领导产生在先，秘书职能及秘书产生在后，后者是直接因应领导有效履行领导职能的实际需要而产生和设置的。

人类社会活动的复杂、多样，决定了社会活动必须分工有序进行。一种比较稳定的社会分工活动，形成一种具有特定运作规律的社会职业或说工作，它们对社会所发挥的特定作用，则体现为相应的社会职能。

社会上，一切规模较大的直接社会劳动或共同劳动，或多或少地需要指挥，以协调个人的活动，并执行生产总体的运动——不同于这一总体的独立器官的运动——所产生的各种一般职能。一个单独的提琴手是自己指挥自己，一个乐队就需要一个乐队指挥。也就是说，社会上凡具有相当规模的群体社会活动，都离不开对群体共同活动的计划、决策及对成员个体的指挥、协调。群体共同活动中这种不可或缺的决策、指挥及其发挥的特定作用，就是所谓领导职能；分工承担和发挥这种职能作用的成员，就是通常所指的领导或领导者，他们可能是领导个体，也可能是领导集团。

按系统论观点，为追求相同目标而有机组合并分工进行共同社会活动的社会群体，就是以人为基元的社会组织系统。通常情况下，各类社会组织系统，如政党组织、行政机关、企事业单位、群众团体，它们都要在领导者之下，按职能分工组合排列成被领导的或单一或叠加的执行层次，形成金字塔式的系统结构和上下沟通、互动的运行机制。而作为一个组织系统的领导者，要统摄指挥整个系统，实行有效目标管理，一般不可能也不必仅凭自身的精力与智力去一手完成。为了有效履行领导职能，领导者自然会产生一系列特定的辅助需要：

一是事务辅助需要。领导者要控制整个系统围绕目标正常运转，在实施领导过程中，尚有大量涉及系统上下左右的具体、繁细的日常事务需要处理，如围绕领导者日常的信息沟通、信访处理、文书工作、会务安排、庶务办理等等。这些实际上属于领导职能工作范畴的、又往往十分繁杂的具体事务，领导者一般难以也不必事事躬亲，而是要委付相应的辅助，以相对超脱具体事务，集中主要精力于宏观的目标管理。

二是政务辅助需要。领导者的政务相对事务而言。政务指领导者基于系统的目标管理，为整个系统健康运转制定计划和决策，并指挥实施与落实，显然，这是领导者的核心任务，是基本的领导职能。而要想保证以决策为核心的政务切实有效，也一般不可能由领导者全程包揽，而是要在领导者的主导之下，尽量争取相应的智力和能力的辅助，即对决策形成包括实施的参谋辅助，以及某些以事务辅助为载体的间接政务辅助。

三是拾遗补阙的辅助需要。领导者在决策管理过程中，在具有大量经常性的事务与政务辅助必需的同时，还存在一种对自身难免的遗漏与缺失进行及时拾补、以利改进的辅助需要，包括为确保自身洁行廉政而增强人格魅力即领导者影响权的辅助需要。这种辅助需要主要针对领导者本身，也称提醒规劝辅助需要。

宏观而言，系统的领导者上述辅助需要，可以从他们下属执行职能层次得到，正职领导还可以从副职那里得到。但是领导者的这种辅助需要，实际上却主要不能从他们那里得到满足，它们的职能主要是在某一具体分工的业务领域相对独立地执行管理任务，对领导者而言，是宏观意义上的辅助；他们与领导者是隶属关系，但却在组织系统层级体制中的一个相对稳定的层次之上，同领导者保持着固定的层级距离。他们对领导者的辅助是与领导者存在相当层距、单一职能任务的执行性辅助，不是领导者所必需的前述辅助，因为这种辅助还具有以下显著特征：

其一，属于领导职能范畴。

领导者所必需的这种辅助，实质上属于领导者的本职任务，是领导者职分之内应该从事的职能活动。只是为了缓解领导者的繁重任务同其精力和智力不足之间的客观矛盾，使领导者从具体事务中解脱出来，集中精力进行以决策为核心的政务管理这一基本职能，才将这些以辅助形态出现的领导活动，委托于相应的辅助力量去承担。受委辅助力量所分担的一应辅助任务，实质上属于领导者本职范畴的组成部分，他们的辅助效应潜隐在领导者的职能效应之中，以领导者的职能作用，构成组织系统整个职能目标管理活动的有机成分；而领导者下属执行层次所分工承担的执行管理任务，显然在宏观上也可视为对领导者的一种辅助，但实质上却是相对独立、直接显形地构成组织系统整体目标活动的一个子系统成分。

其二，围绕领导近身辅助。

承上所述，这种在形式上异于领导活动的辅助职能，实际上是领导职能的有机成分，两者本源的一体性，使得这种辅助职能直接从属于领导职能，呈现为领导职能的一种补充或延伸。因此，领导者对这种辅助的需要，还是切近而直接、随时而及时的。这样，提供这种辅助的力量，当然就得作为领导者的外圈，贴近辅助对象，甚至与之朝夕相处，以便近身围绕领导者，切近而直接、随时而及时地接受辅助需要，提供相应有效的辅助服务。这种辅助力量和系统内执行管理层次虽然都隶属于领导者，属同一层级，但是，他们却近身领导者，作为领导职能的延伸，介于领导者同执行管理层次之间，起着稳定的日常中介作用。领导者是它们作用的出发点和归宿，为其辅助的核心一端，其他被领导者及客观环境，应其辅助领导之需成为其伞张型的作用端。他们就在这两端之间并围绕紧贴领导者经常、稳定地起着中枢性的沟通、协调作用，就如桥梁和纽带。

其三，全方位的综合辅助。

系统领导者统摄全局，面向上下左右，他们的职权与视域所及是全方位的。他们针对全局的指挥管理，贯穿着从个别到一般、从局部到整体的活动规律。这样，领导者所需要的上述辅助，也就必须与之相应，在视域所及、活动指向、功能效应等方面，都带有显著的综合特征。根据辅助领导者的需要，辅助力量的辅助活动，既可指向系统某一分工执行管理领域，也可涉及整个系统各个职能方面，以全方位的综合协调功能满足领导者的辅助需要；既有事务性的日常管理辅助，又有政务性的参谋辅助，领导者事务助手和政务参谋两种功能兼具；既要针对领导者的职能管理发挥辅助作用，有时亦应针对领导者个人与其有效管理密切相关的言行进行拾补劝谏辅助。总之，凡领导者管理视野所及、同领导者有效管理直接相关者，都可能在这种辅助范围之内，显现出"不管"都管的综合性。显然，领导者所需要的这种全局综合的辅助，亦不能从其下属分工执行管理层次得以满足，因为他们的基本职能只是分工分理某方面单一而具体的局部工作，他们对领导者的辅助，一般只集中体现在对单一本职任务的执行之中。

基于上述情况，领导者为了对整个系统实现有效目标管理，必须有近身、综合、随时、直接的有效辅助。这种独特的辅助，不仅难以从其下属分工执行层次获得；相反，从这种辅助实际上是领导职能的有机延伸来看，其下属分工执行管理层次，还常常是这种辅助发挥中介沟通作用的基本对象之一。因此，在管理系统，领导者所需要的这种独特辅助，一般是由称作秘书的系统成员、秘书群体所构成的秘书工作部门来承担提供的。管理系统的秘书部门及秘书人员，也正是为了适应领导者这种特殊辅助需要，而普遍设置和配备的。

这样，我们可以对秘书这一基本概念作如下逻辑界定：秘书是近身从属领导者为之提供事务处理、政务参谋等综合辅助职能的人员。

2. 秘书的群体和类分

凡具备一定规模的管理系统，领导者所需秘书人员都有适应领导活动直接需要的相当数量配置，形成系统内的秘书群体，并以他们为主体构成系统的秘书工作机构或称综合办公部门，即各级党、政机关，企、事业单位，各类群众团体所设的办公厅、室，秘书处、科之类机构。他们虽然同领导者下属各分工执行管理部门一样在同一层级，但是却处于近身围绕领导者、中介沟通于领导者同各分工执行管理部门之间、直接辅助领导者的地位。前述秘书人员对领导者进行事务辅助、政务辅助及提醒规劝辅助等三方面的辅助功能，实际上是由秘书群体所组成的秘书部门的整体职能。秘书部门的整体职能，是由秘书群体中职级层次不同、分工任务不同的秘书人员来具体完成的。也就是说，并不是凡秘书人员都同时、同等地具备秘书部门对领导者的三方面辅助任务，而是有明确分工和一定侧重。这就在相当程度上涉及秘书的分类问题。

按照同一性原则给研究对象进行类分，是深入认识和准确把握客观事体的基本方法之一。针对秘书人员的实际状况，依据不同的同一标准，可以将秘书划分为多种类型。这里，我们从秘书分类的多种标准中，集中从两个角度来给秘书人员进行类分：

第一，按照秘书人员实际承担的辅助职能这一标准，可将秘书划分为事务类秘书和政务类秘书。

综观秘书全部职能，可大体归纳为事务性辅助和政务性辅助两大类，与此相应：

凡其职能范围限定或主要限定在为领导者提供事务性辅助服务的秘书人员，我们归纳为事务类秘书；

凡其职能范围侧重或主要侧重为领导者提供政务性辅助服务的秘书人员，我们归纳为政务类秘书。

这种以秘书人员实际职能范围对秘书分类的标准，同以秘书人员所任职级层次对秘书分类的标准，有较大的重合面。在管理系统内，政务类秘书，一般是担任一定秘书职务、层次较高的负责人，如秘书科长，秘书处长，办公厅、室主任，乃至领导者助理及秘书长等，当然包括副职。他们或者负责组织实施秘书部门以政务辅助

5

为核心的整体辅助职能，或是履行以政务辅助为侧重的辅助任务。事务类秘书，则是在政务类秘书的组织或协调之下，主要各司具体事务辅助，也偶及政务辅助的一般秘书人员。在秘书群体中，他们占大多数，是履行秘书辅助职能的基础力量。

第二，按照秘书辅助对象的社会性质这一标准，可将秘书划分为公务秘书和民务秘书两大类别。

综观我国的所有制构成，大体可归纳为国家全民所有制即公有制和个人所有制即私有制两大基本类型，与此相应：

凡其辅助对象属于全民所有制的秘书人员，一般归纳为公务类秘书，如各级党、政机关，军事系统，工、青、妇类群众团体，国有各类企、事业单位的秘书人员；

凡其辅助对象属于个人所有制的秘书人员，一般归纳为民务类秘书，亦称私务秘书、民间秘书，或非公务秘书，如民营企、事业单位，民间行业，职业个体等所使用的秘书人员。

就我国现行经济体制而言，属于集体所有性质的管理系统，还带有相当程度的公有制成分，是公有制的重要补充，其行政包括人事异动机制近似公有制管理系统，它们属下的秘书人员，一般划为公务秘书之列。

公务秘书与民务秘书的基本差别在于：公务秘书属于国家公职人员，由公务管理系统的人事部门按既定编制、岗位及工资待遇统一聘任、调配并给予工薪待遇。他们同辅助对象之间所存在的，是在不同职位服务于共同公务目标的工作隶属关系；民务秘书不属国家公职人员范围，由辅助对象视个人需要聘用或解聘并付予具有弹性的劳酬。他们同辅助对象之间所存在的，是前者辅助后者取得个人目标效应的一种雇佣从属关系。

虽然如此，但是从秘书近身、综合辅助领导者或辅助对象的基本规律看，公务秘书与民务秘书大体一致；不过，公务秘书的辅助规律更显规范典型。同时，以队伍数量及对国家管理所起的作用看，公务秘书仍然是秘书队伍的主体。因此，我们对秘书及秘书职能活动的探讨，还是基于公务秘书方面而兼及民务秘书。

二、秘书工作

1. 秘书工作内涵

为履行和发挥特定职能及其作用，所从事的各种稳定而经常的活动，就是相应的职能工作。前者是目的，后者是实现目的具体日常形态和过程。

秘书工作，是系统秘书部门及秘书人员在履行和发挥辅助领导者职能及其作用过程中，所从事的各项具体职能活动。他们为领导者履行和发挥事务及政务辅助两大基本职能及其作用所要从事的秘书工作，大体概括为如下几个方面：

庶务办理。包括为保证系统正常运转的机关日常综合事务管理，全局性和跨部门公务、活动的具体组织、安排，涉及系统全局的内、外临时事务（含急务）的处置，领导者其他交办事务、不管事务的办理。

中介沟通。围绕领导者活动，在领导者同被领导者及客观环境之间，对内的上传下达，对外的联络往来，以及一般信访的接待处理。

文书工作。协助领导者形成、处理、管理涉及系统全局的一应公文材料。遵循党和国家机关公文处理条例和办法，规范、指导系统内的文书工作。

信息工作。同系统目标管理相关，为有效辅助领导者活动所需要的各种信息的搜集、处理、贮存，及时适应领导者需要为之提供、反馈准、全信息。

参谋政务。从综合辅助角度为领导者进行科学决策提供有效信息，选择方案，跟踪决策施行反馈实施情况。为领导者进行有效管理、增强影响权而近身咨询建议、主动拾遗补阙、有效进行规劝。

协调督查。协助领导者对系统内跨部门的工作及相互关系进行旨在使各方和谐一致、共赴目标的统一协商、调解。在综合办公部门，对系统各方面执行落实领导决策、处理领导者交办事项进行督促和检查。

上述六个方面秘书工作及所含具体活动，都由秘书部门及秘书人员围绕对领导者发挥事务和政务辅助两大基本职能作用展开。其中有的明显属于事务类秘书工作，主要是从精力方面作为领导者的事务助手给予辅助；有的明显属于政务类秘书工作，主要是从智力方面作为领导者的政务参谋给予辅助。这里，必须明确，在辅助领导者有效管理的同一目标之下，两类秘书工作只有相对分工，没有绝对界限，它们呈相互交叉、相互渗透状态。事务类秘书工作含有政务类秘书工作的成分与作用，政务类秘书工作更是以相应的事务类秘书工作为基础和手段的。从分工角度看，虽然事务类秘书人员必须立足本职，精于做好分内的事务类秘书工作，但也要清楚自己最终还是为领导者政务活动服务的。尽管政务类秘书人员主要是为领导者做好以参谋决策为主的政务类秘书工作，但也必须重视事务类秘书工作，自觉地通过相应的事务类秘书工作来履行自己对领导者的政务辅助职能以及全面辅助服务。

2. 秘书工作属性

作为一种贯穿古今、遍布中外的社会职能活动，秘书工作自有其颇具特色的属性。其较为突出的特性主要有：

政治性。秘书工作的政治性由其辅助对象的政治性所赋予。秘书部门及秘书人员是领导者的直接参谋助手，体现这种职能作用的秘书工作始终围绕领导活动展开，是领导活动的有机补充和延伸。任何时代和国家的社会系统及其领导，几乎无一例外、程度不同地要坚持一定的意识形态和政治观念，要遵循贯彻相应的政治路线、方针、政策。无疑，他们必然要求作为其直接补充和延伸的秘书工作与其一致，保持同一、鲜明的政治色彩。

辅助性。秘书工作职能作用的辅助性与生俱来。秘书工作因领导活动的辅助需要而产生，秘书部门及秘书人员直接隶属围绕并受制于领导者，他们的活动宗旨是直接为所从属的领导者行使领导职能服务，在忠实执行与适应服务主体工作意图和管理需要的前提下，在自觉被动的受制之中，力争主动地做好领导者的参谋助手，发挥襄助领导者、给主导活动以补充和完善的辅助作用。

近身性。秘书工作近身领导活动的特征十分突出，这与秘书部门及秘书人员贴近领导者的近身特性一致。作为领导活动的直接从属辅助成分相对组织系统其他分工执行管理工作，秘书工作同样处于更加贴近领导活动的中介枢纽位置，始终最密切、最灵动地围绕适应领导活动的意向与需要，随时、及时地提供各种辅助服务。在系统整体运动之中，秘书工作可谓领导活动这一核心的首层近身辅助外围。

综合性。秘书工作活动内涵的综合性极为显著。其活动内涵的综合特性，同秘书部门及秘书人员直接从属、全面辅助领导者的特定职能关系一致。同管理系统其他分工执行管理工作活动内涵的专指与单一个性不同，秘书工作必须适应领导者统摄整个系统的辅助需要，思维视野更具全方位性，活动指向更涉及全局，事务辅助与政务辅助兼及互渗，其具体工作紧随领导活动所向而可以涉及系统各方面职能工作以至整个系统。秘书工作的内涵所及呈多元化、泛向化，潜在着无所不及、无所不管的可能，几乎同领导活动的视野重合，显现出突出的综合个性。

秘书工作的属性还有一些，如工作地位的从属性、工作方式的被动性、工作形态的中介性、工作效应的潜隐性，等等。

在秘书工作多种属性之中，为秘书工作所固有、决定其存在与发展、能将其与类属工作清晰划分开来的独具属性即本质属性，当是其近身性、综合性。

一般均将辅助性视为秘书工作的本质属性。但是辅助性是一个较为宽泛的特征，并非秘书工作所独具。对于系统领导者而言，属下其他分工执行的管理工作，何尝不是按既定分工在襄助领导，具有宏观意义上的辅助特性呢。辅助性只是将从属与主导、秘书工作同领导活动划分开来的一柱界桩，对于秘书部门及秘书人员自我定位、正确认识本职作用，恪守职分、恪尽职守，进行有效辅助服务，具有深刻的职业准则意义。可是，辅助性在相当程度上又是秘书工作同其类属工作的一种共性，难以将它们从本质上清晰判别开来。将辅助性认定为秘书工作的本质属性，仍然显得有些笼统。

当我们从辅助性深入，着眼于秘书工作同其类属工作的不同点和秘书工作的独具个性进行剖析，就可看到：

工作内涵及活动方式的综合性与单指性，构成了秘书工作同其类属工作的明显区别之一。相对而言，综合特性更为秘书工作所独具。

同领导活动密切贴近的近身性与存在相对层级间距的层距性，构成秘书工作同其类属工作的又一显著区别。比较而言，近身特征更为秘书工作所独具。

从满足事物本质属性的基本条件出发，考虑秘书工作与领导活动，与其类属工作的特定关系，将秘书工作的本质属性深入地认定为近身、综合辅助性，则可能更切入秘书工作的个性内核。

三、参谋辅助

1. 秘书工作的固有内涵

秘书及秘书工作缘起于领导者有效进行领导活动的近身、综合辅助需要。秘书工作的内涵及作用，也就当然取决于领导者的此种特定的辅助需要。

对领导者近身、综合的参谋辅助，从来都构成秘书工作的基本内涵组成，是秘书部门及相关秘书人员重要的辅助职能任务。因为这种秘书参谋辅助，正是领导者日益自觉的一种客观需要。

如前所述，领导者要面对系统全面、复杂、多变的环境与形势，指挥导引系统达到预期目标，这是一种精力、智力含量极大、繁难程度极高的职能活动。这种巨细繁难交错的领导活动，常情下都不是领导者的精力、智力及能力可以一应加以满足的。即使在小生产时代，领导者也难承受此种重负，难以在此种重负下追求到有效的管理。社会进入大生产时代，尤其是跨进信息社会与知识经济的现代，领导者无论是政治领导、行政领导、业务领导抑或是学术领导，更是日渐尖锐地面临这一客观矛盾。因此，古今中外，领导者们都顺应这种客观情势，虽然程度不一但却是普遍地寻求对自身精力与智能不足的补充和辅佐，首先将本职活动中一部分耗时费力的繁琐事务分移出来，委付给近身的秘书部门及相应秘书人员，让他们在自己的制约之下为自己分担完成，以保证有限的精力集中在更重要的政务管理之上；进而为确保自己以决策为核心的政务管理切实、科学、有效，领导者们还日渐自觉、积极地获取和利用各种智力及能力的辅佐，包括秘书部门及相应秘书人员近身、综合的参谋辅助。

显然，领导者所寻求的上述辅助，包括事务辅助和参谋辅助，都是他们适应客观情势追求有效管理的一种客观的职能需要；就秘书部门及秘书人员而言，对领导者进行事务辅助和针对领导者政务管理的参谋辅助，则是他们适应领导者的辅助必需所固有的本职任务。

2. 政务辅助的基本形态

秘书参谋以领导者政务管理为基本对象，主要通过密集而深入的智能活动给领导者以相应辅助。

领导者的政务，主要指为系统确立目标，制定决策，组织决策施行，协调、控制整个系统达到预计目标。很明显，领导政务特别是制定决策的过程，是领导者必须调动自己智力、能力及主要精力，并在秘书部门及相关秘书人员的辅助之下，才有可能完成好的职能任务。相对领导者为推动系统日常运转而要从事的各种事务活动，政务是他们更为实质的职能任务。

秘书对领导者的参谋辅助，首先，主要是通过自己的智力和能力，参谋领导的决策管理。在决策形成过程中，向领导提供经过综合处理后的充分有用的信息，以及多种选择方案和建议。在决策施行中，辅助领导者跟踪督查、反馈决策的落实情况，必要时还得为领导者进行跟踪决策的参谋辅助。其次，还要通过自己的智力和能力，参谋辅助领导者的其他政务，如受权协调各种关系，牵头完成部门之间的综合性任务，处理领导重要信访，撰拟全局性重要公文包括领导者的部分公文文稿，为领导者的即时要务出谋献策，为维护领导者影响权而进行有效建议、提醒规劝、拾遗补阙，等等。

可以看出，秘书的参谋辅助，主要针对领导者以决策管理为核心的政务管理。秘书对领导者进行政务辅助，主要是通过参谋辅助形态进行。秘书参谋辅助是秘书工作固有职能内涵。

第二节　参谋与秘书参谋

一、泛义参谋

1. 参谋活动实质

（1）参谋概念

何谓参谋？

1979 年版《辞源》对"参谋"有两种注释。前作动词实际上是连动词组注："参与策划。方《三国志·刘放传》：'辽东平定，以参谋之功进爵，封本县。'"后作名词注："官名。天下兵马元帅下有行军参谋，参与军中机密。见《新唐书·百官制》四下。"

我们所谓参谋，首先是指一种行为过程，即上引第一种注释："参与策划。"加以引申，可将参谋理解成，为追求一定目标的主事者或决策者争取最佳目标效果而出谋划策，也就是常说的出主意、提建议。概言之，参谋，是为决策者在抉择过程中提供谋划、建议的一种智力辅助性的社会活动。

作为行为活动的参谋，与"咨询"义近。南宋洪兴祖在《楚辞补注》中，对东汉王逸哀悼屈原的佳句"纷载驱兮高驰，将咨询兮皇羲"进行训释时，写道："皇羲，羲皇也。咨，问。询，谋。"由此看来，咨询也就是一种参谋活动，属于一种应问而谋的被动参谋。因此，通常将参谋咨询相提并论。

其次，我们所谓参谋，也常常使用其名词词义，指称从事智力辅助性参谋咨询活动的主体，即一般所称的参谋者或参谋，如《辞源》所引的"行军参谋"。

作为参谋咨询活动主体的参谋，历史上尤其在现代，又常从不同角度称作"智囊"和"幕僚"。

关于智囊这一称谓，早见于《史记·樗里子甘茂列传》，该文提道："樗里子者……秦人号曰'智囊'。"唐代颜师古在《汉书·晁错传注》中，将"智囊"释为："言其一身所有皆智囊，若囊橐之盛物也。"

12

关于幕僚这一称谓，《辞源》注释："地方军政长官衙署中参谋、书记、顾问之类官佐。宋孙北宪《北梦琐言》三'李太师光颜……爱女未聘，幕僚谓其必选佳婿。'"

由上所述，参谋、智囊、幕僚等人员，他们所从事的都是为决策者出谋划策的辅助性的参谋咨询活动。

参谋活动，古已有之，中外一样。在我国，决策者们早就在利用和发挥近身秘书人员参谋辅助作用的同时，开始自觉地追求更大范围的其他参谋咨询辅佐效应。这种追求，在春秋时期即已兴起，齐桓公就曾"养士"80人，作为参谋咨询辅佐力量。这种"养士"制度到春秋末战国初曾风靡一时，著名的魏文侯、齐宣王、燕昭王以及齐国孟尝君田文、赵国平原君赵胜、魏国信陵君魏无忌、楚国春申君黄歇等，都罗织了大批各类人才，为自己出谋划策、参谋政务。《史记》所载 2300 多年前齐国大将军田忌的门客孙膑为田忌参谋赛马取胜的故事就十分典型："忌数与齐诸公子驰逐重射。孙子见其马足不甚相远，马有上、中、下辈。于是孙子谓忌曰：'君第重射，臣能令君胜。'田忌信然之，与王及诸公子逐射千金。及临质，孙子曰：'令以君之下驷与彼上驷，取君中驷与彼下驷。'既驰三辈毕，而田忌一不胜而再胜，卒得王千金。"意即孙膑分析了田忌初赛失利的原因，为田忌出谋划策：以其下等马对宫中上等马，以上等马对中等马，再以中等马对下等马，最终以2：1取胜。至秦汉以下，决策者们利用近身秘书人员及开发其他智囊、谋士参谋咨询辅助作用的治国管理现象，一直伴随着历史延伸而存在发展。秦之李斯，汉之张良、陈平，三国之诸葛亮，唐之魏徵，元之耶律楚材，明之刘基等，均是著于史册的军事家、政治家，又是著名的参谋智囊人才。明代中晚期，特别是清代，地方官衙主官普遍私聘"幕僚"作为自己的私人秘书参谋佐治，以至于在清代后期形成"无幕不成衙"的局面。

参谋智囊的参谋咨询辅助活动在国外也同样有悠久历史。17世纪 30 年代，瑞典国王古斯诺夫二世在其军中设置临时助手，需要时召唤他们参谋咨询。17 世纪中叶，法国路易十四在军中设置参谋长，为军队首长出谋划策。19 世纪初，普鲁士将军香霍斯特，在军中建立参谋制，利用参谋的智慧辅助统帅进行决策。1928年，美国总统杰克逊任用一批人才，在其周围，对大政方针进行参谋顾问，因这种参谋咨询活动常在白宫厨房进行，还被称为"厨房内阁"。至20世纪90年代，随着社会大生产化，决策管理日益重要、复杂，被称作智囊团、思想库的参谋组织出现并不断发展。现代意义的智囊参谋组织首先出现在英国。1913年英国出现"咨询工程师协会"，为现代参谋咨询组织的雏形。接着，1916年，在美国创建了"布鲁金斯学会"，1919年"胡佛研究所"建立。它们是进行综合性的政策研究、咨询的现代参谋智囊组织的先驱。20世纪40年代，主要在第二次世界大战之后，现代参谋智囊组织则在世界范围内蓬勃发展起来。

由上可见，参谋活动广泛存在于社会各个领域。只要有自觉或不自觉的决断愿望，就可能伴随被动或主动的参谋行为。作为社会成员特别是组织系统的管理者，都可能是决策主体的参谋对象，也都可能成为参与谋划辅助的参谋者，因为任何人特别是管理者、决策者都要临事决策，而且无一例外地要追求主观目标的理想效果。

在社会组织系统的管理领域，参谋活动则集中表现为整个管理活动的一个有机而又有相对特殊性的子系统。参谋，一般指为领导者即决策者实施决策管理而提供信息、建议、方案的一种职能行为。在管理系统，参谋活动是一种伴随领导活动的经常的且日渐重要的辅助职能存在。领导者出于实现有效管理的基本职能追求，本能而自觉地需要和争取参谋活动的补充辅助作用。随着社会的进步，社会领域的拓展，目标管理的日益复杂，决策管理环节越来越成为领导者谋求成功的关键职能。所谓一着不慎、满盘皆输的博弈效应，在公共管理及企业事业管理领域，都日趋显著而尖锐。现代社会的领导者，基于客观现实和主观局限，对参谋辅助愈来愈自觉倚重，促使现代参谋活动更加广泛活跃，其辅助意义日渐显著和深刻。

（2）参谋实质

作为一般意义上的参谋活动即泛义参谋，其实质表现在如下方面：

14

①参谋主体的智能劳动。参谋之本在于谋，离开一定谋划的参与与襄助，不成其为参谋活动。参谋是参谋者应参谋对象辅助之需，为之实现理想目标，提供有参考价值的情报、信息，思考、分析，建议、方案，从而参与谋划的智能活动。

显然，参谋者要有所谋划。参谋活动是一种深层次的智能劳动，是参谋主体适应参谋对象的智能补充及襄助需要，反复、充分发挥自己智能作用的复杂而深刻的创造性思维过程。参谋内容，有时包括参谋的有效程度，是这种创造性思维活动的成果结晶。这也是人们早已特别是现代，将参谋与智囊、思想库相提并论的基本原因。

②密集信息的综合利用。社会活动，几乎不可能绝对地由单方面封闭完成。参谋既然是参与策划，当然以参谋者为主体，但是参谋过程，却是由参谋者即参谋主体同决策者即参谋对象双方密切配合来共同完成的。

参谋活动一般分为两大阶段：一是形成参谋内涵阶段，二是实施参谋阶段。由这两大活动阶段组合而成的参谋过程，都贯穿着对信息的处理和利用，在相当程度上可以说，参谋活动就是相关信息的处理和沟通的过程。

在形成参谋内涵阶段，又大体包含这样几个步骤：首先要接收、把握参谋对象的参谋需求信息，包括参谋对象的有关信息；其次，要针对参谋辅助需求，调用储备信息，定向收集新的信息；再次，是对综合起来的密集信息加以分析、比较、筛选、归纳，针对参谋需求对大量有用信息进行排列组合，进行综合凝聚，形成供参谋对象抉择的包括情况、分析、谋策、办法等参谋内涵的系列信息。

在实施参谋阶段即向参谋对象或书面或口头进行具体参谋咨询，就是向参谋对象提供上述密集、系统的综合信息的过程，也是参谋对象接受、利用这些信息进行决策的重要过程。如果是口头参谋，则还可能是参谋主体同参谋对象之间新一轮以至反复进行的更大量更深入的双向信息沟通。

可见，参谋活动，以信息为基本资源，以信息构织内涵，以信息流通为主要活动形态。离开准确、全面、最新的信息，也就没有有效的参谋活动，信息是参谋之基，参谋活动是收集、处理、开发、利用信息资源的智能劳动过程。

③相对独立的辅助思维。切实有效的决策管理，乃是参谋对象的基本追求，与此相应，切实有效的参谋，是参谋主体的活动准则。参谋对象同参谋主体的需求与满足之间所存在的矛盾，只能在切实有效这一原则上得以统一。

参谋主体要贯彻切实有效这一参谋原则，自然得在参谋过程之中，进行独立思考，保持相对独立于参谋对象主观意志的思维状态。很明显，要切实，就不能拘泥于任何主观意愿；要有效，就更需要相对独立地进行创造性思维运作。

常情之下，参谋主体只是在接收参谋对象的参谋需求，并随即围绕参谋需求着手参谋活动之时，处于被动的受制约状态。而展开参谋进程后，参谋主体则只能遵循切实有效的准则，全面准确地收集处理相关信息，客观深入地进行理性思索，实事求是地谋划建议方案，主动策略地提供参谋意见。总体上说，参谋活动是不应受参谋对象除其参谋需求目标之外的主观因素所左右的。诚然，参谋主体接收并要根据参谋对象的参谋需求启动参谋过程，从这一点看，参谋主体是处于非独立的被动受制之中。但是，将这一启动进程纳入整个参谋活动加以考察，我们也可以认为这是参谋主体在获取展开参谋活动的前提性的客观信息。何况在参谋过程中，参谋主体还可能对参谋对象的参谋需求目标，作出切合实际的调整以至变更，作为参谋内容提供给参谋对象。因此，参谋活动是遵循切实有效规律、相对客观独立的一种智能思维活动。这一特征，在独立运作的同参谋对象无隶属关系的智囊团、思想库之类的参谋组织那里，显得更为突出。

④供作参考的智能辅助。这是就参谋的作用实质而言。参谋是参与策划，而不是参与决策。参谋是参谋主体为参谋对象进行有效决策而为之提供谋划建议。参谋活动的主体是参谋者，接收处理参谋内容而进行决策的主体是参谋对象。参谋与决策，分别是参谋主体和决策主体各自不同的两种职能。

在一项完整的参谋活动中，参谋主体接收参谋对象的参谋需求，据以启动展开具体的谋划进程，向参谋对象反馈谋划结果；参谋对象发出参谋需求信息，通过参谋结果的反馈，接收参谋主体为自己提供的谋划建议，作为最后决策的参考。显然，参谋对象及其参谋需求的存在和提出，是发生相应参谋进程的前提，参谋主体是应参谋对象的决策辅助之需而为之出谋划策的。因此，参谋主体的参谋咨询，只是参谋对象即决策主体进行决策的参考因素，不存在参谋对象一定接受或者全盘采纳的必然性，更不能代替参谋对象最终的决策。

2. 参谋组织类型

参谋，是参谋主体对参谋对象决策活动的智能辅助。随着社会的发展，社会活动领域的扩大，一方面，决策管理作为领导者的基本职能，对其实施有效管理日渐重要，决策正确与否的正面效应与负面后果，均会产生至为关键和极其深刻的影响；另一方面，社会系统领导者的决策活动变得日渐复杂，决策主体在决策中的地位与作用相对减弱，仅由决策者个人靠自己的知识、禀赋、才智拍板决断的传统决策方式早已不合时宜，仅仅依靠封闭、粗略、单方面的传统参谋智囊形态来参谋决策，也远远不能满足进行成功决策的需要。尤其是进入 20 世纪以后，由于人类科学认识的飞跃，科学、经济及社会发展的客观需要，社会环境的空前复杂，人们对决策科学化有了更深刻的认识，对决策科学化的追求逐渐自觉。决策系统和决策过程都发生很大变化，出现了个人决策向群体决策、定性决策向定量决策、单向目标决策向多目标综合决策、决策影响未来扩展、决策功能由决策者向参谋"外脑"延伸的态势。决策与参谋决策，在质和量两方面都发生了变化。显然，进入现代以后，社会组织系统的领导者履行决策基本职能愈来愈需要参谋咨询的辅助作用，而适应这种急速发展的形势与动因需要，开放、深入、综合的参谋咨询辅助以及相应的各种参谋咨询的组织载体，也随之兴起和发展起来。

大致说来，现代参谋组织以它们同参谋对象的社会关系为标准，可以划分为两大基本类型，如下图所示：

```
        现代    独立于参谋对象的参谋组织
        参谋         （社会参谋组织）
        组织    隶属于参谋对象的参谋组织  专设参谋机构
                   （内设参谋机构）      秘书参谋部门
```

（1）独立于参谋对象的参谋组织

这类参谋组织，也可称为社会参谋咨询组织，即通称的思想库、智囊团。这类参谋组织一般集中组合了相当数量的多学科的专门人才，对社会经济、政治、军事及其他社会问题进行专门而广泛的信息搜集和研究，并以掌握和处理了的情报、信息和深入研究的成果包括意见、方案，为定向或不定向的参谋对象，提供有偿的或拥有知识产权的职业性参谋咨询。

这类参谋组织中的一部分，显然会与某些参谋对象如国家机关保持一定的交流，但是，从总体上看，它们同可能的参谋对象之间，却不存在组织上的隶属关系，处于相对独立、自主的运作状态，受政治可行性的局限较少，不受或只是间接接受参谋对象的影响。因此，它们难以具备参谋对象进行决策的政治可行性环境的隐含知识与信息。

这类实际上属于决策科学或软科学研究性质的参谋咨询组织，发轫于现代西方，出现较早的有：英国1913年组成的咨询工程师协会，美国1916年创立的布鲁金斯学会、1919年创建的胡佛研究所等。20世纪40年代，这类现代参谋咨询组织风行兴盛起来，如欧洲德林软件公司，美国的兰德公司、SRI国际研究所、巴特尔研究所、阿瑟·科特尔科技咨询公司，日本的野村综合研究所、日立综合计划研究所、综合研究所、未来工程学研究所、神户都市问题研究所等。其中美国的兰德公司，是第二次世界大战之后至今最有影响、最具代表性的现代参谋咨询组织。

随着我国改革开放以及经济与社会的高速发展，这类思想库、智囊团式的参谋咨询组织也早已出现并在迅速发展。

（2）隶属于参谋对象的参谋机构

这种类型的参谋机构，较多集中在国家公共管理系统，也广泛存在于企业、事业单位。它们的共性在于，都由所在上位管理系统组建，接受系统决策领导者的领导，作为系统的一个组织机构或部门隶属于系统的领导者。领导者是其定向而稳定的参谋咨询对象，适应领导者的辅助需要为之进行决策管理提供参谋咨询服务，是它们的基本职能任务，构成管理系统整个职能的有机的辅助部分。

这类参谋咨询机构，同前一类独立于参谋对象的社会参谋咨询组织相对而言，又称作内设参谋机构。依据它们隶属参谋对象的特点、职能内涵及运作特征，又大体分为两种：

①专设参谋机构。这种隶属于参谋对象的专设参谋机构，通常是由管理系统独立设置的二级职能部门，构成整个系统内的决策咨询子系统，如高、中级党、政机关内设的顾问委员会、参事室、发展研究中心、对策研究室，以及大、中型企业、事业单位内设的决策研究室、各种专门政策及发展研究中心等。它们多由具有与系统职能相应的相当知识、经验、政策水平、调研能力的人员组成，专门围绕系统领导者的战略构想、重大决策、中心工作，或接受指令而被动地，或从本职出发主动地进行专题性的调查研究、分析论证，向领导者提供论证报告、建议方案，以供决策参考。对它们而言，是向自己的领导者履行专门的参谋咨询职能；对领导者而言，它们是自己所专设并倚重的专职参谋咨询机构，在一定意义上也是广纳民意、广开言路以保证科学决策的一条重要渠道。

②秘书参谋部门。秘书参谋部门，同前两种以参谋咨询为社会职业或专门职能的参谋咨询组织、机构相比，显著的区别在于，它们既为领导者办事，又为领导者参谋，集政务参谋和事务助手或说管理事务与参谋政务两大职能于一体，因而又被称作隶属参谋对象的兼职参谋部门。这种秘书参谋组织，就是前述各类社会管理系统普遍设置的办公厅、室，秘书处、科之类的秘书部门或综合办公部门。它们作为领导者的参谋、助手或说"左右手"，辅助领导者的重要职能之一就是我们所要系统、深入研究的基本对象及要阐述的主要内容——秘书参谋职能。

二、秘书参谋

1. 秘书参谋的含义

在说明秘书参谋这一概念之前，我们承上所述，将秘书参谋部门同独立于参谋对象的社会参谋组织及隶属于参谋对象的专设参谋机构，作一番多侧面的深入比较：

（1）职能性质方面的比较

社会参谋组织的参谋职能呈现明显的社会职业性，它们针对整个社会的经济、政治、军事、科技等重要领域，面向社会管理这些活动领域的管理系统进行参谋咨询，发挥促进社会发展的思想库、智囊团作用；专设参谋机构的参谋职能局限在内设专职性范畴，它们由目标职能明确的社会系统内部专门设置，面向系统领导者相对单纯的职能管理，针对其战略目标、重大决策进行参谋咨询，发挥对系统领导者进行决策的参谋顾问辅助作用。同时，这两种参谋组织、机构在这方面却具有共性，即它们都只管对参谋对象进行决策的参谋咨询，不管其他。

秘书参谋部门，由社会管理系统普遍立设，它们紧密围绕本系统领导者的管理目标，针对领导者包括决策在内的各项领导活动，进行参谋咨询服务，发挥多方面的参谋辅助作用。而且，同社会参谋组织与专设参谋机构显著不同，它们在为参谋对象履行参谋职能的同时，还得履行事务辅助职能，兼有政务参谋和事务助手两大辅助任务，其参谋职能具有兼职特点。而且，参谋政务与管理事务两大职能呈现日常交叉渗透状况，两者往往结合进行。即使如参谋辅助，秘书参谋部门也不仅仅是参谋决策，还要参谋辅助决策的施行，进行决策施行状况的反馈，以及进行可能再度循环的跟踪决策的参谋辅助。

（2）参谋内涵方面的比较

由上（1）也可看出，社会参谋组织与专设参谋机构的参谋内涵，相对集中、单纯、专门、深入。前者主要应参谋对象委托，进行专业、学科性很强的专门研究之后，提供深入系统的专题参谋咨询；后者是跟踪或受命于领导者为之进行战略目标、重要决策方面的专题分析论证、顾问咨询的参谋辅助。两者的参谋内涵均有较为明确集中的范围和限度，显得相对单纯而深入。

秘书参谋部门的参谋内涵则要宽泛而综合得多。它们面对的参谋任务，既会是领导者交待而被动完成的，也会是在本职范围内主动履行的；既要直接针对领导决策，也要针对整个目标管理的各个环节；既可以是专业、学科含量较高的课题，也可以是系统内的一般职能管理问题；既可以是战略和重要决策的参谋，也可以是日常工作的咨询；既能参谋辅助领导者的职能管理，也能对领导者个人的遗漏与缺失进行参谋辅助。显然，秘书参谋部门的参谋内涵涉及全面、综合性强，其参谋指向几乎与领导者的职能管理视野相重合。而且，针对同一参谋对象，包括前两种参谋组织、机构所提供的参谋咨询内容，也可能是秘书参谋部门进行综合参谋辅助的内涵对象。

（3）同参谋对象的关系比较

在参谋者同参谋对象的关系方面，三种参谋组织中，社会参谋组织与后两种参谋机构、部门的区别明显：

社会参谋组织与参谋对象不在同一管理系统，不存在组织上的隶属关系。社会参谋组织的参谋活动基本不受参谋对象的政治可行性等主观意愿的约束，它们相对独立、自主地进行调查论证、搜集处理信息，按自己的思维开展智谋，得出结论和方案。它们同参谋对象之间，是一种受委托进行参谋咨询的临时的业务供需关系，参谋活动完成，双方关系即告结束。

专设参谋机构和秘书参谋部门，则同是隶属于参谋对象的内设参谋组织，参谋对象同它们之间存在着稳定隶属的领导与被领导关系。它们都得依据领导者的职能目标及决策辅助需要，随时被动地或主动地完成参谋咨询任务。通过参谋咨询，辅助领导者科学决策，是它们的职能。

但是，与内部专设参谋机构相比，秘书参谋部门同领导者之间的关系，则要密切得多。秘书参谋部门是系统领导者必设的直接、全面辅助自己的综合办公部门，它们紧紧围绕、贴近领导者，中介于领导者同包括专设参谋机构在内的其他业务执行职能部门之间，作为领导者精力与智能的直接补充和延伸，在襄助领导者管理事务的同时，近身发挥综合、中介性的参谋辅助作用。因此，虽然专设参谋机构与秘书参谋部门同处系统领导者的下一层级，然而，它们与领导者的层级间距比秘书参谋部门要大。由此角度考察，它们还是秘书参谋部门履行参谋职能的作用对象。

（4）参谋方式方面的比较

出于上述因素，前两种参谋组织同秘书参谋部门，在参谋方式上亦表现出明显不同。社会参谋组织与专设参谋机构的参谋方式规范、稳定，秘书参谋部门的参谋方式则相对灵活、随机。

社会参谋组织多是应需受委托按约定条件提供研究成果，进行咨询参谋，呈现被动参谋状态，而且基本上是一次性的参谋，并以系统的书面参谋为谋划形态。

专设参谋机构主要是应需遵照指令提供调研论证结果，进行参谋咨询，较多呈现被动参谋状态，而且也基本是一次性的参谋，并多以书面参谋为谋划形态。但由于它们毕竟是内设专职参谋咨询机构，与社会参谋组织相比，从专门职能出发，它们也会进行主动的、多次的书面及口头参谋。

秘书参谋部门不同，它们的参谋方式灵活多样、即时随机。从总体看，它们密切围绕领导者的管理目标、决策管理活动，考虑决策施行的政治可行性，对领导者进行参谋辅助。它们既较多地履行被动参谋任务，在被动之中争取主动创新，也要在没有领导者明确参谋需求的情况下，立足本职，进行主动参谋；它们对同一参谋课题可以进行一次性参谋，也可以进行多次参谋乃至反复劝谏；它们既要以系统的文字材料形态进行书面参谋，也有必要进行各种形式的口头参谋；它们既可以通过书面、口头方式正式参谋，亦可利用贴近领导者的职能优势，随时随地随事地通过言语提醒、形体暗示、背后拾补等方式进行及时、即刻、随机的参谋辅助。在参谋方式方面，秘书参谋灵活多样、即时随机的职能优势十分显著。

从以上深入的比较分析，可以归纳，秘书参谋是普遍存在的具有鲜明个性的一种参谋活动，是秘书部门及相关秘书人员的基本职能之一。具体而言，秘书参谋乃秘书人员近身围绕领导者为其进行有效决策管理而直接、综合、及时提供智能辅助的一种秘书职能活动。

2. 秘书的深层职能

秘书参谋属秘书工作的固有内涵，系秘书人员对领导者进行政务辅助的基本形态。秘书人员是通过参谋活动，为领导者进行决策管理，近身、综合地提供信息，咨询意见，建议方案；以作为领导者开阔视野的信息资源，深入思索的启迪因素，扩大抉择余地的回旋空间，来促进决策进程，增强决策可行度，保证决策有效施行。显然，秘书参谋属于秘书部门及秘书人员更为重要的秘书工作和深层的职能活动。具体而言：

（1）秘书参谋是秘书更深层的任务

秘书参谋的价值，在于针对领导者以决策为核心的政务管理，主要补充延伸和放大完善领导指挥全局的智力及能力，其实际作用渗透潜隐在领导者的政务管理之中，并通过领导者显性的政务管理施于整个系统。显然，作为秘书政务辅助基本形态的秘书参谋，比诸事务辅助，对领导者和整个系统的影响，要显得更深刻，也更重要。

（2）秘书参谋是领导者更需要的辅助

秘书之设，出自领导者有效管理之需。秘书之于领导，既在协理其难以也不必去躬亲处理的具体事务，更在辅助其以决策为核心的宏观政务。领导者制定政策、指挥全局达到管理目标的基本职能，使他们更看重秘书参谋辅助的能力与作用，决定了他们这一实质上的心理倾斜。由此视角出发，领导者对秘书事务辅助的需要，也主要是为了从时间与精力方面取得致力于更本质的决策管理的条件。

（3）秘书参谋需要秘书有更高素养

秘书参谋，主要是围绕领导者的管理目标、决策思想，随时有效地为领导者进行决策管理提供准确全面的信息，即时针对领导者的咨询给予切实明确的回应，应需提出通过周密思索论证而形成的建议与方案，以及进行决策实施中的某些协调和督察辅助，乃至为领导拾遗补阙、提醒劝谏。十分明显，秘书要胜任这一复杂的参谋工作，不具备相当的政治、思想、理论、政策、知识、智力、经验、能力及作风方面的综合素质与修养，那是勉为其难的，极而言之，是难以想象的。

（4）秘书参谋与事务辅助密切关联

秘书参谋辅助与事务辅助构成秘书的两大基本职能，二者相互交叉、渗透。秘书所进行的办文、办事、办会以及日常沟通、接访乃至协调、督察等事务工作，在一定程度上就是在为进行可能的参谋辅助作素材、信息积累与前期准备，成为可能的参谋辅助的重要基础成分。其中一些看似事务的工作，其实就是参谋。比如办文，秘书收发、分送公文，这是事务，但是拟办公文，就较为复杂。对须经领导批办的，有关秘书的拟办意见，就是供领导斟酌处理的参谋建议。至于撰拟领导制文意图并不明确系统的重要公文，与其说是秘书在处理办文事务，倒不如说是在进行参谋，甚至是在领导授权之下代行先期决策。因此，秘书参谋多以事务辅助为基础，要通过事务辅助形式才能有效完成；而有效的参谋辅助，当会带动和促进事务辅助，推动整体秘书工作的发展。

综上所述，秘书参谋既然是秘书人员两大基本职能中智能含量更大、运作更复杂、作用更深刻因而更为重要的一项职能。那么，显然就不会是凡秘书人员都能承担此项业务。秘书群体之中，一般只有部分中、高层次的秘书人员分工侧重履行参谋职能。

一般层次的事务类秘书，主要履行对领导者的事务辅助职能。他们只是在有所思考，有所建议，或领导有所咨询之时，偶做参谋工作。他们应该立足本职，悉心进行事务辅助，并在事务辅助中逐步积累提高，为过渡到重在发挥参谋辅助作用创造条件。他们进行本职事务辅助的水平和效能，是衡量其称职与否的基本标准。

中、高层次的政务类秘书，重在参谋辅助。他们应该恪守本职，在协调所属进行高效事务辅助的同时，注重充分发挥对领导者的参谋辅助作用。他们不能忽略事务辅助工作，更不能囿于事务辅助而疏于参谋辅助职能。其在事务辅助基础上进行参谋辅助的水平和实际效能，是衡量他们称职与否的基本标准。

第三节　秘书参谋与秘书学

一、领导活动的实质辅助需要

1. 决策管理的辅助需要

（1）领导事务与政务

领导者是组织系统起核心作用的主导者、指挥者和组织者，是构成领导活动的领导、被领导、客观环境三大要素中的关键要素。通常而言，领导活动，是指领导者为推动所代表的组织系统达到社会分工的既定管理目标而进行计划、决策、组织、协调、控制的行为过程。

组织系统内某种既定预期目标的抉择及主导目标的达到，也就是决策的制定与组织实施，构成领导活动的基本内涵和主线进程。这种以决策为核心的决策管理，我们称为领导的政务；相对之下，我们将领导者围绕履行政务职能也要进行的大量程序性、日常性或临时性的具体职能活动，如本职的一般信息沟通、内外联系、协调组织、公文处理、督办检查等一应具体工作，称为领导的事务。

基于领导者的目标管理职能，虽然领导的事务活动与政务活动，同属于领导职能活动范畴，均为领导者职分之内的工作，缺一不可。然而，比较而言，领导政务属于领导者导引整个系统实现管理目标的主体领导过程，其运作成效最直接、最深刻地影响整个系统的运行结果，是清醒称职的领导者最为倾心尽力去履行的更为实质的领导职能和领导行为。毛泽东之谓领导者的责任主要是出主意、用干部两件大事，正是这个意思。出主意、用干部就是拿出决策，指挥得力下级去施行、落实决策。

同样基于领导的目标管理职能，比较而言，领导者的事务却比其政务要显得次要一些。因为它们在很大程度上是因应政务管理，围绕政务目标，为更好履行政务而展开的。它们是间接针对领导职能，形成领导政务的外围支撑，通过对政务的支持、补充、完善直接作用于政务，从而间接地对领导者指挥控制系统实现管理目标发挥作用。正是有鉴于此，从古至今的领导者，都是将自己事务中大部分程序性、日常性强的工作委付自己近身的秘书部门及秘书人员来协助处理好的。

所以，领导者的政务比诸事务，是更为重要、更为实质的领导职能活动。凡称职有效的领导者无一不更加注重政务管理，并也善于发挥秘书部门及秘书的辅助作用，殚精竭虑地去履行自己的政务职能。通常所说领导者应避免事务缠身，要集中主要精力抓大事，就是对这一领导规律的简明表达。所谓大事，即指以决策管理为内涵的领导政务。

（2）秘书与领导决策

承上所述，领导者更为实质的政务职能以决策管理为基本内涵，而包括决策及组织、控制决策的施行和落实的决策管理，又以制定决策或说决策为前提和关键环节。因为：

其一，决策正确与否直接关系管理全局的成败。领导决策对系统运行起着前提与关键的作用。首先，决策为系统有意识的行为确立了追求目标，引导系统运行方向；其次，决策为系统的目标行为选择了方案，成为整个系统具体运行的依据和途径；再次，明确的决策目标和优选的行动方案，将是激发与凝聚整个系统活力去努力实现管理目标的主要动力。由此不难看出，领导者的决策，对整个系统实现目标管理至为关键，在一切失误之中，决策的失误是最大的失误，一着不慎，满盘皆输。因此，任何清醒和有效的领导者，都会把以决策为中心的决策管理作为自己的基本职能。

其二，决策是一个复杂而深层的智能劳动过程。决策，并非常言"眉头一皱，计上心来"那么轻而易举。即如小生产时代传统的经验决策，也是建立在领导者拥有丰厚知识、智慧、能力、阅历的基础之上，进行比较、斟酌、选择、决断的复杂思维判断过程。而且，还要针对不同的决策课题和决策背景，分别采用相应的决策方法，如直接判断法，对问题简单、目标明确、方案少者，据经验直接抉择，一眼即可选取最佳方案；淘汰法，对问题较复杂、目标较多、方案亦较多者，先据条件、标准，淘汰一些方案，在缩小了的范围内，选取达到起码的临界水平的方案；排队法，通过综合判

26

断，将备选方案按优劣顺序排队，再选取最佳方案；归类法，备选方案较多且各有优长，先将类似方案归类，从每类中择其优者再横向比较，或者按类比较择其优，再在优类中选取最佳方案。可见，即使是传统的经验决策，领导者若不具备相当的知识、智慧、能力和经验，若不借助秘书人才及其他智谋人物的参谋辅助作用，要想作出成功决策，一般也是难以胜任甚至是难以想象的。

（3）刘备与诸葛亮的启示

我国古代三国之前促成三国鼎立再图统一的著名决策，集中见于诸葛亮的"隆中对"。实际上，这一战略决策是刘备在诸葛亮的参谋辅助之下作出的。这一重大决策包括四大策略谋划：占据荆、益二州，建立根据地，再图西进；东联孙权，北拒曹操，形成三分态势；改革内政，融合西南少数民族，巩固后方，蓄势待发；时机成熟，分兵两路进取中原，匡复汉室。这是一个一度改变历史的传统经验决策案例，其重大意义早已被历史所证实。

①"隆中对"不予断句仅有 294 字，这一高度凝练却内涵巨大的系列战略决策表述，首先表明，它是在对当时的如董卓、曹操、袁绍、孙权、刘璋、刘备等割据群雄，以及当时的军事、经济、政治地理和纷争态势，进行了全面辩证的分析、归纳之后，方得以产生的。

②诸葛亮的胆识、才智不容置疑，而历史上的刘备其实亦是当时的人杰。如果没有他们作为决策者和参谋者对当时纷繁局面的充分了解和对历史走势的准确把握，如果离开他们各自所具备的才识、经验，宏图、胆略及睿智、机谋，这一成功决策势难形成。

③刘备虽为当时的豪杰之一，但戎马多年，却一事无成，几至湮灭。但他却三顾茅庐求取诸葛亮的智谋辅佐，从此峰回路转，展开了三国鼎立的壮阔历史进程。

④纵观三国历史，正是以刘备为代表的刘氏决策集团遵循这一决策，并尊重诸葛亮的参谋辅佐进行决策管理，方取得步步成功。然而，也正是他们违背了这一决策中东联孙权的战略思想，并在丢失荆州尤其是关羽败走麦城遇害之后，作出了错误决策，酿成了火烧连营的夷陵之败，致使全局形势发生根本逆转。

我们虽然不能将诸葛亮纯粹视作秘书人物，但就其与决策者刘备的主从关系及其对刘备进行决策和决策管理所起的参谋辅助作用来考察，也能清晰看出：以决策管理为主要内涵的政务，是领导者的实质性职能。领导者必须在秘书人员的事务辅助之下得以集中精力去加以履行。决策是领导者更重要的政务职能，其正确与否牵系大局成败，这使得他们更为看重秘书及其他智谋人物辅佐其决策管理的参谋辅助作用。即如传统的经验决策时代，领导者要追求成功决策，进行有效管理以成大业，都得在相当程度上高度重视和悉心发挥秘书及其他智谋人员的参谋辅助作用。

2. 现代领导的现实追求

（1）领导决策的显著变化

进入现代，人类社会急速发展。对社会活动起着直接而深刻作用的领导的决策行为，也相应发生着显著的变化，仅仅凭借个人知识、禀赋和才智来进行的传统的经验决策，早已不适应社会发展的需要，经验决策也早已为科学决策所取代。具体说来，这是因为：

决策正确与否，对任何组织系统的发展乃至生存，都显得至关重要。这一趋向在经济组织系统更加明显。随着经济发展，企业规模日益扩大，垄断与竞争程度更高，全球经济一体化趋势强化，国家干预随之加强，环境压力越来越大。企业如何对变化的形势作出灵敏的反应，进行合理决策，也更加成为其成败的关键。

日益复杂的社会，使决策变得更为困难。社会生产力的高速发展，使生产规模不断扩大，社会活动日渐多样，综合性愈来愈强，专业化分工越来越细，单位间的依存关系越来越强，跨部门、跨领域、跨国家问题越来越多。多变的社会现象与加快的社会运行节奏，更令人难以把握。面对这样的社会条件，仅凭经验决策，失误在所难免，适应这种变化的科学决策势必取而代之。

现代科学技术的巨大进步，使适应现代需要的科学决策成为现实。20 世纪 50 年代以来，系统论、控制论、信息论和运筹学，以及计算机科技的形成与飞速进步，心理学、社会心理学、行为科学的深入和拓展，为解决复杂的决策问题，进行定性、定量的分析，提供了科学方法和技术手段。

这样，人们的决策活动必然地由仅靠个人及个人有限的知识、智慧与积累来拍板定案的传统经验决策，迅速地向现代科学决策转变，由个人决策向群体决策、由单纯定性决策向定性和定量决策、由单目标决策向多目标综合决策转变。

同时，由此而带来的另一个必然的变化，就是决策功能由领导者绝对的决策主导，向相对强化的参谋辅助或"外脑"延伸。也就是说现代领导者要真正进行科学决策，必然要更多、更开阔地借助包括秘书在内的参谋智囊人员的参谋咨询作用。

（2）现代领导的现实需要

深入一层考察，可以看到，随着社会的发展变化，立足于现代组织系统的目标管理机制，现代领导者还必须是既重视科学决策也重视决策落实的管理者。因为：

第一，有意识地行动，是人类区别于其他动物的本质特征。意识，在这里可以理解为指导行动的计划和决策。反过来，计划和决策只是为着指导并化作行动才制定的。一打纲领不如一个行动，不付诸实践的决策毫无意义。

第二，既定决策导引功能的动态发挥，即决策后对决策施行与落实的宏观组织和控制，是现代领导者在决策中就予以考虑，在决策后最为重要的领导职能。领导者只有在科学决策之后集中精力履行这一决策后的领导职能，才能指挥整个系统达到管理目标。

第三，制定决策，组织和控制决策的施行与落实，即我们所说的决策管理，才是现代领导者完整意义上的基本职能。对现代领导者而言，科学决策是领导活动的起点和前提，通过组织、控制决策的施行与落实最终实现决策目标，是领导活动的落脚点，是实质目的。

由上所述可以进一步看出：

①现代领导者必须进行科学决策。科学决策，是现代领导者的关键职能。根据科学决策的实际需要，领导者必然更加注重凭借包括秘书在内的参谋智囊人员的参谋咨询作用。

②包括决策和决策实施的组织、控制在内的决策管理，构成现代领导者的基本领导职能。因此，现代领导者要有效履行决策管理

这一基本职能，也必然会全面追求针对整个决策管理的智能性的参谋辅助。

③根据现代参谋组织的类分及功能特点，社会参谋组织和专设参谋机构一般只管参谋咨询决策，不会也没有条件涉及决策的施行与落实。显然，现代领导者所追求的对其有效进行决策管理的全面、综合的参谋辅助，也就自然由对其进行近身、综合辅助的秘书部门及相关秘书人员来提供和满足了。

因此，从理论和实践两方面都可以认定，秘书参谋也是现代领导者实行有效管理的现实追求，更是秘书适应领导辅助需要的更重要的职能。故而，深入研究秘书参谋职能问题，加强秘书的参谋职能，更好发挥秘书的参谋辅助作用，是适应现代领导活动的较为紧迫的现实需要。

二、秘书学科的重大研究课题

1. 秘书参谋研究的历史回溯

理论出自实践又高于实践，从而能指导实践又紧随实践发展的需要而不断拓展深化。

在我国，秘书工作同样是在领导活动出现之后应其辅助之需而应运而生的，并紧随社会进程直接因应其时代领导活动的辅助需要而变化发展，源远流长地贯穿于我国几千年的文明历史之中。

我国近代之前，虽然秘书及秘书工作的称谓指称并未明确，作用地位亦有所差异，但是，作为领导者及领导活动近身、综合的事务助手和政务参谋，它们所发挥的事务与政务辅助两大基本职能作用，却大体没有变化。同时，宏观而言，虽然着重发挥事务辅助作用的事务性秘书及秘书工作，就量的比重来看，比诸着重发挥政务辅助作用的秘书及秘书工作要大；但是，后者对领导者及领导活动所产生的辅助作用及影响，却又显得更加重要和深刻，故而也就更加受到重视。

出于上述情形，我国近代以前就已有不少文献和著述，对我国极其丰富的秘书工作的实践、制度、经验及深厚的活动传统，作过翔实记载和精辟阐述。也就是说，我国古代对秘书及秘书工作这一重要的政治、管理实践，已有相当的梳理概括和理论探索；同时，这些丰富的研究成果，也呈现出一个明显特点，这就是较为侧重于秘书如何通过智谋性的秘书参谋活动去履行参谋职能，发挥对领导者的政务辅助作用。由此亦可看出，从治国理政的实质追求出发，历代主导决策的有效领导者，更加注重秘书人员的参谋辅助作用。对主导决策者发挥参谋辅助作用，从来也都是相应秘书人员的深层的更为重要的辅助职能。

我们可以从我国古代述及秘书及秘书工作的大量文献与著述之中，选出两部有代表性的著作为例，来说明我国古代对秘书及秘书工作的研究状况，以及上述从实践到理论都侧重秘书参谋辅助作用的特点。

一部著作是《册府元龟·幕府部》。

《册府元龟》于公元 1005—1013 年由王钦若、杨亿等 15 人纂修而成，以此前君王及各类臣僚的事迹为素材，按 31 类归为 31 部，分别概述他们为政所具备的学识才智、德行操守、职能准则，以及职责范围和管理制度，是我国古代一部"史鉴"性的、具有体系和理论色彩的大型行政类书。其中的《幕府部》则是主要针对秘书性臣僚及其秘书性工作的，全部概述分为 15 卷：总序、选任、倚任，智识，才学、公正、清廉，谋划一，谋划二，禅赞、规讽，武功，尽忠，辟署一，辟署二，辟署三，辟署四，连累、贪纵、邪谋、遣斥。

首先，该部"总序"称："春秋诸国有军司马尉侯之职，而未有幕府之名。战国之际，始谓将帅所治为幕府。秦分天下为郡，属官有丞，边郡有长史主兵。汉丞相三公开府置掾史司隶，刺史有从事史佐，京尹守相有掾史，曹属皆幕府之职。"看来，幕，初指将帅在外营帐，军旅以帐幕为指挥府署，故谓之幕府，后通称地方军政长官办公治所即衙署为幕府。"幕府之职"即幕职或幕僚，则指主官佐属。"总序"所列丞、长史，从事史以及令史、主簿等主要幕职，均为主官亲近而重要的佐属。如长史，为汉初丞相府的诸史之长，职无不监，"掌署诸曹事"；再如主簿，《文献通考·职官》言："古者官府皆有主簿一官，上自三公及御史府，下至九寺五监以至州郡县皆有之，所职者簿书，盖曹掾之流耳。"或说主簿职掌是直接辅助主官"省录众事"，"匡理政务拾遗补阙"。从秘书及秘书工作近身、综合辅助的本质特征出发，"总序"所列幕职，大体上都可视作秘书性属吏。因此，《册府元龟·幕府部》实是一部集中并系统研究、阐述我国古代秘书及秘书工作的政书。

其次，该著内涵已有明晰的体系构架和较强的理论色彩。卷七一六即"幕府部"首卷属于概述，"总序"阐述幕职缘起及其从汉文帝刘恒二年（前178年）一直到五代后周世宗柴荣显德二年（955年）共1133年间的设置演变状况。序末归纳幕职功能、教训，阐明纂修宗旨："原其参佐将幕，俾赞公府，承刺举之职，分守相之务，而能左右宣力，出入尽规，洁素靡渝亮直，是与建谋议而惟允，集勋伐以居多，竭乃忠诚，膺其倚赖。至于懿文秀茂，明识渊粹，承辟署之美，膺栋求之重。及贪墨自恣，回邪是图，宪法所罹，罪衅连及，并用论次，以儆方来，凡幕府部一十六门。"

首卷的"选任"、"倚任"两门，是按任用方式对幕职所划分的两种类型。选任类，即所谓"征"，指经君王过问而任用的幕职；倚任类，即所谓"辟"，指由公卿大臣直接任用的幕职。

"智识"，"才学"及"公正"、"清廉"四门三卷，集中阐述和例介幕职应具备与恪守的才智素养及行为准则。

"谋划一"、"谋划二"、"禅赞"、"规讽"、"武功"、"尽忠"五门六卷，集中阐述和例介幕职的基本职能。其中"尽忠"一门亦可视做行为准则。

"辟署一、二、三、四"四门四卷，进一步连续例介西汉至五代后唐同光（923年）间504位幕职史迹，反复阐明当时公卿大臣倚任幕僚"参赞于策划、经纶于政务"的盛况，并阐明"含忠履洁之士"受征辟的原则："非志义相期而用舍同趣，又岂肯屈身而苟合。"

末卷连立四门。"贪纵"、"邪谋"两门，与所立"公正"、"清廉"的幕职准则相对，指明幕职的最大职业弊端是贪赃纵私，"谋而不忠"，亦开列多例以作教训警示："前车之覆，可以明徵，谋谟是资，尤所深诫。"而"连累"、"谴斥"两门，则分别以例列

32

阐明当时主官"致祸"、"取亡"而幕职要累及连坐的陈规，以及"禅赞无状，计划靡闻"或"贪纵"、"邪谋"的幕职要被免官的处罚制度。

再次，《册府元龟·幕府部》的内涵，不仅表明它是我国近一千年之前的一部初成体系、资料翔实、颇有理论深度的秘书及秘书工作著作，同时，也清晰表明，秘书参谋辅助，在我国古代就是秘书人员的颇受领导重视的基本职能，因此，也构成该领域研究者更为重视并加以研究的基本对象。

《册府元龟·幕府部》第15卷16门中，设立6卷5门阐介幕职职责，而其中就有4卷3门直接阐介参谋辅助职能，即"谋划一"、"谋划二"，"禅赞"、"规讽"。"谋划"一门分为两卷，足见其地位之重。其开宗即明："仲尼曰：可与立，未可与权。益失揣摩成败之理，裁量用拾之要，终以寡过而有成功之者，为难矣。汉氏而下，公卿牧伯多所聘署，故其从事掾佐……参议正典，经纶戎务，决机制胜，料敌应变，虑必周物，举无遗策。"引文将参谋辅佐的特征、功能及对成功主官的重要辅助作用，讲得十分清楚。

"禅赞"开篇写道："二汉而下，公卿牧伯皆有官属参于幕府……辨刑章之枉，则释其非辜；陈政事之失，则救其不逮……竭虑而纳忠，尽规而补过，用能弥缝其失……仲尼之所谓益友者斯近之矣。"可知"禅赞"即是弥补主官过失，乃参谋辅助政务的重要职能。

"规讽"开篇序言："两汉而下，自将相府寺以至州郡，率有掾属从事，多自辟召以为佐助，其所礼命良在正人。……若乃政或未臧，事有过举，或失仁而趋利，或凭势以纵欲，则必激切忠告，奏记尽规，谕以正道，革其非心。"可见"规讽"即对主官提醒规劝，谏革错误，亦乃秘书参谋的一项重要职责。

上述分析表明，《册府元龟·幕府部》重点在于秘书参谋职能。而且，通观全文，其整个阐述包括大量例列，也基本上是围绕着秘书参谋职能问题而展开的。

我们要简介的另一部著作是《佐治药言》及其续篇《续佐治药言》。

《册府元龟·幕府部》所阐述的我国宋代之前，中央机构及地方长官辟署幕职为自己佐治的制度与传统，一直沿袭至明、清。到明代中晚期，地方官员普遍自行聘用幕僚作为助手直接佐治，至清代中晚期则更为风行。在这种情势下，作为幕职专门知识的幕学自然应运而生，以至出现传授从幕知识的幕学教育。《佐治药言》及其续篇就是由清乾隆年间的"名幕"汪辉祖所著。汪从幕长达34年，先后被16位幕主官员聘作幕僚，积有相当丰富的从幕阅历。该著就是他长期从幕经验的总结和理论思考，成为当时学幕和从幕的重要教科书和参考书之一。用今天的眼光来看，《佐治药言》及其续篇，实际上是我国古代继《册府元龟·幕府部》之后，主要研究秘书及秘书工作实践与理论的又一部专门著作，集中反映了我国古代地方官员所自聘的幕僚性秘书及其活动状况，以及对它们的研究成果。

其一，《佐治药言》及其续篇内涵丰富，亦有自己的体系。该著按一个个独立的问题分则立题而述，前篇40则，续篇26则，共66则。"尽心"、"尽言"、"不合则去"、"得失有数"、"虚心"、"立品"、"素位"、"立心要正"、"自处宜洁"、"俭用"、"范家"等12则，是讲幕僚的职业素质与道德规范。"勤事"、"须示民以信"、"勿轻出告示"、"慎交"、"勿攀援"、"办事勿分畛域"、"勿轻令人习幕"、"须体俗情"、"戒已甚"、"公事不宜迁就"、"勿过受主人情"、"去馆日勿使人有指摘"、"就馆宜慎"以及"须成主人之美"、"处久交更难"、"宾主不可忘形"、"不宜经手银钱"、"勿求全小节"、"勿忘本计"、"仁恕获福"、"忌辣手"、"择主人获益"、"玉成有自"23则，是讲幕僚佐治应注意把握的一些基本原则。其他31则，集中阐述幕僚为主官佐治"刑名"政务须认真对待的一系列关键问题及处理方法，实际上是阐述幕僚的具体职能与方法。

其二，该著精于立论，详于论述，已具有较强的理论性。通观该著66则，每则标题既是一个方面的内容概括，同时也是一个明确的观点，而且进行了有理有据及有逻辑性的阐述。如"立品"一则：所谓立品即幕僚必须要有忠实诚信，重义轻利的品行素质，

"信而后谏，惟友亦然"。为什么要立品？因为"欲主人之用吾言，必须使主人之不疑吾行。为主人忠谋，大要顾名而不计利"。该著进一步说道："凡与主人相依及效用于主人者，率惟利是视，不得遂其所欲，往往易为媒蘖。其势既孤，其间易生，稍不自检，毁谤从之。"结论是："故欲行吾志者，不可不立品。"

其三，该著研究论述的重心仍在于秘书佐治的参谋辅助问题。综观全书，其立论和阐述的基点及论据，主要还是幕僚如何通过有效参谋辅助而佐治。这一点，贯穿在全书近三分之一的论述幕僚素质修养、职业道德、职能原则等基本范畴的骨干论则之中，如"尽心"、"尽言"、"不合则去"、"虚心"、"立品"、"素位"、"立心要正"、"自处宜洁"、"勿攀援"、"办事勿分畛域"、"戒已甚"、"公事不宜迁就"、"勿过受主人情"、"须成主人之美"、"处久交更难"、"宾主不可忘形"、"勿求全小节"、"择主人获益"等则莫不如是。开篇"尽心"一则指明："食人之食而谋之不忠，天岂有以福之？""故佐治以尽心为本。"第二则"尽言"紧接着指出："尽心云者，非徇主人之意而左右之也。""惟幕友居宾师之分，其事之委折既了然于心，复理与相抗，可以剀切陈词，能辨论明确，自有导源迴澜之力。故必尽心之欲言，而后为能尽其心。"这是在正面论述幕僚佐治之本在于忠实参谋尽言以达到尽心辅佐的目的。"读书"一则阐述幕僚应有广博知识素养，其论据是："幕友佐官为治，实与主人有议论参互之任，遇疑难大事，有必须引经以断者，非读书不可。""须成主人之美"一则也引证道："宾之於主，贵相其偏而补之。审於韦弦水火之用，始尽佐治之任。"这是在引用参谋佐治是幕僚重要职能的依据来阐明观点。

既如上述，那又为什么该著在述及幕僚职能时只涉及"刑名"这一任务呢？作者在"自序"中作了解释："吏之职不一，佐吏之事亦不一，州县刑名，其一端也。余以素业於此，故言之独详，他所不及者，因端而扩充之，夫亦视乎其人而已。"

2. 秘书参谋研究的淡化与强化

（1）秘书参谋研究淡化的思考

从以上简要的历史回溯看，《册府元龟·幕府部》和《佐治药言》两部著作，分别较有系统地概括了我国古代前后两大历史时期关于秘书及秘书工作的基本实践与理论探索，用现代学科建设的眼光来衡量，它们应该被认为是我国古代相应历史阶段所产生的两部初创性的秘书学著作。

进入现代，尤其是我国进入改革开放、国家经济与社会开始蓬勃发展的新历史时期，领导及领导活动的管理观念与视野随之变化拓展，基本职能也因现代管理的趋势发生转变，从而对为其提供近身、综合辅助服务的秘书及秘书工作，必然地提出了相应的更高要求。在这种实践呼唤理论与人才的背景之下，我国现代秘书学的研究与教育，于 20 世纪 80 年代初形成热潮，90 年代以来，进一步发展、深化，秘书学开始立于学科之林，显示出旺盛活力，对于推动秘书工作实践，发挥了显著作用。

但是，在我国现代秘书学初创及不长的发展过程中，一度存在一个较为突出而深层的问题，这就是对秘书参谋职能的正面、集中和系统、深入的研究相对滞后。

其一，这段时期秘书学概论类的著作很少对秘书参谋职能进行集中、系统阐述。这类著作虽然提出了秘书的参谋助手的概念，也述及了秘书政务辅助与事务辅助两大基本职能范畴，并从宏观上谈到了秘书履行两大基本职能、发挥参谋助手作用的宗旨、原则，可都是笼统概述。主体内涵都以秘书实务为重心体系构架，着重归纳叙述秘书进行事务辅助的各项事务性秘书工作。而理应着重、深入探讨和论述的秘书参谋职能问题，却没有正面而系统地展开。

其二，90 年代前期，秘书学界虽然开始注意这一问题，部分研究者对秘书参谋职能的地位、作用等课题进行了较为深入的思索和研究，在秘书学界还展开了较为热烈的讨论，产生了一批关于秘书参谋职能的论文。在此基础上，1995 年前后面世的几本秘书学著作也加强了对秘书参谋问题的阐述分量，体现了研究成果。1996年，个别学者还首次推出了这方面的专著，如《商务文秘运筹学》，对秘书参谋职能问题的研究向前推进了一大步。但是，从总体上看，正面、集中、系统、深入研究秘书参谋职能这一秘书学重大范畴的态势尚未形成。此间秘书学科急速拓展的一些分支学科的著作，不仅没有注重阐述此一范畴，不少反而更局限于对秘书进行事务辅助的技能、方法的具体描述，对实践的概括特别是理论的升华，还是同秘书参谋职能在秘书学科所应该占有的地位不相称，难以适应发展中的秘书工作实践的实际的需要。

之所以出现此种情势，可能源于下述因素：

一是政治运作机制对秘书参谋作用认识的制约。理论是对实践的总结升华，我国现代秘书学的初创与一度发展，其实践主体是我国 20 世纪 50 年代至 80 年代的党、政秘书工作。出于其时所有制单一的计划经济体制、相应的政治运作机制，以及相对单纯、封闭的领导活动和时而出现的政治运动，领导者对秘书及秘书工作的职能作用的观念及需要，所强调的在于忠实受制前提下的被动而具体的办文、办事、办会等事务性辅助服务，不在于秘书面向领导政务力争主动地去发挥以参谋决策为主的各种参谋职能作用。而在实际的秘书辅助活动中某些不正常政治状况下所产生的不当的秘书参谋效应，曾一度被作为"秘书专政"来加以谴责和警示。在这种政治背景下，又主要由熟悉秘书工作和有一定理论素养的研究者所进行的秘书及秘书工作的实践总结与理论概括，也就难以越出这一客观的制约了。

二是研究的借鉴不足给研究带来的制约。在秘书学初创和一度发展时期，研究者的研究受到局限，它们难以及时以秘书学的眼光去爬梳和掌握我国古代丰富的秘书工作实践及理论著述，像前述的《册府元龟·幕府部》、《佐治药言》这样一向不被学界注意的古代著述，难以及时纳入研究借鉴视野。其时，先后从境外和国外引入了为数不多的秘书学著述，如《韦氏秘书手册》（美）、《秘书的职责》（英）及我国台湾版的《实用秘书学》、《决策者的守门人》、《怎样做个杰出的女秘书》等，它们的研究对象基本上是企业的秘书工作，未涉及国家公共行政组织的秘书工作。因而，所述秘书工作的职能内涵，也基本上是给经理、老板以日常、例行性的和技能、程序性的事务辅助，极少或没有涉及政务辅助作用的秘书参谋职能。这些可资借鉴的同样未能全面反映外部秘书工作整体面貌的秘书学著作，当然也不会给我们的秘书学研究者以全面切实的参考借鉴，在一定程度上甚至还产生了某些片面的误导。

三是进行正面深入研究的时机未臻成熟。我国现代秘书学的初创与发展阶段前后只有 20 年左右的时间，已经完成了这一阶段所能解决的众多学科建设任务。作为新兴应用学科，要求其摆脱萌生发展时的背景，出世未久便一下子成熟起来，这无异于强要婴幼初离母体不久就跨向而立之年。以下两则资料可以帮助我们反思上述制约因素：

我国台湾学者钟义均在《幕僚作业与管理》（台湾幼狮文化事业公司，1987 年出版）一书中感慨道："引以为奇者，在传统或现代的组织与管理之论著中，除在组织形态分类中，对幕僚一词略有提及外，对幕僚的意义沿革、其功能与直线人员之关系等等，鲜有涉猎，做深入研究者尤属罕见。……组织与管理学者未能洞察此一事实，实为学术界一大憾事。"因此，作者写作了《幕僚作业与管理》这一以秘书辅助政务为主要内容的秘书学专著。而该著 1988 年中引入境内，所见者当不会多。

1998 年 4 月 14 日，路透社发自华盛顿一则电文："美国企业界现有的秘书比 15 年前减少了 70 万名。但是，专家们说，这也许主要同秘书头衔有关，而不是同秘书工作有关。……据最新统计材料，1996 年美国共有 320 万名秘书。与 1983 年的 390 万名秘书相比，这个数字是下降了。……出现这种情况的一个原因可能是词源上的变化。因为'秘书'这个词已经不受欢迎了。……许多做秘书工作的人现在被称为行政助理、经理助理或办公室主任。"

这就是说，在境外国外的秘书学界，同样一度淡化或忽略了对秘书参谋职能的研究；而辅助领导政务的秘书参谋活动，在国内外都同样客观切实地发挥着重要辅助作用；随时推移，秘书参谋职能，日益受到重视，其集中系统的研究也提上日程。

（2）秘书参谋研究强化的思考

回过头来，我们再作深入思考，可以看出，对秘书参谋职能的研究一度被淡化或忽略，对秘书工作实践及秘书学的发展，其影响也是显而易见的。

第一，明显不适应现代领导活动对秘书工作的重点辅助需要。

前面已反复述及，以参谋决策管理为主的秘书参谋职能，是古代亦更是现代领导者更为看重、更加需要的辅助效应。而秘书学研究却把实践归纳与理论探索的重心长期放在秘书事务辅助范畴，显然有悖于现实秘书工作获得切实理论指导的需求，从而使秘书工作实践难以更有效地围绕领导者政务管理的辅助需要去更好发挥参谋作用，秘书工作的实践及理论落后于辅助对象的急迫需要。

有鉴于此，早在1985年，我们党的中央秘书部门在提出秘书部门"三个服务"的指导思想的同时，提出了秘书工作"四个转变"的原则要求，即从侧重办文、办事，转变为既办文办事又出谋划策，从收发传递信息转变为综合处理信息，从单纯凭老经验办事转变为科学化管理，从被动服务转变为力争主动服务。1990年年初，党和国家领导人在"省、自治区、直辖市党委秘书长座谈会"上又特别强调，秘书部门要积极主动地发挥参谋助手作用、督促检查作用、协调综合作用。这一切都是在极有针对性地强调要重视秘书工作的参谋辅助职能和作用，当然，也是对秘书学领域要强化秘书参谋职能研究的一大促进。

第二，不利于克服秘书参谋政务的负面效应。秘书履行参谋职能，实际上是在领导者进行政务管理和秘书人员进行相应政务辅助的密切配合与双向互动之中完成的。在这一往往会产生深远影响的配合互动过程中，双方的素养、观念和动机、作风，都会对秘书的参谋辅助最终对领导的政务管理，产生直接的左右作用。哪一方动机与言行的不当和错误，都可能对双方造成负面影响，以致给整个组织系统带来严重后果。由于秘书与领导的这一特殊关系的处理不当而酿成严重后果的现象，已不胜枚举地沉淀在历史之中，《册府元龟·幕府部·连累》所述幕职与犯事主官连坐的制度及史料，就是我国千年之前为规范这一关系所作努力的一种体现。而今天，在我们现实的行政与管理之中，由于此一关系处理不当而造成负面后果的现象，亦屡有出现，有的案例还极其触目而令人深思。秘书与领导的关系状态，是秘书工作的前提因素，也是秘书学研究的基本课题。而这一关系与效应的因果关联，在秘书参谋领域又显得尤其敏感而尖锐，领导者和秘书在此一范围内最容易出现其后果累及系统全局的严重问题。当然，要解决好这一特殊的矛盾，首要的还是通过教育与管理，保证领导者和秘书都在公、勤、廉、明的原则之下行政和辅助。但是，改变在这方面理论研究的滞后状况，也是一项急迫的任务。因为不进一步正面、系统地研究秘书参谋职能，是难以贴切、深入地研究在秘书参谋活动中起前提作用的秘书与领导关系这一问题的，也就难以从理论上给管理实践以有针对性的指导，因而是不利于克服秘书参谋领导政务和领导发挥秘书辅助作用的过程中所可能产生的负面效应的。

第三，不利于秘书学理论的拓展与深化。正如前述，我国现代秘书学的研究，一度比较集中和侧重的还是在探讨阐述以秘书实务为主的事务辅助职能，对于以参谋决策管理为主的政务辅助职能，虽然逐渐加强了研讨阐述，也产生了一批可贵的成果，但毕竟未能形成与秘书工作实践及发展和领导活动日益侧重的辅助需要相适应的研究局面。这段时期，秘书学研究的另一热点是秘书及秘书工作的基本原理和规律，应该说在这方面所取得的理论进展十分突出，成就显著，对于秘书学迅速地立于科学之林，起了奠基作用，顺应了此门新兴学科初创与发展的规律，在相当程度上推进了秘书工作实践。但是，由于这些基本原理和规律的研究，较多地是立足于秘书较为深层的秘书参谋实践，而秘书参谋职能这一重要学科范畴的正面、集中的研究，又未能系统、深入地展开，这样，宏观上看，秘书学的基本理论对实践的概括与统领就显得对象不够，针对性不强，反过来，自然地就局限了秘书学理论的拓展与深化，使得我国现代秘书学的学科视野不广，体系框架失之单薄，理论纵深不够。于是，也就难免令一些本来就对秘书、秘书工作及秘书学了解不多的人士和方面生出某些误解、偏见乃至责难。小说、影视及报端的秘书少有正面形象；所描写的秘书工作，无非是收发跑腿、抄写传递、出歪点子、胡参乱谋、影随拍马；至于已经有很大发展的秘书学，甚或被一言以蔽：借用拼凑，浅白无学。这种种社会反映，一方面出于缺乏了解和误解，但另一方面也值得秘书学界深思：我们一度没有正面、集中、系统、深入地强化对秘书参谋职能的研究，没有能够切实、全面、科学地反映秘书及秘书工作更为重要和本质的规律性内涵，也应该是产生上述社会反映的重要因素。

综上所述，秘书参谋职能，是当前秘书学得以拓展深化的重大研究课题。强化对这一重要学科领域的研究，是促进秘书学理论趋向完整、深入，提高学术水平和学科地位的切入点，同时也是使理论更紧密结合实践，从而更充分发挥秘书及秘书工作辅助领导及领导活动的参谋助手作用的切入点，是秘书学研究者的紧迫任务。

具体而言，可以从以下方面来强化对秘书参谋职能的研究：

秘书参谋与泛义参谋的同中之异，秘书参谋的界定；

秘书参谋同秘书两大基本职能的关系，秘书参谋对领导活动的意义；

我国秘书参谋的源流，中外秘书参谋职能比较；

秘书发挥参谋辅助作用的职能条件，秘书参谋的特性、功能；

秘书参谋职能的内涵及运作；

秘书参谋中参谋主体与参谋对象的观念、关系规范，秘书参谋的素养要求；

秘书进行有效参谋所应遵循的基本规律、原则；

秘书参谋的具体形态、方法，秘书有效参谋的艺术。

总而言之，从理论与实践相结合的层面之上，立足于已有研究成果，对以上所列关于秘书参谋职能的一系列课题，进行更为集中、系统、深入一些的研究和阐述，力求对我国现代秘书学的拓展、深化有所促进，对秘书工作实践及秘书人才的培养、提高有所裨益，这也正是编著这本《秘书参谋职能概论》的基本任务和目的。

第二章　秘书参谋源流

秘书作为领导者近身的参谋助手，发挥参谋辅助作用是其应尽的职责。辅助决策和发挥拾遗补阙的参谋是秘书重要的工作内容。无论是中国还是外国，各级各类领导者对秘书参谋辅助都十分重视，提出了很高的要求。中外领导者在担任重要职务之后，往往首先要物色忠诚可靠、具有高智能参谋活力的秘书或秘书班子。大凡卓有政绩的领导人身边，都拥有自己的竭心尽智、善于运筹谋划、坦诚直言、精明干练的秘书参谋班子；大凡昏聩无能的领导人都不能有效发挥秘书参谋作用；大凡专制残暴的独裁者，都只容得媚上求荣的奸佞小人，容不得敢于直谏的参谋者。这种现象，足以说明人类管理和领导活动中，秘书的近身、综合参谋具有不可低估的作用。

第一节　中外古代近代秘书性参谋

人类有了集体劳动，就有了管理和领导活动；领导者身边，就有了综合辅助的参谋助手。虽然不同历史时期、不同社会实践状况下领导者身边的秘书性参谋活动的体制和运作方式各有不同，但为领导者辅助决策、参与谋划、拾遗补阙的职能作用却是大体相同的。厘清中外古代近代秘书参谋的源流，可以鉴古助今，对现代秘书参谋活动有着积极的借鉴价值。

一、外国古代近代秘书性参谋活动

1. 外国远古秘书性参谋活动

受社会生产力条件的限制，古代领导者身边的办文办事运筹谋划的人员尚未出现严格的分工，与现代职业化秘书有着很大的差别，因此，古代的办文办事出谋献策者，称之为领导者身边的秘书性人员，其参谋辅助活动，称之为秘书性参谋活动。

在原始社会，部落首领身边就有助理首领，为首领出谋献策，出使其他部落。部落还运用结绳记事手段和锲刻、岩画等记录部落活动，充当参谋助手。专门负责结绳记事，解释历代结绳符号并保存结绳的巫师的活动也带有秘书性参谋辅助的特征。这些都是后世秘书性人员在议政和办文中发挥参谋作用的源头。

公元前 4000 年前后，古代东方原始社会制度开始解体。两河流域、地中海东岸、尼罗河流域、印度河和恒河流域、黄河流域出现了最早的奴隶制国家。如古埃及、古巴比伦、古印度、古中国等，奴隶制国家的国王身边，就有了官吏或巫史秘书性参谋活动。

在古巴比伦汉谟拉比国王身边，就有了草拟法典文书，发挥参谋辅助作用的官吏，著名的《汉谟拉比法典》就是这些秘书性官吏协助国王根据维护奴隶主统治地位需要制定的。在古埃及，公元前 1735—1358 年，法老阿蒙霍捷普四世就建立了文书档案库，草拟和处理这些文书档案的秘书性官吏就发挥了重要的参谋辅助作用。从古埃及、古巴比伦、古印度已经发掘出的国王纪年文书、经济文书、军事和外交文书、法典文书、科技文化文书的内容中，均可看出秘书性参谋辅助的内容和作用。

公元前 16 世纪，古希腊奴隶制国家形成，随后有了题铭文书、神庙文书、王国文书，分别建立了保管各类文书的神庙。保管和使用这些文书档案的祭司通过利用文书档案发出预言，发挥参谋辅助作用。古罗马贵族将历代积累下来的文书档案汇集成《预言书》，视为神物，指定专人保管和查阅。当瘟疫、灾难、战争发生时，负责查阅《预言书》的专职人员根据《预言书》提出对策，对执政者发挥参谋辅助作用。这类专职人员称为司书或祭司，他们在办文辅政中有着重要的参谋辅助作用，对古罗马有着极大的影响。

古罗马的贵族神庙文书档案是宗教祭司发挥参谋作用的重要依据；平民神庙文书档案是平民活动领导者身边的祭司秘书性人员发挥参谋辅助作用的依据；统一国家的文书档案是平民与贵族联合成

自由公民后，司书秘书性人员发挥参谋辅助作用的重要参考文献；皇帝文书档案是古罗马进入帝国时代后，秘书性官吏对专制皇帝提供参谋辅助的知识智能宝库。

2. 西方封建社会秘书性参谋活动

欧洲于公元 5 世纪至 10 世纪，不少国家实行封建君主制。在封建领主庄园中，出现了管家秘书性参谋辅助。他们协助封建领主管理庄园内部事务，草拟保管特许证书、契约文书档案，发挥参谋作用。在封建教会活动中，也有十分活跃的教会秘书性参谋活动。教皇设有教皇办公机构，利用教皇文书档案发挥参谋辅助作用；修道院有神职人员充当的秘书性参谋助手，协助修道院院长处理教务，并对教会参与世俗社会政治、经济、科技、文化领域的活动，发挥参谋作用。封建国王身边，设有草拟王命、参议政务的官吏，从事秘书性参谋活动。

公元 11 世纪至 15 世纪，西欧以农业为主体的经济得到发展，手工业和商业也比较繁荣。随着工商业城市的兴起，城市市政管理当局、城市手工业行会、商人公会等管理组织中就有草拟契约文书、处理日常事务、保管各类特许状及特权证书、发挥参谋助手作用的秘书性活动，对各类管理者发挥重要的参谋辅助作用。

西欧从 13 世纪上半叶开始出现宗教裁判所。它是教会与世俗政权结合，对异己教派和异端分子进行压制、迫害，专司侦审的机构。宗教裁判所的侦审活动中，僧侣裁判官身边就有一定数额的秘书性人员，在调查访问控告人、见证人，作供词记录，整理被告人的材料，草拟宣判书，操办惩罚异端分子的宗教仪式等事务中，发挥重要的参谋辅助活动。1086 年英国国王开始对全英的土地、劳动力、财产状况等进行了全面调查登记。从事调查的秘书性人员通过调查结果对强化王权起到重要参谋作用。

公元 16 世纪至 17 世纪，西欧资本主义开始萌芽和发展。一些国家以专制君主为核心的王室机关，逐渐发展成为国家机关。国家机关设立后，机关内就设置了综合辅助的秘书性机构。如英国内阁就设置了办公厅，负责安排内阁议事日程，在内阁与各部之间进行沟通，协助首相筹备内阁会议和准备文件材料等，发挥重要参谋辅助作用。英国议会活动中也有秘书机构，它通过操办议会议案，按法定程序在"三读"过程中做好服务等工作，发挥参谋辅助作用。

在英国、荷兰、葡萄牙、西班牙、法国等西方国家殖民扩张活动中，都设立了专门机构管理殖民扩张事务，在海外殖民地也分别设立了办事机构。这些机构中，都有大量操办会议事务、会谈、会见、签约，办理和保管各种许可证、特许证书，撰拟和处理文件，保管和使用文件档案的秘书性工作，设置了办公厅。如英国的东印度公司和其他海外贸易公司、荷兰的东印度公司和西印度公司设立了办公机构处理十分繁杂的秘书性事务；葡萄牙驻印度的总督府、西班牙的印度事务部，都有大量办文、办事、办会的秘书工作。这些殖民机构里的秘书工作，留下了大量殖民活动文书档案。这些文书档案分存在欧洲各国的殖民文书档案馆内。如西班牙设立的印度总档案馆内，就保存有西班牙对中美洲殖民扩张的全部文件。英国的东印度公司档案馆及荷兰、法国的殖民档案馆内，均收藏有大量的殖民文件。这些殖民文件内容十分广泛，有城市行会组织的有关文献，银行业务方面的有关文献，文化卫生方面的有关文献，特别是在政治、经济、军事、外交等方面实施殖民统治的文件更为丰富。这些文献，既有殖民入侵及掠夺活动的历史记录，又有实施殖民统治和掠夺必须参考的有关资料；既有获取殖民特权的凭证，又有行使殖民特权、镇压殖民地人民反抗的记载。这些文件档案都经秘书性人员的草拟、处理、保管和使用，成为研究殖民主义者的罪恶历史、殖民地人民反抗史，以及资本主义经济发展史的重要史料。在草拟、使用这些文件档案的过程中，殖民管理机构的秘书性人员发挥了参谋辅助作用。

3. 西方近代政权机构秘书参谋活动

随着社会生产力的发展，秘书工作在西方国家得到了前所未有的发展。在国家管理系统内，秘书机构已成为议会、政府不可缺少的综合性事务辅助和参谋辅助部门。不管是中央政权还是地方各级政权，秘书机构都处于领导机关的中枢位置，充当各级首脑的重要参谋助手。各国首脑身边，都配备了高智能的秘书班子和专职秘书。在英国，资产阶级革命后，内阁和议会的下院、上院（贵族院）都设立了自己的秘书机构。19 世纪 60 年代初，英国为了发挥文件档案的作用，要求秘书人员将办理完毕的公文，特别是有查考价值的重要文件，由国家档案馆集中保存和管理。当时不少国家机关借口怕泄密而拒绝移交，后来在政府的干涉下，国家机关的现行公文才有条件地部分集中到国家档案馆。但当时持有很大权力的贵族院，在秘书工作方面也有较大独立性，拒绝将文件档案交给国家档案馆，而保管在自己的办公厅内。英国当时如此重视文件档案，其中一个重要的原因就是，各机关的秘书人员都十分重视依靠文件档案，为其领导者提供决策依据，发挥重要的参谋辅助作用。1789年 7 月 14 日法国大革命胜利后，资产阶级取得了政权，各级政权机构都配备了强有力的秘书班子。在吉伦特派执政时期，秘书班子在草拟没收教会土地出租或出售给农民的法令、严厉打击顽固教士和贵族的法令文件过程中，起到了重要的参谋辅助作用。在雅各宾派专政时期，其秘书班子在草拟法国第一部共和制的民主宪法，起草严禁囤积生活必需品的法令等工作中，发挥了重要的参谋辅助作用。当时国民会议讨论会议组织条例时，对秘书工作职责作出了具体的规定，如决定成立国民会议文件档案馆，并由议长、会议秘书、馆长分掌三把钥匙，定期向全体公民开放供查阅文件档案。这就使文件档案能够得到更为广泛的利用。秘书人员借助丰富的文件档案也就能够更为有效地发挥参谋辅助作用。

4. 西方近代企业秘书参谋活动

随着大机器工业的发展，近代企业规模迅速扩大，经营管理日趋复杂。企业主管除了需要生产、经营、财务、人事等方面的专门人才辅佐外，还迫切需要身边的秘书提供综合性事务辅助和参谋辅助。这样在大、中型企业的企业主管身边，也就配备了秘书班子充当参谋助手；小企业一般也配备了秘书。秘书班子和秘书人员在收集、处理企业生产经营信息、综合协调各方面的关系、接待往来客户等方面发挥重要的参谋助手作用。特别在签订各种协议、合同，进行会谈协商中，往往充当运筹谋划的智囊。与封建社会手工工场和手工作坊的秘书性工作相比，近代企业秘书工作有了时代性发展。其具体体现：一是职业化分工更为明确。手工工场和手工作坊的秘书性工作一般带有管家或账房先生的某些特征，往往兼管生产、生活事务或财务会计事务，其参谋辅助的内容主要在内部事务方面、监督控制内部员工方面；近代企业秘书与生产管理及生活事务管理人员已有了明确的分工，其参谋辅助的内容，既体现在内部综合管理的运筹谋划方面，又体现在企业经营交往和与外部竞争的出谋献策方面。二是秘书与企业主管的关系有了变化。封建社会手工工场和手工作坊的秘书性人员，往往与其企业主管存在一定程度的人身依附关系或主仆关系。近代企业中的秘书与企业主管虽是雇佣关系，但秘书享有资产阶级政权宪法范围内的人身自由，能够自主谋职，在参谋建议方面，思想也更为活跃，一定程度上能表达自己的观点和主张，对中世纪封建教会的思想禁锢也有所突破。企业主管也能从企业利益出发，比较务实地对待秘书的参谋建议。若秘书的意见或建议不被企业主管采纳，一般也不会受到严厉惩罚，若秘书与企业主管的观点和看法不同或对立，最多不过是解雇秘书或秘书辞职另谋出路。三是秘书工作的水平有了前所未有的提高。封建时代手工工场和手工作坊的秘书性工作往往是被动听命办事，带有极大的随意性。近代企业开始实行科学管理，企业经营管理的理论、观点和方法也自然引进到企业秘书工作中。如公文处理中就开始引入程序化运作方式，特别在草拟协议、合同，拟定经营管理策略的参谋活动中，秘书人员往往要运用科学管理的理论和方法，为企业经营管理献计献策，而不是像中世纪手工工场的秘书性人员仅凭领导者的好恶或个人经验出谋献策。这一变化，强化了西方近代企业秘书的参谋职能，使企业秘书的参谋地位也得到提高。

二、中国古代近代秘书性参谋活动

1. 我国远古秘书性参谋活动

从黄帝到尧舜时期，我国上古原始部落联盟已有了很大的发展。部落首领身边的辅助者的人数也有所增加，并出现大体上的分工。据先秦及秦汉的有关史料记载，尧舜上世已有五官之设，尧舜时公务管理事务已较多。尧时设立的重要助手有管理民政的司徒，管理军务的司马，管理经济的司空，管理农业的后稷，管理教育的乐正，管理宗教事务的秩宗，管理司法的士师，管理工务的共工，管理森林渔牧的虞官等。舜时部落联盟得到进一步发展，已形成以舜为首领的领导群体。舜身边的辅助者更多，特别有了由龙担任的纳言，负责出纳首领的命令，了解民情，在听下言纳于上，受上言宣于下中发挥重要的参谋辅助作用。

在我国原始社会还出现了记言记行的史官活动。黄帝时就有了仓颉、沮诵、孙甲等。仓颉、沮诵负责黄帝的言行记录，孙甲为黄帝作法戒之辞。他们均在黄帝身边记录和草拟法令的文字工作中发挥重要的参谋辅助作用。

占卜预测吉凶巫祝，对部落首领也能发挥重要的参谋辅助作用。部落首领和部落联盟首领每当决定一项部落行动之前，均要根据巫祝的占卜而后定。巫祝用蓍草、龟甲、兽骨作占卜工具，预测吉凶，并记录占卜时间、事由、吉凶预测及应验情况，在首领决策中起到重要的参谋咨询作用。

我国原始社会的纳言、史官、巫祝等均是部落首领和部落联盟首领身边的重要参谋辅助者，均在不同侧面具有现代秘书参谋辅助的某些性质。

我国约在公元前 21 世纪，就从原始社会进入奴隶社会。夏、商及西周三个王朝，均是奴隶制政权。

夏是我国最早的奴隶制王朝。夏王身边的巫、史、遒人、秩宗等均是秘书性人员。他们在国王与鬼神之间沟通，"解释天意"，在占卜、祭祀等活动中对国王发挥重要的参谋辅助作用。

商王朝的秘书性工作在夏王朝的基础上有所发展，国王身边的辅助者更多，其中秘书性参谋辅助活动的作用尤为突出。如太史在草拟商王命令、文告中，全面发挥参谋作用；太卜掌管占卜并记录占卜情况，为商王决策提供"天意"解释和吉凶预测；占卜史官能观天象，熟悉旧典，以龟甲占卜，是商王身边的高级参谋助手；祭祀史官负责筹办祭祀仪式，在制定程序、安排牺牲祭品、提出参加人员、安排座次中出谋献策并具体负责操办，发挥参谋辅助作用；作册史官在负责制作、保管、宣达册命文书中发挥参谋辅助作用；记录史官在记录商王言行中发挥参谋作用。商王朝以巫史为主体的秘书性参谋活动已有了分工，发挥参谋作用的领域也更为广阔。

西周王朝的社会经济、文化、教育较前朝均有所发展。秘书性人员的参谋作用也得到进一步增强。具体表现在：一是西周王朝已由商王朝的"重神事"转向"重人事"，秘书性参谋活动主要由地位上升的史官担任，巫的地位降低，仅作祭祀活动。史官主要通过草拟王命、议谏政事、建立和掌管邦国法典、教育贵族子弟等，发挥重要的参谋作用。宗教观念影响力的降低，是西周王朝秘书性参谋的一大进步。二是秘书性参谋的规模进一步扩大。西周王朝史官秘书性人员已有千人之多，此外还有宰夫、司会、司书、府、司盟、司仪、大行人、小行人、司约等，分别在各类秘书性工作岗位上发挥参谋辅助作用。三是西周专设了"天府"收藏保管国家公务文书档案，使秘书性人员在参谋活动中便于以文书档案作为依据和参考文献。四是西周已形成了采风调查制度，派秘书性官吏深入民间以观政，考察民情，了解礼仪法度实施情况。秘书性人员通过采风调查，协助君主调整国策，发挥重要的参谋作用。采风调查发挥参谋辅助作用，是原始联盟时期"纳言"活动的继承和发展，它对后世秘书性官吏的参谋活动及历代王朝的政务管理，都有重要的影响。采风调查制度被后世历代继承，说明了解社情民意对维护政权巩固和社会稳定的重要性，也说明了秘书性人员要发挥参谋辅助作用，必须注重调查，必须深入社会，了解实际，才能提出有参考价值的对策建议。

2. 我国封建社会秘书性参谋活动

我国的封建宗法行政已在春秋战国时期取代奴隶神权行政，进入封建社会。秦汉王朝时封建集权行政确立，尽管我国封建社会中有过几次合久必分、分久必合的历史波动，但多民族的中华大地在历史的波动中融合成一个整体。自秦汉至明清王朝的二千多年基本采取的是封建集权体制，即使在并存多个封建朝廷的封建割据时期，各封建政权也基本上采用的是集权体制。

我国封建社会比西方国家的跨越的年代要漫长得多，而且其间既有封建宗法行政时期，又有封建集权行政时期；既有分裂割据，又有统一王朝；既有比较开明的稳定时期，又有黑暗的动乱时期，还有不同的变革时期。但无论怎样变化，秘书性参谋辅助始终是各封建政权布政施政，维护其统治的重要手段，在社会管理中发挥着特殊的作用。

（1）春秋战国时代的游士秘书性参谋

春秋战国时期，社会生产力有了长足发展。社会出现了由奴隶占有制向宗法封建制的社会变革。一批非农非工非商的民间新兴地主阶级知识分子走上政治舞台。他们积极研究政治、军事、经济等治国兴邦之策，游说诸侯，寻觅施展抱负、建功立业、出人头地的机会。他们在未能重用时，以宣传自己的政见，向诸侯献计献策的参谋活动，作为谋求晋升机会的主要手段；一旦得到诸侯的赏识重用，则朝为布衣暮为将相，成为协助诸侯变法图强、兴国争霸的重要参谋助手。他们择主而事，与诸侯君主双向选择，合则留，不合则去，寻求其有效发挥参谋作用的用武之地。他们各有其治国方略、政治见解和理论体系，相互争鸣，以求其政见在社会上起到主导作用。由此，游士秘书人员的参谋活动十分活跃，提出过许多深刻的具有创新意义的见解。有兴邦图强之志的诸侯重用了有治国良策的游士参谋，并采纳和推行其主张，其诸侯国就能迅速地兴盛强大起来；若强大后又背离正确的治国方略，排挤曾发挥过重大作用的游士参谋而重用奸佞小人，则诸侯国很快就会出现危机，衰弱下去。春秋战国时诸侯国的兴衰史，往往与游士秘书性参谋得意失意的命运联系在一起。这就可以看出，当时最高决策者身边的秘书性参谋活动，对政局兴衰已具有举足轻重的作用；而决定最高决策者身边的秘书参谋能否充分发挥作用的因素，一是决策者是否能正确选用和充分信赖、支持高素质的秘书参谋人员，二是秘书参谋人员是否具有正确发挥参谋作用的综合素质。

（2）封建集权、开明时期的秘书性参谋

我国从秦汉到明清都属于封建君主专制的政治体制，国家管理采用中央集权，权力集中在封建君主手中。"朕即国家"，君主拥有最高的、不可侵犯的、绝对的统治权，包括身边的秘书性官吏在内的一切官员，都是君主的臣仆，不得违背封建君主的意志和损害君主的利益。

封建集权时代的秘书性参谋活动出现以下变化：一是出现了规模较大的出纳诏令奏折、参议国政、起咨询参谋作用的秘书性机构；二是与奴隶制国家的巫史秘书性参谋活动相比，参谋活动的范围更为广泛，内容更为具体；三是与春秋战国时期的游士秘书性参谋活动相比，流动性游说参谋活动和双向选择，转变成为由君主选择而构成的辅佐政务的秘书性参谋班子，各派别争鸣的活跃局面转变为罢黜百家，独尊儒术的封建正统主导。古代国家秘书性参谋活动的演变过程，侧面地反映了我国古代政治制度、占统治地位的思想体系的发展和变化。

在我国古代数千年的漫长的封建社会中，秘书性官吏的参谋活动随最高统治者的执政观念和所处社会环境的不同，出现了几种不同的状况。

在封建社会的上升时期，最高统治者比较开明。如汉、唐王朝，新兴地主阶级知识分子在政治舞台上十分活跃，积极进取，踊跃参政，以图建功立业。如张良、陈平、萧何、魏徵、马周等出身贫贱的下层知识分子，在汉、唐政坛都曾有所作为，发挥过重要作用。刘邦、李世民等开明君主能够选贤任能、唯才是举，并能容言纳谏，这是当时能出现政权巩固、国力强盛的一个重要原因。

封建社会开明时期秘书性官吏卓有成效的参谋活动给后世留下很多有益的启示。从决策方面而言，一是最高统治集团把招纳高智能近身秘书性官吏作为巩固和发展事业的重要措施，把虚心采纳秘书性官吏的正确意见和建议，作为有效治国理政的关键环节，于是取得了辉煌的政绩。二是广开才路，不拘一格地选择高级秘书性官吏充当近身参谋。如水工出身的徐伯、畜牧业主出身的卜式均被汉武帝重用，并发挥了重要作用。三是统治者为了维护其政权，广开言路，严于自责。如李世民虚心听取魏徵、张云素等的批评意见，不是为了装点门面，而是为了从中吸取营养，使自己少犯错误。他以人为鉴，在受到张云素的严厉批评后，不仅不怪罪，而且自责。可见，只有决策者有容言纳谏的宽阔胸怀，近身秘书性官吏提出参谋意见时才能直言上谏，无所顾忌，不怕打击报复。四是对近身人员重用发挥其才干的同时，还注意约束和控制，防止近身人员的行为失范。如刘邦对张良、萧何、韩信等人，在重用的同时进行了约束，体现了高超的驾驭人才的领导艺术。

从秘书性官吏方面而言，这一时期的秘书性官吏一是大多有强烈的责任感，敢于直言上谏；二是都历经磨难，有丰富的经验，富有学识，对历史和现实有深刻的认识，能够提出极有价值的政见；三是都能体察民情，了解民意，提出的参谋建议都具有一定的民本思想；四是这一时期高级秘书性官吏构成的智囊班子，大多有多元智能结构，由各有专长的人员构成，能够有效地发挥参谋作用。

由于有决策者和参谋者两方面的有利条件，开明时期参谋活动沟通顺畅，干扰较少，发挥的社会作用十分显著。

（3）封建集权变革时期的秘书性参谋

在我国古代历史进程中，每当社会变革时期，总有一些思想活跃，锐意进取的秘书性官吏，利用处于封建君主身边的近身优势，积极提出变法图强的建议，在得到君主的采纳和支持后，千方百计地推行新法。无论是商鞅、李斯、王安石、张居正，还是康有为、梁启超等，都曾经在君主身边参与机务，参议朝政，针对时弊，提出整顿朝纲、富国强兵的主张。他们的参谋建议，都曾对当时的社会实践产生了程度不同的影响。商鞅、李斯提出的政见被采纳后，秦国由弱变强，完成了统一六国的大业；王安石、张居正的政见实施之后，也产生了一定的社会影响；就连康、梁等人推动的戊戌变法，虽然短命夭折，但也对世人提供了历史教训，有着重要的认识作用。

封建变革时代的秘书性官吏的参谋活动有以下特点：一是时代环境的复杂性。代表旧时代的政治势力和传统观念十分顽固，不肯自动离开历史舞台；新兴的政治势力和新的观念以极大的活力向各传统领域提出挑战，发起冲击。二是参谋活动在尖锐的政治斗争中进行。各种治国政见往往在大争辩、大论战中争取获得主导地位，在政治力量的角逐和论战中占据优势，而被采纳、实施。一旦政治力量对比发生变化，整个政局就会逆转，提出和推行新政的秘书性参谋者和其他重臣，就会在政治上失意以致遭到残酷迫害。三是提

52

出参谋建议的秘书性官吏与采纳推行其参谋方案的决策者结成相互依存的关系。两者相互依赖、荣辱与共。一旦执政君主失去了其执掌的权力，其周围的秘书性官吏不仅失去了其发挥作用的舞台，而且要惨遭迫害。四是秘书性官吏在其参谋活动及辅助政务的实践活动中往往发生分化和蜕变。在参与变法维新者中，忧国忧民之士有之，钻营投机者有之，赶潮流盲从者也有之。一旦形势变化，就可能发生分化或蜕变。如王安石变法后，蔡京等人一度从高喊变法图新的慷慨之士，迅速蜕变为腐败贪婪的奸佞之臣。这种分化和蜕变，正反映了历史发展的曲折性和复杂性。

封建变革时代秘书性官吏的参谋活动给人留下深刻的启示：一是时代变革实践中，决策者要想有所作为，必须在自己身边拥有一批有远见卓识的参谋者；二是变革中的参谋者与决策者一起，要接受严峻的考验，既要接受与对立面斗争的考验，又要经受来自自身的意志衰退和腐败的考验；三是主张进行社会变革的决策者和参谋者要想其事业取得成功，必须在推进社会变革的过程中不断地完善自己并使社会变革给人民带来实惠，才能被人民群众所接受和拥护，其变革成果才能得到巩固，事业才能得到发展。

（4）封建王朝没落时期的秘书性参谋

历代封建王朝每当到了没落时期，总是政治黑暗，吏治腐败，经济崩溃，国势日衰，内忧外患，各类矛盾极为尖锐。

在封建王朝的没落时期，有不少饱有学识洁身自好之士，看清当局"气数已尽"，自知"无力补天"，隐居山林，不肯出仕；有不少身居庙堂的正直官吏，忧国忧民，竭心尽智提出治国方略，终不被采纳，被冷落迫害，遗恨终生；不少醉心名利的无耻之徒，媚上求荣，投其所好，为虎作伥，误国害民；有不少处于社会底层的知识分子，与广大人民一起备受苦难，投身于人民反抗的行列，成为农民起义中的重要参谋智囊；还有一部分善于投机者，在统治集团的内部分化和争权斗争中，择主而事，寻求新的主子，以求在改朝换代中谋取高位。总之，在封建王朝的没落阶段，参谋活动出现多元价值取向，就国家秘书性官吏的参谋活动而言，有利于社会发展，利国利民的参谋建议往往被排斥而难以发挥作用；忠诚而敢于直谏的秘书性官吏往往遭到打击和迫害；而无耻的投机小人，往往在献媚钻营中爬上高位。历代封建王朝的亡国之君身边，往往都有一批无耻的奸佞小人。

封建王朝没落时期秘书性参谋活动留下的教训同样是深刻的。其一，大凡封建君主听不进批评意见，打击迫害敢于直谏之士时，就标志着其已经走向没落；大凡其荒淫无耻的行为和暴政不仅得不到近臣的批评制约，而且得到纵容和阿谀时，就表明其统治机器已经腐朽，而且离最后灭亡为时不远。其二，封建时代秘书性官吏的参谋活动建立在君明臣贤的人治体制基础上，一旦君不明臣不肖，这种参谋体制不仅难以对社会产生积极作用，而且还会产生极大的破坏性。这证明：缺乏法治制约，秘书性官吏的参谋活动所能起到的作用是有限的，也是不可靠的。其三，秘书性官吏要想有效地发挥参谋辅政作用不仅要有正确的思想动机和较高参谋智能，而且要正确地认识其参谋辅佐对象——决策者。若辅佐对象是一个本性难改的无道昏君，仍追随其左右，那必然会为虎作伥，最后成为其殉葬品。

历史是现实的镜子。无论从哪一个历史阶段的秘书性官吏的参谋活动中，我们都可得到有益的鉴戒；从现实的秘书参谋活动中，也可看到某些历史沉淀的影响。对此，不仅秘书应有正确、深入的认识，配备使用秘书的领导者也应有深入的了解。

3. 我国近代秘书参谋活动

1840 年鸦片战争以后，西方列强入侵我国，中国沦为半殖民地半封建社会。1861 年，清政府为办理洋务，成立了"总理各国事务衙门"，内设有"司务厅"和"清档房"等秘书性机构。1901年，总理各国事务衙门改为外务部，内设秘书性机构 6 个，即司务厅、翻译房、清档房、机要股、电报处、文报局。这些秘书性机构在业务工作中发挥了重要的参谋辅助作用。

随着晚清国务活动的变化，秘书性人员参谋活动的内容也有了变化。如与外国列强签订不平等条约，准备照会、接受国书等仪式，做谈判记录，与外国列强打交道等活动中出谋献策。其中，忧国忧民之士在为主管官员参谋辅助中力主维护国家主权民族独立，维新变法，强国强兵等策略，但大权掌握在腐朽无能的清廷手中，不能被采纳实施。也有一些贪生怕死、崇洋媚外、不顾国家民族利益的无耻之徒，在对外事务中看其主子的脸色行事，为签订丧权辱国的条约，出尽歪点子。在晚清政府特别是中央政府的外交事务中，秘书性人员的参谋活动很难产生对国家和人民有益的成效。可见，秘书性人员正确的参谋方案，只有被其领导者认同和采纳，才能产生实际作用。

晚清权臣和地方大员均大量使用幕僚。充当幕僚的有学者、名人，也有科场落第者。他们或为谋求出路，或迫于生计，充当官员近身的参谋助手，出谋献策。民间还出现了专门培养幕僚的私人开办的学校"幕馆"。幕僚不同于政府官吏秘书性人员，其报酬不由国家支付，而由聘用的官员个人支付。幕僚只对聘用他的官员个人负责并提供参谋辅助。主官与幕僚之间，双向选择，合则留不合则去，属雇佣关系。幕僚在我国春秋战国时已较普遍，并被后世历代所承袭。晚清的幕僚从业人数更多，双向选择更为灵活。幕僚秘书性人员已具备现代私人秘书的性质，其参谋辅助活动，必须与其领导者的价值取向保持基本一致；否则，其雇佣关系就难以维系。这对幕僚秘书性人员的参谋活动而言，有着极大的影响。

1911 年，辛亥革命结束了我国长达两千多年的封建专制统治，秘书工作也发展到一个新的历史阶段。1912 年元旦，孙中山先生任中华民国临时大总统。临时政府仿美国之制，建立了资产阶级民主共和政府。临时大总统既是国家元首，又是政府首脑，总统府设秘书处，秘书处在秘书长的领导下工作。秘书处分设总务、军事、外交、电务、官报、收发等分支机构，还设有专门处理信访问题的揭事处。秘书处在总统身边处理综合性办公事务中发挥重要的参谋作用。特别是秘书长，往往是决策性会议的实际筹备者和重要文件起草者或把关者，在总统身边的参谋地位很高。南京临时政府废除了"君尊臣卑"的封建思想和"大人"、"老爷"的封建称谓。这是孙中山先生民主、平等思想的具体体现，也是当时的秘书能与其主官，以同志、同事的平等方式进行沟通的基础，是秘书参谋活动的一个划时代的进步，促进了我国秘书参谋活动的发展，强化了秘书参谋职能。

南京临时政府时期的秘书工作与封建时代官吏秘书性工作有根本的不同，是我国有现代意义的秘书工作的开端。这一时期的秘书参谋活动，也与历代君王身边的秘书性人员的参谋活动有本质的区别，它开了民主管理体制下秘书参谋活动之先河。

北洋军阀篡夺了辛亥革命成果，建立起北洋政府。北洋政府基本上承袭了南京临时政府的体制，对秘书工作也比较重视，特别重视长官与秘书的关系。1913年1月9日北洋政府公布了《秘书任用法草案》，规定"秘书"包括秘书长在内，均不得按《文官任用法》的规定任用。这就使秘书的任用主要由长官决定，这就助长了任人唯亲的风气。直到1915年9月，《文职任用令》公布后，《秘书任用法草案》才作废。但是，任人唯亲的问题，仍然长期未能得到解决。

国民党政权统治时期，对秘书工作曾进行过几次改革。政府颁布了一系列改进秘书工作的法令。其中，强调公文分行、分段、使用标点、用白话文撰写，以及公文收发文统一登记、分类、编号等，对提高秘书工作效率和办文质量是有利的。但由于国民党政权的腐朽，有的改革计划和措施未能认真实施，有的改革计划在官僚主义和争权夺利中被搁置或废弃。国民党政权秘书工作总体上效率不高。秘书的参谋作用与北洋政府时期相似，秘书参谋功能的强弱，主要由秘书与主官的关系而定，为主官个人功利献计献策的秘书参谋意识，影响秘书充分发挥参谋作用。主官把自己的秘书当作附庸而对秘书的参谋建议不能认真听取。1932年蒋介石设立侍从室为其亲信秘书机构。其职责是与办公厅及中央国家机关密切联系，掌管机要，传达蒋介石的指令，在蒋介石身边提供参谋咨询。但由于主官与秘书在摆正关系、参谋意识、指导思想等方面，以及治国原则方面，都偏离了孙中山先生在南京临时政府时期倡导的民主、平等等思想，蒋介石侍从室的秘书人员，也没能充分发挥其参谋作用，就连素有"文胆"之称的侍从室负责人陈布雷，在蒋家王朝即将倾覆之际，也只能以自杀表达无力回天的绝望和对执政者固执专制、不听劝谏的痛苦。

在专制的领导人身边，秘书的参谋活动是很难充分发挥作用的。

4. 我国近代企业的秘书参谋活动

自晚清洋务运动以来，我国就出现了以大机器生产为主体的企业。无论在官办企业中还是在民营企业中，都配备了企业秘书机构和秘书人员。企业秘书工作的主要职责是辅助企业主管的经营管理工作，充当企业主管近身的参谋助手。

我国近代企业与西方近代企业有较大的区别。由于这种区别，企业秘书参谋活动也有所不同。具体说来，一是社会环境的差异。西方国家是资本主义社会，我国是半封建半殖民地社会。我国近代企业秘书参谋活动中，要受到当时社会环境的影响。如受封建社会上智下愚等级观念的影响，使秘书参谋活动缺乏相应的民主环境。二是参谋者与参谋对象关系的差异。我国近代官办企业中，企业主管实际上就是封建官员。管理企业的办法，大多用的是封建官僚官治式的那一套。秘书参谋活动，与封建君主身边官吏秘书性参谋活动和封建官僚主官身边幕僚秘书性参谋活动有诸多相似之处。民营企业主管尚不是西方国家的那些较成熟型的资本家，不少是由封建地主、封建官僚及其子弟、手工作坊主转化而来的，因而其秘书对民营企业主管提供参谋辅助，仍带有一定程度上的封建时代管家与账房先生参谋活动的性质，受到带有封建家族式企业管理模式的制约。三是参谋者及参谋对象经营管理水平的差异。西方国家资本主义生产方式发展迅速，企业经营管理理论发展较快。因此，企业秘书提出参谋建议和企业主管接受参谋建议，一般要运用科学的经营管理知识和先进的经验。他们提出或接受参谋建议往往都能从企业效益出发，有较高的水平，对经营管理有一定的推动作用。我国近代无论是企业主管接受参谋建议还是企业秘书提出参谋建议，一般受传统的封建官治文化的影响较重，缺乏系统的企业科学管理理论的指导，实践经验也显得不足。因此，提出或接受参谋建议，尚未达到科学管理理论与实践的高度。

三、中外古代近代秘书参谋比较

1. 远古秘书性参谋比较

原始社会时期，四大文明古国的原始部落和部落联盟的首领身边，就有了辅助者，产生了秘书性记录活动，有了最早的文字或具有文字记录功能的各种符号的运用，这就为萌生原始秘书性活动提供了基础。秘书性人员通过记录、祭祀活动，收集传递信息发挥参谋作用的活动就开始了。这表明远古秘书性活动及参谋活动萌生的基础相同。四大文明古国秘书性活动及其参谋活动的萌生，大多处于青铜和铁器出现之后。这表明它们的社会生产条件有相似之处。原始社会秘书性参谋活动往往都是与占卜、原始宗教活动紧密结合在一起的。这反映了当时秘书参谋活动的精神文化氛围。

将这四大文明古国进行比较，其差异之处也是十分明显的。一是中国原始秘书性活动的萌生及其参谋活动，在古代典籍和历史传说中均有所反映，并从发掘出的远古文物中得到实证。其他三个文明古国原始秘书性活动及参谋活动只能从地下发掘出的文物推断，不少具体内容在历史变革的动荡中湮灭。二是中国秘书性参谋自萌生时就与调研、信访、记言记行、办文等紧密结合在一起，并被后世历代继承和发展。其他国家受历次社会动荡的影响，这种继承性不如中国清晰。三是中国远古秘书性参谋活动如华表、纳言等内容被远古传说和文字保存下来，远古文字经历代发展，成为现代汉字。其他国家远古文字大多已经失传。

古希腊、古罗马是欧洲文明的摇篮。在原始秘书性参谋活动萌生的社会基础活动内容和方式等方面，同我国相比，均有不少相似之处。差异之处：一是在时间上我国要早于古希腊、古罗马。二是在影响要素上，我国主要受本土华夏文明的影响，而古希腊、古罗马秘书性参谋活动的萌生除了受本土文明的影响外，还借鉴和融合了外来文明，特别是东方文明古国的文化。三是我国远古秘书性活动及参谋方式对后世的影响清晰可见，而古希腊、古罗马之后，经多次国家兴亡和民族的大迁徙，以及战乱，其影响十分模糊。

拉丁美洲、非洲虽然是人类活动古老的地区，但土著原始人类的文明已被殖民者入侵所毁灭，其原始秘书性参谋活动对后世已成为千古之谜。

奴隶制国家秘书性参谋活动，中国和外国在产生与发展的社会基础、活动内容等方面，有某些相似相近之处。如从生产力基础上看，都进入了青铜和铁器时代，都有了一定生产力水平的农业、畜牧业、手工业等；从上层建筑上看，都有了阶级分化、阶级对立和阶级斗争，都有了奴隶占有制文化，都出现了奴隶制国家；从对秘书性参谋活动的直接影响因素来看，都出现了办文议政的参谋需要，都出现了表达、记录秘书性参谋活动的文字符号，秘书性参谋活动大多与宗教有着极为紧密的联系；从秘书性参谋活动的形态来看，秘书性参谋者的地位都是统治者身边的综合辅助者，都是由有一定文化水平的祭司、巫史等神职人员担任，占卜预测凶吉等活动是秘书性参谋的重要方式，秘书性参谋者与其辅助对象的人身依附关系大多已经形成，在参谋辅助中大多形成了公务文书载体等等。

其差异之处体现在以下方面：

①我国奴隶制国家由原始部落联盟发展而来，其秘书性参谋与部落联盟时期有着直接的继承关系；其他东方奴隶制国家及古希腊、古罗马奴隶制国家建立，大多经历了长期的部落战争和外族入侵战争，多民族融合中继承关系比较模糊，远不如我国尧舜禹部落联盟对夏王朝的直接影响。

②我国奴隶制王朝政权更替中政务运作有着承继关系，商与夏，西周与商，新王朝的开国君主往往是前王朝的诸侯贵族，能够继承和发展前王朝的统治体制和经验，秘书性参谋辅助在政权更替中能得到比较稳定的继承和发展。其他东方奴隶制国家及古希腊古罗马奴隶制国家的政权更替，不少在大规模的战争中造成一代文明的破坏，使得不少古文字失传，继承关系被破坏，秘书性参谋活动也受到影响。

③受资源条件和习俗的影响，表达和记载秘书性参谋活动的文书载体也不相同。我国主要是甲骨文书、金文文书；古埃及、古巴比伦、古希腊和古罗马以泥板文书和纸草文书为载体；古印度以贝叶文书为载体。此外，使用的文字、文体也有不同。

2. 封建政权机构秘书性参谋比较

中外封建政权机构秘书性参谋的相似之处是：在秘书性参谋活动的形态上，官吏秘书性参谋者的近身综合辅政地位已经确立，秘书性参谋活动的领域进一步拓展，借助文书档案作为参谋活动的重要依据的有关体制和方法也不断得到发展。

不同之处体现在以下几个方面：

①早期封建政权统治体制的影响不同。我国春秋战国时期实行分封制，秦汉时封建贵族也拥有大片封地。春秋战国时期各诸侯国的贵族封地内的统治权，都要受各诸侯政权的控制；秦汉时国家中央政权对各贵族封地内更是有绝对的统治权。而欧洲各王国与封建领主是契约关系，领主在其封地内拥有独立的立法、司法、行政方面的统治权。因此，我国封建贵族的秘书性参谋活动既要各为其主地为其封建贵族服务，又要受中央政权的制约。欧洲封建领主的秘书性参谋活动主要为其封建领主服务，按照"附庸的附庸不是我的附庸"的原则，受封建国王的控制很少。

②秘书性参谋者的分工程度不同。我国封建政权秘书性参谋活动，经历代的继承和发展，分工越来越细。宫廷内外有了不同的参谋辅助体系；有了专司处理皇命、奏折的秘书性官吏和专门议政、拾遗补阙的谏议大夫；有了调研、监察的秘书性参谋人员。欧洲封建政权的秘书性参谋虽有初步分工但未充分展开。

③封建社会后期国家机关秘书性参谋体制的差异。封建社会后期，我国的内三院由宫廷内秘书性机构发展为国家机关秘书性机构。欧洲国家如英国的枢密院原是英王的私人顾问机关，后发展为协助国王处理立法、司法和行政事务的中央政府机关，并有了自己的秘书性机构。"光荣革命"后，执掌实权的内阁、议会等国家机关也有了自己的秘书性机构。但在国家机关秘书机构发挥参谋作用方面，仍存在着差异：一是服务对象的差异。我国秘书性参谋活动主要是为以皇帝为首的封建统治者服务；西方除了为封建统治者服务外，还要为以资产阶级为主体的市民阶层、僧侣贵族阶层服务。二是隶属关系不同。我国秘书性参谋者无论在哪一个部门，都隶属于以皇帝为最高统治者的封建官僚体系。欧洲国家特别是英国资产

阶级革命后，行政机关、议会都有了秘书性机构，各秘书机构的参谋人员各为其主提供参谋辅助，不像我国秘书性参谋统一为皇权利益服务。三是发挥参谋作用的方式的差异。我国中央政权秘书性参谋往往借助议政、票拟、引黄、贴黄、奏章等表达参谋意见，直接或间接向皇帝或权臣提出。欧洲议会出现后，秘书性人员的参谋作用往往在草拟、处理大量议案、拟定内阁议题和议程，组织选举、表决的过程中体现出来。这在我国封建政权秘书性参谋活动中是少有的。四是秘书性参谋作用的制衡机制的差异。中外政权秘书性参谋作用总体上都要受制于封建国家。此外，在我国，一般有宫内宫外秘书性参谋的相互制衡，隋唐的中书、门下、尚书三省相互制衡，无论采取什么制衡方式，皇权是最高权力。欧洲实行议会制的国家，以国王为主体的贵族、议会、内阁三种权力相互制衡，各类国家机关的秘书性参谋活动为权力主体服务，受各自的权力主体制约而不是统一受皇权的制约。

3. 城市秘书性参谋比较

我国与欧洲都在封建社会就出现了颇具规模的城市。秘书性人员的参谋活动在城市管理、城市工商业管理、对外贸易及口岸管理中，均能起到一定的作用。其差异之处表现在以下几个方面：

①城市管理体制不同带来的差异。我国城市是封建中央政权和地方政权的权力中心，城市政务与国家政务是一体化的。封建官吏秘书性参谋活动中就包含着城市管理的内容，都是为封建统治直接服务的。欧洲城市是拥有从国王或大封建主那里取得的特许证书，具有相对独立性的自由市、自治市、公社城市、城市共和国或皇帝的帝国城市，有部分自治权或完全自治权。城市管理系统的秘书性参谋活动，为城市市政、工商管理献计献策，辅助市政首脑执掌城市的治民权和维护城市的自治权，不受封建王国的直接干预，也不直接为封建王国的统治服务。

②秘书性参谋活动领域的差异。我国城市秘书性参谋活动与国家官僚体系内的秘书参谋没有重大区别。欧洲城市秘书性参谋除了对市政管理出谋献策外，还要在处理市行政长官与市议会的关系，市政当局与封建王国或大封建领主之间的关系上献计献策，为维系

城市与封建统治者的关系签订有关契约提供参谋建议。这方面的内容在我国封建社会城市秘书性参谋活动中是很少涉及的。

③城市秘书性参谋活动与宗教关系的差异。我国宗教介入世俗社会生活较少，城市秘书性参谋与宗教一般没有直接的关联。欧洲封建社会教会势力对世俗生活影响力很大，大多数社会成员都是教民，而且城市往往是教皇、大主教、修道院的驻地。由此，城市秘书在参谋活动中，必须十分重视与教会的关系。

④工商行会秘书性参谋活动差异。我国工商行会、会馆组织比较松散，一般由管事、账房先生等兼职担任秘书工作，其参谋活动大多以工商行会的内部事务为对象。欧洲手工业行会、商人公会的组织严密，其秘书性参谋活动大多是为了维护手工业行会和商业公会自身的利益，协调与市政当局或议会方面的关系，献计献策，发挥参谋作用，并在处理行业内外的竞争或合作关系等方面，发挥重要的参谋辅助作用。

4. 近代秘书参谋比较

中外近代秘书工作均有所发展。就政权机关的秘书工作而言，各层次政权机关和职能管理机关都设立了专司综合公务辅助的秘书部门，各秘书部门将充当其领导者的参谋助手作为自己的最主要职责。秘书职业化进程加快，从业人员也大为增长，更多高智能知识分子担任秘书，秘书参谋水平也大为提高。由于我国社会经济、政治、科学、文化发展水平与西方相比，差距越来越大，秘书参谋活动也有很大的差异，具体体现在以下方面：

①参谋辅助对象不同带来的差异。西方国家先后完成了资产阶级革命，其国家秘书人员的参谋活动是为资产阶级政权服务的，维护资产阶级利益是秘书参谋的价值取向。我国近代秘书参谋处在半封建半殖民地社会，政局处于动荡不稳阶段。当资产阶级民主势力占主导地位时，如南京临时政府时期，其秘书参谋活动在民主成分较浓重的氛围中运作，参谋作用发挥得比较充分；当封建势力占统治地位时，如晚清政府和北洋政府及国民党政府时期，秘书参谋受封建专制的制约，很难充分发挥促进社会发展的积极作用。特别是帝国主义列强在我国划分了势力范围，在不同帝国主义势力范围内

受不同的外来影响，由不同的帝国主义代理人执政，这就使秘书参谋的内容、作用受到不同的外来影响。有志于民族独立和民族复兴的秘书参谋者，往往受到各种排斥和打击。

②政权体制不同带来的差异。西方国家大多实行了立法、司法、行政三权制衡体制，秘书参谋在三权制衡体制下运作，法治的规范性较强。我国政权体制虽模仿了西方的某些办法，但实际上未彻底改变封建专制模式。除南京临时政府外，其他政权大多被军阀所控制。秘书参谋在军阀统治下难以发挥积极作用。在军阀混战时期，人在政在、人去政息的现象极为普遍，秘书参谋在频繁的政权更替中，更难促进社会的发展，即使秘书人员提出了有利于国家民族的参谋方案和建议，也很难得到采纳和实施。这一时期我国的秘书参谋缺乏法治的规范性，只能在为不同军阀服务中各为其主，投其所好，为其谋利；否则，就为军阀统治者所不容。

③执政者外交立足点不同带来的差异。西方列强为了争夺海外市场和殖民地，拼命对外侵略扩张。其秘书在外交事务中的参谋活动，主要是从政治、经济、军事、科技、文化方面，为其执政者出谋献策，在发动侵略战争，争夺殖民地的列强之间的战争，签订不平等条约和瓜分殖民地，进行经济掠夺和民族压迫等方面进行策划。我国这一时期处于风雨飘摇的弱势，各政权的执政者为了维护其统治地位，对内残酷剥削压迫人民，进行军阀混战；在外交上屈辱求和、被动忍让，有的甚至卖国求荣。其秘书参谋只能依附他们绝对被动地充当助手，即使提出了维护国家主权、民族尊严和领土完整的参谋建议，也不被执政者采纳。弱国无外交，处于弱国地位的半封建半殖民地的旧中国，其秘书人员在外交事务中难以有效发挥积极的参谋作用。

5. 近代企业秘书参谋比较

中外都出现了以大机器生产为特征的工业企业和矿山、交通、商业等企业，由此也出现了企业秘书工作。企业秘书在企业主管身边发挥参谋辅助作用。企业秘书参谋辅助的对象都是资本家，参谋辅助的内容都是企业经营管理。由于中外企业的基础、体制及其企业主管的素质、企业内外环境条件的不同，企业秘书参谋活动的差异很大。具体体现在以下方面：

①国家法治环境不同给秘书参谋带来的差异。西方资本主义制度比较健全稳定，对企业经营管理有比较规范的法律法规制约。企业秘书的参谋活动，主要是协助企业主管依法经营，实现企业经济效益的最大化。我国近代尚无稳定配套的法律法规体系，在政权更替中各搞一套。企业秘书的参谋活动，只能是协助企业主管适应不断变动的执政者随意性很大的政令，在封建主义和帝国主义双重压迫下求得企业生存，企业秘书参谋没有规范稳定的法律法规依据。

②企业内部管理制度不同给秘书参谋带来的差异。西方企业管理体制比较成熟，一般建立了配套的规章制度。企业秘书的参谋建议，一般在维护企业规章制度的框架内提出，或者对现行规章制度中不适应环境变化的部分，提出修改、补充、完善的意见和建议。只要有利于提高企业经济效益，企业主管一般乐意采纳。我国近代企业尚不成熟，不少企业尚无配套的企业管理规章制度，而是按企业主管的主观意志办事，随意性很大。企业秘书的参谋建议，只有在符合企业主管的主观意志的前提下才有可能被采纳。不少企业秘书参谋只能看企业主管的脸色行事，投其所好地出谋献策，其参谋作用也就受到了限制。

③自主经营的程度不同给秘书参谋带来的差异。西方近代企业一般能够自主经营，政府仅充当"守夜的警察"，很少直接干预企业经营。这就便于秘书为加强企业管理、优化经营策略、取得竞争优势，创造性地进行运筹谋划，发挥参谋智囊作用。中国近代企业中有的是官办企业，有的是官督民办企业，有的是民族资本企业。官办企业和官督民办企业大多受官僚体系的支配，无法自主经营，其秘书参谋活动在长官意志的控制下，无法有效地发挥积极作用。民办企业中的不少企业主管也缺乏民主管理思想，大多采用地主、手工作坊主家族式封建管理方式，企业秘书有价值的参谋建议，也难以充分发挥作用。

此外，我国近代企业在企业主管素质、企业秘书素质、经营管理观念等方面都与西方有较大的差距，这对企业秘书参谋活动均带来消极影响。

从整体上看，我国有数千年的秘书性参谋文化。它是我国丰富的历史文化的有机组成部分。其中既有务实求真、因势利导、不畏强权、勇于直谏、爱国爱民、维护民族团结和民族振兴的光荣传统，也有不少历史的尘垢。与西方国家相比，我国古代的秘书参谋无论在体制、方法还是在谋略智能水平上都要优于西方；进入近代以后，随着社会生产力的落后和国力的衰弱，我国的秘书参谋水平落后于西方。

通过中外秘书参谋沿革的分析，我们可以认识到，人类为了进行管理和领导活动，就有了秘书近身参谋辅助的需要。不同的历史发展阶段、不同的生产力条件、不同的管理和领导体制，有着不同状况的秘书参谋活动形态。从某种意义上讲，不同时代的秘书参谋活动形态，是其社会经济基础和上层建筑折光的反映。科学系统地理清中外秘书参谋的源流，对我们正确认识秘书参谋的产生、发展、地位、作用、规律和原则是十分有益的。对现代社会实践而言，无论对秘书如何参谋和领导者如何对待秘书参谋，还是对社会公众如何理解秘书参谋，中外秘书参谋的发展中都能提供有益的经验和令人警醒的教训。

通过中外秘书参谋的历史比较，我们要以历史唯物主义的观点正确对待中外古代和近代秘书参谋活动中的经验和教训。既不能妄自尊大，认为我国古代秘书参谋一切都优于西方；也不能妄自菲薄，认为西方自古以来就优于我国。我们应该在继承和发扬我国丰富的秘书参谋文化的同时，扬弃其中封建性的糟粕；在科学地认识西方秘书参谋发展过程的同时，吸取其中可资借鉴的东西。在此基础上，根据国际交往发展的需要，加强中外秘书理论与实践的融合与发展，在参与国际竞争与国际合作中，提高秘书工作的效能，提供高效的参谋辅助。

第二节　中外现代秘书参谋

人类社会进入现代生活后，社会生产力得到突飞猛进的发展，政治、经济、科技、文化与古代和近代社会相比，已发生了巨大的变化。特别是我国，自 1949 年 10 月 1 日创建了人民当家作主的无产阶级政权之后，经半个世纪的努力，特别是 20 多年的改革发展，已经以强大的综合国力和发展活力，自立于世界的东方。我国秘书参谋的理论与实践，已随着我国社会生产力、社会管理体制和领导工作的科学化进程，得到了前所未有的发展，形成了符合我国社会发展实践需要的特色。由于现代管理更为复杂多变，现代领导者肩负的责任更大。决策和决策的执行面临的内外环境中的诸多可变因素使管理者和领导者必须随时面对各种机遇和风险。任何高智能的领导者亦独木难支。明智的领导者除了要依靠群体智慧、实施科学民主管理外，还必须充分地依靠身边的秘书高智能的、正确有效的参谋辅助。由此，中外现代领导者都十分重视构建忠诚高效的秘书班子，强调提高秘书参谋辅助效能。

一、我国对秘书参谋作用的高度重视

我国党和国家各级领导人对秘书参谋作用一直都给予了高度的重视。中国共产党建党不久的 1923 年 4 月，就选任毛泽东同志为中央局秘书，在参与中央局领导工作、起草文件中发挥重要参谋作用。毛泽东同志长期坚持深入群众，调查研究，担任领导工作后，亲自拟订调查提纲，指示秘书深入实际，深入群众，对重大决策问题开展调查研究活动，要求秘书务实求真，当好参谋助手。1926 年 7 月，中国共产党中央执行委员会设秘书处，"总揽全党的技术工作"，在党的文件往来、机要保密、通讯和交通事务中发挥重要的参谋辅助作用。南昌起义中，吴玉章被任命为起义领导机构的秘书长，在起义的组织、指挥中发挥了重要的参谋作用。1927 年 8 月 7 日在汉口召开的中央紧急会议上，邓小平同志以中央秘书的身份参加了会议，为会议作出正确决策起到重要作用。1931 年年初，当时任中央军委书记、中央组织部长的周恩来同志委托瞿秋白同志起草了中国共产党的第一个《文件处置办法》，使党的秘书人员在文书处理中充分发挥参谋助手作用有了规范性依据。在抗日战争中，共产党领导下的各抗日根据地的秘书工作得到进一步发展。秘书人员在草拟文件、机要译电、会议组织等工作中发挥了重要的参谋作用。1948年4月，毛泽东同志带领中央机关到河北省平山县西柏坡，成立了中央办公厅，任命有丰富革命经验的杨尚昆同志任办公厅主任。中共中央办公厅成为党中央的参谋辅助办公机构。

中华人民共和国成立后，党和政府对秘书工作更为重视。新中国成立不久的1951年4月，中共中央办公厅和政务院秘书厅在北京召开了第一次全国秘书长会议。会议总结了新中国建立一年多来秘书工作的经验，明确了秘书工作的性质、职责和机构设置。周恩来总理亲临会议并作了《目前形势和任务》的报告，为全国秘书工作指明了方向。会后，党中央和政务院批准颁发了《关于各级政府机关秘书长和不设秘书长的办公厅主任的工作任务和秘书机构的决定》、《关于处理人民来信和接见人民工作的决定》、《政务院关于工作报告制度的暂行规定》等一系列重要文件，对秘书工作作了全面的部署，明确指出秘书部门负责人"既要参与政务，又要掌管事务"。这就要求秘书在辅助政务中要参与谋划；在辅助日常事务管理上要运筹操办，发挥拾遗补阙的作用。中央还要求秘书工作者努力学习、熟悉政策法令、加强计划性和组织性，争取工作上的主动，注意领会并根据领导人的意图，在自己职责范围内，认真处理问题。既要避免遇事不敢负责的现象，又要防止越权行事的偏向。要求广大秘书人员认识到秘书工作是政府工作中很重要的一部分，要养成任劳任怨的工作态度和谦虚、谨慎、细密、切实的工作作风。这对秘书人员充分发挥参谋助手作用，具有全面的指导作用。

虽然"文革"10年动乱也使秘书工作遭到严重的破坏，但是党的十一届三中全会后我国秘书工作又得到了充分的重视，出现了新的发展局面。

1981年1月，党中央在北京召开了第二次秘书长会议，即全国秘书长、办公厅主任座谈会。这是一次秘书工作拨乱反正，恢复和加强正常工作秩序，提高工作效率，进一步发扬党的秘书工作优良传统，更好地为新时期总目标、总任务服务的会议。这次会议，对领导者和秘书工作者都提出了新的更高的要求。

1985 年 1 月，党中央在北京召开了第三次全国秘书长、办公厅主任会议。会议强调指出，办公厅工作要端正指导思想，服从和服务于党的十一届三中全会以来的路线、方针和政策；服从和服务于"四化"建设大局。办公厅工作要为领导工作服务，为同级和上级领导机关服务，为人民服务。在为领导工作服务方面，主要是办好三件事：第一是要参与大事的调查研究；第二是传达和贯彻党的各项政策，并检查其落实情况；第三是要搞好领导同志的批示和查办工作。

这些指示精神，明确地指明了秘书发挥参谋作用的总的目标指向、宗旨和重点任务。在秘书工作方式和工作方法上，会议提出了"四个转变"，即从办文办事转变为既办文办事又出谋献策；从收发传递信息转变为综合处理信息；从单凭老经验办事转变为实行科学化管理；从被动服务转变为主动服务。中央还强调办公厅工作对领导机关和领导者应起到"四个作用"，即参谋作用、助手作用、提供信息作用和协调作用。"三个服务"、"四个转变"及"四个作用"高度概括地指出了我国秘书工作的根本宗旨、基本任务、应该发挥的作用，以及遵从根本宗旨，完成基本任务和发挥职能作用的途径和方式方法，对我国秘书参谋活动具有极为深刻的指导意义。

1990 年 1 月 10 日，江泽民同志在全国秘书长座谈会上的讲话指出，"办公厅是党委的左右手"，"是一个核心要害部门"，并强调办公厅应发挥好几个作用："一是参谋助手作用。领导要决策，希望了解全面、准确的情况，办公厅要根据领导的这种要求，做好调查研究，迅速地向领导提供情况，提供信息，提供预案。比如，常委会一个阶段要研究些什么工作，办公厅应该围绕这些工作了解情况，收集信息，提供预案，以便领导决策时参考。""二是督促检查作用"，协助领导把工作落在实处，提高工作效率。"三是协调综合作用"，"一个重大决策从制定到实施，要做大量的协调工作"。江泽民同志提出的"三个作用"是党和政府对秘书工作任务及要求的高度概括，也是我国建设发展的社会实践对秘书工作的客观要求。其中对参谋助手作用，不仅提出了要求，而且提出了发挥参谋作用的主要途径和重点。对于秘书是否具有参谋作用，以及如何发挥参谋作用的问题，我国秘书界曾有过不同的看法。江泽民同志关于"参谋助手作用"的讲话，加深了我们对秘书参谋作用的理解，统一了认识，对我国秘书参谋理论与实践的发展有着巨大的推动作用和指导意义。

尽管自古以来秘书工作中的参谋作用一直存在，但对秘书参谋重要性的认识，有一个逐步加深的过程；特别是如何发挥参谋作用以及秘书发挥参谋作用的主要途径，更是在实践探索中逐步加深认识的。江泽民同志从领导工作需要的高度，明确地指出了秘书参谋的目的、依据、途径和重点。这表明 20 世纪末我国对秘书参谋职能的认识达到了一个新的高度，必将推动我国秘书工作的理论与实践、秘书参谋活动适应 21 世纪的发展趋势，健康向前发展。

二、外国首脑机关秘书机构的参谋活动

外国首脑和首脑机关，其秘书机构都要承担参谋咨询的重要使命。秘书机构参谋咨询、辅助决策的水平，直接影响其首脑或首脑机关的领导和决策水平。其秘书机构参谋活动的形式及作用，大体可分为以下几种类型。

1. 政策性参谋辅助活动

各国首脑及首脑机关的秘书机构都要对政务政策的制定及实施进行参谋辅助。美国的总统办公厅要协助总统与政府各部、各独立机构、各社会团体进行磋商，拟定有关政策，对总统决定政策具有重要的参谋作用和影响力。日本内阁官房的一项重要任务，就是进行调查研究，向内阁提供制定重要政策的依据。奥地利总理府承担着汇总分析各方面的信息数据以作为政策制定和执行的参考，特别是对制定国民经济的中、长期政策及国有化企业的有关政策等。法国总统府总秘书处是总统最重要的参谋助手，协助总统决定重大政治性政策、负责草拟文件和法律草案是其重要任务。总统私人秘书处在负责操办总统日常事务的过程中，发挥着重要的参谋作用；澳大利亚总理与内阁府承担着拟定发展政策方案和评价各项政策方案的重任，充当了总理与内阁的重要参谋；俄罗斯总统办公厅设立了

庞大的智囊班子，配备有以秘书命名的高级官员充当总统的参谋助手，在制定国家重大方针政策方面有着极大的影响力。

显然，各国首脑及首脑机关的秘书机构，都在政策的制定和执行方面，进行着极具影响力的参谋活动。其进行政策性参谋活动的形式：一是通过广泛地收集处理信息，分析发展态势，对施政政策的制定和执行发挥参谋作用；二是通过与有关职能管理部门联系、磋商、协调，对拟定政策发挥参谋作用；三是对现行政策及执行情况的反馈进行分析研究，对修改完善政策或制定新的政策发挥参谋作用；四是在草拟重要文件、管理和操办日常事务的过程中发挥政策性参谋辅助作用；五是为首脑制定和论证政策，提供各方面的可靠依据，等等。政策是首脑和首脑机关施政的指导思想、行动计划和方针。

2. 咨询性参谋辅助活动

各国首脑及首脑机关的秘书机构，都要进行咨询性参谋辅助活动。瑞士联邦办公厅负责向联邦委员会提出工作计划，草拟施政纲领和年度行政管理报告，进行重要的参谋咨询活动。瑞士联邦咨询机构，负责向首脑机关提供情况、提出建议，对政府决策有着一定的影响：如经济研究委员会是国民经济管理的重要咨询机构；战略决策性咨询机构由军事首脑主持，是吸收军界高级官员参加的有关军事问题的最高咨询机构；磋商性参谋咨询机构由各方面的专家组成，就解决某些条件尚不成熟的问题进行酝酿、探讨、磋商和征询公众意见；专题咨询机构每逢联邦政府遇到难题，即请高级专家组成"智囊团"提出可行方案。咨询人员大多是官方人士与社会人士相结合，教授、学者与实业家相结合，各利益集团代表与持"中立"立场的学者相结合，联邦官员与州、镇代表相结合，参谋咨询机构与政府办公机构相互配合。这些咨询参谋辅助在政务活动的决策过程中享有较高的威望，有较大的影响力。阿根廷总统还设立有直属的顾问委员会，配有常任或临时顾问进行咨询性参谋辅助活动。澳大利亚总理与内阁府承担着向总理提供政策性建议、管理咨询意见的重任。

各国首脑机关或首脑的咨询性参谋任务，有的由秘书机构承担，有的由在秘书机构内设立的专门的咨询班子承担，有的由另外设立的咨询性参谋机构承担。无论采用哪一种构建形式，以下方面是共同的：一是咨询性参谋辅助活动要以全面、准确、及时、有效地收集、处理、综合、分析信息为基础，都必须进行周密、深入的调查研究；二是要讲究多元智能的结合，都必须聘请有关方面的专家、学者、实践家、官员，以及各有关方面的代表参加，知识信息的拥有量、有用程度，以及开发利用的智能水平，均直接影响其咨询性参谋辅助活动的有效性；三是咨询参谋人员除了掌握有关高深的专门知识外，还必须掌握秘书业务的知识和技能。如信息收集、处理及综合分析技能，调查研究技能，文件资料处理技能，准确表达技能等。

3. 管理性参谋辅助活动

各国首脑或首脑机关的秘书机构，大多既要承担某些方面的具体管理工作或具有某种管理技能，又要为首脑或首脑机关决策发挥重要的参谋作用。在英国，内阁办公厅下设统计局，负责管理统计工作；内阁办公厅下设管理和人事局，负责文官的管理、培训、录用等工作。除了具有这些管理职权外，还要对首脑或首脑机关全面进行参谋辅助。日本总理府本府是总理大臣的办公机构，下设的统计局负责统计日本国情和基本形势动向，人事局统管全国各部门人事政策；同时还要对总理的政务工作进行有效的参谋辅助。阿根廷总统府计划秘书处，除了参与制定各部的政策外，还是国家在教育、文化、经济、社会、科学、技术以及劳工方面进行国际合作的联络机构，并统一管理全国的科学技术工作。法国总统府总秘书处是协助总统指导监督各部事务的重要机构，其重要职能作用一方面体现在对各部的指导监督职能上，另一方面，体现在它对首脑的参谋辅助上。法国总理府是协助总理工作的办事机构，下设总理府办公厅是总理的参谋部，要进行重要的参谋辅助活动，同时承担着监督、联系的管理任务。俄罗斯联邦总理办公厅对总理要进行积极主动的参谋辅助，同时还承担着督促下级机关和协调有关方面工作关系的管理任务。瑞士联邦办公厅在承担向联邦委员会提供制定政纲、计划的参谋辅助外，还负责监督行政实施的管理任务。

承担参谋辅助任务的同时又负责某些方面的重要管理工作，是这类秘书机构的重要特征之一。它们的参谋辅助活动是全面的、综合性的，管理工作是局部的、专门性的、关键而影响全局的；参谋辅助活动围绕首脑或首脑机关各项施政要务展开，管理任务既有职能管理的性质，又与综合性政务的决策和执行、管理和监控有着极为紧密的联系；管理任务的工作领域和权限受首脑或首脑机关权力配置和政务需要的影响，各国均存在着某些差异，呈现出多样性。

4. 铺垫性参谋辅助活动

各国首脑或首脑机关的秘书机构，往往要为首脑的重大决策或重要政务的开展进行前期准备，对决策和要政的运作起到铺垫作用，因而称之为铺垫性参谋辅助活动。英国内阁秘书处，负责准备内阁会议议程，在具体操办内阁办公事务的过程中进行铺垫性参谋辅助。德国联邦总理府秘书处负责准备内阁会议，对内阁决策进行铺垫性参谋辅助；另有国务秘书委员会，其任务是对即将提交内阁会议讨论的问题进行预备性磋商，或者讨论涉及某一部门的专门性问题。国务秘书委员会的铺垫性参谋辅助活动，对最高决策层迅速处理一些有重大政治意义的问题或一些紧迫性政务是十分有利的。印度总理办公厅是总理的办事机构，直接受总理领导，向总理负责，为总理开展各项行政活动准备信息资料和可行方案，提供铺垫性参谋辅助。日本内阁官房长官每周主持召开两次的各省厅次官会议，对内阁决策也能起到重要的铺垫性参谋辅助作用。奥地利总理府承担着及时全面地收集统计数据和重要情况并进行汇总分析的任务，为政府决策作铺垫性参谋辅助。

铺垫性参谋辅助活动是各国首脑的秘书机构的重要职能活动，它一是为制定重要政策和决策提供信息情报依据，提供备选方案；二是通过与有关方面联系、讨论和磋商，为有关政策决策问题作前期准备，为顺利决策和实现目标铺平道路；三是通过及时综合各方面的信息情报，加强预测，把握动向和发展趋势，为首脑或首脑机关制定新决策提供参谋建议和信息辅助。

各国首脑及首脑机关的秘书机构都开展大量的参谋辅助活动，参谋辅助活动的形式和作用虽然存在着一定的差异，而适应首脑工作需要，围绕首脑的政务活动展开则是共同的。各国首脑和首脑机关的施政过程，都是与其秘书机构的参谋辅助活动紧密联系在一起的。

三、中外现代秘书参谋比较

中外现代秘书参谋活动在职能基础及参谋途径、特征等方面有诸多相似之处，也存在差异。差异之处具体体现在以下方面：

1. 参谋辅助环境的差异

中国与西方国家的政治、经济管理体制不同，秘书发挥参谋辅助作用也就存在一定的差异。在政治环境方面，中国的领导者、秘书及广大人民群众的政治地位是平等的，政治方向是一致的。秘书除工作上与领导者主辅配合外，在政治上可进行同志式的平等沟通，在工作中可以将为领导者工作服务与为人民服务统一起来。在西方资本主义国家，资产阶级与无产阶级的对立，使领导者、秘书与人民群众在政治地位上有等级差别，在政治方向上存在阶级对立。秘书在业务工作上与其领导者主辅配合，在政治上很难平等沟通，大多依附于领导者；在阶级对立中只有站在资产阶级统治者一边，才能保住其职位。一般秘书是出卖秘书劳动的雇员，属于劳动者，其基本政治方向是与人民群众一致的，而在办文、办会、办事中都要听命于领导，维护对立阶级的利益。这种矛盾状态在西方资本主义国家的一般秘书工作中是普遍存在的。在经济环境方面，受雇的秘书只有得到领导者个人的好感才能取得职位和获得晋升的机会，因此美国、日本都十分强调取悦于上司，讨好上司。在中国，公有制组织中秘书与领导者只有工作上的分工不同，在多种经济成分的组织中，秘书也能坚持对国家对人民负责与对领导者负责的一致性。虽然都强调秘书与领导者之间要形成和保持良好的和谐的关系，但中国秘书工作中秘书参谋辅助活动可以在大是大非问题上坚持原则，勇于直谏，并一般可得到包括领导者在内的广泛的社会支持。而西方资本主义国家秘书参谋辅助活动一般只能在领导者个人的允许范围内进行，否则秘书的经济利益就得不到保障。在人际关系上，中国与西方国家秘书人员都强调要妥善处理人际关系，以取得广泛的合作与支持。但西方国家要求秘书在公司老板和其他雇员之间充当"缓冲地带"，在彼此对立关系中秘书要全面处理好人际关系难度很大。在中国，要求秘书充当领导联系群众的纽带。领导与群众根本利益是一致的，在上下利益一致的基础上秘书参谋辅助活动可以从整体利益出发，不会以损害某一方面根本利益为代价提出参谋建议，因而也一般在比较和谐的人际关系中发挥参谋辅助作用。此外，在社会制度、法规体系、道德规范等方面，中国与西方国家均有所不同，这些都使秘书参谋辅助的社会环境有较大的区别。

2. 参谋辅助功利目标的差异

功利目标决定着参谋辅助活动的总体方向，它体现在领导者对秘书参谋辅助需要的功利指向和秘书进行参谋辅助活动的功利目标上。在西方资本主义社会，崇尚个人主义利己主义，只要不违反资产阶级法律，个人主义利己行为一般被认为是天然合理的。因此，领导者希望其秘书的参谋辅助首先要满足其个人需求，以获取更多的个人利益。不少秘书人员在这种功利目标指向的影响下，以有利于领导者个人私利为目标进行参谋辅助，以取悦于上司，获取晋升加薪的机会，以及秘书的个人利益。这就使西方社会秘书参谋辅助在领导的导向和秘书的价值取向上都是以个人私利为依归。领导者往往以是否有利于个人功利目标为衡量秘书参谋建议价值的标准和决定取舍的尺度。秘书也往往以是否有利于个人晋升加薪为提出参谋建议的出发点。在中国，强调的是国家利益、人民利益、集体利益和个人利益的一致性，崇尚以国家人民利益为重。特别是国家机关、国家企事业单位的领导人，必须全心全意为人民服务，做人民的公仆。因此，领导者对秘书参谋辅助的导向，特别强调要有利于国家人民利益，有利于事业发展，并以此作为衡量秘书参谋建议的价值标准和决定取舍的尺度；秘书也一般以有利于国家人民利益为提出参谋建议的出发点。由此，前者在功利目标上各为其利，秘书参谋辅助活动对社会公利的积极作用就受到了影响；后者在整体功利目标上的一致性，使领导的价值目标与秘书的参谋辅助方向容易契合，对社会公利产生的积极影响较大。

当然，事物都不是绝对的。在西方国家，也有部分明智的领导者和正直的秘书，他们的主辅配合中，能够以社会公利为基础，发挥秘书的参谋辅助作用，也作出了有积极意义的工作。在中国，也存在身居领导地位的腐败分子，他们受资产阶级利己主义的影响，以私利为评价秘书参谋建议的标准，压制正确意见，排斥有正义感的秘书；也有少数秘书人员，以个人利益为提出参谋建议的出发点，曲意迎合的有之，出歪点子帮上级谋私的有之，在领导腐败行为中充当谋士和马前卒从中分得一己之利的有之。但是，这些都是为法律与社会所不容的。总的来看，社会主义的功利观使秘书参谋辅助活动具有良好的基础；而西方资产阶级的自私自利的功利观对秘书参谋辅助活动有着不可低估的消极影响。对中国秘书人员来说，只有不断抵制和消除自私自利思想观念的影响，才能大公无私，实事求是，有效地发挥其参谋辅助作用。

3. 参谋辅助能量的差异

秘书发挥参谋辅助作用的能量，有多方面的影响因素，而主要影响秘书参谋辅助能量大小的因素，有领导者的信任程度、秘书的参谋智能及信息拥有量和秘书参谋辅助的主动程度。一是就领导者的信任程度而言，中国与西方领导者一般是选择忠诚可靠的人充当秘书。但由于不同的利益驱动机制，这种信任又有所区别。在西方资本主义国家，秘书与其领导者既有主辅配合的共同利益，又有雇主与雇员间各自的利益追求和利益矛盾，因而相互的信任是有限的、有条件的。当各自的利益要求得不到满足，利益矛盾扩大时，相互间的信任就会减弱。领导对其秘书没有足够的信任，秘书的参谋辅助能量就会大为削弱，有时即使秘书提出了正确有效的参谋建议，领导者也很难采纳。若秘书不信任其领导，就不能大胆直言，说出自己的意见或建议，特别是在与领导者的看法相悖时，更难以坦率地说出自己的正确看法，指出领导者的错误。由于秘书与领导的主辅配合关系是决定秘书工作成效的关键，所以当这种关系中相互信任特别是领导对秘书的信任减弱时，秘书的参谋辅助能量就会减弱。西方社会领导者和秘书各自不同的利益趋向，更容易削弱相互的信任而影响秘书参谋辅助的能量。在中国，一般而言，秘书与领导者利益趋向大体上是一致的，在事业整体功利的共同基础上，比较容易建立和加强相互信任的同志式关系。特别是忠诚地为人民服务的领导者,对秘书人员实事求是的有利于事业发展的参谋建议,大多持欢迎、鼓励的态度,越是敢于坦诚直言地说出自己看法的秘书,越受领导者的信任。在中国领导与秘书根本利益相同的基础上,更容易加强相互信任,秘书的参谋辅助能量也比较容易增强。但是,必须指出,在形形色色的腐败现象和不正之风尚客观存在的情况下,中国秘书与领导的利益趋向不同而影响相互信任的情况也时有发生。如领导者官僚主义严重或腐败,听不进秘书人员正确的参谋意见,甚至打击、排斥坚持真理的秘书人员,或者秘书人员从一己私利出发提出参谋建议,影响领导对其信任等现象,都在现实中存在,这与中国社会倡导的时代精神和社会主义的整体利益是不相容的。二是就秘书的参谋智能而言,中国与西方的现代秘书人员大多受过良好的教育和职业训练,参谋辅助的智能水平比较接近。在中国的秘书专业著作和教材中,参谋辅助作为重要的职能加以强调,并给以专章的地位进行阐述,从理论、方法等方面对秘书参谋辅助进行了深入的探讨。而英、美及日本的秘书著作中,大多只是零星地涉及秘书的参谋作用,没有进行充分的专题研究。在实际工作中,中国的现代领导人大多强调秘书人员要发挥参谋辅助作用,并主动地向秘书人员征求意见,给予秘书人员更多的参谋建议的机会。而西方国家领导对秘书的参谋辅助要求,大多因人而异,视需要而定。在秘书参谋辅助活动所必须拥有的信息上,西方秘书人员虽然在获取和传递信息的工具方面,比较有优势,但中国的领导和秘书都十分注重调查研究,群众也有向组织反映情况、提出意见和建议的热情,因而秘书能比较及时地获取全面真实的信息,并能从群众中吸纳丰富的群体智慧。这种信息基础和群体智慧的支撑,使中国秘书的参谋辅助智能可得到不断扩充和拓展。这就形成了中国现代秘书人员发挥参谋辅助作用的特殊智能优势。三是在秘书参谋辅助的主动性上,西方秘书人员提出参谋建议,大多要考虑上司的态度,对自己是否有好处或风险,对诸多利害关系没有作出判断之前,一般不会提出参谋建议,提出参谋建议要受到多种因素的制约,其积极主动性受到影响。中国秘书与领导的根本利益是一致的。秘书参谋辅助大多以事业整体利益为基础,视领导工作的需要提出，协助领导活动趋利避害，以较小的代价获取重大的成效，因此，其积极性主动性较高，这就更有利于发挥创造性，提出有参考价值的参谋建议。这些不同和差异之处，是从宏观制度方面比较而言的一般情况，具体到每个管理组织内的秘书参谋职能，又有着极为多样的状况，不同国家、不同行业、不同管理体制、不同组织的领导机关，秘书参谋辅助活动的能量都有着一定的差别。

4. 参谋辅助层次区别的差异

中国与西方国家由于政体不同，秘书参谋辅助在层次区别上存在着某些差异。这种差异一是体现在高层秘书的参谋辅助上。在西方国家，如英国，设有"国务秘书"。国务秘书名为秘书，实为部长级官员。他们在政党竞选组阁中产生，与政府首脑共同对议会负责，与内阁共进退，其职能虽是辅助行政首脑处理行政事务，但不等同一般秘书的近身综合辅助，而是独当一面职权的官员，如国防秘书、外交秘书等，均有明确职能划分，有权在法定权限范围内行政。他们对行政首脑的参谋辅助，主要是从自身管理范围的角度，对国家重大方针政策和决策的参谋辅助。在中国没有设立国务秘书。最高行政首脑身边虽然也配有高级秘书，大多以"研究室主任"、"办公室主任"、"秘书长"、"副秘书长"命名。其职权大多是协助行政首脑综合处理行政事务，一般不对国家专项职能行政管理负责。其参谋辅助是对最高行政首脑的行政活动的综合性参谋辅助，即既在制定和执行重大方针政策方面发挥参谋辅助作用，又在综合处理日常事务方面发挥参谋辅助作用。

中央政府和省市地方政府设有秘书长。中央政府的秘书长职级高于各部部长，主要职能是对政府日常事务进行综合协调管理，其参谋辅助主要是对政府最高决策层的综合性参谋辅助。英、美、法等西方国家总理府或总统府也设有秘书长，其主要职能是主持总理府或总统府的日常行政事务，其参谋辅助主要是为总理或总统领导活动服务。

二是中层秘书参谋辅助上的差异。在西方国家如英国，中层秘书分行政级和执行级两类。行政级指具有部长、副部长、司长、副司长、助理司长、科长、副科长等职级的秘书。其职责是辅助行政长官和行政领导机关草拟、制定政策法令，联系、操办和协调各方面行政事务，负责机关内行政人员的考核与监督。执行级的职责是对次要的提案进行初步的审查分析，解决和处理行政事务中可能出现的一般问题，主持操办次要工作，其参谋辅助活动主要在其相应的层次内进行。在中国，秘书也有相应的职级，但职级划分与具体职责划分有较大的灵活性，较高职级的领导人身边，也可配备低职级甚至无职级的一般秘书。秘书参谋辅助的领域，主要由所在领导机关和对口服务的领导者的职权范围而定。这种灵活性，为年轻的低职级秘书在高层管理领域发挥参谋辅助作用提供了便利条件。

三是低层秘书参谋辅助上的差异。在西方国家如英国，低层秘书主要指文书、办事员级和打字、资料及计算机操作级。文书、办事员级主要任务是按一定的法规、指示处理具体事务，按照具体要求格式准确记录、回答公众提出的问题，统计资料等；打字、资料、计算机操作级大多是雇用的女秘书，主要从事打字、抄写、计算机操作、统计、接电话等。低层秘书发挥参谋辅助作用的机会较少。在中国，无职级的低层秘书内一般没有划分层次，统称为一般秘书，其工作任务主要是办文、办会、办事、记录、资料、接待、接打电话等日常办公事务。低层秘书在操办日常事务中也有较多拾遗补阙、发挥参谋辅助作用的机会，行政领导对低层秘书的参谋辅助同样是重视的。

5. 参谋辅助运作上的差异

中国与西方国家秘书参谋辅助活动运作上的差异，主要体现在以下方面：

一是体现在对重大决策参谋辅助的程序上。在中国，在制定重大决策前，秘书一般要协助领导者进行深入的调查研究，全面地收集信息，配合包括智囊团在内的各有关人员拟订可行方案，按初选的几套方案经论证后在小范围办试点，在总结和分析各试点、各方案试验的效果和有关情况后，再经过论证、补充、修改、完善，最后经法定程序通过后，作出决策，全面实施。在西方国家，行政首脑针对某些问题在掌握有关信息的基础上，形成决策意图，经其智囊团及高级秘书人员分析研究后拟定决策方案，由行政首脑在其权限范围内作出抉择，或由议会辩论通过后，付诸实施。中国在重大决策中，秘书协助调研、办试点等，是发挥参谋辅助作用的重要环节，而且有各层次的秘书和相关人员参与。西方则主要是首脑的智囊人物和高级秘书参与，在参谋辅助的环节上和参与者的范围上存在一定的差异。

二是体现在参谋辅助的主动性上。在中国各级秘书人员对其领导者都能主动发挥参谋辅助作用，只要领导工作需要或发现有关情况和问题，就可主动地提出参谋建议，在一般情况下，领导者对秘书主动提出的参谋建议是欢迎的；除此，领导者还经常就某些问题征求身边秘书人员的意见或建议。领导者有引导其秘书开展参谋辅助的主动性，秘书也有积极开展参谋辅助活动的主动性。在西方国家，首脑与高层秘书及智囊人物之间，有着双方都主动的沟通与交流。高层秘书在这种沟通与交流中发挥参谋辅助作用。而中低层秘书一般与首脑交流的机会较少。领导者也一般不主动征求他们的意见和建议，秘书对重大问题提出参谋建议的主动性不高。

三是体现在参谋辅助对群众智能开发的程度上。中国和西方秘书参谋辅助除了要运用自身的知识、经验和智慧外，都要协助领导者开发群体智能，为决策和领导活动服务。西方秘书人员主要是协助领导者与智囊团、各类研究咨询机构联系与沟通，开发群体智能。在中国秘书除了协助领导者利用智囊团、研究咨询机构的群体智能外，还强调开调查会、专题访问、座谈会、深入基层等办法，开发一般群众的群众智能，使决策和领导活动更加符合人民群众的利益和要求。这些在秘书参谋辅助活动运作上的差异是从总体比较而言的。各国具体领导者的领导作风不同，对群众的态度不同，运作上也各有不同。各国都不是完全统一的模式。

中外秘书参谋的相近相似之处，是人类秘书工作共同特征和基本规律所决定的。如秘书参谋职能、机理、规律、范畴、效应、方法和艺术等方面，均有相同、相近和相似之处。差异之处是由各国秘书工作实践环境及客观需要决定的，反映了中外秘书参谋的个性特征。正确把握共性与个性，对充分发挥秘书参谋的职能，借鉴发达国家秘书参谋的有益经验，是十分必要的。

第三章　秘书参谋机理

秘书参谋机理指的是秘书参谋活动的职能基础、实践需要、参谋特质、参谋功能等。正确理解和把握秘书参谋机理，是充分发挥秘书参谋作用的重要前提。

第一节　参谋职能基础

秘书工作是为领导者提供综合性近身辅助的工作。秘书的一切工作内容、任务等都必须适应领导工作的需要，秘书参谋辅助是领导工作的客观需要。领导者所处的地位越高，职责范围越大，工作内容越复杂，相关因素越多，内外环境变化越快，决策与管理智能需求越高，对秘书提供有效参谋辅助的需要就越强烈。中国如此，外国也是如此；古代如此，当代也是如此；未来发展的趋势更是如此。

从总体上看，秘书参谋基础，是由领导工作和组织管理的需要，以及秘书的职能地位的便利条件和工作性质决定的。

一、秘书参谋职能的前提因素

秘书参谋的对象主要是领导者，包括领导群体和领导个体，也包括领导机关和整个管理组织系统。无论领导群体还是领导个体，在行使职权、履行职责、作出决策、实施管理的过程中，都需要近身综合性助手秘书的参谋辅助。无论领导机关还是管理组织系统，在其运转过程中都需要处于枢纽位置，在各子系统中有着中介联系和综合办公机能的秘书和秘书机构的参谋辅助。这是秘书发挥参谋作用的前提因素。

1. 领导的本质需要

领导是指领导者通过履行其职责，行使其职权，带领被领导者在一定的环境中实现群体目标的活动。领导活动的本质是有效地带领被领导者实现组织系统既定的目标。

从领导是一种社会实践过程来看，领导活动中的相关因素很多，既包括领导者与被领导者的主观能动性，又包括个体与群体、个体与个体、群体与群体、群体与环境等关系；既包括人、财、物、时、空等要素，又包括决策、计划、组织、指挥、监督、控制、协调、激励等环节；既包括有形资源的使用和补给，又包括无形资源的有效配置。在诸多因素中，无论哪一个因素出现问题，都会影响领导效益，最终影响系统整体目标的实现。因此，跟踪参与领导活动全过程的秘书参谋辅助，就成为领导活动中不可缺少的组成部分。

从领导活动的主体来看，领导者（个体和群体）是主体，处于主导和支配地位。其思想观念、知识能力、综合素质、领导作用在很大程度上决定领导活动成效。无论领导者的综合素质有多高，在知识、经验、时间和精力等方面都会显得力不从心，难以避免出现疏忽或失误，或者出现主观认识与客观实际的偏离。这就需要秘书作为近身助手，在为其分担事务、信息沟通、分忧代劳中，及时拾遗补阙，发挥参谋作用，提供时间、智力、能力等方面的支持。

从被领导者方面看，领导活动的目标、措施只有得到被领导者的认同和积极参与并作出创造性的努力，才能取得良好的成效。由此，领导者必须了解被领导者；被领导者也必须理解领导者，做到上下高度统一。若出现相互不了解或者出现矛盾，领导活动就会产生种种障碍。秘书作为领导者与被领导者之间上情下达、下情上达的纽带，其参谋辅助有利于领导者了解下情，获取下属心悦诚服的支持和拥戴，随时协助领导者消除与被领导者之间可能出现的种种矛盾。

从领导活动的目标指向看，它是领导者和被领导者实践活动的方向和依据，共同目标是共同利益的标志，具有团结和激励全体组织成员努力奋斗的关键性作用。如果出现目标的偏离、迷失，就会陷入盲目和错误的处境，使事业遭到严重的损失；如果领导者和群众之间、各子系统之间、各利益主体之间目标不一致，甚至相背离，就会出现矛盾、分歧或冲突，产生内耗，整体合力离散，这对组织系统的发展是极为不利的。秘书在调整研究、督促检查、收集信息、反馈信息等工作中，便于及时发现种种目标偏离的情况，提出参谋建议，协助领导者克服偏向，把握正确的整体目标。

从领导活动环境看，任何领导活动都不可能脱离和超越环境条件的制约，更不能以破坏与环境的和谐关系为代价去追求一时之功利。否则，就会为客观环境所不容，出现种种障碍，甚至使领导活动遭到局部或全局的严重挫折。由于环境因素复杂多变，正确地认识环境变化发展的趋势，全面、有效地开发利用环境资源，抗御环境风险和把握环境发展提供的机遇并非易事，单凭领导者的能力对环境变化作出科学有效适变应变的反应困难更大。秘书在内外沟通的过程中，能够及时了解环境变化的状态和趋势，在为领导者提供信息服务的过程中发挥参谋作用，有利于协助领导者掌握全局、审时度势，科学有效地利用环境资源，在维护组织与环境保持和谐关系的前提下，促进事业的可持续发展。对各级政界首脑而言，适应环境的程度直接影响其布政施治的有效程度以及其地位的稳定；对企业主管而言，其适应市场的程度直接影响经济效益的盈亏；对科技文化界的主事者而言，是否适应社会发展的需求，决定其事业的兴衰。由此，各类各级领导者必须了解现实需要，敏锐地预测未来发展，尽可能使自己的领导活动适应环境条件的变化。但是，现代社会环境变化节奏加快，变化的动因众多，仅凭个人的智力和精力也是无法全面敏锐地感知的。而近身的秘书人员在及时、综合的跟踪服务中的参谋活动，有利于加强领导者对环境变化的洞察、把握能力，以便其在客观环境的变化中趋利避害，抓住机遇，进行科学决策，调整措施，顺应发展规律。现代社会发展中的竞争更趋激烈，各级各类领导者都必须面对竞争的冲击。要想在竞争中占据主动地位，必须不断地优化组织结构，强化组织功能，增强发展活力，有效地配置和开发利用各种资源。而秘书人员近身综合的参谋辅助，有利于领导者全面把握组织内部结构功能上的优势和劣势；

了解竞争的长处和弱点，把握资源条件的变化状态；秘书人员提供的参谋建议，有利于修正、补充、完善决策思路，改进、发展管理举措，增强竞争力。现代社会是不断创新发展的社会。领导者要想有所作为，必须不断地改革创新。而秘书的参谋辅助，往往能综合组织内外最新的改革创新信息，为领导者提供有价值的依据和可供参考的创新建议与方案。在实践中，创新是以各种现象、经验的融汇综合为基础的。秘书处于职能综合与信息综合的枢纽地位，因此，其辅助活动，对领导者具有不可替代的重要作用。

从领导人所承担的权责压力来看，行政首长、企业法人代表、各类管理机构的主要负责人，肩负着组织管理的全部责任，拥有最高决策权。权力和责任都会对主要领导人产生压力。任何有事业心的人，都不愿由于自己领导不善而愧对公众。有进取心的领导者必然把这种压力变成动力，主动地吸收群体智慧增强自己的知识和能力，乐意听取自己身边的秘书人员的参谋建议。领导者在法定的权限范围内，拥有相对独立的权力。而行使和运用权力，往往要通过会议、文件和对具体事务的处理来进行，这样倾听筹办会务、撰拟和处理文件、操办具体事务的秘书人员的意见和建议，就成为十分自然的事情。在谋求发展的过程中，领导者的发展思路和决策构想，往往要由其秘书人员执笔撰写成发展规划和计划，以准确系统全面地用文字表达出来，这样，领导者就一方面要帮助秘书人员全面理解决策意图，另一方面也要听取秘书人员的意见和建议。在这种双向交流中，秘书的参谋辅助作用将会发挥得更为充分。由于人民群众的文化素质和民主参与意识的提高，他们对其领导者的期望和需求也越来越高，一旦不能满足这种期望和要求，就会影响公众的信赖。这种期望与要求对领导者都会形成心理压力。他们不得不竭尽全力有效地行使自己的职权，以维护公众的信赖和拥护。而减少失误，少犯错误则需要更多有效的参谋咨询，特别是身边秘书人员大多以个人之间的沟通方式进行的提醒、规劝、建议就显得尤为重要了。因此，现代领导者所需要的不再是仅能听命办事的秘书，而是需要既能机敏办事又能充分发挥参谋辅助作用，使自己减少失误，有效行使职权，帮助自己树立良好公共形象，赢得公众支持、信赖和拥护的秘书人员。

从科学决策的需要看，管理和领导活动的关键就是决策，现代领导人的最关键职责也是进行科学有效的决策。决策的正确与否决定事业成败。而现代决策不仅需要业务范围内的专业知识，而且需要政治、经济、科学、文化等各方面的知识和经验；不仅需要全面了解现实状况，而且需要了解历史渊源和未来发展的趋势；不仅需要客观地把握自身的实力，而且要准确了解来自各方面的竞争和挑战。为了进行科学决策，领导者需要高智能的秘书人员作为自己近身的参谋助手，需要通过秘书去开发群众中蕴藏的丰富的智能财富，需要通过秘书去与各类智囊团和参谋咨询机构联系收集各种意见和方案，需要秘书协助处理综合各方面的信息或建议方案，以便有效地融汇到科学决策中去，等等。领导者进行科学决策的辅助需要，构成了秘书发挥参谋作用的重要职能基础。

从以上多个角度的分析来看，秘书的参谋辅助，是领导活动的本质需要。增强和优化秘书的参谋职能，有利于领导活动的顺利展开，有利于强化领导者的领导功能，有利于调适领导者与被领导者的关系及领导活动与环境的关系，有利于坚持和把握正确的领导活动目标，有利于主要领导人承担责权压力、实行科学决策。

2. 系统的中介位置

在人类管理活动中，管理和管理对象、领导和领导对象之间，往往需要中介环节连接、传递信息与能量。秘书和秘书机构处于组织管理和领导活动中的中介位置，连接主体与客体，在主体与客体之间来回传递信息与能量，便于了解有关方面的需要和要求，便于发现组织运转中随时可能出现的各种失调、失稳、矛盾或冲突，便于把握组织整体和局部的运转状态及发展变化趋势。因此，有效发挥秘书的参谋作用，对组织管理和领导工作不可或缺。这具体体现在，秘书和秘书机构处于组织纵横结构的中介位置。秘书在纵向上是决策与执行的中介，便于在组织层次系统中下情上达、上情下达，能及时发现上下失调或矛盾的有关情况，及时协助领导者发现问题、分析问题、解决问题，发挥参谋辅助作用；秘书在横向职能管理各系统中处于职能综合的中介位置，便于协助领导者从整体利益出发，加强对各职能系统的控制和调整，发挥参谋辅助作用；秘书在决策与执行中也处于中介位置，便于在决策的目标与执行的可行性，决策者的意图与执行者的要求之间，发挥参谋辅助作用，使决策与执行有机地结合起来，取得良好的决策成效。

从秘书活动内容看，其中介位置也是极有利于其发挥参谋作用的。如秘书撰拟文件，要把领导决策的内容，用规范的文字语言，系统地表述成标准的文件，成为贯彻实施的依据。在决策内容转化为正式文件的过程中，秘书不仅要在语言、逻辑关系、文体格式等方面使文件标准化，而且要在相关政策、法规和决策的阐述、与环境的契合、实践的针对性等方面使文件内容更具科学性。若发现问题，就得及时提出参谋建议和意见，其对决策的补益是不可低估的。在为决策性会议作会务工作时，秘书要提供有用信息，收集议题，拟定议程，准备有关资料，提出备选方案等，都是在决策需要与作出决策之间不可忽视的参谋辅助。从某种意义上讲，秘书办文、办会、办事、信访、督查、调研等业务工作，都是立足于其中介职能位置的综合性参谋辅助。这些辅助服务，都为秘书了解实际，发现问题，研究问题，提出解决问题的意见和建议，提供了空间与条件。

秘书处在系统的中介位置，便于其站在组织整体利益和各子系统的综合利益的立场，客观地分析问题、思考解决问题。相对领导者而言，秘书处于中介位置。他们既有贴近领导、理解领导意图、了解领导者对参谋辅助需要的条件；又不承担领导权责压力而处于"旁观者清"的职能位置，能比较客观地观察和分析问题。对各子系统而言，秘书既便于了解它们各方面的情况，又不代表特殊职能利益主体，没有局部利益偏向，便于从全局利益出发提出参谋建议。

秘书系统的中介位置既体现在组织结构上，又体现在职能分工上；既体现在决策的全过程中，又体现在管理的各个环节里；既体现在内部的系统运作中，又体现在与外部环境的交往关系中。因此，秘书处于系统中介位置所开展的参谋辅助活动，与分管副职领导人和各职能部门负责人相比，更具有全局综合性；与各局部具体工作人员的参谋建议相比，更具全面性；与其他组织成员个体随机提出的意见和建议相比，更具适应领导工作需要的针对性；与组织外部专家的参谋咨询相比，更具及时性。但是，秘书的参谋活动也有自身的局限性。一般来说，秘书参谋比分管副职领导人和职能部门负责人的业务水平相对要低；没有各局部工作人员所提出的意见和建议具体；没有外部专家参谋咨询的专业化程度高，对问题分析和对策研究的科学化水平相对要低，等等。领导者只有充分认识秘书处于中介位置发挥参谋作用的特点和局限，才能有效地发挥其参谋作用。秘书人员既要发挥中介位置的优势，处处留心，勤于观察和思考，善于捕捉参谋时机，充分发挥参谋作用；又要正视自己发挥参谋作用的局限性，立足于系统的中介位置，广泛地吸纳蕴藏在各相关方面的群体智慧、经验和创新见解，全面地收集处理信息，虚心地向一切有真知灼见的人请教，以弥补自身的不足。只有这样，秘书才能在实践中不断地提高参谋水平，增长参谋智慧，增强参谋功能，提高参谋效应。不少忠诚敬业，勤于观察思考，善于出谋献策而从秘书职位走上领导工作岗位的人，大多是处于系统的中介位置并善于从实践中学习、善于在秘书参谋活动中不断增长管理才干的人。

必须说明的是，处于系统的中介位置，不一定每个秘书都能有效地发挥参谋作用。那些仅满足被动办事的人，就无法了解领导者的参谋需要，难以捕捉参谋时机；那些对实践中出现的新情况、新现象、新趋势、新问题闭目塞听或熟视无睹的人，就无法找到参谋内容和参谋依据；那些对问题浅尝辄止，不愿进行深入调查了解和分析研究的人，就难以抓住事物的本质和规律，提不出中肯有价值的意见和建议；那些仅凭头脑发热和一时冲动，不作科学缜密思考的人，提出的意见或建议，往往无的放矢，很难有参考价值。由此，秘书人员虽处于系统的中介位置，但要想充分发挥参谋作用，就必须克服上述不良倾向。

3. 民主管理的环节

民主管理是现代科学管理的基本原则之一。在资本主义制度下，资本家为了缓和矛盾，调动员工的积极性和开发群体智能，也采取了鼓励员工提意见、建议等有限的民主管理举措。在社会主义条件下，人民群众取得了当家作主的地位，实行民主管理是社会主义制度的本质要求。早在 1978 年 10 月，邓小平同志就在全国工会第九次代表大会上强调指出："为了实现四个现代化，我们所有企业必须毫无例外地实行民主管理，使集中领导与民主管理结合起来。"实践证明，实行民主管理，有利于把领导与群众的智慧有机地结合起来，有利于充分调动群众的主动性、积极性和创造性，有利于使管理决策和管理措施更加符合客观规律，从而得到人民群众的真诚拥护和积极参与。

在实行民主管理的过程中，秘书工作及其参谋活动，是一个不可缺少的环节。

引导和组织群众参与管理，是实施民主管理的重要手段。领导者常要通过职工代表会制度、建议制度、目标管理制度等，倾听群众的意见和建议，将群众的智慧吸纳到管理举措和决策中来。而职工代表反映的意见、建议和需要，一般要由秘书人员综合整理，集中起来，供领导者参考和采纳；通过意见箱、接待日等征集的意见建议，要由秘书人员进行分类、整理，并按规定反馈给领导者；定期或不定期召开的座谈会、调查会、咨询会要由秘书具体操办，并将会议上征求的意见和建议系统地整理成有参考价值的材料，供领导者参考；目标管理标准的拟订，实施情况的反馈、调整等，秘书要做大量的综合协调工作。

民主管理要求政务公开、厂务公开，使人民群众全面了解组织管理的目标、计划、措施、执行情况，特别在财务收支、人员任用、收入分配等关系到人民群众切身利益的管理内容方面，要让群众知晓，得到群众认可。管理公开是人民群众当家作主的具体要求，只有这样，群众才能有效地参与管理，行使民主监督的权力，防止领导者以权谋私或用权不当。在实施管理公开的过程中，领导者要定期向各级人民代表大会、职工代表大会报告工作，要由秘书负责综合报告材料和草拟报告文稿；公布有关财务、人事任用和报酬分配情况，要由秘书会同有关部门综合整理；公布有关管理情况后，要由秘书收集群众的反映和意见，并及时传递给领导。在这些过程中，秘书的具体工作当会有力促进领导和群众的相互了解，增强组织的凝聚力，也有利于秘书更加深入全面地了解情况，提出有价值的参谋建议。

实行民主管理的关键是领导者要有一切为了人民的根本利益这一思想，了解民情，尊重民意，以民为本，获得民心，以形成推动事业发展的巨大力量。但是，在实践中，违背客观规律，仅凭主观愿望办事，伤害民利的有之；与民争利的有之；官僚主义不了解民情的有之；个人说了算的有之；不相信群众，不依靠群众的有之。上述种种消极现象都是实施民主管理的障碍。秘书作为领导近身的综合性参谋助手，一旦发现违背民主管理原则的消极现象，应本着实事求是的精神，及时劝谏，尽可能使领导者改正错误，坚持民主管理原则。

坚持民主管理原则不等同于"当群众的尾巴"。在实践中，有些符合群众根本利益和长远利益的改革举措，有可能有损于局部利益和眼前利益，被部分群众不理解甚至反对。若不做认真细致的思想工作，就会激化矛盾。若放弃正确有效的改革措施，又会贻误时机，对人民群众的根本利益和长远利益带来不利的影响。这也需要秘书协助领导，遇事和群众商量，将改革的目的、意义及预期效益让群众知晓、理解，达成共识，统一思想。这样做，既有利于消除障碍，化解矛盾；又有利于形成合力，取得良好的成效。

可见，在推行民主管理的过程中，秘书的参谋辅助工作是不可缺少的环节。领导者实行民主管理需要秘书发挥参谋作用。秘书在民主管理中立足于自身的职能位置，也能够发挥更为有效的参谋作用。

二、参谋主体的角色优势

秘书是参谋活动的主体，作为领导者近身的综合性参谋助手，其参谋活动的职能优势具体体现在以下方面：

1. 综合辅助的条件

秘书对领导工作提供综合辅助的职能特征，使其具备充分发挥参谋作用的良好条件。

从观察事物的空间范围看，综合辅助有利于秘书从全局分析问题，提出有助于领导者全面发挥管理职能的建议。秘书办文办会办事，收集处理信息，督促检查等综合辅助，涉及的范围十分广泛，特别是协助领导者草拟计划、制定政策等，必须以国内外的有关信息为依据，将宏观、中观、微观情况联系起来，将各个部门有机地联系起来，进行综合思考，从全局角度参谋辅助领导者。

从认识事物的流程看，秘书对领导者的综合辅助，是伴随着领导活动从发生、发展到获取结果的过程而展开的。秘书从事综合辅助，能促使其系统地、由浅入深地、相互联系和动态发展地认识事物、分析问题。这样，秘书就可能透过现象，抓住本质，抓住主要矛盾和主要矛盾的主要方面，有针对性地提出解决问题的办法。秘书与领导者长期贴近工作，有利于了解领导者的思路，也容易发现领导工作中的不足或偏差，在与领导者的思想沟通中便于及时发挥参谋作用，在双方密切贴近和工作流程几乎一致的共同实践中强化对领导者的参谋作用。

从适应内外环境发展看，综合辅助有利于秘书多角度、多侧面地看问题，进行纵横比较，从而敏锐地发现不断出现的新情况、新问题、新趋势。在此基础上提出的建议和方案，自然更有参谋价值。

从参谋内容的广度看，秘书综合辅助是对领导工作的全面服务。只要是领导者职能范围内的问题，秘书都可能在综合辅助中发挥参谋作用。

在实践中，领导者的职能范围全面，特别是主要领导人，要思考处理的问题很多，难免出现重视一个方面而忽视另一个方面的问题，出现某个因素、某个环节的疏漏或失误。这种疏漏或失误虽然是局部性的，但若得不到及时有效的解决，或者长期未被发现，也可能造成重大损失。有事业心责任感而又敏于观察勤于思考的秘书，能够在综合辅助中及时发现领导活动中的种种疏忽或偏向，起到重要的参谋作用。

秘书的综合辅助虽然处于从属地位和辅助服务的层面上，但在空间、时间、环境、内容等方面都与其领导者有着一致性，并在主辅紧密配合中运作，这就给秘书发挥参谋作用，提供了特殊的职能条件。

2. 沟通枢纽的条件

信息沟通是组织成员保持思想统一、行为一致的重要条件，是否保持灵敏有效的沟通状态，直接影响信息流能否有效地引导物质流和能量流产生效益，关系到信息、物资、能量的使用和补偿，从而直接影响到组织的发展活力和生机，影响领导活动的成效。秘书处于组织内外沟通的枢纽位置，不仅在信息沟通上起着重要作用，而且能借助便利的沟通条件，发挥有效的参谋作用。

从管理信息网络的构架上看，秘书机构处于组织纵向层次系统、横向职能系统以及与同行业及相关单位联系的扩展系统和与各信息点联系的伸延系统的枢纽位置，又是与信息使用和发布的核心——组织领导层保持直接沟通的辅助系统。这就使秘书便于在对各方面信息综合加工的基础上，提供有情况、有分析、有对策的高层次管理信息，发挥有效的参谋作用。秘书的这类参谋辅助是与信息服务同步进行的，并有机地融合在信息工作之中，因此在及时、准确、有效方面，更便于满足领导工作的需要和要求。秘书既能在向领导提供信息的过程中主动发挥参谋作用，又能受命于领导者去完成有关调研课题，发挥参谋作用。

从正式组织沟通的运作看，为了实现组织目标，取得良好的管理效果，领导者对组织活动方针、政策、规则、章程等遵从、执行的情况必须及时、准确地把握；对行使权力、履行职责、承担义务、工作分工及配合等方面的情况，必须全面了解；对组织运转各环节、各阶段的成效必须了如指掌。这样，才能有效地进行指挥、协调和控制。秘书处于沟通枢纽的位置，通过信息服务、调查研究、督促检查、处理信访，以及办文、办会等业务活动，能够促进各方面的沟通，并从与各方面的沟通中，对照规范，发现问题，分析问题，提供解决问题的对策，发挥参谋作用。一旦沟通受阻，出现上有政策下有对策，有令不行有禁不止，或报喜不报忧，虚报假报等消极现象，务实求真的秘书人员也能及时地发现，提出参谋建议，协助领导者妥善处理，避免种种消极现象对组织运转产生严重的干扰。

从非正式组织沟通的引导上看，以人际关系、兴趣爱好、个人情感、心理因素构成的非正式组织中的沟通，如果引导得法，可以增强凝聚力，有效地开发人力资源；如果缺乏引导，让可能出现的不良风气或消极因素自由泛滥，就可能产生离心力，涣散组织的机体。秘书在广泛的人际交往中，既有利于把非正式组织中有关人心向背及对领导意图和管理举措的理解、认知和评价等信息综合反映给领导者，供其参考，又可及时发现种种不良倾向，提醒领导者进行有针对性的引导和教育；既可将组织发展的形势、前景、领导意图等传递到非正式组织中去，引导非正式组织围绕实现正式组织目标献计献策，又可从非正式组织了解群众的实际状况、希望与要求，并传递给领导，协助领导者充分掌握民意。秘书在此方面的参谋咨询，有时是以在会议、汇报中难以得到的真实具体的信息为基础的，因此具有特殊的参考价值。有些隐藏很深的腐败现象，有些潜在的矛盾和危机，往往从非正式组织的信息中被发现和揭示出来。秘书关注非正式组织的信息，对强化其参谋功能具有不可低估的作用。

从信息沟通的闭环回路上看，管理信息的输入、转换、输出、反馈要构成闭环回路。闭环回路运作的每一个环节，秘书都要参与其间，具体操作，起到枢纽作用。输入信息，秘书要进行收集、筛选、综合；信息转换为决策，秘书要拟订供选择的各种预案和准备各方面的论证材料；决策信息的输出，秘书要具体办文、办会、传达；决策执行的反馈，秘书要承担调研、督查及收受各种报表和汇报材料。在闭环回路的信息沟通中，秘书通过决策的内容、计划要求、执行标准等与反馈的信息进行对照，发现其中的差异，并分析造成这种差异的原因，提出有关对策建议，协助领导者确保决策取得满意的施行成效。秘书在组织管理信息沟通的闭环回路中发挥参谋作用，对协助领导者纠正执行偏差，克服执行障碍，适应执行过程中的环境条件的变化，以及补充、修正和完善决策，均有着不可低估的积极作用。

与此同时，还要看到，秘书与领导之间沟通又极为便利，既有办文、办会、办事等活动中的常规工作沟通，又有随同出差等近身服务活动中思想情绪的人际沟通。这就便于秘书根据领导工作不同时间、不同阶段、不同问题上的需要，提供及时、准确和有效的信息，以及有关对策建议。这样的参谋活动，对提高领导工作的效率和效益，防止官僚主义和脱离实际的错误倾向，具有不可低估的积极作用。

必须指出的是，秘书处于沟通枢纽位置，必须具有实事求是、务实求真的科学态度，才能起到积极作用，提供有价值的参谋建议。若仅限于表象或零散信息的传报，或者报喜不报忧、虚报假报，就会使领导工作陷入盲目性，甚至产生信息误导，严重地干扰领导工作；若以表象、不实或扭曲的信息为依据提出参谋建议，正直且有准确判断力的领导人就会对秘书失去信任；糊涂或心术不正的领导人采纳了错误的建议之后，就会给事业带来重大损失。对此，领导者和秘书都应引起高度警惕。利用信息提供参谋建议和接受采纳参谋建议，都必须从事业公利出发，坚持务实求真的科学态度。

3. 近身服务条件

秘书在领导者的近身位置提供公务服务，这对秘书发挥参谋作用，也是极为有利的条件。具体说来，近身服务条件体现在以下方面：

一是谋断契合的便利。秘书近身服务便于了解领导参谋辅助的需要；领导者也可直接向秘书提出有关问题，并指导秘书去进行调查研究。秘书处在近身服务的位置可以及时发现问题，特别是领导行为中随时出现的、具体的、难以引起重视的疏漏或失误。秘书在近身服务中能及时拾遗补阙，监督辅助领导予以纠正，避免造成损失。在有关决策问题上，秘书在草拟文稿、拟订会议议程等近身服务中，往往要直接了解领导的意图，并在提供信息和参与谋划中发挥参谋作用。领导人向近身服务的秘书下达任务，如授权理事、授意草拟文件、提出调研课题的过程中，往往要将自己的思路，需要了解的情况和需要研究的问题等作出交待。这对秘书有的放矢地发挥参谋作用是极为有利的。

秘书没有决策权，但有参谋辅助之责。领导负责决断，需要参谋。近身服务条件使秘书与领导的谋断分工更加紧密地结合在一起。秘书与领导的谋划与决断的交流，既可在会议上又可在个体之间进行；可以定期交流，也可以根据需要随时交流。这就使秘书的参谋辅助与领导人的决策活动更加契合，从而增强秘书参谋的成效。

二是直接沟通的便利。秘书向领导提供建议，领导向秘书了解有关情况，往往是在直接交流中进行的，大多包容在秘书为领导近身服务的活动中。这样沟通的距离小，及时随机，没有阻隔，易于排除干扰，可以深入地探讨问题，形成智能谐振。灵活、便捷的沟通交流对秘书发挥参谋作用是极为有利的。

三是相互理解信赖的基础。秘书在近身服务中理解领导人，领导人通过共同工作实践，也能理解秘书，产生信任感。这种相互理解信赖，使得秘书能够少有思想负担地向领导人提出自己的建议和想法；领导人也可将尚不成熟的思路，需要实践印证的想法提出来让秘书去进一步调查研究、征求意见。有了这种相互信赖的基础，秘书的参谋思考会更为活跃，领导的决策思考也会更有活力。在相互信赖的基础上相互间的启发、补充、印证、修正、比较，得以在宽松的气氛中自由展开，这对增强参谋方案和决策内容的科学性、可行性、完整性和创新性，也是十分有利的。

四是相互补偿的效果。秘书在近身服务中，通过参谋活动，不仅对领导工作有所补益，而且了解领导工作的思路、程序和不同时期的工作重点，使自身的近身辅助服务更加主动、及时、周密和有效；领导人在接受秘书的参谋建议及共同探讨中，能够全面地了解秘书的思想、素质、智能、长处和不足，有利于领导者用秘书之长，补秘书所短，更为有效地培养和使用秘书，将一些秘书能够胜任的工作放手让其去干，自己集中时间和精力思考决策大计。

秘书在近身服务中进行参谋活动，为领导者提供信息，同时也能具体地学习领导人管理及决策方面的知识、经验、领导艺术及胆识。领导人听取秘书的参谋建议，可以拓展思路，弥补缺失，加速决策思路的形成，吸取创新见解；同时也能对秘书的工作、思想和学习进行指导。这种相互补偿越有效，秘书参谋越有活力。

秘书要正确利用近身服务的有利条件开展参谋活动，必须端正参谋动机，绝不能利用近身服务之便，谋求私利；更不能为领导人谋取私利出歪点子。否则，一害事业，二害领导人，自己也要跌入泥坑。正直有为的领导人，对投机讨好出歪点子的秘书是不能容忍的。忠诚无私的秘书对领导人的行为失范一定会勇于规谏。

第二节　秘书参谋特质

秘书参谋与其他参谋活动的区别，本章第一节已经进行了比较。这里仅从秘书参谋职能的自觉性、内涵的综合性、活动的受制性、作用的随机性几个主要方面，进行深入阐述。

一、职能的自觉性

从整体看，秘书参谋是秘书工作的重要组成部分，但层次、职级不同的秘书人员其履行参谋职能的比重是不同的。对于侧重履行参谋职能的中、高层次的秘书，力争主动地做好参谋辅助工作，也就成为其自觉的职能意识了。

1. 担任参谋角色的自觉性

秘书是领导近身的综合性参谋助手，参谋辅助与事务辅助已成为秘书工作的基本内容。中高层次的以政务辅助为主要职责的秘书人员，只有充分把握自己的侧重职能，才能强化自己的角色意识，才能自觉积极，力争主动，在事务辅助的基础上，着重发挥自己对领导者的参谋职能作用。相关秘书人员的参谋角色意识不强或不明确，是不会有做好参谋辅助工作的自觉性的。当相关秘书人员认为自己只要在办文、办会、办事中服从领导，任劳任怨就够了，决策和管理只是领导者的事，缺乏担当参谋角色的自觉性，只管埋头办事，这样的相关秘书，实际上已处于失职状态。秘书担任参谋角色的意识越明确，履行参谋职能的自觉性也就越高，越能主动地进行参谋思考，在参谋实践中更快地提高参谋才能，其所发挥的参谋职能作用也就会不断增强。

相关秘书只有顺应秘书工作规律，自觉地担当领导近身的参谋角色，才能立足自身的职能位置，积极履行参谋职能，发挥应有的本职作用。

2. 参谋思考的自觉性

秘书参谋是一项智能辅助活动。秘书人员能否自觉进行参谋思考，对其发挥参谋职能作用至为关键。

在实践中，有的秘书人员虽然具有履行参谋职能的自觉性，但是却不能积极主动地进行参谋思考，不能自觉地以参谋者的眼光敏锐地观察问题、发现问题和分析问题，更难以自觉地提出解决问题的办法。没有参谋思考自觉性的秘书，往往对实践中出现的新情况、新问题、新趋势缺乏敏锐的观察力；对工作中早已存在的失调和矛盾熟视无睹；对长期存在的"老大难"问题麻木不仁；特别是对领导决策和领导行为，不能进行实事求是的分析，认为领导大权在握，水平高，能力强，领导决策和管理不用自己操心等等，这样，他们也就失去了进行有效参谋辅助的最重要的认识基础。

秘书缺乏参谋思考自觉性，除了与秘书担当参谋角色的自觉性不强有关外，主要还有以下原因：

一是唯上观念。秘书是领导人的下级，必须服从领导人的指示和命令。若不能正确认识服从领导与力争主动发挥参谋作用的关系，就可能陷入误区。领导怎样说自己就怎样办，一切听从领导而自己不开动脑筋，不进行创新思考，即使发现了问题，也被动地等待领导人指示如何解决。这样的秘书，不仅难以发挥参谋作用，就是事务助手的标准也未达到。秘书服从领导指的是要遵从领导指示的原则，接受和完成领导交给的任务，实现领导确定的目标，其落脚点是有利于领导工作，协助领导提高工作效率和效益。当领导人出现失误和疏漏时，秘书就应该积极思考分析，在主辅配合中力争主动地发挥参谋作用，帮助领导人减少或避免失误和疏漏，这是对提高领导工作效率和效益最有效的服务，是领导者更需要而且乐于接受的辅助。缺乏参谋思考自觉性，完全被动听命于领导人的秘书，是不称职的，也是不受领导者欢迎的。

二是守旧观念。在现代管理实践中，组织内外环境条件不断地变化。有守旧观念的秘书，必然固化思维，缺乏活力，很难适应现代管理中日趋复杂且不断变化的新形势，往往习惯于例行公事，遇到新的问题，也不愿主动思考，提出适情应变的管理建议和意见，而是被动地等待领导指示，或者不顾效果机械地照搬老办法。这样的秘书不仅难以发挥参谋作用，事务服务的效率也不会高。当代领导人特别需要自己的秘书协助领导工作，适应环境条件的变化，若秘书人员因循守旧，就难以当好领导人的参谋助手，有时还会为领导工作增添麻烦。

秘书人员只有克服唯上和守旧观念，坚持实事求是，一切从实际出发，用发展的眼光去看问题，积极主动地观察思考，才能有效地发挥参谋作用。

二、内涵的综合性

秘书是领导者近身的参谋助手，其参谋活动围绕领导工作展开。秘书参谋的内涵是综合性的。这是秘书参谋与其他参谋的重要区别。

1. 对领导各项职能的综合参谋

组织系统的领导者统御指挥全局，具有对各要素实施管理的决策、计划、组织、指挥、监督、协调、控制、激励等项职能。为领导综合辅助服务的秘书机构及秘书，其参谋作用要综合体现在领导者的各项职能活动之中，也就是说，领导者的各项管理职能活动，都需要秘书的参谋辅助。如秘书在撰拟实施全面管理的规章制度、计划总结、工作要点、发展规划等公文文稿时，就要对各项职能管理发挥综合性的参谋作用；对某专门问题进行调查研究、督促检查、受权理事，也要将专门问题与管理全局结合起来，综合发挥参谋作用。收集处理信息，必须将各职能 信息综合加工，协助领导者把握组织整体发展变化的态势，发挥综合性参谋作用。在领导召开全局性会议过程中，秘书在办会时也要发挥综合性参谋作用。同时，领导者无论是在对人、财、物等要素的管理过程中，还是在组织、计划、指挥、协调等专项职能活动中，秘书部门都要提供服务，发挥参谋作用。

可见，秘书部门及相关秘书对领导者各项职能的综合性参谋，一是体现在对全局综合管理的参谋辅助上，二是体现在为各项职能管理所提供的参谋辅助上，三是体现在全局信息的综合管理上。

秘书工作和秘书参谋内涵的综合性，既由其服务对象职能的全局性所决定，也由其处于领导者近身综合服务的职能位置和信息综合的优势所决定。秘书部门和秘书人员在为领导提供综合服务的实践中，便于从维护组织全局综合效益的角度，分析、研究局部的、个别的问题；便于将局部的、个别的苗头或倾向，综合到全局发展变化中去思考；便于将专家、内行和各岗位有真知灼见者的智慧、创见、知识、经验等综合起来，对领导发挥参谋作用。秘书参谋的综合性，是秘书参谋职能优势之所在。

2. 对领导各项活动的综合参谋

领导者在发挥各项职能作用的过程中，要进行各项具体活动。其中，既要按工作计划按程序批阅文件、召开定期举行的会议等，又要随时处理突发事件、接待重要来访者、完成上级机关临时下达的任务，还进行大量的、按计划安排的或视需要临时决定的会见、会议、出差、公关等工作。在各项领导活动中，秘书都能近身综合地发挥参谋辅助作用。

在领导者从事的各项活动中，秘书的综合性参谋一是体现在跟踪活动全过程的综合参谋上，即从开展某项领导活动的目的、安排、过程、细节、结果等各个环节，秘书都要参与谋划，周密运筹，协助领导者取得良好的成效。如由领导者主持的公关活动，秘书就必须根据领导者的意图和组织需要，拟订公关活动预案，筹划程序安排，提出接待名单，建议如何宣传报道等，活动结束后还要根据各方面的反映，向领导者提出下一步工作建议。二是体现在对具体活动的运筹与领导工作整体需要的结合的综合性参谋上。在领导者的各项活动中，秘书都要针对具体活动内容，发挥参谋作用以提高效率，同时还要将组织整体功利、规范及要求与具体领导工作效率结合起来，发挥综合性参谋作用。如秘书在为领导者拟办文件的过程中，就必须将该文件的具体内容，与各相关文件、有关政策法规及各有关方面的需要结合起来，综合发挥参谋作用，这样的拟办建议被领导者采纳后，才能取得良好的效果。如果仅就某一文件的内容就事论事地提出拟办建议，被领导人采纳后，很可能与其他文件内容相冲突，或者违背有关政策法规，或者与其他方面的情况相悖。由于秘书对各相关方面情况都比较了解，所以在协助领导者处理某项公务活动时，能够发挥这种综合性参谋作用。三是体现在提供预案建议与细节的提醒补益相结合的综合性参谋上。如秘书协助领导者安排工作日程，既要根据领导工作的需要和工作内容，将一日、一周及一月的各项活动，按轻重缓急作有序的安排，又要按各个时段的活动需要，提醒和协助领导者，作好具体准备，发挥综合性参谋作用。

领导者的各项活动都有明确的目的和着重点，为达到专项活动的具体目的可能忽略相关方面；关注重点时可能忽略面上；从事重大活动时可能在细节上出现疏漏。秘书在领导活动中的综合性参谋作用，有利于弥补领导活动可能出现的不足或缺失。这对优化领导活动效果，具有不可替代的积极作用。

3. 对领导处理各种关系的综合参谋

在现代管理中，领导者必须妥善处理组织内外的各种关系。这些关系在领导活动中具体体现为各种联系。秘书协助领导者在办文办会办事过程中联系各方，能够对领导者处理各种关系发挥综合性参谋作用，主要体现在以下方面：

一是对处理上下关系的综合性参谋。领导者在实际工作中，既要与上级打交道，也要与下级打交道。领导者同上下级的关系状态，直接影响工作成效。对这种复杂的关系，必须全面优化，不能顾此失彼。领导者若仅重视与上级的关系而忽视与下级的关系，或者仅重视与下级的关系而忽视与上级的关系，或者两个方面的关系都存在问题，都会给工作带来不同程度的损害。秘书既要协助领导与上级联系，又要协助领导深入基层，与下级保持密切的联系，发挥综合性参谋作用，使上情、下情和领导者的决策管理紧密结合起来，保证领导活动见效。从某种角度讲，秘书在实际工作中协助领导加强与上级和下级的联系，本身就能促进相互理解、相互配合，也便于及时发现可能出现的种种失调和误解。秘书针对具体情况对领导者提出协调建议，就可发挥优化上下关系的综合性参谋作用。

二是对内外关系的综合性参谋。组织生存发展在特定环境中，组织管理和领导活动必须与环境相契合，与组织外部公众、同业组织、往来单位等保持良好理解、配合的协调关系。秘书部门是内外沟通的门户和窗口，在了解内部运转与外部环境变化方面有特殊的优势，能够及时了解到外部公众、往来单位对本机关、本组织系统的反映和意见。在此基础上，秘书根据内外各方面的情况，对领导者提出有关建议，就可在优化内外关系方面，发挥综合性参谋作用。秘书在接待来客、处理内外往来文书、处理信访、收集外部环境信息等工作实践中，能够促进自身较全面地了解外部环境变化以及外部公众对本组织系统的评价和意见；加上秘书处于领导者身边，对组织的状态也有较透彻的了解，因此，所提出的有关协调内外关系的建议，就会比较切实，具有针对性。

三是协调各种利益的综合参谋。在组织管理和领导活动中，必须面对各种利益关系，面对各种利益主体之间的关系，这种关系如果引导、协调、整合得好，可以增强组织活力，保持稳定与有序发展；如果处理不当，就可能出现矛盾和问题，给稳定与发展带来消极影响。秘书广泛的职能活动和内外交往，特别是在信息、信访、调研、督查等工作中能够比较全面具体地了解各种利益需求和显现或隐现的利益失调与冲突，而且对组织整体利益、长远利益、根本利益的理解和把握比较准确。在此基础上，秘书针对各种利益失调和利益主体之间的矛盾问题，提出的对策建议，就具有综合参谋作用，其综合性参谋的价值也较高。

三、活动的受制性

秘书参谋作为一种秘书职能，其活动与作用要受到种种职能因素，尤其是参谋对象即领导者的制约，带有较强的受制性。

1. 受制于领导者

其一，受制于领导权限和管理意向。相关秘书是领导者的直接下属，对领导者近身发挥限于辅助性质的参谋助手作用；领导者是其直接上级，是组织系统决策管理的主导者，直接指挥秘书紧紧围绕自己的管理意向与各种辅助需要提供参谋辅助服务。

因此，相关秘书履行参谋职能，一要自觉受制于领导者的职能管理范围，不能超越其实际管理权限。否则，就会越出领导者的管理视野和实际辅助需要，既失去参谋活动针对性，又干扰领导者权限之外的工作，形成不务正业的无效、越位参谋，于领导者不仅无补，反会造成麻烦。二要受制于领导者的管理意向，不能游离或随便违背领导者的指挥意志和管理意图擅自行事。相关秘书必须具有明确的角色意识，立足下级与辅助职位，自觉接受服从领导指挥，随时认真领受、领会领导意图，紧密围绕领导者的指示精神及辅助需要，忠实积极、力争主动地提供令其满意的参谋辅助。秘书在参谋活动中，遵循组织原则，维护主辅关系，自觉受制于领导者的管理意向，在被动受制之中力争主动，忠实积极而实事求是地进行参谋辅助，是秘书参谋受制性的集中体现。

其二，受制于领导者素质。领导者的思想素质、知识素质、能力素质及工作作风对秘书参谋活动均有着直接影响。领导者思想素质高，有强烈的事业心、责任感和进取精神，在决策和管理中就特别重视和需要来自各方面的参谋建议，并能主动地向身边的秘书征求意见和下达调研任务。这样，就使秘书参谋能在领导职能范围内全面发挥参谋作用。反之，秘书的参谋作用就会受到压抑或排斥。

其三，受制于领导者信任程度。领导者对秘书的信任程度越高，秘书的参谋活动越能得到领导者的指导和鼓励，并能让秘书知晓不同时期不同阶段对参谋辅助的需要，使秘书参谋活动更有针对性，对秘书提出的意见和建议也能予以重视，并实事求是地认真思考和采纳；否则，秘书参谋活动就会因得不到领导者的充分信任而受到不同程度的制约。

秘书必须通过自己卓有成效的事务辅助和参谋辅助，使领导者对自己的忠诚正直的人品和参谋辅助的才能产生信任感，并在主辅配合中不断地加强这种信任感，秘书的参谋活动才能取得良好的成效。秘书在参谋辅助和事务辅助中的失误特别是行为失范，会使已经具有的领导者的信任迅速丧失。

其四，受制于领导者的认知状况。秘书提出的建议和意见，只有得到领导者的认同后，才能受到重视，才能被采纳实施，发挥实际作用。秘书参谋，特别是对重要问题的意见和建议，必须以真实、准确、全面的信息为基础，必须进行有理有据的深入分析，提出的对策建议才能具有参考价值；必须在有利于促进和提高领导者认知过程的前提下，才能有效发挥参谋作用。领导者认识水平低且固执己见，秘书正确有效的参谋建议往往很难发挥应有的作用。

其五，受制于领导心理情绪。领导者的心理情绪往往不同程度地影响其对事物的态度。领导者应有效地调节自我心理情绪，科学客观地对待事物；秘书也应理解在不同情况下领导者心理情绪的变化，帮助领导者恢复正常的心理状态。秘书处于领导者的近身位置，对领导者心理情绪变化比较了解，应在其心理平静，能客观分析问题时提出建议和意见；若重要问题必须立即提出以便采取措施时，必须说明问题的重要性，使领导者控制情绪，以客观的态度分析和处理问题。

2. 受制于组织环境

在管理民主程度较高的组织内，管理透明度高，组织成员有更多的参与管理的机会，领导者乐于接受来自各方面的意见和建议，而且有健全的尊重群众意见的制度保障。在这种组织环境中，秘书参谋具有良好的参谋环境，一是便于了解领导的参谋需要，便于全面地收集有关信息和吸纳群众的智慧、经验与要求，具有厚实的参谋基础；二是参谋对象具有民主意识，鼓励群众以创新精神献计献策，重视秘书参谋辅助，并能加强引导和指导，使秘书参谋具有活力。

在缺乏民主管理气氛的组织内，组织成员参与管理的机会不多，少数人或个人说了算，重大问题搞暗箱操作，对群众的意见或建议采取排斥打击的态度；有些领导者认为秘书只要听话办事就够了，不愿意听取秘书的意见和建议，怕秘书指出自己的不足和失误会影响自己的威信，等等。

在这样的组织环境中，秘书参谋一是得不到领导者的有效指导和支持；二是难以了解领导者的参谋辅助需要；三是收集群众意见、吸纳群众智慧会受到种种障碍，反映群众的正当要求、合理建议也会遭到误解或排斥；四是提出与领导人不同的看法时得不到有效的组织保护和制度保障，参谋的积极性、主动性将受到极大扼制。

3. 受制于秘书自身

秘书参谋活动的价值取向，观察问题的角度，分析问题的客观性、科学性，提出对策建议的合理性、可行性等，无不受秘书个人的思想观念、认识水平、知识经验及工作态度等要素的影响。

其一，思想观念。

有强烈事业心和进取精神的秘书，能在为领导工作提供周密有效的事务服务的同时，以务实求真的精神，积极主动地发挥参谋作用，有效地优化和补益领导工作。

缺乏事业心和进取心的秘书，得过且过，不求有功，但求无过，满足于听命办事，很难力争主动地开展参谋活动，即使领导者向其征求意见，他也难以有效应对，提出有参考价值的参谋咨询意见。

私心严重、追名逐利的秘书，会利用参谋活动媚上谋私，察言观色，投领导所好，出歪点子，弄虚作假。有的明知领导者的行为违法违纪，不但不加劝阻，反而推波助澜，最后一起跌进腐败的泥坑。

其二，认识水平。

认识水平高的秘书，善于透过现象抓住本质，善于从各种表象中发现新的苗头、新的趋势；善于从人类创造的一切文明成果中吸取营养，丰富自己，提高认识水平；善于虚心求教，取长补短，勇于探索、创新。这样的秘书思想活跃，参谋效率高，作用也大。

认识水平不高的秘书，只能看见现象，抓不住本质；只能机械地上传下达，难以敏锐地发现新的苗头和趋势，更不能作科学预测；只能就事论事地提出显而易见、人云亦云的见解，不能抓住问题的症结；只能唯书唯上空谈大道理，拿不出科学可行的具体办法来。他们即使有参谋积极性，也难以有所作为。

其三，知识经验与态度。

一般来说，秘书的知识经验越丰富，认识水平和参谋智能也越高。但是，知识经验必须与实事求是、务实求真的科学态度有机结合起来，才能有助于认识水平的提高。不注重调查研究，不深入实际，也可能犯教条主义、经验主义和主观主义的错误，其参谋作用也就会受到限制。

秘书主观因素对其参谋活动的制约，是起决定作用的内因。它与外部因素相结合，对秘书的参谋活动产生影响。

四、作用的随机性

秘书参谋的随机性，指秘书基于近身、综合辅助领导者的职能条件，必须也可以随时适应领导的各种辅助需要，及时、灵活而有效地发挥对口参谋效应。相关秘书是领导者近身、综合的参谋助手，他们的职能就是随时、直接地领受并尽力完成领导各种参谋辅助任务；相关秘书近身从属领导者，具有与领导者亲密贴近、了解领导者的职能优势，能够因时、因势、灵活、有效地向领导者提供各种参谋辅助服务。秘书参谋的随机特征，与组织系统其他职能部门更多是循规按序稳定发挥分工辅佐职能作用的程序特征，构成又一明显区别。

1. 承担参谋任务的随机性

秘书的参谋辅助任务，是根据领导者有效进行领导活动的随时辅助需要而产生的。

其一，领导管理活动随时需要参谋辅助。

相关秘书几乎全程紧随领导活动。领导者在进行决策和相关事务活动时，随时会有进行决策、施行决策、处理日常事务的参谋辅助需要。领导者的参谋辅助需要，大部分是显现的、有规律出现的，并交由相关秘书予以提供。也有一部分是隐含的、无规律出现的，则要由相关秘书在近身、综合辅助过程中，细心体察思考，及时捕捉，主动给予参谋辅助。前者如领导者进行决策时，要由秘书协助调研、处理信息、综合提出预案；领导者实施决策时，要由秘书中介沟通、协调、督查，反馈执行信息，乃至参谋辅助追踪决策；领导者进行公共接待、召开会议、制发公文、处理急务时，也都可能由秘书给予协助，获取秘书的参谋辅助效应。后者如一些领导者实际上需要，但却没有明确交待的参谋任务；领导者未作深入考虑而又关碍大局的某些复杂隐性；秘书可能触及、发现的某些矛盾、失衡和管理疏漏等。

对相关秘书而言，上述两种参谋辅助任务，尤其是第二种参谋辅助任务的出现，从总体上看，都在必然之中带有较大的偶然性。从时间与机会因素看，均显现较为突出的随机特性。

其二，领导个人缺失随时需要监督参谋。

任何领导者，都难以避免出现有碍全局管理的某些个人缺失，从而程度不同地削弱其领导形象的魅力，进而影响左右系统全局的领导活动。

对领导者显露出的个人缺失，给予提醒、规劝乃至谏诤，进行弥补辅助，亦是相关秘书的重要参谋辅助职能。

导致领导者个人缺失的因素同样很多，如政治观念、思想认识、行为倾向、作风素养、行为方式、心理状态、习惯癖好、即时情绪等。上述因素，可能多个渗透综合，也可能单个存在，在相应领导活动环境、相应时机之中，会导致领导者出现程度不一、危害不同的个人缺失。领导者随时需要相关秘书给予监督参谋弥补个人缺失。

2. 进行参谋辅助的随机性

秘书承担参谋辅助任务的随机特征，同其近身、综合辅助领导者，可以选择、创造参谋时点，灵活有效地进行参谋的职能条件结合起来，使得秘书参谋的随机性尤为突出。

正因为秘书近身、综合辅助领导者，双方几乎处于全程的主辅协同配合、稳定密切相处的工作关系状况，所以，作为领导活动的近身外围，秘书自然具备对领导者可以随时、及时、深入、细微体察、了解的活动优势。他们可以随时领会、领受领导者的各种辅助需要与参谋任务，可以及时、迅速作出针对领导者辅助需要的参谋反应，可以就一件事情进行反复充分参谋，可以根据需要或用文字或用语言进行多种方式的参谋，可以在常规工作时间内进行程序性参谋，可以在日常具体接触中进行临时建议和提醒，可以给予有形的咨询建议，可以给予无形的拾补辅助，可以寻找或创造领导者适当的活动时点进行得体得当的参谋，可以准确把握并避开领导者不良的即时情绪进行有效的参谋，等等。

秘书参谋的随机特性，为其有效履行参谋职能提供了充分的活动余地，是秘书参谋潜在的突出职能优势。相关秘书只有把握这一秘书工作特性，敏于观察，勤于思考，机灵创新，力争主动，就能为领导者提供应需适情、对路有效的参谋辅助服务。

第三节　秘书参谋功能

秘书参谋功能指秘书部门及相关秘书的参谋职能所应该发挥的实际作用。秘书参谋功能同样由其职能基础、职能特质及活动机制所决定，并主要体现在具体职能活动之中。

一、综合的信息、智能支持

秘书为领导者提供综合的信息、智能支持，是秘书参谋的基本功能，也是领导工作对秘书参谋的基本辅助需要。

1. 初始信息的本质挖掘

秘书的信息工作，已不再是对初始信息的简单传报，而是要通过综合加工，对事物作出本质的反映。加工提炼出的信息，不仅要全面、准确、及时、有效，而且要求信息数据明晰、可靠，分析客观、深入，对策方案科学、可行。显然，秘书为领导者提供有分析、有对策的深层次管理信息，也就为领导者审时度势、适变应变、运筹谋划提供了智能支持。这种智能支持，是秘书参谋功能的基本体现。秘书通过综合加工信息，向领导者提供深层次管理信息的智能支持，一是可以帮助领导者从零散、杂乱、纷繁的初始信息中，抓住事物的本质和发展的趋势；二是可以帮助领导者从客观、深入的分析研究中，较快抓住事物发展变化的关键要素及相互影响因素；三是可以协助领导者拓展视野与思路，得到多套备选方案，从而加快领导者决策的进程，增强决策的科学性、可行性。

秘书对领导者的信息智能支持，是通过对初始信息的本质挖掘并加工成深层次管理信息来为领导决策服务的，是对情况的了解、分析及对策研究一体化的智能支持，是信息的收集整理与信息利用紧密结合的智能支持，是针对领导工作的具体需要及时提供的智能支持，因此，对领导工作具有特殊的辅助作用。

2. 特殊信息的典型研究

在领导管理实践中，经常出现新情况、新问题、新矛盾等事物发展变化状态。这些特殊信息是否有代表性，有何特征，其发展趋势如何，都是领导者必须及时、准确把握的。作为一个明智的领导者，往往将这些特殊信息，作为最重要的关注点，进行深入的调查思考，同时也会要求秘书配合进行跟踪调查研究，及时捕捉这些特殊信息，把握其变化发展，同时，发现典型，"解剖麻雀"，以此推断全局，运筹全局工作的部署和调整。

在对特殊信息的典型调研中，不管是捕捉特殊信息、发现典型，还是对典型事物进行剖析，秘书都是领导者近身的参谋助手；不管是领导者亲自主持的典型调研，还是秘书承担的典型调研，秘书都要发挥重要的参谋作用；不管在典型事物分析认识上，还是在对典型的传播推广上，秘书的参谋辅助作用都是不可缺少的。

秘书在对特殊信息的典型调研中，一是辅助领导者发现典型，协助领导者强化洞察力；二是辅助分析典型特征，协助领导者；三是在推广、运用典型的范围、方法上提供信息智能支持，协助领导者发挥典型的作用；四是在收集推广典型的过程中提供信息智能支持，协助领导者进行创新，不断提高领导工作成效。

3. 动态信息的发展预测

处在组织内外环境条件不断发展变化中的领导者，能否抓住机遇、抗御风险，在竞争中取得主动，关键在于能否科学预测。在实践中，科学预测是建立在客观系统地认识过去，全面深入地分析客观现实的基础上，对未来作出比较准确的判断的一种认识活动。这就需要处于领导者近身综合辅助地位的秘书部门和秘书，在协助领导者总结工作、分析现状、制订规划和计划的过程中，通过收集处理、综合分析信息，通过调查研究、办文、办会、办事等职能活动，加强科学预测，把握未来发展的动向；通过向领导者提供正确的预测信息，向领导者提供超前智能支持，辅助领导者坚持正确的发展方向，对未来发展做好充分的准备，制订出符合发展规律的、科学可行的发展规划和计划安排。

秘书通过向领导者提供预测信息，对领导的决策管理进行智能支持，一是有利于从纵向发展上辅助领导者正确把握未来，以深远的眼光运筹系统的发展。二是有利于领导者从国际国内和本地区本系统有关方面的横向比较上，知己知彼，正确认识本组织所处的位置，实事求是地确定未来发展的长远目标和阶段性目标。三是通过纵横比较，协助领导分析预测未来发展的机遇、风险、有利因素和不利因素，从而有效地调整各种关系，在尊重客观规律的前提下，科学地配置各种资源，作出合理周密的统筹安排。

秘书向领导者提供动态信息和预测信息，提供智能支持，不像传说中的预言家那样充满占卜吉凶的玄机，也不像专家们对某方面未来发展的构想和推测那样抽象和理性化。秘书向领导者提供的预测信息，是根据具体的动态信息和事物发展的客观规律，对影响组织生存发展的具体要素及要素间关系的未来变化的科学推断，必须贴近组织发展的实际需要，对领导者筹划未来发展具有针对性和参考价值；也就是说，必须是立足现实、立足特定环境、立足本单位发展需要的比较明确的推断，是对信息既有现实依据又有科学理论依据地进行综合分析的成果。只有这样，才能对领导者起到有效的智能支持作用。那些不着边际的空洞构想，那些唯书、唯上，偷换某些名词概念的做法，那些仅凭主观想象虚构未来景象，都不符合秘书提供预测信息的要求，也不能对领导者起到切实有效的智能支持作用。

二、跟踪的系统参谋辅助

秘书伴随领导者提供综合辅助的实践过程，就是跟踪领导活动的系统运筹谋划的参谋活动过程和事务服务过程。

1. 对决策管理的跟踪参谋

在领导者的决策活动中，无论是决策目标的确立、决策思路的形成、多套可行方案的拟订，还是为选择、论证、发布决策方案等，秘书都要跟踪谋划和提供参谋服务。在决策执行过程中，秘书必须跟踪收集执行反馈，协助领导者把握决策施行进程和环境条件的变化，为领导者补充、完善和调整决策，确保实现决策目标而发挥参谋作用。秘书跟踪发挥参谋作用的功能，是对领导者智能的重要补充与拓展，成为领导决策管理系统的不可分割的综合辅助子系统。

2. 对管理各环节的系统参谋

在计划、组织、指挥、协调、监督、控制、激励等各管理环节中，领导者都必须进行全面、系统而有效的运作，必须克服种种困难、阻力和可能出现的失调现象，以保证组织目标的实现。秘书在为领导者提供综合服务的过程中，熟悉整体目标要求和各环节的具体目标和要求，因此，能够及时发现各环节出现的矛盾和问题，并提出有效解决问题的意见和建议，具有不可低估的系统参谋功能。

3. 对各发展阶段的全程参谋

领导者在指挥和控制组织成员实现组织目标的过程中，往往要经历不同的阶段，如准备阶段、启动阶段、攻坚阶段、发展阶段、转折阶段、完善阶段等，要经历顺利时期、困难时期、挫折时期、恢复时期和新的发展时期等。不同的阶段和时期，有不同的领导工作内容、重点和要求。如果在某一阶段出现疏漏和失误，就不仅要影响本阶段的工作成效，也会对以后的各工作阶段产生不利的影响。秘书在各个管理阶段都处于与领导者主辅配合的地位，熟悉各阶段的目标、任务和要求，也熟悉各阶段的承接和发展关系。因此，便于从整体目标和长远利益出发，对各阶段出现的具体矛盾和问题，提出建设性的意见和建议，参谋辅助领导者保持组织整体工作的稳定及可持续发展。

三、贴近的拾遗补阙辅助

秘书在为领导者提供近身综合辅助中，十分贴近领导者，理解自己的领导者，熟悉领导者的思路和工作习惯、工作方法，有着与自己的领导者共同的实践过程。因此，秘书近身领导者的职能优势，使其具有对领导者切近而切实的拾遗补阙的特殊参谋功能。

1. 对领导者认知的拾遗补阙

领导者应该持有正确的政治态度，应该对所辖范围内的事物及相关环境条件有正确的、客观的、准确的认识。只有这样，才能保持正确的活动方向，有效实施领导。但是，在实践过程中，出现某些疏忽或偏差，特别是那些暂时的、局部的、细节方面的不足，往往在所难免。秘书在与领导者主辅配合的实践过程中，便于及时发现和提醒领导者，协助领导者纠正认识上的偏差，弥补认知的不足，发挥拾遗补阙的参谋功能。

2. 对领导者管理行为的拾遗补阙

领导者的管理行为必须规范、正确，必须具备适应组织管理实际的合理的行为倾向。但在工作繁忙、情势不断发展变化的条件下，领导者的行为难免出现疏漏和失误。秘书熟悉领导者的行为倾向及具体的领导行为，便于近距离及时发现领导者行为的疏漏和缺失，能随时随机地给予暗中弥补或当面提醒，发挥拾遗补阙的参谋功能。

3. 对领导者个人缺失的监督辅助

相关秘书既是领导者的直接下属，又是领导者政治上一致、事业上有共同追求、人格上平等的同志与战友。因此，秘书对领导者在思想意识、品格素质、人生追求、行为作风以及廉政状况等方面可能表现出的个人缺失，理应利用其独具的近身、综合辅助的工作条件，责无旁贷地给予民主监督，有节有度、随机有效地进行及时弥补、诚恳规劝乃至犯颜直谏，尽心尽责地帮助领导者更好自重、自警、自律，促进其正身洁行、廉明行政。这是相关秘书近身、综合参谋辅助领导的一个重要功能，是秘书参谋的应有之义，是相关秘书出于为人民服务的根本宗旨所必尽的本职责任，亦是秘书忠实辅助领导者、正确积极维护领导形象、力争主动地当好参谋助手的不可或缺的职能作用。

第四章　秘书参谋范畴

秘书参谋范畴指秘书发挥参谋职能作用的活动范围，是秘书部门和秘书立足其职能位置，利用职能条件，体现其参谋特质，充分发挥参谋功能的相对稳定的活动领域。

第一节　辅助决策的形成与施行

决策的形成及施行是一切管理活动的中心环节，也是领导工作的核心内容。对秘书参谋而言，各项重要的参谋课题主要是围绕领导决策展开的；重要的谋划建议与方案都是针对领导决策提出的。秘书参谋对领导决策管理活动补充、优化的有效程度，与其参谋智能水平和综合素质有着紧密的联系。

一、决策形成的参谋

1. 准备阶段

领导者决策的准备是否充分，决策依据是否全面、切实，相应的分析、论证是否深入、缜密，对决策的科学有效有着直接影响。秘书在决策准备阶段要承担重要的参谋辅助任务。

其一，权责与法规分析。

在决策准备阶段，秘书必须辅助领导。秘书要从权责和法规的角度，分析该项决策是否应该由本组织的领导者作出，该决策的基本意向是否符合国家方针、政策、法规，是否与上级和本组织的其他决策精神相冲突，为此，秘书必须明确有关方针、政策、法规与决策内容的关系，明确组织的管理权责范围和领导者决策的权责范围，只有符合国家方针、政策、法规，在决策权责范围内进行决策才是规范的、允许的；若偏离政策法规、越权决策，就必然与客观环境相冲突，或者造成权力配置体系的紊乱，或者出现违法违纪决策。依法行使职权，在权责范围内进行决策，这是对决策者基本的要求。但有一些法纪观念淡薄的领导人过于自信，以为越权决策是敢冒风险，有魄力，明明不该干不允许干的事他偏要干，踩线决策，越权行事。对此，秘书有责任提醒劝谏，使其冷静地思考严重后果，晓之以利害，纠正不规范的决策行为。对下级侵权决策也是错误的，这样会挫伤下级的积极性，使下级缺乏主动性。有些领导者受集权思想影响或对权力科学配置的重要性认识不足，对下级不放心、不信任，对下级职权范围内的事也要由自己说了算。对此，秘书也应根据本组织管理权责配置的规定，提醒帮助领导者把应该由下级作决定的事让下级自主处理。

其二，决策事项分析。

秘书要辅助领导者分析该项决策的重要性和必要性。在管理实践中，不是一遇到问题就应该马上作出决定的。一些偶然出现的个别问题，尚未弄清楚来龙去脉，不明了其成因和影响，草率决策，就可能造成决策失误或者朝令夕改。秘书要辅助领导者正确分析问题的性质，确定解决问题的最佳途径，保证领导者的主要精力用在刀刃上，决策、处理好关键政务。

其三，决策时机分析。

秘书应协助领导者分析决策的时机，即分析时间因素在该项决策中的重要程度。诸如：必须在什么时候决策？是否马上决策？再拖下去会不会加剧后果？等等。在实践中，时机成熟就能取得主动；时机不成熟，条件尚未具备，勉强决策，同样是不可取的。秘书应辅助领导者，审时度势，密切关注内外环境条件的变化，把握事物发展的规律，抓住时机，适时进行决策，取得主动权。

其四，信息资料分析。

秘书对已经掌握的信息资料，必须进行分析和处理，辅助领导者掌握作出正确决策必需的信息资料。要分析这些信息资料的价值与使用，还有哪些重要的参考资料尚未掌握，到哪里去调查获取。

其五，理解领导决策意向。

领导决策意向是决策活动的出发点，秘书辅助决策必须对此有充分理解。一是要充分理解领导决策要达到的目标。把握住这个核心问题，秘书才能通过调查研究、信息处理及各方面的分析研究，协助领导者思考主观决策意向与客观环境条件是否相符合。对于领导者符合客观实际的决策意向，秘书应按其需要，形成多套可行方案，供领导选择；对与客观实际相悖的决策意向，秘书应帮助领导者再行斟酌，避免损失。二是要了解领导者为达到决策目标而初步选择的途径。若初步选择的途径可行，秘书就应协助领导者拓展为实施计划和方案，通过参谋运筹，协助领导者设计执行环节、程序安排、任务分配及各种具体措施，为作出系统的多套备选方案作准备。若领导者初步设想的途径缺乏可行性，就必须协助领导者进行修改，或者另谋良策。

其六，提出参考建议。

秘书对领导决策意向提出参考建议，必须有务实求真的科学态度。所谓务实，就是真正了解客观实际情况，不管实际情况与领导者的主观愿望是否相符，都要如实咨询。所谓求真，就是要把握事实真相，揭示事物本质，排除各种假象干扰，协助领导者不被各种假象所迷惑。

秘书务实求真，提出参考建议，还必须全面、有效地利用各种资源，进行创新思考，提高参谋效果。思考的问题如：还是否有其他途径能实现管理目标？还是否有更好的谋略？还是否有客观存在的有利条件或发展机遇没有利用？还是否有疏漏？群众的意见和建议中是否有值得重视的东西未被重视或吸纳？等等。

2. 形成阶段

在决策形成阶段，秘书掌握的信息资料越丰富，参谋智能越高，其参谋作用越大。在此阶段，既可通过周密的参谋运筹，设计出多套可行方案，供领导者选择、参考，又可对各种方案进行比较、补充，使之更加完善；既可对各方面的意见和反映进行综合归纳，融进各种方案，又可将各种有价值的方案带到群众或专家那里去征求意见，辅助领导集思广益。

在决策形成阶段，秘书有着很多发挥参谋作用的途径和领域。

这主要体现在以下方面：

其一，设计性参谋。

秘书机构和秘书根据组织管理目标和掌握的大量准确、真实的信息资料，探索思考出解决问题的合理思路和多套供领导者选择的可行方案。秘书设计性参谋特别要注重建议方案的科学性、可行性和可受性。要使建议方案具有科学性，必须掌握事物及组织管理的基本规律，把握环境发展的趋势，抓住机遇，有效地配置组织内外的各种资源。建议方案的可行性，就是要求秘书在参谋之中，充分衡量实施此方案所必备的条件，本组织是否已经具备，或者通过努力能够具备；执行方案过程中可能会遇到哪些困难和问题，是否有能力克服或者通过努力可以克服。不具备可行性的方案不仅难以发挥积极作用，而且会产生消极影响。建议方案的可受性，就是要求方案设计者充分考虑方案的执行条件、投入代价、可能面临的风险等，是否可被决策者、执行者及各相关方面所接受。不具备可受性的建议方案一是难以被领导者接受或采纳；二是即使被采纳也难以取得令人满意的效果。

其二，分析性参谋。

秘书要参与综合分析各方面提出的建议方案，通过对各种方案的比较、分析、论证、评估，精细、准确地权衡利弊，比较各方案的优势和弱点，准确地测算出各方案的投入产出、风险值和效益值，列出直观而明确的损益表，并提出自己的意见或看法，供领导者决策时参考。

秘书在分析性参谋中，特别要注重与领导者的决策思维形成互补。秘书要实事求是，独立思考，不能唯上、唯书，更不能趋炎附势；要敢于坚持真理，讲实话，不怕得罪人，不能随大流，必须具有科学严谨的态度。对于有创见的、与众不同的建议方案，应特别重视，无论提出者是谁，也无论此方案怎样不被人们理解，秘书都应当协助领导人进行认真的分析研究，恰如其分地肯定其独到之处，并把其中的创新之处向领导及时介绍，尽可能把方案中的创新成果吸纳到决策方案中去。在决策形成阶段，如果可供选择的方案很多，秘书协助领导者对各方案逐一分析研究就显得更为重要。秘书可将各备选方案的基本思路和内容进行分类，并初步分析各类方案的基本特征和价值状况，为领导者选优作好基础工作。

其三，补充完善性参谋。

秘书在收集综合各方面关于决策的意见和建议的过程中，要进行科学的分析和综合处理。若发现某建议方案存在局部不足，可把自己的修正、补充意见附在该方案的后面，与方案一起呈送给领导者，供其决策时参考。在这类参谋活动中，秘书虽不是独立地提出完整的建议方案，但对决策所起的积极作用，同样是不可低估的。附有补充完善意见的备选方案，直接提高了其参考价值。

在补充完善性参谋中，秘书要特别注重保持原建议方案的特色和优势。补充完善的意见，应使其特色和优势得到加强。

在补充完善参谋中，秘书要整体地、充分地分析备选方案，评价其实用价值。若方案不具实用价值，就用不着再花气力去加工修改；若其整体上价值不大，但局部有创新和可取之处，秘书应突出可取之处，供领导参考，便于吸收到决策方案中去；若其总体上有较高实用价值，只是局部有某些不足，秘书应尽可能提出补其不足的建议。在管理实践中，站在不同角度对同一方案可能会有不同的看法，产生不同的修改、补充和完善的意见。秘书可将不同的意见或看法归纳分类后提供给领导者参考。

3. 论证阶段

从诸多可行的备选方案中作出抉择，是拥有决策权的领导者的职能。秘书只能在优选方案中做一些参谋辅助工作。如对各种方案进行认真的分析和比较，根据组织发展目标、环境条件的变化进行充分的论证，提出相应的参考建议，供领导者抉择参考。

其一，选优参谋。

秘书综合各方面的情况，将各备选方案的优势和劣势、投入和效果、有利因素和不利因素、长远利益和近期利益等一一进行比较，从而透彻地分析各方案的特征和价值，选出最优方案并将各方案按优劣依次排列，为领导者抉择作铺垫。这种选优参谋最重要的是将所有备选方案都按照客观需要分解成各项可比要素。分解的方法、标准要一致，并尽可能用准确的数据表示出来，然后将各方案的相关要素一一对应地进行比较，尽可能详细地做定性和定量的分析，不能只进行笼统的比较或仅凭直觉印象作判断。决策是关系到全局成败的大事，各备选方案的分析比较不能有任何马虎和疏漏。

在选优参谋中，秘书除了对选优发挥参谋作用外，还应注意对那些未被选中的诸多方案中的合理或有创新因素的部分尽可能协助领导吸纳到决策方案中去，取长补短，充分优化。

其二，排除参谋。

对各套方案充分研究和对应进行要素比较后，将分析的量化结果，按最优到最差依次排列，然后从效果最差的方案开始，逐一排除，直到其效果符合决策目标要求为止。再将剩下的方案按各自的环境要求、投入高低、施行时间长短等依次排列，从环境条件要求最高、投入最大的方案开始，依次逐一排除，到本组织可以承担和满足的时候为止。然后再按照风险值的大小，将剩下的方案依次排列，从风险值最大的方案开始，逐一排除，直到组织可以承担的时候为止。这样，按照组织管理的要素和环境要素等各方面的标准将各方案依次排列，逐一排除其中不符合要求的方案，最后剩下少数方案就是可以接受的方案了。

在排除参谋中，秘书必须协助其领导者确定合适的选择标准。选择标准应该根据组织生存发展的关键因素来确定。选择的标准不适当，其选优的准确性就要受到影响。同时，选择标准要根据组织的实际情况和需要而定。实力雄厚的组织，可承受的风险较大；实力薄弱的组织，可承受的风险就较小。因此，两者风险值的选择标准就不同。秘书应协助领导者按照组织管理的实际需要，制订选择标准。

排除与选优要相互结合，即先排除不符合组织需要的方案，然后在剩下的方案中选优。这样可以结合运用两个方法的长处，比较迅速、准确地达到选优目的。

其三，论证参谋。

经过选优和排除后的备用方案，也不一定会完美无缺，还必须进行反复的论证和优化。相关秘书在辅助论证过程中，一可运用否定质疑论证方法，协助领导者将参与论证的人员列成两组：一组对已初定的决策方案从整体到局部，提出否定或质疑；另一组以设计者或策划人的身份针对否定或质疑进行答辩。一轮答辩结束后，两组人员交换立场，再次进行答辩。如果两轮答辩中维护方案的理由都很充分，各种质疑都能得到满意的答复，各种否定意见都能被驳倒，就表明方案是能够成立的。然后，再对方案的各个局部、各个环节、各个具体措施，提出否定和质疑，深入进行论证答辩。如果通过了答辩，就表明决策方案比较合理可行；如果反复答辩中方案显现出诸多创新之处，就表明方案是比较优秀的。在方案的反复质疑答辩中，秘书既要参与论证，还要负责具体组织、整理论证记录等重要任务。二可运用假说论证方法，也就是秘书或有关参与论证方案的人员，对实施方案的未来环境条件变化和组织将会面临的困难、风险、挑战、机遇、竞争等，作出不同的假设，然后再针对不同的假设分析决策方案的适应与可行程度，再视情加以完善或处理。这一过程，也要由秘书辅助领导者加以完成。三可运用补充综合参谋方法，即秘书把已经落选的各种方案中的长处和优点、有创新性和借鉴价值的东西，尽可能地补充融合到优选出的决策方案中去。但是，必须注意充分考虑是否相容和匹配，不能搞拼凑，必须保持决策方案的特征和主体结构。

二、决策施行的参谋

决策作出后就进入决策施行的阶段。决策能否取得预期效果，还取决于决策施行。领导者在决策后就会密切关注、引导和调控决策的施行，随时把握决策施行各阶段的效果，并通过秘书跟踪决策施行全过程，收集反馈信息，了解施行进展情况，并验证决策方案的科学性、可行性。秘书在决策施行中的参谋活动，对辅助领导者发现问题及时进行修改、补充和完善，确保执行效果，都是十分必要的。秘书参谋也贯穿于决策施行的始终。

1. 对施行偏差的参谋

在决策施行中，出现某些矛盾和问题在所难免。秘书要辅助领导者及时发现问题，准确地分析造成问题的原因，并对照决策方案和施行决策各程序、各环节上的要求，寻求补救措施，找到解决问题的办法。一般情况下，秘书应抓住以下方面发挥参谋作用。

其一，对例行事务疏漏的参谋。

在决策施行中，有不少有章可循的例行事务，若违章处理，也会造成失误。秘书在参谋辅助中，容易及时发现失误，建议领导者加以纠正。对已经出现的问题，秘书应协助领导者尽快查清其严重程度、损失大小和影响范围，然后制订补救方案。

其二，对重大施行失误的参谋。

这类失误，一般是因施行者违背了决策的原则所造成的。对这类失误，秘书要协助领导者，尽快查清造成失误的原因及可能影响。秘书参谋的重点是有的放矢、对症下药地提出具体对策，弥补损失，消除不良影响，要协助领导者采取强有力的措施，避免消极影响所引发的连锁反应。

重大失误是可以避免的。秘书在日常工作中应协助领导者防微杜渐，对一些可能造成重大失误的苗头、趋向或薄弱环节，应及时给予提醒，提出建议，采取相应的措施，避免出现重大失误。

其三，对施行失调的参谋。

在决策施行过程中，各执行子系统可能因工作进度、效果、节奏等方面的差异而造成整体运作的失调。秘书应协助领导者发现失调，分析造成失调的具体原因，提出协调建议，协助领导者进行有效调控。如果施行中的失调不是决策方案本身造成的，则主要调整执行措施，使各执行子系统的运作趋于协同一致。

2. 对决策疏漏的参谋

在决策的施行过程中，一旦发现决策的不足之处，秘书就应该辅助领导者及时采取措施进行补救，尽可能减少损失和降低可能产生的影响。秘书这方面的参谋辅助，应把着重点放在以下几个方面。

其一，对目标失误的参谋。

在决策过程中，决策者对客观环境发展形势的认识过于乐观或过于悲观，都可能造成决策目标脱离实际，出现决策目标过高或过低的失误；决策者对国家有关方针政策及整体发展规划、政治经济环境理解得不透彻，或对发展变化估计不足，也可能导致决策目标的失误。这种失误，对组织产生的消极影响是整体性的。对这种失误发现得越早，纠正得越快，造成的损失也就越小。因此，秘书无论在决策的形成阶段还是在决策的施行阶段，都应该协助领导者反复研究决策目标是否切合实际。秘书若对决策目标失误提出意见或建议时，往往难以被某些领导者所接受，甚至会被人误解。但是，一旦秘书确实发现了决策目标的失误并被实践所证实，就应该明确向领导者提出，坦诚提供依据、阐明理由，协助领导者尽快采取有效的纠正措施，调整目标和决策方案。

在决策施行中发现决策目标的失误，往往已经造成了较大损失和影响，秘书应协助领导者，客观务实地分析研究正确的目标如何确立，错误的决策目标出现了多大的偏差，如何纠正偏差，补救损失，克服影响等。

决策目标失误往往会连带决策方案的失误。但方案的某些局部、环节、具体做法也可能有可取之处，不应不加分析地全盘否认。一般来说，秘书应协助其领导调整和纠正决策目标，以便组织按照正确的目标有序运转；同时要尽可能弥补损失和消除不良影响，尽可能保留原来的成果，使之仍发挥积极作用。

决策目标失误时，领导者承受的压力很大。在其认识到目标失误之前，对正确的调整目标的意见往往难以采纳；而在认识到目标失误后，又急需各方面的参谋辅助。秘书必须尽早地使领导者认识到失误及后果，立即调整目标，全力协助领导者进行目标调整的谋划，这样才能有效地发挥参谋作用。

其二，对决策方案失误的参谋。

决策目标正确，也可能出现决策内容、结构的失误。这类失误，往往也会给组织管理造成挫折和损失。在这种情况下，秘书应及时参谋辅助领导者思考弥补方案。如果有合适的备用方案，应建议改用可行的备用方案；如果没有合适的备用方案，秘书应协助领导者制订可行而有效的补救方案。这种方案的制订，往往要经过形成新决策的所有程序，而且要纠正方案的失误，消除不良影响。

其三，对决策局部失误的参谋。

这往往是在决策施行中暴露出来的某个局部、某个环节、某种措施的失误。这种失误在实践中出现的几率较大。秘书应协助领导者尽早发现这种失误，对失误的程度影响及失误部分在决策方案中的地位、作用和联系等，进行深入分析之后，再提出调整的建议。这种调整，既不宜对原决策方案改动过大或全部否定另搞一套；也不宜无视局部失误对相关部分的不良影响而采取头痛医头的办法。改动过大，会造成其他正常运转部分出现新的矛盾或混乱；仅作"头痛医头"的处理，不能彻底解决问题，甚至会重复出现类似问题。秘书在协助领导者处理这类问题的过程中，必须针对实际情况，把握分寸，有效发挥参谋作用。

3. 对环境变化后的应变参谋

有时决策施行中出现的困难和问题，既不是决策偏差也不是施行偏差所造成的，而是决策施行过程中客观环境出现了原先未预料到的变化，打乱了有序的施行过程而带来的。在环境出现重大变化的情况下，任何既定的决策方案都必须作出应变性调整。应变得越快，组织越能迅速摆脱困境，取得主动。秘书应协助领导适应环境的变化，在决策施行中增强对环境适变应变能力。

其一，把握环境变化态势的参谋。

尽管环境出现突然的变化，会使人们缺乏准备，但突变前还是有一定的征兆的。秘书人员若能冷静观察和分析，就可以敏锐地把握环境变化的情势，提醒领导者早做准备，制订应变对策。为此，秘书在日常工作中，必须保持清醒的头脑，仔细观察客观环境中哪些要素出现了变化，哪些要素比较稳定，哪些要素处于半稳定状态，还有哪些要素处于急骤变化的前夕或已开始出现变化。在此基础上，积极思考并参谋辅助领导者制订出对应的策略，有效地发挥参谋作用。

其二，寻找环境机遇的参谋。

客观环境的变化，一方面会使组织管理的有序性或早已习惯的运作模式不得不发生改变；另一方面，也可能为组织新的发展提供机遇。秘书若能有效地协助领导人及时发现并且有效地利用环境提供的机遇，其参谋活动就起到了推动组织发展的重要作用。对于组织发展而言，机遇是极为珍贵的。秘书要善于发现环境变化的新趋势、新特点和新的需要，并联系本组织的具体情况和资源条件，在使组织如何适应环境发展取得主动方面，提出有创新意义而又切实可行的谋略，这也是一大贡献。

其三，应对环境风险的参谋。

在环境变化中，环境要素相互制衡关系被破坏，就会出现相应的不稳定状态。其中孕育着机遇，也隐藏着风险或危机。秘书应辅助领导者及时发现环境中隐藏的风险或危机。秘书在收集处理信息的过程中，若能及时发现已经呈现或隐藏的风险或危机，并提出抗御风险和应对危机的有效对策，亦能有效地发挥参谋作用。

决策施行过程中会遇到许多情况。其中既有可以预测的也有难以预测的。秘书只有随时把握这些情况，提出具有参考价值的意见和建议，协助领导者实现决策目标，才算尽到了参谋助手的职责。

第二节　辅助信息的获取与沟通

秘书在领导者近身提供综合性辅助服务过程中，信息工作既渗透在各项事务辅助中，又体现在参谋辅助里。秘书辅助领导者获取有参考价值的信息，协助领导者进行有效沟通，是发挥参谋作用的重要体现。

一、信息获取的参谋

组织与领导活动，必须以反映客观实际及其变化的信息为依据。在某些重要的问题上，秘书除了为领导者传递和提供信息外，还要在信息获取方面，发挥参谋作用。

1. 在方向上的参谋

总的来说，领导者应全面地获取信息，才能站在全局高度思考和处理问题。但是，在实践中，有的人只重视上面的指示，不重视基层的反映；只重视报喜信息，不重视报忧信息；只迷信老经验，不相信现代科学管理；只听得进歌功颂德之言，听不进批评和不同的看法，等等。这就在信息获取的方向上陷入了片面性，导致认识和行为上的片面性。因此，秘书在领导信息获取方向上有效的参谋活动对管理是大有裨益的。

在加强下情上达的过程中，秘书要善于把群众中的智慧和典型经验全面反馈给领导者，使其自觉地到基层和群众中去调查研究，改变获取信息方向上的片面性，使领导管理行为更加符合客观实际。对那些仅凭老经验办事的领导者，秘书应有针对性地提供一些遵从科学管理规律取得良好成效的事例和有关科学管理的资料，提供具体的科学管理建议和方案。

在实践中，信息获取的方向性上有偏差的表现形式很多，带来的消极影响也是不可低估的。秘书在为领导者近身服务中，若发现领导人在信息获取的方向上存在偏差，应采用多种方式，发挥参谋作用，帮助领导者在信息获取上采取科学客观的态度，正确把握信息获取的方向。

2. 扩大信息量的参谋

领导者不管是进行决策，还是施行决策，都必须充分占有信息，拥有更大的信息量。只有这样，领导者的决策与管理才能具有科学决策的基础。秘书一方面要及时提供准确、有用的信息，另一方面要辅助领导者通过相应途径扩大信息量，使分析处理问题更加切合实际，科学有效。具体做法：一是建议领导开短会，发短文，尽量减少可开可不开的会议和可发可不发的文件，使文件和会议扩大有效信息量。二是协助领导转变作风，转变坐在机关听汇报、发指示的官僚主义倾向，深入基层、深入实际、深入群众，到客观实践中去扩大有效信息量。三是做好信息筛选、整理、综合分析工作，将繁杂无序的表象信息，加工成揭示事物本质和发展趋势的信息，辅助领导者获取更多深层有用的信息。

3. 优化信息结构的参谋

领导者实施领导活动所依据的信息应有一个合理的结构，对社会政治、经济、科学、文化方面的信息，对国际、国内、同行业、同地区、本单位的信息，对相关的历史、现实和预测信息，对法律、法规、社情民意、正式组织运作及认同状况、非正式组织状况等信息，均要全面地了解，又要有主有次，还要在不同的阶段、不同的问题上有不同的侧重点。因此，秘书应辅助领导者不断优化所掌握信息的动态的合理的结构。在参谋辅助过程中，或建议及时调整，或给予相应补充，或直接辅助领导者进行调研收集、筛选，及时予以提供。

二、信息沟通的参谋

信息沟通既是领导者开展领导工作的一种手段，又是领导者发挥其职能作用的前提和基础。领导者信息沟通的全面性、真实性和有效性，对领导活动有着直接的影响。辅助领导者有效沟通管理信息，也是秘书参谋助手作用的基本体现。

1. 选择沟通对象的参谋

作为领导者，要与其下级、上级和外部往来方面都保持良好的沟通状态，使领导活动在一个富有活力的开放系统里运作。但是，这种多方面的双向信息沟通，又必须根据实际情况有所侧重和选择，既要注重全面性，又要注重代表性；既要选择重点，又要选择新的沟通对象；既要建立制度化的沟通渠道和沟通对象，又要根据各阶段工作的需要选择合适的沟通对象。

秘书处于信息沟通的枢纽地位，在领导者沟通对象的选择和沟通运作上要当好参谋。在管理实践中，领导班子之间应有制度化的密切沟通，不仅要有定期的工作会和思想交流会，而且在处理重要问题时，还必须随时进行沟通。领导者与下级的沟通除了指示与汇报、请示与批复等方式外，秘书还应提醒领导者就某些问题征求有关下级的意见，倾听其想法，开展调查研究。与上级的沟通极为重要，特别是对方针、政策及指导原则理解上的沟通，是领导活动的重要内容。秘书应注意参谋辅助领导者保证这一重要沟通的及时、有效。领导者与群众沟通的对象也要合理把握。秘书既要通过接待日、意见箱、热线电话等方式使群众都有与领导者沟通的机会，又要辅助领导者在群众中建立联系人、联系户，交朋友，建立有代表性的沟通关系，促进有效沟通。

2. 沟通方式的参谋

领导活动中的信息沟通有多种方式，包括召开会议、收发文件、调研督察、信息收发等方式，也包括交心谈心、微服私访、交友恳谈、研究探讨等方式。不同的沟通方式适用于不同的沟通对象与内容。秘书要针对实际需要，参谋辅助领导者选择有效的沟通方式。如领导者需要进行群体性沟通时，秘书可建议采用会议、文件等方式；领导者需要了解各方面执行情况时，可采取收集执行反馈、督促检查、调查研究等方式；在确立新的目标、制定新的决策方案、解决重大问题、制订长远发展规划时，可采用多种沟通方式，以实现多方面信息、智能的融合与开发利用。这些沟通方式的选择，是常规性的，容易把握的。

对于一些重要的特殊的沟通方式，秘书更要注意发挥参谋作用。

其一，与知情个人沟通的参谋。

领导者有时要通过知情人了解情况，秘书就要根据实际情况，向领导者推荐重要知情人名单，介绍知情人的背景材料，并提出建议，具体辅助领导者完成与知情人的有效沟通。

其二，对专家咨询沟通的参谋。

领导要解决专业性、科技性或理论性很强的问题时，必须请有关专家咨询，以提高决策的科学性和可行性。对此，秘书应根据实际需要，协助领导者确定咨询专家名单，敲定咨询课题，筹划咨询形式和程序，准备有关具体参考材料和数据，提出咨询的具体要求等。秘书辅助领导者制订出咨询活动的具体方案，能保证咨询活动有序进行，取得良好效果。

其三，私访沟通的参谋。

为了排除干扰，准确把握实情，领导者有时要采取微服私访的方式。在这方面，秘书一要协助领导者确定私访的目的、对象、区域；二要确定和安排时间；三要保证活动环境的安全；四要尽可能伴随领导者，提供随时的参谋辅助。

3. 排除沟通障碍的参谋

领导者虽然具有一定的沟通条件，但由于主客观原因，常会出现一些障碍。秘书有责任协助领导者，充分发挥有利的沟通条件，克服障碍，发挥参谋作用。

其一，排除思想障碍的参谋。

领导者有时对与有关方面的沟通缺乏全面、充分的认识，对此，秘书除了要提供必要的有用信息弥补其信息短缺外，还应参谋辅助领导者扩大沟通渠道，加强沟通，使领导者在全面、充分的沟通中，更切实有效地发挥领导作用。

其二，排除时间障碍的参谋。

领导者的时间是十分宝贵的，决策思考、事务活动、公务应酬均要花费大量的时间，形成必要沟通的障碍。秘书一要协助领导者科学安排工作日程，提高时间利用率，满足某些必要的沟通；二要建议领导者合理授权，将一些可以由下级处理的事务和有章可循的工作授权下级或秘书去处理，使领导者可集中时间进行必要的沟通；三要辅助领导者有效控制和使用沟通时间，如礼仪性的会见或接待来宾按规定时间进行，作报告、演讲不讲空话、套话，减少各种可有可无的交际活动，压缩不必要的会议和文件等，提高有限时间的效率。

4. 排除感情障碍的参谋

沟通双方感情上的距离也会形成沟通障碍。秘书在排除感情障碍方面的参谋作用，主要体现在以下方面：

其一，发现和清除感情障碍的参谋。

秘书一是要善于发现因感情障碍而沟通不畅的现象，提醒领导者给予重视或调整，改善沟通状况；二是协助领导者查明沟通不畅的具体原因，并建议领导者采用灵活而有效的办法，消除感情障碍；三是辅助协调有关沟通关系，加强相互理解，从感情上靠拢，取得沟通效果。

其二，消除沟通误会的参谋。

在沟通中，沟通双方产生某种误会亦很难避免。所谓误会，就是不正常或不充分沟通造成的误解或隔阂，不是原则分歧和利益冲突，但是，若不能及时消除，误会就可能加深，形成沟通障碍。对此，秘书要善于拾遗补阙，提醒领导者言行少出疏漏，避免产生误会；当误会产生时，应建议领导者主动消除误会，或由自己出面去做一些消除误会的工作，促进正常沟通。

5. 排除利害障碍的参谋

权力冲突和利益矛盾影响各种关系，也必然产生沟通障碍。领导活动中也可能在上下级之间、干群之间、组织与个人之间、个人与个人之间出现某种权力或利益的冲突。尽管这种冲突是局部的、暂时的、非对抗性的，但也会给领导者的沟通造成障碍。对此，秘书应有效发挥参谋作用。

其一，提醒领导者加强沟通，寻求解决矛盾的办法。

秘书应提醒领导者不要中止或放缓沟通，而要加强沟通，加深相互理解，创造正常的沟通气氛，促进问题的解决。

其二，建议领导者通过加强沟通，在政策法规的范围内灵活处理，迅速达成共识，促进解决问题。

领导者在沟通中可能遇到多种障碍。秘书人员要善于切实抓住各种障碍的成因和特点，有针对性地辅助领导者清除障碍，发挥参谋作用。

第三节　辅助庶务的可行与有效

秘书对领导者的事务即庶务辅助是大量的、经常性的。不少日常庶务，也是领导决策施行中的任务。秘书的参谋作用，也体现在庶务辅助中。

一、促进庶务可行的参谋

庶务也是为领导机关和领导者提供良好活动条件与环境的服务性工作。所谓庶务可行的参谋，主要指秘书在辅助操办或管理庶务的过程中，为促进机关庶务有序可行而发挥的参谋作用。

1. 运用物财条件的参谋

庶务服务是需要物财条件支撑的，物质和经费的投入又要受组织规章制度的制约，要列入管理成本来计算，不得超出组织财务状况对庶务的支持能力。而另一方面，对庶务的要求又是多方面的，不断增长的。因此，庶务方面的物财供给与需求满足总是呈现矛盾状况。对此，秘书应有效发挥参谋作用。

其一，统筹计划有效控制的参谋。

秘书熟悉机关庶务，要协助领导者把握机关庶务物财投入的项目及总体的投入，将总的经费投入控制在计划范围内。要让庶务投入既能满足需要，又能得到有效控制。秘书还必须在自身的业务开支中，自觉地遵守有关规定。秘书人员处于领导身边，与职能部门有着密切联系，要想在庶务开支上宽裕一些和超出一点，容易得到批准和同意。但是，这样一来，制度规定就被秘书自己突破和否定了，其他部门和工作人员也会照此办理。不少单位庶务经费管理制度形同虚设，很显然，其重要原因，就是领导者的近身秘书带头不遵守制度。

其二，满足需要提高效率的参谋。

控制庶务投入的同时，也要满足领导工作的需要。秘书要发挥参谋作用，要用有限的物财，尽可能满足领导机关庶务服务的要求。一要建议确保重点，通盘考虑，对重要活动，如有影响的庆典或重要会议，要保证经费开支；对一般庶务，要精打细算，厉行节约。二要建议提倡少花钱，多办事，办好事，不讲排场，摆阔气，重在讲求实效，提高办事效率。

其三，坚持原则堵塞漏洞的参谋。

机关庶务管理不严，容易让利欲熏心者钻空子，借以索贿受贿，中饱私囊。秘书要辅助领导者进行严格管理，完善财务管理制度，尽可能堵塞一切漏洞，确保资财不流失。

2. 改善环境面貌的参谋

机关庶务直接关系着领导机关的形象。秘书辅助领导者管理机关庶务，不仅要考虑物财的合理运用问题，还要将庶务与优化机关形象联系起来，发挥参谋作用。

其一，庄重、有序。

领导机关的庶务工作，应为领导者与机关工作的正常运转提供保障，保证机关办公环境整洁、庄重、有序，树立良好的机关形象。

秘书应参谋辅助领导者加强庶务管理，制定并执行必要的规章制度，克服无序、杂乱现象。机关办公楼内外到机关各办公室、会议室、接待室及走廊、楼梯，都应保持整洁，富有文化内涵，突出机关特征；办公流程的安排，办公设备的使用，都要有条不紊，方便有序。只有这样，才能优化活动环境，树立良好的机关形象。

其二，便利、有效。

机关庶务工作要为机关运转提供便利，有效地为机关工作服务，要得到全体机关工作人员的认同。秘书要本着服务宗旨，参谋辅助领导者尽心尽力地做好各项庶务管理服务工作。

3. 遵循法律规章的参谋

机关庶务工作必须遵循国家法律和机关制度及纪律。如财务管理法规、环境保护法规、城建管理法规、交通管理法规以及机关庶务管理制度和有关纪律，这些都是维护社会秩序和机关有序运转的保障。对此，秘书应有效辅助领导者，发挥参谋作用。

其一，参谋辅助领导者加强庶务人员的法制教育。

机关在基建工程、环境绿化、垃圾处理、交通防火安全、物财使用等方面的安排和处理必须遵守有关法规，秘书要参谋辅助领导者教育有关庶务人员，严格遵守法纪，从思想上保证机关庶务服务在法纪规范下有序运行。

其二，参谋辅助领导者严肃处理违法违纪行为。

机关庶务工作中出现违法、违纪、违规现象，秘书应参谋辅助领导者积极配合社会管理部门进行严肃处理，绝不能庇护、纵容。只有这样，才能保证庶务管理有序、可行和有效。

4. 提高庶务效率的参谋

机关庶务工作，必须为提高机关效率服务，对于各种低效现象，秘书必须发挥参谋作用，辅助领导者及时加以解决。

其一，建议改进低效环节。

机关出现低效现象，不能满足机关公务运作需要，秘书应及时提醒领导者或有关负责人加以改进，或减少中间环节，或强化责任制管理，提高庶务服务效率。

其二，建议适应发展优化庶务管理。

由于职能强化或效率的提高，会使庶务管理不适应发展的需要，秘书应在全面调查有关情况的基础上，建议领导者或有关负责人，或适当增加投入，或优化庶务工作结构与功能，使庶务服务不断适应机关事业发展的要求。

其三，建议激励庶务创新。

机关庶务工作中的创新，对全局工作也有不可低估的促进作用。秘书应参谋领导者和有关负责人支持和鼓励这类创新，对那些有事业心、敬业精神并勇于创新干出实绩的庶务人员，给予激励，充分调动其积极性，以不断焕发庶务管理的活力。

5. 协调具体关系的参谋

庶务工作涉及机关工作的方方面面，难免产生种种矛盾，秘书对此，应当发挥参谋作用。

其一，建议根据需要，统筹安排。

庶务工作应根据各部门、各层次工作人员业务工作的需要，进行合理统筹安排，如果厚此薄彼，就会影响关系。秘书应参谋辅助领导者根据民主管理原则，作出合理安排，做到公正、公平、公开，既要按管理层次和业务内容提供保障，又要杜绝不正之风，取得全体组织成员的认同。

其二，建议加强监督和制约。

庶务管理必须规范，加强监督和制约。

庶务管理是为领导者和机关工作服务的，秘书辅助庶务是辅助领导工作的一部分。秘书在此方面，既要为领导工作提供方便，又不能违规违纪搞特殊化；既要发挥参谋作用辅助庶务服务有序可行，又要协调各方面的关系，辅助加强监督和制约，不在庶务工作方面给领导添麻烦。

二、促进庶务有效的参谋

庶务的有序性、可行性和有效性是紧密联系在一起的。不具备有序性、可行性的庶务管理，肯定是低效的。而有序可行的庶务管理若具体运作不当，同样会出现低效现象。秘书立足综合办公部门，对于提高机关庶务服务的有效性负有直接责任，故应充分发挥参谋作用。

1. 时间把握的参谋

秘书部门是机关信息枢纽，秘书要负责草拟工作计划，拟订领导活动安排，组织整体的工作程序、工作环节和工作进度，因此，秘书对庶务服务的有关要求能比较具体的把握，对组织各部门的重要活动也能有所了解。这就为秘书在领导活动时间的把握上发挥参谋作用提供了便利条件。

其一，时间保证的参谋。

秘书可根据组织运转和领导活动的时间安排，以及庶务服务的需要，在时点与时序两方面进行周密安排并提前做好准备。秘书的这种参谋辅助，有利于庶务活动尤其是一些大型、繁杂的活动能按时按序、有条不紊地展开。

其二，时间调整的参谋。

由于环境条件的变化，组织运转和领导工作在时间调度上也往往要发生变化。秘书能准确把握组织运转及领导工作时间的变化，辅助领导者及时进行调整，确保活动有序运作，避免庶务活动的混乱、无序和低效。

2. 供需协调的参谋

秘书根据组织管理及领导工作的内容、目的和服务需要发挥参谋作用，能增强庶务工作的计划性和针对性，从而提高其有效性。

其一，协调一般供需的参谋辅助。

秘书可将组织和领导活动的内容、规模及服务的要求与有关建议及时知照有关方面，并适当进行必要的协调和督察，以满足需求，保证活动顺利进行。

其二，协调特殊供需的参谋辅助。

一些有着特殊需求的重大活动，相关秘书往往要辅助领导者制订筹备计划并参与施行。对于活动的特殊供给需求，秘书要尽可能及时具体地知照有关方面，提出切实的建议，并跟踪加以协调，进行督察，重点确保重大活动的一应必要需求。

3. 优化效果的参谋

庶务服务的效果，是庶务安排、管理、具体操作有效性的综合体现。它关系着机关各项工作的效果，对机关整体运作的有序和有效，都有着重要影响。秘书部门及相关秘书的参谋辅助对优化庶务工作效果也具有独特作用。

其一，立足组织运转全局进行参谋辅助。

秘书部门及秘书在组织运转中的综合地位，有利于他们立足全局庶务。如组织运转模式、组织机构、有关制度进行重大变革后，对庶务工作就会提出新的要求，庶务工作必须适应组织变革的需要。秘书从组织变革需要出发，参与和协调对庶务工作的调整，就能切实有效地优化庶务工作效果。

其二，针对领导工作需要进行参谋辅助。

秘书是领导者近身的综合性参谋助手，对领导工作对庶务服务的需要，及庶务工作为领导者服务的有效性均比较了解。因此，秘书提出的意见和建议对优化庶务工作效果是颇有参考价值的。当发现庶务服务在时间性、周全性、准确性上不适应领导工作需要时，秘书便可提出意见，有利于迅速改进；当庶务服务超过领导工作需要的标准时，秘书提出意见，有利于及时作出调整，避免浪费；当领导工作面临中心任务而对庶务工作的内容、办事效率有特殊要求时，秘书提出建议，有利于庶务工作适应领导工作需要，优化效果。

其三，通过收集反馈信息进行参谋辅助。

秘书收集的反馈信息中，也包括对庶务服务的反馈信息。其中既有来自领导层的，又有来自职能部门的；既有组织内的反馈信息，又有外部公众的反馈信息。秘书对来自各方面的反馈信息加以分析综合，并在此基础上提出参谋建议，对优化庶务服务效果亦具有特殊的参考价值。

第四节　辅助领导正身洁行

从管理实践看，防腐蚀，抗污染，也是对各类各级领导者的严峻考验。我国正处在社会变革发展的关键时期，各种价值观念、各种利益诱惑，干扰动摇着人们的信仰和追求；转型时期的体制、管理、利益关系、监督体系和法治环境在发展、健全过程之中，又使私欲膨胀者不难找到以权谋私的机会，特别是资本主义世界先进的技术和管理进入我国的同时，资产阶级思想观念也以不同的形式在我国不同领域产生不同程度的影响，其中，主要的矛盾也往往集中在领导人身上。由此，各类各级领导者坚定信仰，忠诚于祖国和人民，正身洁行，廉明行政，就显得尤为关键。对秘书而言，辅助领导正身洁行，廉明行政，是对事业无比忠诚的体现，也是思想素质很高的秘书对领导者最关键的辅助。领导者对这种参谋辅助是极为珍惜和重视的。

一、辅助领导正身洁行的指导思想

秘书作为领导者的直接下级和近身参谋助手，辅助领导正身洁行必须立足于秘书的职能地位，适应领导与秘书之间主辅配合的职能关系，把握正确的指导思想。

1. 根本宗旨

在我国，无论是领导者实施领导，还是秘书辅助领导，发挥参谋助手作用，其根本宗旨都是为人民服务。在社会主义市场经济条件下，领导者与秘书在各自的职能活动中如何体现遵从这一根本宗旨，就成为必须深刻理解和正确把握的一个重大问题。

为人民服务的根本宗旨，不能只作为一个口号，它应该成为共产党员和国家公职人员一切行动的指南。领导者及相关秘书要坚持这一根本宗旨，就必须深刻理解邓小平同志提出的"三个有利于"的行动标准。只要有利于解放和发展社会生产力，有利于提高综合国力，有利于提高全国人民的生活水平、给人民带来实惠，就体现了人民的根本利益，就是遵从为人民服务这一根本宗旨的体现。只有将为人民服务的根本宗旨与"三个有利于"的行动标准有机结合起来，领导者就会在准确把握根本宗旨的前提下，具有发挥领导作用的广阔天地；秘书才能在主辅配合中辅助领导者共同坚持根本宗旨，在"三个有利于"思想的指引下充分发挥参谋辅助作用。

2. 公仆意识

领导者特别是国家公共管理机构的各级领导人，都应该是人民的公仆。在建设有中国特色社会主义的新的时代环境中，各类各级领导者及其近身的秘书人员都应该在各自的职能活动中坚持公仆意识，担当好公仆角色。

江泽民同志高度概括的"三个代表",即始终代表中国先进生产力发展要求、中国先进文化的前进方向、中国最广大人民的根本利益的深邃思想,为全党永远立于不败之地,得到人民衷心拥护,带领人民不断前进,奠定了理论基础,也为我国各类各级领导者及秘书人员正确坚持公仆意识,当好人民公仆,落实为人民服务的根本宗旨,进一步指明了方向和途径。

3. 行为规范

行为规范是指行为主体在一定价值观念指导下体现一定动机的社会实践中遵从的原则和标准。在组织管理中,行为规范是实现组织目标、统一组织成员行动的制度、准则和要求,是实施管理和领导活动的重要依据。领导者不仅要制定符合客观实践需要的行为规范以制约组织成员的行为,而且要带头遵从,起到表率作用。秘书人员在自觉遵从行为规范的同时,还必须在领导者制定并运用行为规范系统运作中,有效地发挥参谋作用。

在管理和领导活动中,起主要作用的有法律规范、组织制度规范、纪律规范和道德伦理规范等。领导者只有模范遵从这些规范,才能正确地行使权力,具有人格感召力。作为领导者近身参谋助手的秘书,应该在主辅配合中,主动地协助领导者,及时发现包括领导和自己在内的组织成员的行为失范现象,发挥参谋作用,予以纠正。

二、正确维护领导形象

在我国,各级领导的形象,首先是人民公仆形象。具有公仆形象的领导人,更能具有带领组织成员不断开拓进取的威信和感召力。辅助领导者建设和维护领导者公仆形象,是秘书人员的重要职责,也是秘书参谋活动的重要内容。

1. 建设领导形象的参谋

领导者的公仆形象是领导者在实践中,以其奉献精神、智慧能力、道德情操等得到群众的认同和信任以后,才逐渐形成并得到强化的。秘书在领导者形成和强化公仆形象的过程中,可从下述方面进行参谋辅助。

其一，辅助领导者以民为本。

秘书无论在决策参谋中还是施行管理的参谋中，都应协助领导以民为本，忠实地代表人民的根本利益和长远利益，遵从人民群众的意愿和要求。秘书应通过调查研究，收集处理信息，处理信访等辅助活动，加强领导者与人民群众的联系，急人民群众之所急，应人民群众之所需，带领人民群众实现社会主义现代化宏伟目标，在忠实服务的过程中，建设强化人民公仆形象。

其二，辅助领导者为民造福。

"为官一任，造福一方"，是我国古代正直有为的官员从政的信条。在新的历史时期，为民造福更是各级领导者自觉的基本追求。秘书必须参谋辅助领导决策和决策的施行给人民带来更多的实际利益，避免任何加重人民负担、与民争利或侵害人民利益的消极现象；发挥劝谏作用，使领导者遵从人民公仆的行为规范，起到表率作用，并与一切侵害人民利益的现象作坚决斗争，从而成为人民利益的忠实捍卫者和开创美好未来的杰出带头人，积极主动地维护和强化领导者的人民公仆形象。

其三，辅助领导者与民同心。

秘书参谋辅助领导者与民同心，应着重协助领导者了解民情，在领导活动中体现民意；协助领导者将为民谋利的决策和管理意图，用适当的方式传达给人民群众，以取得人民群众的理解、认同和支持；协助领导者，了解人民群众的心声，以修正、调整和完善领导活动。相关秘书要在这种沟通交流的参谋辅助中，促进领导者与人民群众心心相印、同心同德地去实现共同的目标，建设强化人民公仆形象。

2. 维护领导形象的参谋

前述秘书从正面与未来着眼，辅助领导者建设和强化领导形象，是相关秘书正确维护领导形象的一个方面的参谋职能；着眼负面与眼前辅助领导者预防和弥补影响领导形象的职能失误，尤其是个人缺失，则是相关秘书正确维护领导形象的又一方面重要参谋职能。两方面参谋职能互有渗透、相互结合。对秘书而言，后者是更为深层和现实的参谋辅助任务。

其一，预防维护参谋。

预防维护参谋，主要指相关秘书辅助领导者预测预防决策及决策施行各环节可能出现的失误而维护领导形象的参谋活动。

秘书近身综合参谋领导决策和决策管理，应该也可以在几乎是全程的辅助之中发挥预测参谋功能，着重辅助领导者分析、论证决策目标是否正确切实，避免决策目标偏差，预防全局失误；分析斟酌方案措施是否周密可行，避免方案、措施失当，预防施行中的损失与反复；跟踪预测施行效果能否与预期目标相符，避免预期目标过于脱离实际，预防难以补救的后果。

相关秘书预测预防的参谋，对促进领导者科学决策、正确指挥控制决策的施行、有效履行领导职能，从而建设、维护领导形象，具有难以替代的作用，当然，这也是领导者最为需要也极其看重的秘书参谋职能。

其二，拾补维护参谋。

拾补维护参谋，主要指秘书对领导者已经显露、有损形象的职能行为尤其是个人缺失，进行拾遗补阙，提醒规谏的参谋活动。

领导者在领导过程中，难免出现不当的职能行为和工作疏漏，给决策和决策管理造成负面影响。他们在个人的思想品德、行为作风等方面，也难免出现某些程度不一的缺失和错误，对其职能形象带来不同程度的损害，并累及领导工作。对领导者显露出的不当职能言行尤其是有损形象的个人缺失，同他们密切贴近相处、进行综合辅助的秘书，更容易体察认知到，也更有责任给予拾补和监督纠正，积极维护领导形象，充分发挥秘书独特的参谋辅助作用。

一是拾遗弥补参谋。秘书若发现领导者某些有碍工作、有损形象的细节疏忽与不当，不能视而不见，疏忽放过，应该通过自己的具体工作，在背后及时加以弥补，主动堵塞漏洞，缩小或避免实际的负面影响，必要时，可在事后告知领导者。

二是提醒纠错参谋。秘书若发现领导者并非自觉而又影响工作和形象的失误或缺失，应该冷静分析，通过暗示、提醒等方式，促使领导者意识到存在的问题，自行中止不当行为，纠正失误或缺失，必要时，还得跟踪进行参谋辅助。

134

三是规劝谏诤参谋。秘书若发现领导较为自觉且严重妨碍工作损害形象的原则失误或不轨行为，则更应认真对待，自觉主动地发挥民主监督的参谋辅助作用，采用适当的方式正面规劝，甚至不惜犯颜反复谏诤，有节有度地帮助领导者弥补失误、纠正缺失，维护领导形象，促进领导者正身洁行、廉明行政。

第五章 参谋对象与参谋效应

第一节 参谋效应与左右因素

一、秘书参谋效应的尖锐性

秘书参谋效应，指秘书对领导者进行参谋职能活动所产生的实际作用，包括正面效果和可能产生的负面影响。

秘书参谋效应，直接而深刻地影响领导活动的进程与成效，从而间接而深刻地影响整个组织系统的目标管理效果。正常、积极的秘书参谋活动所发挥的正面效应，当会有力促进领导者对全局实现高效管理。反常、消极的秘书参谋活动，将会给领导者进行全局管理以至对领导者自身带来负面影响。反常却积极的秘书参谋活动，则会酿出严重后果。

秘书参谋的效应，尤其是可能出现的负面作用或严重后果，对领导者及其全局管理，都会产生直接的相应影响，具有十分现实的尖锐性。这是因为：

1. 秘书参谋活动的内涵主要指向领导者的基本职能

领导者的基本职能是以决策为核心的决策管理。在领导者的主导与控制之下，所作出的科学决策、优选的行动方案以及切实有力的实施落实，是整个组织系统及其所有成员进行目标活动的基本导向和达到预期目标的行动路线与基本动力，组织系统局部或全局事业的成功与否尤系于此，成为领导者职能活动是否有效的关键。而秘书就是应领导者有效进行以决策为核心的决策管理的辅助需要，去发挥参谋作用的，显然，无论是正面的还是负面的秘书参谋效应，都会十分敏感而直接地对导引控制系统全局实质性的领导活动，产生程度不同的相应影响。这种以非显形的潜隐形态化入领导活动的秘书参谋效应，最终都将程度不同地关系着组织系统局部或全局目标运行的成败。

2. 秘书参谋活动的内涵还要指向领导者的个人缺失

领导者的个人缺失，包括领导职能行为的遗漏和个人品德言行的不足。一般认为，领导进程中的领导者，是通过自己所拥有的强制的、法定的、奖励的权力即领导权或指挥权，以及个人专长、魅力权力即统御权或影响权，来实现领导、履行职责的。前者由领导者在组织系统的领导地位所赋予，后者由领导者个人的才能、品德表现经社会实践及被领导者来认可。管理心理学同时认为，领导是一种行为和影响力，是领导者导引、影响个人或组织在一定条件下实现组织目标的行为过程。有效的领导者，都必然地要具备这种在被领导者观念中所形成的形象魅力，不可没有这种在被领导者心理上的影响和统御权力。领导者的这种形象魅力愈大，则愈能强化其行使领导权和指挥权的效力，从而增强其领导活动的有效程度。而秘书参谋，是在对领导者进行才智能力辅助的同时，通过提醒规劝以至反复谏诤，为领导者拾遗补阙，维护领导形象，从而增强领导者的形象魅力，扩大其影响和统御权，保证领导活动的有效性。显然，秘书在履行这一参谋任务过程中所持的是非观念、行为动机、方式方法所综合产生的参谋效应，自然就显得十分关键了。秘书观念偏颇、动机不纯的参谋活动，不仅于领导者及其领导活动无所裨益，相反，在一定条件下还可能产生相应的负面作用乃至严重后果，破坏领导形象，削弱领导影响权，干扰领导活动，最终给组织系统造成损失。

3. 秘书工作的基本属性潜在强化秘书参谋效应的作用

出于秘书近身、综合辅助领导者的本质特征，秘书围绕领导近身活动，甚至朝夕相处。领导者要通过同秘书密切贴近的职能关系，随时、及时、直接地让秘书接收需要的辅助信息，获取所需的辅助效应；秘书则通过密切贴近领导者的职能条件，随时、及时、直接地领受领导者的辅助需要信息，提供有效的辅助服务。

同时，秘书适应领导指挥系统全局的辅助需要，要中介于领导者与系统各个方面之间，综合地进行多边、双向的沟通、传达、协调、督查，在系统其他被领导者的职能活动中，形成工作中枢与上下纽带，在他们的观念之中，构成领导者职能和形象的补充与延伸。

由此而来，秘书同领导这种特定的近身职能关系，一般会在他们之间，产生一种非同寻常的亲密贴近的情感影响和随时倚重的信赖意识；秘书在系统其他被领导者心目中特定的中枢中介的近身职能优势，也一般会在其他被领导者那里，产生一种近身领导的位势和与领导沟通的借重心理。

于是，在这种特定的关系状态和心理背景之下，恪守原则、近身有度的秘书参谋，当会发挥积极有效的正面参谋效应；而偏离原则、贴近无间的秘书参谋活动，亦当会产生消极有害的负面效应。而且，基于秘书参谋近身、综合辅助的特征，在秘书与领导者之间所产生的亲近情感、亲信意识，在系统其他被领导者那里所产生的贴近位势、借重心理，在消极反常的条件下，还会对秘书参谋的负面影响施加类似催化、发酵反应的剧化作用，使得此种负面效应在各种因素交相推动下，变得更加深刻、严重。秘书参谋活动可能出现的这种呈恶性循环态势的尖锐的负面效应现象，正是见于历史、也存在于现实秘书工作之中的严重教训，尤其值得领导者和秘书人员加以记取，引为警戒。

二、秘书参谋效应的左右因素

1. 社会活动效应的左右因素

任何一种相对稳定的社会活动，均在人类社会的一个特定的平台之上，或说在一定的社会关系之中展开，都由特定的活动主体、活动对象及活动背景客体三者的相关行为交互作用而完成。活动主体是该项活动定性的作用方面；活动对象乃接受作用的直接的被作用方面；活动背景客体，则属于在活动进程中发挥支持、制约影响的间接的被作用方面。例如领导活动，就是由一个社会组织系统内的领导者、被领导者及系统内外的环境背景三个方面构成，离开哪一方面都不能形成和展开领导活动，领导活动是以领导者为主导，指挥控制被领导者，并通过环境背景的支持配合得以完成的。

显然，任何社会活动的效应，首先取决于活动主体的素养和运作。但同时活动对象及环境客体的协同与支持，不仅对于构成和开展该项活动不可或缺，而且，必然要对活动的效应产生相应的作用。

从管理行为学角度看，也可以认为，任何一种社会管理活动，都表现为构成该项活动的行为主体与客体各个方面既定的相互关系的运动，表现为活动各方在相对稳定的联系交往之中的相互作用和影响。活动的效应，则是这种关系交互作用和影响的结果。因此，活动主体与活动对象、活动主体与环境客体、活动对象与环境客体之间的关系状态，即它们各方如何看待、把握并实际处理、推进这种双边或多边的关系，也就成为左右活动效应的基本因素。

当然，上述关于左右活动效应的基本因素的认定，并不排除其他因素的重要左右作用，如参与各方尤其是活动主体如何遵循特定的活动规律，对具体的运作方式、方法的掌握与运用等，也是直接左右活动效应的重要因素。在推进既定关系运动的过程中，具体操作方式、方法的正确或失误，亦可能导致活动的成功或失败，直接左右活动效应。

2. 秘书参谋效应的左右因素

我们从以上认知视角来分析秘书参谋这一特定社会活动，同样可以得出如下看法：

秘书参谋活动由秘书、领导者和参谋环境客体三个方面的交互行为构成。其中，秘书是参谋活动主体，是参谋者，他们应领导者有效进行领导活动的辅助需要，近身、综合地对领导者履行参谋辅助职能，这一特定的运作过程，从性质上界定了秘书参谋这一特定的社会活动。

领导者是参谋对象，是直接的被参谋者，他们有效履行领导职能的辅助需要，是产生秘书参谋活动的动因，他们是秘书参谋活动的主导。

参谋环境客体，主要指领导者隶属的执行职能部门，或者系统内除秘书部门之外的其他被领导者。它们是秘书参谋活动的环境支持与配合力量，是间接的被参谋者或间接的参谋辅助对象。他们及其职能行为，既然是领导活动的组成部分，因此成为秘书参谋活动的构成要素之一。

秘书参谋效应的基本左右因素构成秘书参谋活动三个要素的关系状态：

①秘书与领导者的关系状态。其中，包括两个对应方面的相互关系状态：一方面是秘书的领导观念，以及在此基础上，秘书进行有效参谋应该同领导者保持的正常而积极的职能与个人关系；另一方面是领导者的秘书观念，以及在此基础上，领导者获取秘书有效参谋辅助应该同秘书保持的正常而积极的职能与个人关系。

②秘书与职能部门的关系状态。其中也包含两个对应方面的相互关系状态：一方面是秘书的部门观念，以及在此基础上，秘书为获取部门对自己参谋活动的支持配合应该同部门保持的正常而积极的职能关系；另一方面是部门的秘书观念，以及在此基础上，部门为获得秘书对自己有效的间接参谋服务应该同秘书保持的正常而积极的职能关系。

③三方调整处理矛盾的关系状态。从矛盾论角度看，秘书同领导、秘书同部门之间的关系，又各是一对矛盾统一体。三个相对独立的职能方面，应是推动秘书参谋活动而服务于系统整体目标管理的需要，组合成两对基本的矛盾统一体。三方从各自不同的立场，共同为着获得秘书参谋活动的积极效应，按照既定的关系规范分别交相作用。问题在于，在动态的交相作用过程中，违背既定关系规范的矛盾状况是可能会随时发生并时而尖锐化的，因此，三个方面尤其是秘书方面，如何从关系的矛盾失衡状态中，进行即时有效的调整，将可能趋于尖锐、危及参谋职能活动的矛盾加以缓解和克服，恢复到平衡规范的关系状态，这更是保持秘书参谋活动中各种正常而积极的关系，取得正面效应的重要条件。

立足秘书参谋这一特定社会活动，显然，在如何调整和处理这些双边和多边的关系中，秘书与领导的关系是前提性的主要关系，是主要矛盾，对于左右秘书参谋的效应，起着关键作用；而在这一对关键的矛盾统一体中，秘书自然是矛盾的主要方面，因为秘书是参谋者，是秘书参谋活动的实际进行者，规定着秘书参谋的活动性质。但是，从秘书与领导者的基本职能关系看，领导者在秘书参谋活动中虽然是被参谋者，可却又是秘书的直接隶属者，是秘书参谋活动的主导者，对于从素养和行为方面导引和制约秘书，发挥秘书的参谋辅助作用，取得秘书参谋的效应，都起着深刻而重要的左右作用。

第二节　领导与秘书参谋效应

一、领导的秘书观念

1. 领导与被领导的关系

凡以人为基元的社会系统，都由为着追求系统共同功利目标而分工活动的人群，按规则分层次地组合而成。基于协调活动的原则，任何一个组织系统内的群体，又都可以按照社会分工分为两大基本类型，即领导者和被领导者。

马克思认为，人是一切社会关系的总和。而在一个相对稳定的组织系统内，系统成员则由既定社会关系作为纽带，维系在一个有共同功利目标的社会结构内，各自展开着个体的活动。系统中领导者与被领导者两类成员之间，从性质上看又大体呈现如下几种社会关系：

一是社会框架内的分工合作关系。在任何一个组织系统内，领导者分工进行系统整体活动的计划、决策、协调与控制，以指挥全体系统成员步调一致地达成预期目标；相对存在的被领导者则在领导者的统一导引之下，分工履行系统整体活动某一方面的执行职能，辅助领导者共同去实现系统的活动目标。在这个意义上，双方是在共同目标下的指挥、辅助和分工合作的关系。

二是政治范畴内的平等一致关系。在社会主义制度下，人人平等的理念更为切实地贯彻于人与人的关系之中。系统内领导者与被领导者都是推动社会进步的一个成员，根本利益与奋斗目标的一致，决定了每个系统成员政治地位和人格尊严的平等。在这个意义上，领导者与被领导者之间，只有社会分工的不同，不应该呈现其他社会形态下不平等的非常人际关系，如封建社会的人身依附关系、资本主义社会的纯粹雇佣关系，他们只是一种平等一致的同志关系。

三是管理机制下的上下隶属关系。在组织系统内，分层次上下协调运作，是系统有序运转乃至生存的一个前提机制。领导者处于上位层次的指挥地位，被领导者处在下位层次的服从地位，双方是在追求目标一致的前提下，谐振协调的一种必须保持的上下级关系，或说是必须遵守的隶属与被隶属或指挥与服从的管理关系。离开这种主导与从属的关系制约，系统不可能正常运转，甚至面临解体的厄运。

四是个人行为中的互动互利关系。领导者和被领导者的个人功利目标，首先都从属于系统的整体功利目标，都是在不同层次、不同分工岗位上，在努力实现系统目标的过程中，去实现各自的功利追求。但同时，在此种职能性的普遍功利关系之外，系统成员包括领导者与被领导之间，还因为联系密切所生的情感因素而体现出的一种互动互利的朋友关系，个人可以在相互的联系交往之中，从对方取得高出一般系统成员所能得到的理解、关心、配合和支持。不过，在领导者与被领导之间，此种难免的程度不一的朋友形态的互动互利关系，亦必须有度，不能形成凌驾正常职能关系的干扰以至破坏因素。

2. 领导者正常的秘书观

在同一组织系统中，相对领导者而言，从辅助领导者进行决策管理的职能看，秘书亦属于被领导者之列。不过，相对系统内的其他被领导者，秘书又是具备特殊属性的一类被领导者，他们同领导者之间保持着一种比其他被领导者更加深一层的既定关系。因为秘书要中介于系统的领导者与其他被领导者之间，近身围绕领导者，为其进行综合性的直接随时的辅助服务，成为领导者的参谋、助手，或一般所谓领导者的左右手。

因此，着眼于秘书及秘书工作的本质特征，在同一组织系统内，领导者同秘书，在上述领导者与被领导者普遍的基本关系之上，又被赋予了特定的内涵。领导者立足自身和本职，正确认识和把握这一特定关系内涵，构成领导者秘书观的核心，亦成为领导者正确使用秘书，发挥秘书的积极作用，获取秘书参谋、助手的正面效应，保证自己有效履行领导职能的重要前提之一。

在一般的领导同被领导基本关系的基础上，深入领导者与秘书这一特定的关系范畴，领导者的秘书观主要包含如下几个方面：

（1）秘书是领导者的职能从属

这是领导者主要的秘书观念之一。

其一，领导者与秘书之间是典型的领导与被领导关系。领导者是秘书的主导上级，秘书是领导者的辅佐下属，秘书直接从属并服从于领导者。领导要导引制约秘书紧密围绕自己的意图高效辅助服务。

其二，秘书之设，是为了弥补领导者工作精力与运筹智能的不足，秘书限于辅助的作用构成领导职能的补充与延伸。秘书的使命是辅助领导者处理具体事务，保证领导者集中主要精力于政务领导活动，同时从智能上参谋辅助领导者进行科学决策和全程决策管理。领导者和秘书正是通过这种具有特定内涵的主辅或主从关系的实际运动，保证领导者有效实现领导职能，双方分别从主导和从属的职能岗位，共同推进组织系统达到预期的活动目标。秘书对领导者的从属和服从，限于职能活动范围，双方之间的主从联系，本质上属于工作或职能关系。

基于这一秘书观念，领导者既要充分倚重秘书从属自己为自身进行有效管理的不可或缺的辅助职能作用，又要防止这种密切的职能上的主从关系发生异化，形成弊端由此丛生的个人之间的"主仆"关系，领导者不能将秘书视为自己的个人附庸或仆从。

（2）秘书是领导者的综合助手

领导者的这一主要秘书观念包含：

其一，秘书是领导者履行领导职能的重要中介纽带。领导者与系统其他被领导者纵向处在两个组织层次，秘书紧贴领导者介于两个层次之间，作为领导者联动、协调、控制系统等领导职能的补充与延伸，以领导者为直接服务对象，并因而以系统其他被领导者为间接服务对象，发挥着延伸面可以涉及系统各个方面的重要的中介辅助作用，明显体现出秘书及秘书工作近身、综合辅助的本质特征，成为领导者的综合助手。

其二，秘书是领导者沟通系统全局的重要信息渠道。系统论和信息论告诉我们，社会系统是通过人流、物流及信息流的有序流通而实现正常有效运转。其中，信息流调节着人流和物流的流通，推动系统朝着既定目标发展。信息的顺畅流动，在这里相当于系统得以健康运转的神经传导。在组织系统中，作为指挥中枢的领导者，其决策指挥信息的向下传输，系统下层按指令动作信息的向上反馈，在很大程度上，是经由贴近中枢的秘书部门及秘书来上下贯通的。这种为领导者并在他们与其他被领导之间，沟通信息的信息传导功能，是秘书中介作用的基本内容。而且，秘书上下传输与反馈信息的作用面，以及处理信息的方式和所沟通信息的内涵，也同样体现出显著的综合特性。

其三，秘书的综合辅助构成领导者职能与形象影响的综合延伸。一方面，秘书综合辅助涉及全局导致其作用面广泛；另一方面，秘书近身辅助导致其在广泛的作用对象中，形成领导者职能与形象延伸和代表的心理定势。于是，秘书辅助尤其是影响更大的参谋辅助进程中的表现及实际效应，无论是正面的，还是负面的，都会在不同程度上反映领导者的德、才、能等综合形象，而且都会对领导者的领导活动效应及形象权威，要么产生广泛而深刻的正面补充，相得益彰，要么产生广泛而深刻的负面作用，恶性循环。

基于这一秘书观念，领导者既要遵循规律，充分发挥秘书对自身重要的综合辅助作用，又尤其要注意端正自身、廉洁英明，导引并节制秘书在自己的制约之下去从事综合辅助服务，努力获取秘书辅助尤其是参谋辅助的积极效应。由此秘书观出发，领导者首先应该是秘书正身洁行的典范和严明要求的上级主管，绝不能垂以失德无行之范，更不得视秘书为图谋不轨之亲信，失于放任罔顾甚至放纵恣行之大弊。

（3）秘书是领导者的直接参谋

这是领导者又一基本的秘书观念。

其一，参谋咨询是领导者追求正确决策的必需辅助。决策是领导者的关键职能，决策失误是根本的失误。历史上任何有作为的领导者无不注重吸纳参谋智囊人物辅助决策的重要作用，任何追求有效管理的决策主导者都难以仅凭个人才智与经验作出周密切实的重大决策。于今，倚重参谋辅助进行更为复杂和艰巨的科学决策，则更是欲求成功的领导者所应具备的一种最重要的职能意识。借助参谋咨询，广采博纳真知灼见，已是领导者进行科学决策的有机组成部分。

其二，秘书参谋是领导者实行决策管理的直接辅助。领导者之所以必配秘书，乃其繁重、复杂的领导职能同其有限的精力与智能之间的矛盾所致。秘书之设，一方面是直接协助领导者处理具体事务，补其精力不济。另一更为重要的方面是直接、随时地参谋领导者的政务，补其精力特别是智能的不足。而领导者政务即以决策为核心的决策管理，是领导者的本质的基本的职能任务。领导者进行决策所必需的参谋辅助既可以从秘书那里获取，亦可以从其他参谋智囊人物那里得到。但是领导制定决策是为了通过部署、组织、协调等进一步的领导活动即整体的决策管理来实施决策，推动系统达到管理目标。然而，领导者有效实现全局决策管理所必需的参谋辅助，又必然是综合而全面、直接而随时的。显然，从系统领导者同被领导者的职能关系，以及领导者同可能的参谋智囊人物的社会关系来看，领导者为正确决策并有效实施决策所必需的这种综合而直接的参谋作用，就只有依靠秘书来提供了，因为近身、综合辅助领导者，正是相关秘书人员的主要职能，或说是秘书参谋的基本特征。

其三，秘书参谋效应是领导者活动效应和领导者影响力的补充与延伸。秘书参谋主要针对领导者决策管理的基本职能任务，决策管理又从根本上决定着领导活动效应。这一直接的逻辑和实际联系，同秘书与领导密切的职能关系结合起来，使得秘书参谋的效应同领导活动的效应及领导形象，直接地一体化，而且，前者对后者，无论是正面效应，还是负面影响，都会显得十分直接而深刻、尖锐而深远。

基于这一重要的秘书观念，领导者首先要注重发挥秘书参谋辅助决策管理的重要职能作用，不要将秘书一律作为自己的具体事务助手。同时，也要注重对秘书的管理，坚持思想素质的导引和对秘书参谋活动的主导，尽量避免可能产生的负面影响，不得一味依赖，偏听轻信。

（4）秘书是领导者的监督"借镜"

这是领导者另一重要的秘书观念。它包含：

其一，秘书参谋是领导者实行民主管理的多元综合渠道。联系群众、尊重民意、广开言路、集思广益，是一种管理形态。领导即服务。实行民主管理，是现代领导者领导职能的本质所在，乃领导活动的一条基本原则，亦是现代领导者增强和提高驾驭能力与管理水平，调动并凝聚系统成员参与管理的积极性，取得成功的管理效果的重要保证。同时，随着社会的高速发展，决策管理特别是决策日益复杂、艰巨，决策管理的背景信息与参与因素日趋多元化，要想实现科学决策并实行切实高效的决策管理，更是必须在领导者的主导之下，广泛吸纳多元的决策信息和多元参与因素的积极作用，才会成为可能。

而秘书近身综合辅助的职能特征，正好使得秘书的参谋活动成为领导者获取这种多元信息和多元因素参与作用、实行民主管理、减少失误包括个人遗漏与缺失的综合渠道。领导者从秘书那里，一方面可以及时得到系统各个方面的多种决策背景信息和参考意见，另一方面还可以直接得到秘书经过自己思索、梳理后的建议与看法。由于秘书贴近了解领导者，又中介联系系统各个方面，因而他们的这种参谋辅助，对领导者来说也就显得特别有针对性和切于实际，显得不可缺少。从这一角度看，秘书是领导者的耳目和外脑的比喻，倒是十分贴切的。

其二，秘书是领导者随时正己尽职的监督诤友。同为一个组织系统的成员，领导者是为着有效实现系统的管理目标而隶属使用秘书，秘书亦是为着同一志向而从属辅助领导者。双方职能领域的上下级关系，以志同道合为根基。无论哪一方偏离系统共同追求目标的思想和言行，都理所当然地要在对方的监督指正之下。也就是说，领导者与秘书还要在同志这一平等的社会关系制约之下，履行双方都应该承担的双向监督、相互弥补、共赴同一追求的职能责任与义务。不仅是领导者必须居于上级主导地位，去监督导引秘书悉心、正确地提供高效参谋辅助服务，而且，秘书也必须恪守下级从属的角色意识，去监督辅助领导者廉明、正确地行使领导职权。共同一致的目标与利益追求，使得监督辅佐领导者正己洁行、廉明行政，构成秘书参谋辅助职能的应有之义。

同时，应注意如下两方面因素：

一是领导者的形象影响力构成直接左右系统管理效应的重要因素。领导者的形象影响力，又主要产生于领导者自身在思想、品德、认识、作风等方面的素养状态。他们的上述素养方面，同样不可能完善无缺。难免的种种缺失，会最直接地削弱领导者对系统成员的凝聚力、号召力即至关紧要的影响力，进而给全局决策管理带来相应的损害。

二是秘书参谋辅助构成领导者维护并增强自身形象影响权的重要因素。领导者同秘书之间保持着特定的密切关系，双方在长期和相对稳定的近身直接相处之中，一般会在上下级职能管理关系基础上，建立起正常而亲密的同志和朋友情谊。在这种和谐而宽松的氛围中，领导者对秘书的信任会加强，其思想、言行一般会少有装饰，而显得更为开放而袒露；通过这种亲密贴近的职能关系，秘书也能够较为准确地把握领导者的脉搏，可以更加全面、深入、细微地体察了解领导者。这就为秘书履行对领导者的决策管理和形象缺失进行有效参谋和监督的辅助职能，创造了独特的无可取代的职能条件。秘书可以通过无形的拾遗补阙、委婉的提醒规劝、有度的据理谏诤等多种参谋形式，直接、及时、随机地进行监督参谋，忠实有效地匡扶领导者随时端正自身，廉明行政，维护领导形象，增强领导权威，辅助其获取领导活动的理想效果。

秘书对领导者进行监督参谋辅助的职能，在我国传统的秘书工作实践及理论阐述中，早已得到重视和认定。如《册府元龟·幕府部》就多有述说，其"规讽"一卷开篇讲得十分明确："两汉而下，自将相府寺以至州郡，率有掾属从事，多自辟召以为佐助，其所礼命，良在正人。是以有知己之义焉，有宾主之道焉。若乃政或未臧，事有过举，或失仁而趋利，或凭势以纵欲，则必激切忠告，奏记尽规，谕以正道，革其非心。故从之者不失其令名，拒之者或陷于不义……孔子曰：'成人之美，不成人之恶'，盖有是夫。"显然，基于领导者同秘书之间存在的"宾主之道"即主从隶属的职能关系，以及"知己之义"即知己互益的朋友关系，秘书对领导者"良在正人"的监督参谋职能和"成人之美，不成人之恶"的参谋原则，早在两千多年前我国古代的管理活动中，就已经确立。成就我国唐代贞观之治的李世民，对这一重要的秘书观念，已有十分切实的理解。相对李世民，魏徵既属亲近重臣，亦是近身综合辅助他的高级秘书。魏徵从属辅佐李世民，先后参谋、弥补两百多件决策管理事项和个人缺失错误。魏徵去世，李世民抚棺诀别，并亲拟碑文。《资治通鉴》卷一九六还记载了他对魏徵的追念与评价："人以铜为镜，可以正衣冠；以古为镜，可以知兴替；以人为镜，可以知得失。魏徵没，朕亡一镜矣！"由此也可看出，李世民主导下的政绩显赫的贞观之治，亦凝聚了魏徵"良在正人"、"成人之美，不成人之恶"的重要而深刻的监督参谋的显要功绩。李世民的秘书观念形象而贴切：秘书是领导者反观自身、辅得谏失的"借镜"和诤友。封建君王尚且持有如此切实的秘书理念，我们现代的管理者当然更得自觉地将秘书引为自身正己洁行、廉明行政的监督借镜和同志诤友。

基于这一重要的秘书观念，领导者要在主导决策管理的过程中，注重发挥秘书参谋可以提供多元综合信息与参谋监督作用的优势，并自觉将自身置于秘书的监督辅助之下，正确行使领导职权，调动多元参与管理的积极性，高效指挥全系统健康运转。

二、领导秘书观的误区

1. 领导行为的缺失与观念

（1）领导行为的常见缺失

按照管理心理学的观点，领导属于一种行为和影响力，是领导者导引和影响系统成员，在一定条件下实现系统目标的行为及影响过程。领导行为及影响主要表现在三个方面：

一是领导者的人格特征，即所谓个人修养，指个人在生理素质基础上，受家庭、教育、社会环境等方面的影响，所形成的相对稳定的气质、志趣、习惯、性格等心理特征的总和，体现为个人的基本精神风貌。领导者在领导活动中所体现出的这种个性特征，在相当程度上，决定着领导者的领导行为倾向以及领导方式，构成左右领导者形象影响力的重要因素，制约着领导者同被领导者之间的职能关系，从而影响领导活动的效应。所谓"做官先做人"，就是这个意思。

一个领导者的人格特征如果存在明显缺失，或说他在领导活动中表现出不良个性特征，如自私狭隘、傲慢偏执、感情用事等，那么，他在被领导者心目中决不会有好的形象，不会具有真正的领导地位，双方也不会产生合理、和谐的职能关系，其管理效果自然会大打折扣。

二是领导行为倾向，指领导者在领导过程中，因思维定势与上述人格特征的影响，所表现出的一种习惯化的行为模式。一般认为，领导行为倾向分为"员工导向"与"生产导向"两个维度。在对多种体现领导行为的因素进行概括之后，归纳为"关心人"与"抓组织"两大类。在此基础上，美国得克萨斯州州立大学心理学教授布莱克和莫顿提出了关于领导行为倾向的"管理方格理论"，归纳出五种较为典型的领导行为倾向，即："9·1型管理"，亦称任务管理；"1·9型管理"，亦称俱乐部式管理；"5·5型管理"，亦称中间式管理；"1·1型管理"，亦称"贫乏管理"；"9·9型管理"，亦称战斗集体管理。可以看出，管理方格理论是将"9·9型管理"即"高组织高关心人"视为理想的领导行为倾向。

领导行为倾向是否合理，首先取决于这种领导行为倾向是否切合系统被领导者的需要层次，是否能有效导引系统达到预期管理目标。领导行为倾向不合理，如被领导者处于较高需要层次，他们大多注重社交需要和尊重需要，不少人还在追求自我价值的实现，而领导者却在那里坚持"9·1型管理"的领导行为倾向，一味抓组织，强调完成任务，漠视被领导者的高层次需要，失之于关心人，这样，在领导者与被领导者之间，自然会产生日趋尖锐的矛盾，给活动带来日渐严重的消极影响。

三是领导方式，主要指领导者行使权力或说主要是领导者指挥、控制被领导者的方式。不同的领导方式，在被领导者那里会产生不同的心理及行为反应，因而领导者的领导效应也会不同。一般认为，领导方式分为三种典型类别，即：专制方式，民主方式，放任自流方式。在这三种极端的领导方式基础上，还会交叉产生一些比重不一的混合型领导方式，如处于专制与民主之间的"实行多数裁定"的领导方式，处于专制与放任自流之间的"家长式"领导方式，处于民主与放任自流之间的"没有领导的讨论"的领导方式。

领导者采取何种领导方式，同样必须以适应系统被领导者的综合素质和心理承受水平，尤其是以实现系统管理目标为依据，脱离这一基本现实的领导方式，都是不当的领导方式。如面对一个有较高综合素质、心理状态良好的被领导者群体，领导者却在那里过于强调集中，一味自行其是，甚至专断独行，这就势必扼制系统成员的积极性与民主管理的活力，损害双方应有的正常职能关系。这种不当的领导方式，反会成为领导者有效行使权力的阻力，最终反作用于领导者自身形象和系统目标管理。

（2）领导观念与行为缺失

承上所述，对于一个领导者，其领导行为倾向合理与否，其领导方式是否恰当，从客观上讲，均与其领导行为是否切合系统领导者及环境的综合状态，是否有利于实现系统的管理目标直接相关。

同时，从构成领导行为及影响力的三方面要素的内在联系看，领导者的人格特征即个性素养又起着不容忽视的重要的左右作用。领导者的人格特征、领导行为倾向、领导方式三者之间，虽然互有渗透，互相影响，但是，从主观上看，领导者采用何种领导方式，同其具备什么样的领导行为倾向直接相关。领导者具备什么样的领导行为倾向，采用何种领导方式，在很大程度上，又与领导者人格特征即个性素养中的气质、志趣、性格、习惯等主观因素密切相关。一个领导者若以自我为中心，刚愎自用，武断粗暴，在实际的领导过程中，他一般会表现出前述只重任务、忽视关心下级，高组织、低关心人的"9·1型管理"的领导行为倾向，从而他所采取的则一般也会是过于专制、少有民主的领导方式，只强调上级的权威，强制下级服从自己，而不顾及下级的心理反应和接受程度，以至专横跋扈，脱离群众，同被领导者之间形成心理上的冲突，行为上的抵牾，管理上的失效。

这里，我们再进一步地分析，就可以看到，上述领导行为连锁关联的深层根源，还在于领导者认识层面的思想意识与管理观念。因为马克思主义的认识论告诉我们，人们的思想认识来自客观的社会实践，而在社会活动中所形成的认知观念，反过来又对人们继而展开的社会活动能动地起着巨大的导引作用。切合社会实际的正确的认知观念，会指导人们顺应情势取得社会活动的积极效果；认识观念的偏差，也必然导致人们个性特征的扭曲、行为倾向的不合理、处事方式的不当，自然也就不仅不会获得社会实践的预期效果，反会产生程度不一的负面效应。因而，人们要想完善自己的个性修养，促使其行为倾向及行为方式趋于合理、恰当，取得社会活动的成功，就得首先反观检讨自己的思想认识，从根本上端正指导自己做人处世，进行职能活动的认知观念。

具体到管理领域，一个管理系统的领导者和被领导者，莫不如此。他们的人生哲学观念即世界观、人生观、价值观，尤其是建立在此基础上的职能管理观念，对他们为人处世，进行职能管理活动，都起着直接而深刻的制约作用。作为主导系统全局的领导者，更必须在正确的人生哲学观念的指导下，在管理实践中不断完善个性素养，端正职能管理观念，调整领导行为倾向，采用恰当的领导方式，保持自己同被领导者之间正常和谐的人际关系与职能关系，有效地指挥、有力地影响被领导者同自己协调谐振，保证自己高效履行领导职能。

如果再深入到管理实践，依据管理规律来考察，对系统领导者和被领导者的职能心理和职能活动更直接起左右作用的认知形态，则是他们的职能关系观念。也就是说，他们如何认识把握自己作为系统领导者或者被领导者的角色地位，如何看待对方的职能作用，即双方如领导者同被领导者的秘书之间，应该保持一种什么样的关系，这又成为领导者或秘书各自个性素养、行为倾向、控制或辅助方式更为直接的左右因素，对领导活动或秘书参谋的效应，都产生着直接而深刻的制约影响。

前面，我们已对领导者正常的秘书观念作了阐述，下面将就领导者常见的一些反常的秘书观念进行剖析。

2. 领导者秘书观的误区

相对于领导者正常的秘书观念，在一些领导者思想上还常常存在一些不正确的秘书观念，或说是领导秘书观的误区，程度不同地异化着领导者与秘书正常的职能关系，既抑制了秘书履行参谋职能的积极性，还会诱发秘书参谋的种种弊端，对领导者形象造成损害，酿成秘书参谋的负面效应乃至严重后果。

（1）将秘书视为个人附庸

秘书是为领导者有效履行领导职能、在其身边随时为之提供综合性辅助服务的系统成员，双方首先是志同道合的工作关系，因分工的不同构成上下级的领导与被领导关系，因近身综合辅助的实际需要，形成秘书贴近服务领导者的密切从属关系。

有的领导者背离这一正常的秘书观念，过于看重自我，忽视秘书作为同志共赴管理目标的内核，片面认定近身辅助这一特定上下级工作关系的形态，将自己与秘书之间的职能主辅关系异化成封建性的人身依附关系。基于这种错误观念，有的领导者常会将秘书当做自己的个人附庸或仆从看待，以自我为中心，强调自己作为领导者的尊严和需求，忽视秘书与自己平等的独立人格与需要；其对秘书的领导行为倾向，则表现为只重使用，强调为自己服务，而对秘书则漠不关心，更谈不上培养提高；其所采用的领导方式，自然是专制有余，少有民主，只要求秘书对自己唯命是从，唯唯诺诺，绝对服从和维护自己的权威，不能容许秘书跨越雷池半步，更难以容忍秘书对自己的政务和言行提出什么不同看法，否则要么粗暴训斥，要么弃之不用。

可以想见，持此种秘书观念的领导者，只会从根本上伤害秘书的人格尊严，抑制秘书在被动受制之下力争主动地辅助服务的积极性和创造性。这样的领导者定难处理好同秘书的关系，亦难用好秘书以获取秘书对于自己当好领导不可或缺的参谋助手的辅助作用。这种并不多见的领导者，是不具备领导素质和领导资格的。但是或多或少受这种秘书观误区影响的领导者倒不少见，这却是需要他们予以高度警戒，从思想意识的根源深处去加以反省和检讨的。

（2）将秘书视为琐事工具

作为领导者不可或缺的辅助力量，无论是系统秘书群体中即办公部门直接管理的秘书人员，还是单独配置给领导者个人使用的秘书人员，尽管他们的具体服务职能不同，有的侧重于事务辅助，有的侧重于政务参谋，然而，从总体上说，他们都是为领导者近身综合服务的参谋和助手。领导者应该根据自己有效进行决策管理的领导职能的特殊辅助需要，切实、全面、充分地发挥他们各自或在事务基础上以秘书参谋为主，或以事务辅助为主偶做政务参谋的职能作用。

背离这一正常的秘书观念，有的领导者只将秘书视为单纯的事务性助手，认为秘书不能介入自己的政务管理，即使是较高层次的政务类秘书，也只能赋予他们一般事务类的辅助工作，只允许他们在严格的控制之下为减轻个人事务负担而绝对被动地协助自己处理日常事务，忽略秘书尤其是以参谋决策管理为侧重职能的政务类秘书应有的更为重要的秘书参谋功能。否则，就认为是秘书干政，甚至以防止"秘书专政"为理由来支撑这种片面的秘书观念。

持这种片面秘书观的领导者，还将秘书的事务辅助限定在简单的例行事务范围，即例行的上传下达、简单的收发传递、机械的记录抄写、贴近的影随待从，乃至越出规范的个人生活服务、家务料理，等等，使秘书实际上变成了纯粹的事务机器或私人工具。

领导者出于这种片面秘书职能观而反常使用秘书的状况，一是会剥夺相关秘书人员参谋系统决策管理的职能，极大地压抑相关秘书人员发挥参谋辅助这一重要作用的积极性和创造精神。处于此种极为被动和压抑状态下的秘书人员，势难全面履行自己的应有职能。二是造成更直接的负面影响，领导者同秘书之间难以形成健康、和谐的领导与被领导关系，秘书无从通过自身的努力得到领导者的应有信任并实现其应有的职能及个人的价值，即便是进行具体的事务辅助，也将会是被动而消极的。领导者是不会从处在此种不良精神状态和担负此种片面职能任务的秘书那里，获取本应发挥的高效率的综合辅助效应的。这种直接的消极影响，最终还是反作用于领导者的领导活动。难以设想这样的领导者能够保证自己有效履行其以决策管理为主的领导职能。三是在领导者限定的秘书职能范围内，秘书的形象只能是领导者委琐无能的事务工具，应该说，社会上长期对秘书人员的误解，如认为秘书工作无非是传传递递、抄抄写写、影从拎包、点头哈腰以至讨好卖乖、拍马溜须，等等，在很大程度上是与此直接相关的。而秘书这种主要由领导者塑造而成的被扭曲了的社会形象，也会反作用于领导者，人们一般会将秘书形象看做领导者形象的折射和反映，从而加剧领导者形象及其影响力的弱化，进而给领导活动带来损害。

更有甚者，如果秘书素质不高，动机不纯，在为领导事务尤其是私人琐事服务过程中，就常会产生一些利用上级权威、打领导者旗号办事的不良言行，从而给领导者抹黑、帮倒忙，损害领导者形象；如果领导者人格素质不高，意识作风不正，甚或以权谋私，行为不轨，也就可能导致秘书唯命是从，为虎作伥；而如果秘书素质低劣，乘机逢迎怂恿，推波助澜，则必然形成反常的主导同反常的辅助两者的恶性迎合，酿成历史上、现实中屡见不鲜的领导者与秘书相互利用、狼狈为奸的种种弊端和严重后果。这便是持有这种片面秘书观、片面使用秘书的领导者的殷鉴。

（3）将秘书视为亲信代理

领导者的本质职能，是主导以决策为核心的决策管理，通过自己职务权力及形象魅力的合理行使与运用，导引、指挥和影响、控制系统的被领导成员，为实现系统管理目标而协同努力。秘书特别是相关秘书人员，属于领导者的贴近从属，他们能为领导者所提供的富于智能含量、近身综合的参谋服务，对领导者进行科学决策及有效决策管理，是无以取代的重要补充和辅助。但是，领导者发挥利用秘书的参谋作用，应该有限有度，要在自己以身作则、勤于政务的前提下，把握决策及决策管理的主导权，既充分发挥秘书限于

154

辅助性的参谋作用，又要导引秘书摆正主辅关系，使秘书在自己的合理控制之下，规范有效地进行参谋活动，积极履行辅助职能。

背离这一正常的秘书观念，有的领导者可能会陷入另一常见的秘书观误区，即将仅仅是为自己提供参谋辅助的秘书视为亲信代理，疏忽于主导和制约。出于这种错误的秘书观念，领导者在本来应该由自己主持、控制的决策及决策施行管理过程中，往往过分倚重秘书而疏于主导、失之控制。或对秘书过于亲信，少究真伪是非，以至言听计从，甚至偏听偏信；或对秘书授权过滥，过多让其代表自己处理政务，以至不闻不问，听任秘书打着自己的旗号恣意妄为；或对秘书利用过分，一味依赖秘书辅助，该由自己直接动脑动手的重要文稿，率由秘书代劳，以至重要公文的审阅、签批，也多交给秘书处理；或对秘书言行偏袒，将其与个人的职位尊严捆在一起，遇有对秘书的非议，则不问青红皂白，一概视为对自己的不恭而感情用事，予以拒斥，以致对秘书放任纵容，扩大激化矛盾，等等。

持此种错误秘书观、如此利用秘书参谋辅助作用的领导者，他们首先是不可能发挥秘书参谋的正常作用，不可能获取秘书参谋辅助应有的积极效应。相反，由于领导者对秘书管理和使用的失职与放任，将会导致秘书超越职分，异化秘书参谋的辅助性质，直接参与以至干扰领导决策；导致秘书超越权限，造成秘书擅代领导行使权力，随意干预系统政务以至越位弄权、打乱全局管理秩序。这种反常的秘书参谋活动，不仅不会产生真正的秘书参谋效应，给领导者的决策及决策施行管理以积极辅助，反而可能造成决策失误，决策管理的失调和混乱，致使系统全局蒙受相应损害。

陷于这种秘书观误区将秘书当做亲信代理的领导者，其本身往往是昏聩的官僚主义者，他们尸位素餐、无所作为，而又自尊自大。但是，如果领导者本身政治素质低下，道德恶劣，是为达到某种不良的控制企图，而故意放纵秘书，并且，被放纵使用的秘书同样素质不好，动机不纯，亦别有所求，那么，两者的一拍即合，势必给组织系统带来严重的后果，这种错误使用秘书和秘书胡参乱谋、为非作歹的恶性的辅助效应，也令人触目惊心地存在于历史上和现实之中，首先应该成为领导者的严重教训。

（4）将秘书监督视为非分干扰

由于领导者与秘书之间的上下级关系首先是建立在志同道合与近身相处的基础之上，他们既是领导与被领导，又是同志，亦是深入相交的挚友；由于领导者处于系统全局的关键地位，其人格素养中的缺点和领导活动中的失误，比诸其他系统成员，都会给全局管理带来更为直接和严重的危害；由于领导者同属社会一员，在错综复杂的职能活动和社会生活之中，存在和表现出种种个人缺失，亦在所难免；由于辅助领导者正确有效进行领导活动是秘书职能，而近身综合辅助，又是秘书职能的本质特征和必要的工作条件，因此，秘书对领导者同时具有难以取代的监督辅助的责任和义务。针对领导者的缺失随时有效进行弥补、规劝以至谏净，实属秘书参谋辅助职能的应有之义。领导者将秘书引为辅助自己清正廉洁、切实有效行政的难得的净友，亦是其应有且自觉的人际意识和秘书观念。

有的领导者背离这一正常的秘书观念，自视高明，唯我正确，群众观点不强，民主意识薄弱，视野封闭，心地狭窄，喜欢独断专行，热衷于一言堂，听不进不同声音，更容不下对自己的批评意见。他们一般绝对看待领导与被领导之间的关系，将这种限于职能范畴的上下级交往泛化到漠视和用以取代像同志、朋友等这些重要的人际关系，高高在上，唯我独尊，凛然不可冒犯，只强调下级尤其是直接隶属服务于自己的秘书人员唯命是从，唯唯诺诺，时时理解满足其自尊心理，处处维护保证其作为领导者的形象与权威，不承认近身秘书人员对自己的监督服务职能，拒绝秘书对自己难能可贵的弥缝缺失、拾遗补阙的参谋辅助作用，排斥秘书的提醒、规劝，更容忍不了他们的批评、谏净。不然，轻则愠怒不快，挥之而去，耿耿于怀；重则盛怒斥责，视为干政，换马取代。

持此种反常秘书观、如此使用秘书的领导者，实际上失去了一面做人行政的独特借镜，排除了一位正身洁行的知己挚友，堵塞了一条吸纳民意的难得言路，首先是自蒙其害。处于此种被使用状态下的秘书，难以变被动为主动，不能全面履行其深层次的辅助职

156

能，发挥不了独具特色的参谋包括监督辅助的积极作用。他们要么屈从于一种并不让其心悦诚服的权威的压抑之下，始终被动而消极地从事亦步亦趋、呆板单调的程序性辅助服务，实际上处于一种小心翼翼，时刻担心触犯领导的毫无主动精神和生气的应付状态；要么认真执著履行秘书职责，对领导者言行的不周、不轨之处，不予回避，而是积极拾补，主动规谏，并不苟且，这样，则往往得不到领导者的理解，反会触犯领导威严，动辄得咎，导致双方关系处于难以调和的紧张状态；如果秘书人员素质不高，动机不纯，不分是非，一切以领导者为转移，随机俯仰，看眼色行事，以至阿谀奉承、投其所好，甚至投机钻营，借以谋私，横生是非，借势凌人，这就势必给领导帮倒忙、办坏事，扩大领导缺失，拖领导下水，使管理领域内领导者与秘书之间这一本来具有尖锐性的关系机制，更呈恶性叠加的运行状态。多少令人触目惊心的相关案例，都包含此种主要由领导者酿出的恶性后果。实际上，领导者在认识和处理这一敏感关系方面的失误，在相当程度上，亦是造成立身不正、行为不廉、为政腐败的重要催化因素，同样是应该加以深刻记取和警戒的严重教训。

3. 发挥秘书参谋的正面效应

领导者要避免上述种种秘书参谋可能产生的负面效应，充分发挥秘书参谋的重要作用，获取秘书积极有效的辅助，看来，必须走出上述例列的秘书观误区，坚持正常切实的秘书观念，顺应领导活动及秘书参谋辅助的规律，注重端正自身，加强对秘书的管理，关注对秘书的提高，以在自己与秘书之间正常而和谐的关系运行之中，在秘书的积极辅助之下，推进系统的全局管理。

（1）端正自身形象

在一个组织系统，领导者处于核心和主导地位，肩负着率领、控制系统成员同心同德、协调一致实现系统管理目标的重任。

领导者要真正成为凝聚系统成员的核心，成为率领系统被领导者协力进取的主导，做到一呼百应，就必须具备切合履行领导职能的德、能、才、识，具备符合被领导者心理期待的相当的思想品位、政治品格、决策胆识、组织才干、作风素养，以及由此综合铸就的人格形象，而且，时时严格要求自己，处处以身作则，做讲学习、讲政治、讲正气的表率，始终保持同系统被领导者之间正常、密切的职能关系和相应的个人关系。这是一切有作为的领导者所以称职并取得成功的前提和基础。

为领导者近身综合辅助服务的秘书，同领导者之间保持着密切贴近的关系状态，是一种更为特殊的领导与被领导关系。不能善处与秘书的关系并且带好用好秘书的领导者，很难想象他们能够成为凝聚、率领系统被领导者协同奋进的称职的带头人。

鉴于秘书贴身围绕领导者服务，领导者的一言一行以及许多不为其他系统成员所能感受到的细微情态，都会随时而深切进入秘书的视野和体认范围，对秘书的做人履职产生着直接而深刻的导引作用与相应影响。因此，领导者要想得到合格的秘书，获取秘书积极有效的综合辅助效应，使自己进行成功的管理，首要的还是要确保自己是一个合格的领导者，首先严于律己，正身洁行，殚精竭虑，清廉为政，通过自己清正廉明的言传身教，使秘书在耳濡目染的潜移默化之中，围绕自己，先学做人，再学处事，成为自身所需要的合格而得力的参谋助手。否则，上梁不正下梁歪，中梁不正倒下来。这一常识性规律，也贯穿在历史和现实的领导者与秘书这一重要而敏感的职能关系之中。自身不正的领导者，好的秘书用不来，还会被带坏，素质不好的秘书，则会沆瀣一气，产生同流合污的恶性行政效应，贻害深重。北京市原领导人陈希同及王宝森走向犯罪，首先就在于他们自己不正、私欲膨胀，而他们所使用的秘书也是思想意识极差的人员，有的被公认为"最次的秘书"。他们上下互相利用，以权谋私，逐步地一起滑向罪恶的深渊。

（2）强化教育管理

常情之下，由于秘书要贴近领导者为之进行综合辅助服务，因而，他们一般是经过考核选拔，具有相当素质和能力的人员，同时，他们又可以从领导者身上和辅助服务过程中学习更多的东西，得到更多的锻炼。但是，他们的职位条件、活动方式以及所面临的复杂的工作环境，却又使他们极易滋生种种不良习气和倾向。如果不注重对秘书人员的教育和管理，只使用不管教，变放手为放任，势必出现"灯下黑"的惯常弊病,既贻害秘书,也贻误领导者自身。

加强对秘书特别是领导者个人专职秘书的教育与管理,虽然是有关综合办公部门包括人事、组织部门的重要任务,但首先还是使用秘书的领导者的责任。因为秘书直接随时围绕着领导者工作,领导者在工作上与秘书接触最多,对其思想脉搏、活动状况有较为深入、细微的体察和把握,在双方随时和密切的合作之中,在领导者的直接控制之下,对秘书的教育管理既方便切实,又能更见成效。

领导者对秘书的教育,要将身教与言传有机而互补地结合起来。首先注重身教,正人先正己,时时处处在自己的思想、政治、道德、作风等高层次上严格要求自身,以身作则,用堪称楷模的领导形象,给秘书以无声的却是有力的潜移默化;同时,应随时结合工作实际,有针对性地进行具体的言传点拨、批评指教,着重提高秘书人员的政治素质、思想水准、职业道德、处事能力,强化他们的群众观点、服务意识、求实精神、保密观念。

加强对秘书的严格管理,也是使用秘书的领导者不容忽视的责任。领导者对秘书的管理,应指导并配合综合办公部门及人事、组织部门共同进行。领导者个人专职秘书的选配,领导者要尊重组织部门和办公厅(室)的意见,按程序审查调用。个人可以推荐,但须经上述部门审查同意,个人不能任意指定应予回避或不宜的人选担任秘书,把好入口关,确保秘书的基本素质条件;要注意对秘书的岗前培训,使秘书在任职之前集中学习掌握秘书工作的基本知识包括必要的系统全局状况、保密法规;要重视秘书业务水平的提高,支持督促他们对理论、路线、方针、政策、形势任务的学习;要遵守秘书的行政、组织管理制度。秘书的行政、组织关系,原则上应按领导者的岗位,对口转入相关系统的办公厅(室),参加组织生活,接受统一的监督管理;领导者还得重视协同相关部门做好秘书从德、能、勤、绩等方面的定期的全面考核,以完善对秘书的管理和教育。

(3)给予切实关心

领导者对秘书的有效使用,同对秘书的教育管理和关心培养是不可分割的。在逻辑联系上,秘书对领导者高效率的辅助,既来自秘书的综合素质和悉心服务精神，也来自领导者的教育管理，亦来自领导者在充分理解秘书的基础上对秘书的高度关心与精心培养。

美国心理学学者马斯洛的"需要层次理论"指出，人的需要分为生理需要、安全需要、社会需要、尊重需要和成就需要。五类需要呈由低级到高级的递进层次。前两类属于基本的物质需要，后三类属于高级的精神需要。借鉴这一理论的合理成分来分析秘书在付出同时的需要问题，我们可以看到：

秘书为领导者提供参谋助手的辅助服务，是一项十分繁重而艰难的工作，为有效适应领导活动随时的综合性辅助需要，他们要涉及系统上下左右，处理纷繁事务，言、文及脑、体兼用，加班加点、日以继夜地忘我工作；秘书为领导者发挥参谋助手作用，还是一项较高付出却较低回报的工作，他们直接参谋辅助领导者进行科学决策和决策管理，推进系统运转的不少重要文稿、文件往往渗透他们的心血。可是，秘书工作的辅助、被动特性，又决定了他们所作奉献的潜隐特征，他们重要的辅助服务成果理所当然地隐含在领导者及其他服务对象的高效管理之中，他们亦是一类高付出的"无名英雄"。

出于以上基本状况，就主观而言，秘书的需要首先在于高层次的精神需要，尤其在于成就需要和尊重需要。他们最希望得到培养提高，能够有更高的水平、更强的能力，从而顺利、出色地辅助领导者，由此而自慰、自豪于自己的事业成就；他们需要得到辅助对象的信任和尊重，支持鼓励他们在被动受制之下努力主动、创造性地进行辅助工作。尊重他们的人格和劳动，平等、和善、坦诚相待，积极使用他们的劳动成果，认真对待、注意听取和吸纳他们参谋咨询的建议和方案，虚心、冷静地听取或接受他们的及时提醒、诚恳规劝乃至尖锐的谏诤。

出于以上基本状况，平心而论，由于秘书辅助活动的被动受制，几乎始终在纷繁、艰难、紧张的生理和心理的高压之下，因而，客观上，他们对基本层次的物质需要，应该不亚于高层次的精神需要。而现实的秘书，他们所付出的价值与他们所应该得到的物质需要方面的补偿与满足，往往不成比例，存在较大反差，而且，这种反差容易被忽视。秘书这种常易被忽视的基本的物质需要，作为使用他们并与之密切相处的领导者，就应该深有体察、了然于胸，更有责任去主动关心、帮助为自己辛勤服务的秘书，在规范与原则的范围内，尽可能地满足秘书的安全需要和生理需要。

要关心秘书的身心健康，工作上多给秘书以明确具体的指导，少让秘书在那里花时费力地反复理解、揣摸意图；多给秘书以喘息放松一下的间歇，如重要文稿的撰拟等分内公务，不要随意由秘书代劳，少让秘书持续不断地高负荷运转；在严格要求和管理的同时，要体谅和宽容秘书工作的某些不周或失误，少一些严厉斥责，多一些以身示范和循循善诱；秘书出现非原则错误受到责难非议和不公正待遇时，领导者要多承担责任，并为秘书进行恰如其分的排解，等等，以缓解秘书生理与精神上的负担和压力，能有充沛的精力和良好心理状态去完成繁难的参谋助手任务。

与此同时，领导者还要关心秘书的日常生活。全力以赴投入辅助服务的秘书，一般有某些具体的日常生活困难无暇顾及。诸如同其他相当的系统成员相比，其工资待遇包括奖励津贴往往失衡；潜藏的却显出迹象的疾病难以及时就诊治疗；婚姻问题、家庭成员关系中的一些麻烦，也常会成为困扰秘书的因素，等等。对于他们处理解决这些问题的基本生理需要，也应该被领导者纳入视野，给予必要的关心、过问和帮助，以缓解他们悉心工作的后顾之忧，促进领导者与秘书之间正常而和谐的关系，获取秘书更为积极有效的参谋辅助效应。

第三节　部门与秘书参谋效应

一、具体职能部门与综合辅助机构

这里所说的部门，系前面所指在组织系统领导者隶属之下，除办公厅（室）、秘书处（科）等设置的秘书性综合辅助机构之外，并与之原则上处于同一层级的具体职能管理部门。它们按既定分工，分别肩负一个方向明确、具体的管理职能，接受系统领导的统一指挥，执行系统决策管理意图，向领导者负责，在分理的职能范围内进行组织管理活动。

如某省人民政府近期的机构设置分作五类排列：

一、××省人民政府办公厅
二、省政府组成部门
......
三、省政府直属机构
......
四、省政府部门管理机构
......
五、省政府议事机构的常设办事机构
......

其中，省政府组成部门包括省发展计划委员会、省经济贸易委员会、省教育厅、省科学技术厅、省民族宗教事务委员会、省公安厅、省国家安全厅、省监察厅、省民政厅、省司法厅、省财政厅、省人事厅、省劳动和社会保障厅、省国土资源厅、省交通厅、省信息产业厅、省水利厅、省农业厅、省对外贸易经济合作厅、省文化厅、省计划生育委员会、省审计厅。省政府直属机构包括省地方税务局、省环境保护局、省广播电视局、省体育局、省统计局、省工商行政管理局、省新闻出版局、省林业局、省质量技术监督局、省药品监督管理局、省旅游局、省粮食局、省物价局、省乡镇企业管理局、省政府外事侨务办公室、省国防科学技术工业办公室、省法制办公室。

以上所列省政府办公厅及相关公务人员，就是为省政府领导者即正、副省长履行领导职能提供近身、综合辅助服务的秘书性机构及秘书人员，他们围绕省政府领导者，中介于省政府领导者与其他省政府机构之间，发挥着对领导者直接的参谋助手作用及对其他机构间接的辅助服务作用。以上所列委、厅及局、办等省政府组织部门和直属机构，则是我们所说的省政府的主要的具体职能部门，它们同省政府办公厅都处于省政府领导者之下的第二层级，只不过直属机构的局、办要比省政府组成部门一般要低半个级别。它们都在省政府领导者的统一指挥之下，分别负责与自己机构名称相应的一个领域的具体职能管理。

组织系统的众多部门及其负责人，在进行具体职能管理过程中，要定期或随时地同系统领导者保持各种职能信息的沟通。这种相当于神经系统传导的职能信息的上下流通，保证着整个组织系统政党有效的目标运转。而此类职能信息的上下沟通，理应且实际上也可以直接发生，因而也有人将系统的具体职能部门与作为领导者近身综合辅助机构的秘书工作机构相对，称作系统的直线部门。但是，为保证领导者集中有效地履行领导职能、维持系统上下各方有次序有效率的运转，大多数日常职能信息的上下传输，却通常要通过为领导者提供近身综合辅助服务的秘书工作机构及相关秘书人员，即通过他们的中介枢纽作用来完成；同时，部门横向之间，常有需要共同协作处理的一些跨部门的职能任务，也通常要通过秘书工作机构及相关秘书所能发挥的综合协调作用才能顺利完成；而且，秘书工作机构及相关秘书人员对领导者决策及决策管理进行参谋辅助这一更重要的职能活动，也会随时涉及有关部门，并对部门具体的职能管理产生直接或间接的作用。

因此，部门及其负责人持有什么样的秘书观念，如何认识秘书工作机构及相关秘书人员的地位和作用，同他们保持什么样的关系，如何同他们正确相处，就不仅成为左右秘书参谋效应以至系统全局管理成效的一个不可小视的重要因素，同时，也构成部门等方面取得理想管理效应的一个不可小视的条件要素。

二、部门正常的秘书观

1. 系统领导者的职能延伸

组织系统内秘书工作机构及相关秘书的设置，是为了保证系统领导者有效履行其领导职能，从而保证整个系统正常而有效的运转。他们辅助职能的发挥，构成组织系统运作机制的重要一环，是整个组织系统进行目标运转的传动纽带。在组织系统内，他们是直接针对领导者的辅助服务力量，并因此也是面向其他被领导者包括活动环境在内的一支不可缺少的具有特定功能的服务力量。

秘书工作机构及相关秘书近身围绕系统领导者，在领导者的制约之下，直接襄赞领导者处理其领导职能范围内的日常管理事务，包括对全系统日常信息的上下沟通与领导机关的事务管理，以补助领导者精力的不济，支持领导者集中主要注意力去履行决策及决策管理方面的基本领导职能。同时，他们还直接遵循领导者的管理意向，适应领导者的随时需要，近身综合地参谋辅助领导者的政务，辅佐其进行科学决策与决策管理，包括在他们通常的职能范围之内，有时是在领导者的明确授权之下，对系统部门等方面的综合沟通和跨部门任务的协调组织，以及决策、意图落实的督促检查等项决策管理的辅助活动，以主要弥补领导者智能当然也包括精力的不足，保证其真正科学、有效地履行以决策及决策管理为核心的领导职能。

显然，秘书工作机构及相关秘书的上述职能及其实际活动，既表现为对领导者职能及其实际活动的一种补充和辅助，但是，从实质上分析，又是领导者职能及其实际活动的一种外围组成和有机延伸。相关秘书既定的职位和职能和可能接受领导者明确授权助理有关政务的职能条件，使他们面对系统部门等方面的具体职能活动，具备系统领导者职能活动的有限的代表性。由此而来，他们同领导者之间这种客观既定的相对密切的关联，在系统部门等方面管理活动中与心理上，自然会在一定程度上形成领导者职能活动及综合形象的有限体现。

基于这一重要的秘书观念，组织系统部门等方面，首先应该摆正自己的位置，立足于隶属系统领导者的下级职位，理解并尊重秘书工作机构及相关秘书的特定职能地位，自觉处理好同它们之间的关系，协调一致地去辅佐系统领导者有效推进系统整体实现共同追求的管理目标。

同时，在实际的管理活动之中，部门等方面还得注意做到：积极配合、支持他们对领导者的各项具体的辅助服务工作；主动争取、协同他们对涉及本部门在内的跨部门任务的综合协调及组织；自觉接受、配合他们对本部门职能管理、执行决策、落实部署等项工作的督促和检查；而且要从协力推进系统大局正常的目标运转，以及维护领导者权威与形象的高度，对他们的职能行为实施监督，给予必要的与人为善的批评和帮助，等等。

部门等方面对秘书工作机构及相关秘书的职能地位及实际活动应有切实的理解、尊重及配合、监督。这种理解、尊重与配合、监督既是具体职能部门等方面对系统领导者理解、尊重的体现，也是自己的一种职能责任。

2. 部门等方面的中介参谋

从组织系统内部门等方面的本体职能地位与具体职能管理活动来考虑，秘书工作机构及相关秘书的职能及其实际活动，还必然地对部门等方面产生显著的中介传导与参谋服务效应。为部门等方面提供相应的中介参谋服务，亦是秘书工作机构及相关秘书的职能任务之一。

因为，其一，在组织系统的体制结构中，他们处在领导者与其他被领导者之间、贴近围绕领导者的中介枢纽位置。他们作为领导者近身综合的参谋助手，直接随时地为领导者提供以沟通上下管理信息为通常形式的各种辅助服务，也因此，他们同时要以领导者所隶属的部门等方面作为自己重要的职能工作对象，为部门等方面同领导者之间保持正常的职能联系提供中介服务。反之，在一般情况下，部门等方面所得到的领导者下传的指挥信息或自己要上达领导者的报请信息，则大多要通过秘书工作机构及相关秘书这一系统上下枢纽的中介传导。他们对部门等方面所发挥的这种中介沟通作用，是其"三服务"职能的重要内容，是保证组织系统信息相通、灵活运行的一种重要的机制效应。

其二，在组织系统内，秘书工作机构及相关秘书还要在这种中介枢纽的职能位置上，适应领导者履行决策及决策管理基本职能的需要，提供近身综合的参谋辅助，这是他们更重要更深层的职能任务。如前述某省政府办公厅，其改革后的职能、职责仍然强调了这方面的任务："加强审核把关、督查落实和跟踪调研职能。"主要职责是："负责省政府会议的准备工作，协助省政府领导同志组织会议决定事项的实施"，"协助省政府领导同志组织起草或以省政府、省政府办公厅名义发布的公文"，"研究省政府各部门和各市、州人民政府请示省政府的问题，提出审核意见，报省政府领导同志审批"，"根据省政府领导同志的指示，对省政府部门出现的争议问题提出处理意见，报省政府领导同志决定"，"督促检查省政府各部门和地方人民政府对省政府公文、会议决定事项及省政府领导同志有关指示的执行落实情况，并跟踪调研，及时向省领导同志报告"，"协助省政府领导同志处理需由省政府直接处理的突发事件和重大事故"，"负责办理省政府工作范围内的人大、政协的建议和提案工作"，"负责省政府值班工作，及时向省政府领导同志报告重要情况。办理省委、省政府领导同志交办的有关信访事项，协助处理各部门和各地区向省政府反映的重要问题"，"围绕省政府领导同志的指示，组织专题调查研究，及时反映情况，提出建议"，"及时做好信息收集和反馈工作……为省领导同志决策服务"，"做好行政事务工作及行政接待工作，为省政府领导同志服务"，"办理省政府领导同志交办的其他事项"，等等。从以上摘引中我们可以十分明晰地看出：组织系统的秘书工作机构及相关秘书的职能之中，近身综合地参谋辅助领导者进行科学决策及有效决策管理的职责十分突出，占有相当大的比重，是他们更为深层、重要的任务。

他们履行参谋辅助职能的直接服务对象是系统的领导者。然而，他们中介于领导者与部门等方面之间，同时以部门等方面为他们既定的重要的参谋服务对象，部门等方面成为他们适应领导者辅助需要、当好领导者近身综合参谋助手、完成整个辅助服务的基础性的支撑力量与依靠对象。

同时，我们也清楚地看到：组织系统的部门等方面，也必须将系统的秘书工作机构及相关秘书，视为自己同领导者保持日常职能信息得以有效沟通的中介桥梁，视为做好自己具体职能管理工作的重要的中介参谋。因而应立足本职，并基于这一正常的秘书观念，自觉、适度尊重他们中介枢纽的职能地位，诚恳、切实地支持他们中介辅助的职能活动；在他们涉及本部门职能管理的审核把关、咨询建议、综合协调、督查落实、跟踪调研、信息反馈、急务处置等职能工作的过程中，予以积极、主动的配合，认真、虚心地听取他

166

们的建议和意见，在密切协同的工作状态下，努力争取他们对本职管理所能够发挥的秘书中介参谋的正面效应；同时，在争取这种中介参谋效应的过程中，要出以公心，以大局为重，将他们对领导者及系统全局所应发挥的辅助服务效应同对本部门所能发挥的中介参谋效应，协调一致起来，对他们某些违背原则的出格、越轨的言行和主意，给予切实、有效的抵制或批评，必要时还要及时向有关方面予以反映，以履行自己的监督责任，从本职角度促进他们正确有效地发挥对领导者直接的参谋辅助作用，对系统全局的中介参谋的服务效应。

三、部门秘书观的误区

关于组织系统的具体职能部门等方面所持秘书观的误区问题，我国台湾学者钟义均在其所著《幕僚作业与管理》一书中亦有概述。他在此书中所指的幕僚人员，大致是我们所说的秘书人员，所谓的直线人员，大体相当于我们所指具体职能管理部门等方面的人员。该书在第五章第二节中概述了"直线对幕僚的错觉"："直线人员对幕僚人员的工作与行为方式常表不满，他们常视幕僚人员是一个'只出意见而自己不做，只提建议而不顾是否切实可行的人'。他们视幕僚人员为不务实际，只会高谈阔论的'理论家'，是一些年轻幼稚不经世事，只知固执于理论，而不知寻找'捷径'的'大学生'。甚至幕僚人员在直线人员的眼中，不过是'大学废物'，是'计算尺'，是'妄想狂'，是'温椅器'，而非受人尊重的专家。"

尽管幕僚人员如何地遭受讥讽，直线人员在错觉上仍以幕僚人员是高高在上，与他们首长有直接接触的人。因此，直线人员对幕僚人员除去不满，在心理上还是有恐惧感的。他会想到忽视上级幕僚的建议，可能会带给他若干不利的后果。这些恐惧也许没有理由，但幕僚人员占据在他与首长沟通的路线上，不由得不使他畏惧。可见错觉上导致的冲突，不一定是真实潜在的条件，它也能单独成为冲突的原因。

钟义均上述"直线对幕僚的错觉"的概述，说明了我们前面对部门秘书观念误区的看法，应该具有一定的代表性。而对应我们前述的部门正常的秘书观，切合我们组织系统内秘书工作机构及相关秘书同部门等方面关系的实际，我们可以将部门秘书观的误区归纳为如下两个方面：

其一，漠视抵制秘书的固有职能。

有的部门等方面不能正视秘书同领导者既定的、相对密切的职能关系，往往片面强调自身同秘书工作机构及相关秘书是处于同一层级的平行关系，将他们的职能地位及其职能活动与领导者割裂开来，忽视他们对领导者近身、直接提供综合辅助的参谋助手作用。

这一片面的秘书观念，往往误导部门等方面同秘书工作机构及相关秘书，在思想感情与职能活动两方面产生疏远与抵触。这样，部门等方面在本应通过他们的中介传导和综合协调等辅助职能作用加以顺利沟通和协同处理的日常管理活动中，或绕道而行，对他们不加理睬，事事都直接贸然地捅到领导者面前；或虚与应付，对他们的传达与协调不以为然，不认真地执行和配合，甚至故意冷落或牵制；或反感掣肘，将他们对自己职能工作的督查落实看做干预和挑剔，不予主动配合，反而加以防范、敷衍以至抵制；或不正确地履行对秘书进行监督帮助的责任，要么凭自己的好恶随便在领导者面前发泄对秘书的不满，要么人云亦云地对秘书进行非议，以至不负责任地进行诋毁，等等。部门等方面在这种反常秘书观误导下所出现的种种反常状态，将会直接制约秘书近身综合辅助领导者的职能效应，弱化涣散组织系统内秘书的中介枢纽机制，干扰妨碍系统正常的管理运行，于领导者的工作及形象，于部门等方面的本职管理，都不仅无所裨益却反会贻害，实则是组织系统难以健康、高效运转的一大常见弊端。

其二，曲解利用秘书的特定职能。

有的部门等方面往往又持有与上述错误秘书观相反的另一种反常的秘书观念，过于看重秘书工作机构及相关秘书近身、直接辅助领导者的职能，将他们同领导者之间辅助与主导、参谋与决策的职能与职权界限从主观上加以曲解和混淆，出于不纯的功利动机，通过以至利用他们近身辅助领导者的工作条件，来加强和密切自己同领导者的关系，以谋取自身的某些特殊方便和利益。

这种反常的秘书观念，常常误导部门等方面将自身同秘书工作机构及相关秘书之间正常的职能关系，推向另一个极端。基于这种极端的秘书观，部门等方面或将秘书视做领导者的亲信代理，奉为上宾，优礼有加，甚至等同领导者，百般取悦，公私不分，过从甚密；或对他们出格、越轨的言行不加监督、批评，反而回避默认，对他们的非分欲望及要求被动违心地予以满足，甚至主动设法加以怂恿、贿赂，等等。部门等方面之所以这样处理同秘书工作机构及相关秘书的关系，当然由上述错误的秘书观所致，而其根本缘由还在于私心私利的驱使，要么是自陷观念误区，出于防范心理，顾虑得罪他们，得不到他们对自身利益的额外关照和政策倾斜；要么也是更常见更自觉的，是企图通过蓄意的不当深化同他们的异常关系，去不当深化和密切同领导者的异常关系。讨好秘书的背后是为了取悦领导者，博得上级青睐，捞取政治资本，高垫晋升台阶。

这样，在组织系统的部门等方面那里，秘书近身综合参谋辅助领导者、中介参谋服务其他被领导的正常职能及作用，也就被严重地歪曲和异化了。这种异常的关系状态，对秘书、对领导者、对部门自身、对整个组织系统，都只会产生十分庸俗有害的负面效应，亦可能导致严重的后果。对于组织系统的管理而言，这种异常的关系状态，也是毒性很强的一种腐蚀剂，值得部门等方面严加警戒。

第六章 参谋主体与参谋效应

第一节 秘书参谋主体与对象

一、获取参谋效应的客观条件

任何社会活动，均由活动主体与活动客体在同一追求目标之下结合构成，并经由双方互应互动的作用得以完成。活动主体的基本功能，集中体现该活动的特征与本质，活动主体是发挥活动效能的主动作用者；活动客体是接受活动效能的被动的被作用者，他们同活动主体之间互应互动的状态，直接影响该项社会活动的成效。

同样，秘书是秘书参谋活动的主体，是参谋者，相关的领导者以及具体职能部门等方面，是秘书参谋活动的客体，是参谋对象。秘书参谋的效应如何，首先取决于作为参谋者的秘书的参谋辅助服务状态，同时亦取决于作为参谋对象的领导者及部门等方面与秘书之间的互应互动状态。

参谋对象与参谋主体之间互应互动的状态，又集中体现在两个方面：一是领导者及部门等方面对秘书的信任度；二是前者与后者之间的谐振度。这两种互应互动的状态，是秘书获取什么样的参谋效应的不可缺少的客观条件。

1. 参谋对象的信任度

参谋对象信任度，指秘书参谋对象对相关秘书人员的信赖程度。相关秘书在系统领导者及部门等方面的职能形象愈好，则愈可能得到领导者及部门等方面的信赖与支持。较高的参谋对象信任度，是秘书履行本职任务、取得理想参谋效应的基本客观条件。

秘书的参谋对象信任度，具有潜移特征，是秘书在参谋职能活动中，所表现出的政治道德素养、思想行为作风、参谋活动能力等诸多因素在参谋对象思想上日积月累的综合认知的反映。这种客观反映，集中体现在秘书同领导者及部门等方面的互应互动的具体的参谋辅助服务活动之中。

秘书的参谋对象信任度还具有全方位性。即秘书必须同时获得领导者、部门等方面多层、多元参谋辅助服务对象的信任，不能顾此失彼，更不能将某一单元、单层的信任同其他信任割裂、对立起来，如仅仅致力于博取领导者的好感。这种片面的信任度，于己、于人、于系统都可能产生不良影响，最终也难以获取参谋对象的真正信任及参谋活动的理想效应。

2. 参谋对象的谐振度

参谋对象的谐振度，指相关秘书在履行参谋职能过程中，所得到的参谋对象的支持、配合程度。秘书的参谋辅助服务活动几乎都是在同领导者及部门等方面双边双向、互应互动的联系交往中进行的，因此，参谋对象谐振度越高，他们所给予的具体支持与配合就越积极、越主动，秘书参谋的质量与效率自然也会越高。谐振关系失调，你热他不热，你急他不急，你有所祈求他却消极敷衍，此种不高的谐振度和不良的互应互动状态，是秘书应该主要通过自己的努力在参谋活动之前与之中，加以克服的重要障碍。

参谋对象谐振度一般出自参谋对象信任度，两者大体呈函数关系。但是，信任度对谐振度的影响，又不成绝对的正比关系，两者更不会等同取代。在某些具体情况下，有了较高的信任度，并不一定就会产生较高的谐振度。因为，在实际的参谋活动中，可能会出现种种始料不及的主观或客观的干扰因素，如秘书某些思想观念的偏颇，参谋方法的不当，参谋任务的复杂艰巨，预料与现实不符，双方的理解差异，对方的实际困难，参谋对象的素养缺失及即时情绪的不良，等等，均可能造成谐振失调，降低参谋对象所给予的支持、配合程度，影响参谋效应。

参谋对象谐振度具有双边协同性，即较高的谐振度，必须由参谋主体和参谋对象所共同创造。相关秘书要想获得较高的参谋对象谐振度，自然得首先立足自身，通过主观努力，加强自身综合素养，争取较高的参谋对象信任度；同时，也得在此基础上，立足主观努力，主动去化解、排除在双边性的参谋活动中所面临的种种主观或客观障碍，将失调变为协调，强化双边的谐振程度，从而取得更为积极的秘书参谋效应。

二、左右参谋效应的内在因素

承上所述，秘书要获取正面积极的参谋效应，取决于秘书的参谋辅助服务状态和参谋对象的信任度与谐振度。而参谋对象信任度与谐振度的高低，在很大程度上，也同秘书自身的主观努力息息相关。也就是说，在相关秘书同领导者及部门等方面这一对参谋活动的主客体的矛盾统一体之中，矛盾的主要方面，还在于作为参谋主体的秘书人员一边。离开了相关秘书的主观努力，首先不会有秘书较高的包括政治觉悟、思想水平、职业道德、履职能力、作风修养在内的综合素养，不会有秘书良好的参谋辅助服务状态；继而也就难以产生相关秘书在参谋活动中不可或缺的参谋对象信任度及谐振度，自然也难以取得较为理想的秘书参谋效应。

毛泽东在《矛盾论》的"两种宇宙观"一节中指出：唯物辩证法的宇宙观主张从事物的内部、从一切事物对他事物的关系去研究事物的发展，即把事物的发展看做是事物内部的必然的自己的运动，而每一事物的运动都和它周围的其他事物相互联系着和互相影响着。事物发展的根本原因，不是在事物的外部而是在事物的内部，在于事物内部的矛盾性。任何事物内部都有这种矛盾性，因此引起了事物的运动和发展。事物内部的这种矛盾性是事物发展的根本原因，一事物和他事物的互相联系和互相影响则是事物发展的第二位的原因。毛泽东进而指出：无论什么矛盾，矛盾的诸方面，其发展是不平衡的。有时候似乎势均力敌，然而这只是暂时的和相对的情形，基本的形态则是不平衡。矛盾着的两方面，必有一方面是主要的，另一方面是次要的。其主要的方面，即所谓矛盾起主导作用的方面。事物的性质，主要地是由取得支配地位的矛盾的主要方面所规定的。根据毛泽东的精辟论述，可以进一步认定：

172

系统领导者及部门等方面对秘书参谋辅助服务的需要，与相关秘书适应这种需要履行参谋辅助服务的矛盾运动，规定并构成了秘书参谋活动。这一矛盾运动的发展，是左右秘书参谋活动效应的内在的根本原因。而在这一矛盾统一体之中，在一般情况下，相关秘书即参谋主体的参谋状态，以及他们在取得作为参谋对象的领导者及部门等方面的信任度与谐振度过程中的各种主观努力，又构成这一矛盾运动的主要方面，是推进秘书参谋活动这一矛盾运动、左右秘书参谋效应的主要的内在因素。也就是说，通常情况下，在相关秘书对领导者及部门等方面进行参谋辅助服务的活动中可能出现的矛盾，其主导面还是在秘书一边。相关秘书人员在解决矛盾方面卓有成效的主观努力，应该是他们特具的一种职业素养与能力，是秘书获取参谋对象较高信任度，创造较高谐振度，进而做好参谋辅助服务工作的主要的内在根据和基本的前提条件。

显然，相关秘书人员必须遵循这一普遍的矛盾发展规律，自觉立足于矛盾的主要方面，严格要求自己，不断加强综合素养，积极创造有效履行参谋职能的主观条件。

人的行为受思想支配。人的职能行为还得受其职能观念的直接制约。保证和强化职能活动效应的主观努力，重要的还在于端正职能观念。我们在前一章集中阐述了作为参谋对象的领导者及部门等方面的秘书观问题，同样，本章以下也将集中阐述作为参谋主体的相关秘书的领导观、部门观、参谋动机，以及与秘书正确的领导观和部门观紧相适应的秘书参谋的综合素养问题。

第二节　秘书的参谋对象观

一、秘书的领导观剖析

1. 组织系统的全局指挥

任何组织系统的领导者，都是对系统全局进行目标管理的计划、决策、组织、控制者，处于系统内部结构层次的最高层级，居于系统目标运行的核心地位，是系统二级层次包括具体职能部门等方面和秘书工作机构及相关秘书在内的被领导者的直接上级与职能指挥。他们在系统之内对全局目标活动负领导责任，在系统之外是整个系统法定的权威代表者。

基于这一基本的领导观念，首先，秘书工作机构及相关秘书，应该从领导者面对系统全局进行统一指挥这一职权的认定出发，将领导者作为主要辅助服务对象，也得因此适应领导者驾驭系统全局的职能需要，自觉地将系统的部门单位、活动环境等各个有关方面作为自己的参谋服务对象，在忠实地对领导者进行综合辅助服务的同时，也要积极地对部门等方面进行中介沟通服务。秘书这一基本的领导观念，是秘书工作综合特征的理论依据之一，决定并赋予了秘书职能综合辅助与不管服务的特殊性。这也是构成秘书工作应为系统领导者服务，为部门单位服务，为系统活动环境包括有关群众服务的"三服务"根本宗旨的理论依据之一。

其次，从领导者对系统目标运转进行决策及决策管理这一基本领导职权的认定出发，秘书工作机构及相关秘书，应该在对领导者进行全面、综合的事务辅助与政务辅助的同时，注重发挥其参谋辅助领导者决策及决策管理的政务参谋功能，并因此适应领导者指挥系统全局的职能需要，在对系统部门等方面进行中介沟通服务的过程中，注重发挥他们的中介参谋服务作用，以便更好地辅助领导者履行领导职能。秘书这一基本的领导观念，是秘书职能"从侧重办文、办事转变为既办文、办事又出谋划策，从收发传递信息转变为综合处理信息，从单凭老经验办事转变为科学化管理，从被动服务转变为力争主动服务"的"四个转变"的基本理论与现实根据，决定并赋予了秘书工作机构及相关秘书对领导者因而也对部门等方面着重进行综合参谋辅助及中介参谋服务的重要职能。

秘书在这一基本领导观方面的误区主要在于，违背领导者统御全局的这一认定，割裂领导者同所属部门等方面的密切联系，将自身综合性的"三服务"职能宗旨蜕变为"一服务"即只将领导者视为自己的辅助服务对象，而将部门、单位及群众排除在自己的服务范围之外。

出于这种领导观误区，相关秘书往往是：一方面眼中唯有领导者，只是围着领导转圈，周到备至、唯上是从，以致杂以私心，极力取悦领导者；另一方面，眼中没有部门、单位及群众，自觉或不自觉地以领导者的近身人员自居，立于领导者权威影响之中，俯视部门、单位及群众，对他们不仅谈不上真诚服务，反而是居高临下，颐指气使，甚至打领导旗号，形成所谓"二首长"，盛气凌人，胡作非为，实际上将自己的服务对象变成了方便自己，为自己服务的服务主体。

秘书出于此种领导观误区所误导出的反常职能行为，不仅异化、阉割了秘书最终是为系统服务、为人民服务、为领导者服务的"三服务"活动宗旨，颠倒、恶化了自己同部门等方面正常的职能关系，难以做好秘书工作；而且也会从一个重要方面疏远、梗阻自己为之提供辅助服务的领导者同所属部门、单位及群众之间密切而有效的联系与沟通，损害领导形象，给领导抹黑、帮倒忙，酿成不良的甚至严重的秘书辅助负效应。这种错误的领导观及其可能造成的种种危害，不可小视，它们是相关秘书人员应该严加警戒的一大职能禁忌。

秘书在这一基本领导观方面的主要误区还在于，违背领导者以决策及决策管理为基本领导职能的这一认定，看不到领导者因其职能转变而日益注重秘书力争主动参谋政务的辅助需要，不能贯彻"四个转变"的职能指导思想，参谋意识薄弱。

出于这种领导观误区，相关秘书往往未能转变自己的职能指导思想，还是将自己局限在领导者一般事务助手的角色定位，侧重于协助领导者机械地处理公文，按程序办理事务，忙于收发传递一般的原始信息，进行呆板的中介沟通，凭着老经验、老套路对待新情况，应付新需要、新任务，满足于影随领导者、进行随从服务，在很大程度上陷于绝对被动的一般性事务辅助状态。与此种片面领导观及活动状态相应，相关秘书自然淡化、忽视自己本来具备应该侧重履行的参谋辅助职能，难以适应领导者对这一更为实质的辅助需要，对他们进行决策及决策管理不仅发挥不了正面的参谋辅助效应，相反还可能产生种种负面影响。处于此种职能状态下的相关秘书，实际上等于失职。这是不合格的参谋辅助人员。领导者不需要他们。

2. 职能活动的核心主导

秘书之设及其应该发挥的近身、综合辅助领导者的特定职能，主要出自领导者有效履行领导职能的实际辅助需要。领导者是组织系统的全局指挥，是控制整个系统进行目标运转的主导。相关秘书及其重要的职能作用，只是领导活动补充性、延伸性的辅助因素。他们职能活动的出发点与落脚点，就是贴近全面地襄赞领导者更加有效地指挥、控制系统全局，他们所应该发挥的职能效应，只能潜隐、融合在领导者管理活动的效应之中。领导者及其领导活动，是相关秘书人员履行辅助职能的服务核心与行为主导。这是相关秘书人员应该持有的又一基本的领导观念。

基于这一基本的领导观，首先，相关秘书人员必须具有的职能意识及本职对象意识，自觉将领导者及其管理活动视为自己进行参谋辅助的直接对象，将近身、综合参谋辅助领导者切实有效地履行领导职能作为自己的本职任务。相关秘书人员就得积极有度地通过贴近领导者的工作条件，紧密围绕这一服务核心，准确地把握、明确领导者的管理思想、活动意向、工作重心、思索热点、决策意图、部署安排以及领导者所交待的即时任务和要求，以随时适应并针对其进行决策、推进决策管理的种种参谋辅助需要，悉心尽力地为之提供尽可能圆满周到的参谋辅助服务。

其次，相关秘书人员还得明确自己作为领导者近身、综合的参谋助手的角色及角色价值定位，始终保持自己同领导者之间近身从属与直接主导的近身隶属的既定的职能关系。就得自觉将自己置于领导者的指挥、控制之下，服从其主导意志，不偏悖主导意向，严格按领导意图行事。同时，还得努力实现自己职能的辅助价值，将本职的参谋职能行为无条件地纳入领导管理活动的补充辅助范畴，不僭越职位，不超越职权，不争功显绩，不干扰领导者的决策与主导职能，在领导者的直接主导与制约之下，甘于无私奉献，忠实、积极、严谨、有效地恪尽参谋辅助职守，做领导者满意的参谋助手。

相关秘书在这一基本领导观方面的误区主要在于，不清楚秘书

176

参谋职能产生于领导者有效履行领导职能的辅助需要这一前提问题，对自己的职能及本职对象意识有所淡化、模糊，难能自觉地将悉心辅助领导政务视为本职责任，未能将领导者作为基本的直接的服务对象，难以真正贴近围绕领导者进行决策及决策管理这一核心发挥秘书的参谋辅助效应。

出于这种领导观误区，相关秘书在心理上往往同领导者之间存在不应有的间距，不是密切有度地贴近并围绕领导者，而是呈现出一种若即若离以致因敬畏而疏远的状态。这样，相关秘书在职能行为上，也就必然会游离于领导者进行科学决策、有效实施决策管理这一参谋辅助的核心，难以及时、全面、准确地了解、把握领导者的管理思想、深远考虑、近期打算、活动重心、思虑焦点、决策意向，以及对秘书做好参谋辅助工作也应该把握的领导者策略取向、性格特征、处事作风、活动习惯等领导行为因素。因而，也就难以真正做到想领导者之所想、急领导者之所急、谋领导者之所谋、应领导者之所需。处于这种状态下的相关秘书人员，背离了必须近身围绕领导者及其管理活动这一核心综合全面进行辅助的秘书参谋的宗旨，且不说难能力争主动地当好领导者的参谋助手，就是被动地完成领导者所交办的辅助任务，恐怕也成问题。这样的相关秘书，不仅不能适应领导者的需要为之提供积极的参谋辅助效应，相反，还可能贻误领导者，以致造成危害。

相关秘书在这一基本领导观方面的主要误区还在于，不清楚自己的参谋职能只是领导者领导职能的一种补充与延伸，其参谋职能效应的实质只是对领导者领导职能活动的一种辅助服务。因此，若对自己同领导者之间近身从属与直接主导这一既定的职能关系，对自己必须在领导者管理意志的主导与制约之下进行参谋职能活动的角色意识有所模糊或淡化，不恰当地强调个人人格意识，自觉或不自觉地将领导与被领导这一特定的主导与从属的职能关系同一般社会关系混淆起来，则难以严格遵循领导者的管理思想与意图去做好参谋辅助工作。

出于这种领导观误区，相关秘书一般摆不正自己与领导者之间的主、辅职能位置，不能自觉而切实地尊重、服从领导者，难以始终贴近围绕领导者有效推进领导活动的职能需要，去忠实、积极地为之提供参谋辅助服务。这样，他们在职能指导思想上，往往难以恪守近身从属领导者、忠实贯彻领导管理精神的职能规律与组织原则，不能全心全意、殚精竭虑地去跟踪领导管理视野，领会领导管理思想，服从领导指挥意向，落实领导具体意图，将自己的职能活动切实地置于领导者的直接主导与制约之下，发挥符合领导需要的参谋辅助效应。因而在具体职能活动中，要么较多处于消极等待、被动应付的不良工作状态，常常游离于领导活动这一核心主导，不能及时地、有针对性地满足领导者对秘书参谋辅助的现实需求；要么较多强调个人色彩，杂以个人意愿，脱离领导活动轨道，对领导者意图合意者则奉行办理，不合意者则消极处置，以至自作聪明、自作主张，不请示、不报告，自行变通、擅加改变，甚至掺以私货，打领导旗号、假领导权威，欺上凌下，造成恶劣影响和严重后果；要么背离领导的决策意向，脱离领导的直接制约，忽略领导的主导权威，不能深入进行调查研究，不能综合系统地反馈准确、全面、可资领导者决策思考的有用信息，提不出对领导者进行科学决策有切实参考价值的咨询建议与方案，以至违背实事求是的思想路线，咨询片面信息，编报掺水数据，提供一些不切实际而又自以为是的参谋建议，或者是有悖领导决策意向的歪点子，用来被动交差应付，以至主动蒙哄误导领导者。持有此种错误领导观、处于这种反常状态下的相关秘书，往往还会将自己仅仅限于辅助性质的参谋建议，误作领导者一定会接受采纳的决策依据，将自己的参谋辅助凌驾于领导者的决策主导之上，在清醒的领导者面前，强求其接受采纳，形成对领导者决策主导活动的严重干扰。相关秘书在上述反常领导观念所误导出来的失职、渎职行为，是秘书参谋职能活动负面效应的典型体现，亦是相关秘书人员尤应注意的职业禁忌。

3. 监督辅助的职能对象

组织系统的领导者是全局目标运转的核心主导，领导者个人的思想政治素质、人格特征、行为方式、处事作风，直接关系着他们能否勤政、廉洁、切实、高效地引领系统实现管理目标。在复杂多变的社会背景之下，领导者要真正保持随时以进的良好的精神状态和端正的领导行为，除个人自重、自省、自警、自励，讲学习、讲政治、讲正气之外，还必须把自己置于被领导者之中，争取、接受群众的民主监督。而相关秘书近身、综合参谋辅助领导者的职能特征，从理论和实践的角度，都决定了他们是对领导者实行民主监督的一个重要方面，领导者高效履行领导职能对相关秘书特殊的参谋辅助需要，理所当然地包括他们对自身思想、品格、行为、作风等方面在所难免的个人缺失，所进行的具有特殊作用的监督、提醒、拾补和帮助。领导者与相关秘书从各自角度如何对待并发挥好这一重要而尖锐的参谋辅助效应，对双方尤其是对领导活动的成败，在相当程度上都会产生较为深刻的左右作用。显然，这也是相关秘书必须持有的一个重要的领导观念。

基于这一重要的领导观，首先，相关秘书人员应该具备全面、完整的参谋职能意识，遵循秘书"三服务"的实质精神即为人民服务的根本宗旨，从恪尽职守履行本职责任出发，从适应领导需要提供综合辅助出发，在悉心参谋领导政务的同时，自觉地担负起近身监督辅助领导者提高领导素养、完善领导行为、改进领导作风、避免工作失误，从而高效履行领导职能的分内职责。对于相关秘书而言，这是一项更见深层的、有相当难度的辅助任务，自觉地担负起这一职责，是秘书人员完成"四个转变"、力争主动做好秘书工作的显著标志之一。

其次，相关秘书人员还应该对忠实受制与监督弥补这一对辅助关系具备全面、辩证的认识。忠实受制于领导者，这是作为领导者近身从属的参谋助手做好辅助服务的职能前提与活动准则，所强调的是秘书必须尊重服从领导指挥，围绕遵照领导意图行事。脱离、违背领导者主导意向的秘书职能行为，从根本上背离了秘书工作的基本规律。对领导者进行监督辅助，这是领导者强化领导权威实行高效管理的实际而深层的辅助需要，是领导者赋予相关秘书的一种责无旁贷的颇为重要而现实的辅助职能，所强调的是秘书应该正直、坦诚地提醒、规劝领导者，忠实、积极地为领导者拾遗补阙。回避、放弃这一看似逆反、批评领导意向及行为而实则是忠实、促进领导意向及行为的监督辅助职能，亦将从本质上背离忠实积极、

179

力争主动地做好辅助领导最终是全心全意为人民服务的秘书工作宗旨。显然，相关秘书对领导者既要忠实受制，又要监督辅助，两者是存在一定矛盾的辩证统一体，统一于领导者真正高效指挥系统全局对秘书参谋辅助的全面需求，统一于秘书及领导者都要贯彻的实事求是的思想路线和全心全意为人民服务的根本宗旨。

出于这一重要领导观，相关秘书就得在辅助领导者的过程中，无私、坦然并有度、有效地为领导者提供监督辅助服务，就得通过自身贴近围绕领导者和中介服务部门等各方面的职位优势与工作条件，发现问题、掌握情况，对领导者关碍、贻误决策及决策管理等大事的个人缺失，如政治观念的偏差、思想意识的毛病、行为方式的不当、作风表现的不端、个人追求的不轨等，及时、随机、有节、有度地给予提醒、拾补、规劝乃至谏诤，以维护领导形象，强化领导权威，切实恪尽职守，忠实、全面地参谋辅助领导者更加有效地指挥、控制系统实现管理目标。

相关秘书在这一重要领导观方面的误区，主要在于不明了秘书参谋辅助职能的全面内涵。他们往往忽视领导者个性特征及行为作风的某些明显缺失对系统全局管理的危害性，看不到自己针对领导个人缺失进行监督辅助的必要性，也不清楚这种切实的监督辅助正是成功的领导对秘书参谋助手作用的一种深层需要，因此，相关秘书常常缺乏对领导者进行监督参谋辅助的意识，自觉或不自觉地将监督参谋辅助排除在自己的职能范围之外。

出于这种领导观误区，相关秘书一般只是依葫芦画瓢，纯粹地按照领导意图行事，对领导者关碍领导形象及管理大局的行为作风问题失去是非鉴别能力，即使有所体察或者直接面对，也是事不关己、高高挂起，不予提醒、不予规劝，也难得去进行及时、有效的弥补，使自己的参谋职能活动处于一种不应存在的绝对被动状态。这种片面、机械的秘书参谋辅助状态，对相关秘书而言，是一种明显的失职，也发挥不了什么积极的参谋辅助作用。对领导者而言，是一种贻误，不仅不能对领导者提供近身监督参谋的特殊辅助效应以帮助其正己洁行、维护增强形象影响力，避免已经存在的管理失误，而且，还会因为秘书这种不辨是非甚至知错照办的绝对被动的参谋辅助行为，使领导者的某些明显缺失，进一步累及决策及决策管理，加剧领导缺失的不良影响，扩大其实际后果。

相关秘书在这一重要领导观方面的主要误区，还在于不清楚忠实受制与监督辅助两者之间的辩证统一关系，或者顾虑对领导者进行监督辅助会有损其权威和形象，或者自慑于领导者水平顾虑自己看问题不准而对其造成干扰，或者明哲保身，顾虑触犯领导者尊严而招致其打击报复，影响自身前程，因而将忠实受制于领导者的组织原则同积极监督参谋领导者的本职责任主观对立起来，不自觉或者自觉地回避或放弃自己对领导者进行监督参谋的辅助职能。

出于这一领导观误区，拘泥于此种疑虑顾盼、患得患失的精神桎梏之中的相关秘书人员，面对领导者思想认识、行为作风等方面所表露出的某些缺失，以及由此在决策及决策管理中所体现出的相应弊端，要么难以敏锐觉察，不明是非，停留于一般的参谋辅助，像算盘珠、录放机一样机械、被动服务；要么对问题有所感知，却回避矛盾，不假思索辨析，视而不见，绕道而行；要么明知不对，却噤若寒蝉，将错就错，违心地例行公事；要么有所监督提醒，却谨小慎微、蜻蜓点水、吞吞吐吐、欲言又止，看领导者眼色行事，不能坦诚直言相向；要么囿于私心，出于不良动机，不但不予提醒、规劝，反而逢迎取悦、推波助澜、借风乘船、讨好谋私，扩大领导缺失，以致酿出于己、于领导者、于系统全局都不利的甚至相当严重的后果。

当然，相关秘书出于上述误导，将监督辅助与忠实受制对立起来。还有另一种表现，即将监督辅助职能绝对化，从另一个极端割裂了两者之间的统一性。持有这种片面观念的相关秘书往往只记得监督辅助，只强调良好动机，在实际辅助过程中，多不顾职位约束、不讲方法分寸、不看场合时机，一味固执己见，强劝强谏，对领导者形成顶撞、纠缠，造成严重干扰。这种负面的参谋辅助效应，亦是相关秘书应该予以警惕和避免的。

二、秘书的部门观剖析

1. 组织系统的职能实体

前面已经述及，在任何组织系统，秘书工作机构及相关秘书人员，同具体职能部门及相关工作人员，他们共同有机地构成系统领导者这一最高层级之下的辅助、执行层次。前者近身领导者，中介沟通于领导者与部门之间，直接为领导者指挥、控制系统全局提供综合辅助服务。后者明确分工具体承担系统整体职能的某一方面职能管理，他们不像前者那样一般只有一个机构设置，而是对应系统整体职能的合理分解，一般有多个部门和单位，直接在系统领导者的指挥之下，成伞状并列、分头执行所分理的单一职能任务，共同推进整个系统实质性的总体目标管理。系统的部门等方面，属于目标系统实质功能的体现者和发挥者，是系统机器的实质部件，是系统目标职能的功能实体。离开它们任一方面，系统职能就会残缺，系统整体目标也不能全面得到实现。对于秘书工作机构及相关秘书人员来说，这是必须具备的最基本的部门观念。

基于这一基本部门观，相关秘书就应该摆正自己与部门等方面的职能关系：它们在系统组织结构内与自己基本上处于同一层级，同样直属领导者，直接对领导者负责。而且，它们均是系统某一方面的职能实体，在领导者统一指挥、控制之下，全面实施其具体职能的管理职权。相关秘书只是它们进行日常职能管理过程中接受领导指挥、反馈管理信息从而同领导者保持上下沟通的中介渠道和协调纽带。因此相关秘书应该立足于这种同志、同事、同层级的职能关系，对系统部门等方面平等相待，充分尊重它们作为系统一个职能实体方面的职位与职权，切实掌握、理解它们具体业务管理的基本范围、大致规律和运作情况，根据参谋辅助领导者驾驭全局的需要，努力发挥自己的中介沟通、综合协调、检查督办等职能作用，协助、促进部门等方面的本职管理工作，同它们一道从各自角度协同配合，共赴系统管理目标。

相关秘书在这一部门观方面的误区，主要在于：一方面不能正视部门等方面作为系统功能实体的实质管理职位与职能作用；另一方面不能正视自身作为系统领导者参谋助手的综合辅助职位与职能作用，并且常常下意识地过于看重同领导者近身密切相处的工作条件，由此滋生出高人一等的盲目优越感，从而使自己失去了同系统部门等方面平等笃诚相待、密切协同相处的思想基础。

出于这一部门观误区，相关秘书在辅助领导者以部门等方面为对象的各种参谋辅助活动中，往往自觉或不自觉地流露出自己盲目的优越感，表现出上级位势及行为方式，对部门等方面要么居高临下、颐指气使，要么盛气凌人、强人所难，以至假领导权威，打领导旗号，借势压人，甚至以公谋私。相关秘书这种错位失当的职能行为，只会激起部门等方面的反感，造成双方关系的紧张或者庸俗化，不仅难以取得参谋辅助服务的积极效应，而且可能产生的负面影响，甚至酿出的严重后果，必然还会损害领导者形象，反作用于整个系统的目标管理。

2. 参谋职能的基础支撑

系统的具体职能部门、单位等是系统的职能实体，系统的总体目标功能要由它们分工承担，加以实现；部门等方面是系统领导者领导职能的实质组成和领导活动的基本依靠，其科学决策及决策管理的政务，主要通过它们的方面咨询反馈和分工组织执行来具体落实，离开部门等方面的具体职能管理，领导者将是空头司令，系统将不复存在。既然秘书工作机构及相关秘书的职能属于系统领导者职能的补充和延伸，是领导者及其职能活动近身综合的辅助成分，自然，相关秘书也就得跟随领导者视野、适应领导活动的需要，自觉将系统职能部门、单位等视为自己围绕领导者发挥参谋助手作用的职能基础和基本支撑，作为自己中介枢纽职位的构成实体，实现中介沟通职能的基础对象。离开部门等方面，同系统领导者一样，相关秘书的职位及职能，也将失去重要的基础依据与活动支撑。

基于这一重要部门观，相关秘书人员就得在对部门等方面予以尊重和平等协同相处的基础上，进而将它们视为自己有效履行参谋职能的重要基础和依靠，争取它们的理解与配合，为自己创造参谋辅助领导者的良好条件与理想效应。就得在自己的中介沟通活动中，争取得到它们有价值的管理信息，获取它们切实的职能建议与方案；在自己的综合协调活动中，争取得到它们的信任与协助，以积极支持促进自己圆满完成相关协调任务；在检查督办过程中，使它们乐于接受、主动配合，向自己提供全面真实的背景、情况，按自己传达的领导意图改进管理，落实决策，促进本职工作，等等。只有同部门等方面处于这种和谐、协同的关系状态，相关秘书才能取得部门等方面较高的信任度与谐振度，才能获得它们对自己参谋辅助活动的真诚支持与积极配合。

相关秘书在这一重要部门观方面的误区，主要在于虽然能尊重部门等方面并平等相待，但却对它们作为系统领导者的职能依靠与决策落实者从而也随之作为自己履职基础与支撑者的重要意义认识不足，因而不能力争主动去发挥自己的沟通纽带及中介服务等方面的积极作用，同它们之间仅仅停留在一般的同层、同事的关系状态，往往是有信息则传，有需求则找，有事情则办，有落实要务则予检查督促，淡然相处、客气相待，就事论事、止于一般，例行公事、实用往来。这种被动消极、实用色彩浓重的中介服务与参谋辅助，难以取得部门、单位各方面的真诚信任和切实谐振，得不到它们的积极配合与有力支持，当然难以为领导者提供全面、深入和切实、有效的参谋辅助效应。

3. 中介服务的重要对象

鉴于系统职能部门、单位包括环境都是系统目标功能的职能实体，鉴于系统领导者的指挥、控制职能归根结底是为人民服务，鉴于秘书是系统领导者职能及其活动的直接辅助，鉴于因秘书设置动因及其职能特征所规定的"三服务"功能范畴，相关秘书还必须将部门等方面视为自己履行中介服务职能的重要对象。在围绕贴近领导者中介作用于部门等方面的过程中，同时加强自己为部门等方面的服务意识，努力做好中介服务，积极促进它们的职能管理工作，是相关秘书的重要本职责任，既有利于自己获得部门等方面由衷的信任亲近与谐振支持，亦有利于自己更好地参谋辅助领导者、服务系统全局管理的职能任务。

基于这又一重要的部门观，相关秘书人员就得将为领导者服务同为部门、单位包括环境群众服务，有机地统一、结合起来。将传达、贯彻领导决策与意图同支持、促进部门工作与管理，有机地统一、结合起来。在传达沟通的过程中，注意准确、及时地下达对口的领导信息，注意综合、上达部门等方面的职能意见与方案，如实反映它们的实际情况与合理要求，在职能范围内理解、促进它们解决实际问题。在综合协调过程中，从全局出发，客观公正、实事求是，尽力照应被协调各方的职能范围及合理利益，调动各方积极性，形成合力，完成共同的协作任务。在检查督办过程中，要注意掌握实际情况，听取部门等方面的陈述，肯定积极进展，体谅实际困难，并力争在遵循领导意图与要求的前提下，提出咨询、建议，创造性地做好督查服务工作，等等。

相关秘书人员在这一重要部门观方面的误区，主要在于片面认定自身职能，只将辅助服务领导者视为唯一己任，将参谋辅助领导者与同时中介服务部门等方面割裂开来，为部门等方面服务的职能意识淡薄。与此同时，还将近身领导者的工作条件异化为自己盲目的优越感，形成思想包袱与履职障碍，使得自己不但不能视部门等方面为服务对象，反而认为它们要为自己服务，从认识上模糊乃至颠倒了服务主体与服务对象的关系，排除了自己以部门等方面为服务对象的服务责任。

出于这一部门观误区，相关秘书人员在实际的中介沟通、综合协调、检查督办等双边或多边的具体职能活动中，一般缺乏主动服务意识，难得为部门等方面着想，难以设身处地去理解、体谅它们的实际情况和客观难处，也就不能运用自己近身围绕领导者的职位条件并通过自己的主动努力，向领导者反馈全面、真实信息，进行参谋辅助，为部门等方面提供客观、及时的沟通及其他可能的方便服务，给它们以切实的帮助与积极的建议，促进它们的职能管理。他们常常是以自己的任务为中心，一味强调自身工作的重要性、紧迫性和不可变通性，被动机械地贯彻领导意图，只要对方无条件地满足自己，按自己的要求办事，以至借势凌人，强压行事，形成所谓的"二首长"形象，这样，不仅不能真正给人以帮助，反而给人造成不应有的麻烦，激起反感，累及领导。陷于这种误区状态的相关秘书，自然不能全面贯彻"三服务"的职能宗旨，也就不能使领导者获取自己积极有效的参谋辅助效应。

第三节　秘书参谋方向与素养

一、参谋方向与动机

1. 参谋行为的要素

参谋行为，是指参谋主体针对参谋对象的决策目标及施行决策的需要为之进行咨询、谋划的实际活动过程。大凡参谋者要完成一个完整的参谋行为过程，参谋者要获得并针对参谋对象所提供的决策意向与基本要求，首先把握自己的参谋方向，继而通过调研思索组织参谋咨询的系统内容，再运用相应的参谋方式方法去具体作用于参谋对象，产生实际的参谋效应。上述一系列具有明确目的的高智能思维与言行活动，都可看做参谋者的参谋行为。

大体说来，参谋行为包括把握参谋方向、组织参谋内涵、运用参谋方式以及力争预期参谋效应等几个主要参谋行为要素：

其一，参谋方向，指参谋主体在启动参谋行为时意欲对参谋对象的决策施加作用影响的价值取向。参谋者在实施参谋行为时，都会从主观上把握一种对被参谋者而言，是顺应其决策意向而有利或者是逆反其决策意向而有害的参谋价值取向，即参谋者是意欲忠实辅助被参谋者进行科学决策并有效达到管理目标，抑或是企图干扰误导被参谋者模糊决策初衷造成决策失误以偏离管理目标，这就是参谋主体的参谋方向问题。对于参谋者，把握控制好正常的顺应促进被参谋者决策意向及有效管理的参谋方向，是其取得积极的正向参谋辅助效应的前提和基本保证，是参谋者整体参谋行为中的第一要素。

其二，参谋内涵，指参谋主体应参谋对象的决策辅助之需为之提供的供其决策参考的系统信息及建议、方案，即通常所谓有相应论证的谋划、主意、点子。参谋者在把握参谋方向的前提下，如何针对参谋对象的决策意向及管理目标，掌握种种相关客观情势，进行周密深入的分析判断，组织好参谋内涵，这是参谋对象的实质决策辅助需要，是参谋者的实质参谋任务，是其参谋辅助活动成功与否和效应大小的关键。称职的和优秀的参谋者，其根本标志就在于能为参谋对象提供切中决策意向、有效实现管理目标的好主意、金点子。因此，组织形成参谋内涵，是参谋者的实质性参谋行为，是参谋行为的核心要素。

其三，参谋方式，指参谋主体能对参谋对象产生理想的参谋影响的书面反映或口头陈述参谋内涵的具体形式及方法、艺术。参谋者为参谋对象进行咨询谋划，当然希望参谋内涵能被参谋对象重视采纳或者引为决策的重要参考，产生预期效应。然而要产生这种理想的参谋效应，这只是一厢情愿。具体的参谋行为能否成功，除了要受参谋内涵是否切中参谋对象的辅助需要这一前提的制约之外，在一定程度上，还要受到参谋对象诸如个人的素养与气质、行为的倾向与作风、接纳的好恶与习惯以及即时的状态与情绪等等客观因素的制约。因此，参谋者采用相应的参谋形式和方法、艺术，精心组织参谋内涵，使切实有用的参谋信息、建议、方案尽量有机结合起来，增强打动、说服参谋对象的思辨逻辑性和论说震撼力；同时，参谋者知己知彼、明时识势，针对参谋对象的个性特征与即时情态，及时、随机和灵活、变通地进行具体参谋，使参谋对象易于并乐于听取、采纳参谋内容，也就成为参谋主体在参谋过程中不可回避的一个重要课题，构成一个会直接左右，以至在特定情势下可能决定参谋成败的重要的参谋行为要素。

其四，参谋效应，指参谋主体在既定参谋方向导引下，运用恰当的参谋方式，向参谋对象反馈、提供参谋内涵的实际成效。简言之，是参谋者进行参谋的具体效果。仅从参谋效应概念本身看，它是参谋者前几个参谋行为的结果，不属于参谋行为范畴。但综观参谋活动，参谋效应是整个参谋行为的实际出发点和落脚点；从力争参谋效应这一行为概念看，它又体现并贯穿在其他参谋行为之中，自然形成参谋者贯穿全部参谋活动的一个参谋行为要素。

衡量参谋效应的客观标准，有两个方面：

一是即时效果，也可称反应效果，由参谋对象在接收参谋内涵之后的处理反应体现出来。参谋对象对参谋者反馈、提供的参谋内涵，大致有三种处理反应：或全盘接受采纳，用于决策，准备依计而行；或部分接受采纳，促进决策，准备参考而行；或不予接受采纳，不作决策依据，准备另谋参考。绝对而言，前两种处理反应，均属于有效的即时反应效果，只是程度不同而已。后一种处理反应，属于无效的即时反应效果。但是，相对而言，从参谋活动尤其是秘书参谋活动的综合近身的辅助特征及辅助作用看，参谋者为参谋对象提供的咨询信息、建议、方案，都只是供参谋对象引作决策参考的，如何处理是作为决策主导者的参谋对象的职权。由此出发，参谋对象的第三种处理反应，显然也含有有效成分，应该视为正常的参谋效应。因为，尽管参谋内涵未被接受采纳，而其对参谋对象进行抉择、比较，最终形成科学决策，还是会起到开阔视野、促进最终决策的参考性辅助作用的。

二是深远效果，亦可称落实效果，由参谋对象在接受或吸纳参谋内涵形成决策，在实施决策的过程中及落实之后体现出来。参谋者所提供的参谋内涵在进入或部分进入决策被实施的深远落实效果，亦大致有三种体现：参谋者把握顺应参谋对象管理目标的参谋方向，参谋内涵符合决策意向与辅助需要并切实可行，这样的参谋行为一般会产生较好的深远落实效果，形成正向的积极参谋效应；参谋者虽然基本控制着顺应参谋对象管理目标的参谋方向，但其他参谋行为不当致使参谋内涵游离或脱离决策意向并不切实可行，又被进入或部分进入决策，这样的参谋行为一般会产生不良的深远落实效果，形成正向的消极参谋效应；参谋者把握着偏离或背反参谋对象管理目标的参谋方向，以实质上并不符合决策意向与辅助需要的参谋内涵误导参谋对象进入或部分进入决策，这样的参谋行为只会产生反常、恶劣的深远落实效果，属于逆向的破坏参谋效应。

显然，正常情况下，无论是参谋主体抑或是参谋对象，都应该力争发挥和获取正向积极参谋效应，避免产生和得到正向消极参谋效应，坚决反对和警惕逆向破坏参谋效应。

2. 参谋动机与效应

（1）参谋方向决定效应

承上所述，可以得出关于参谋行为的一个系列链式：

把握参谋方向——组织参谋内涵——运用参谋方式——取得参谋效应。

链式中的参谋行为基本上是先后发生、环环相扣，构成参谋者完整的参谋活动过程。若将上述各个参谋行为的对象具体化，即可分别归纳为下面两种参谋行为链式：

正常参谋方向$\begin{cases}$ 切实参谋内涵——得当参谋方式——正向积极参谋效应 $\\$ 失实参谋内涵——失当参谋方式——正向片面参谋效应 $\end{cases}$

反常参谋方向——错误参谋内涵$\begin{cases}$ 得当参谋方式——逆向破坏参谋效应 $\\$ 失当参谋方式——逆向干扰参谋效应 $\end{cases}$

可以看出，参谋者在正常参谋方向导引之下，一般会取得于参谋对象有利的正向参谋效应。即使因参谋内涵的组织产生某些失实，参谋方式方法的运用出现一些失当，那也属于非故意的片面参谋，虽然可能会给参谋对象带来某些消极影响，那也一般不会给参谋对象造成危害全局的严重后果；而当参谋者在反常参谋方向导引之下，则只可能产生于参谋对象有害的逆向参谋效应，给参谋对象造成危害全局的破坏或干扰。而且，在反常参谋方向导引下，参谋者这种故意的误导参谋行为，其错误参谋内涵的组织愈是周密，参谋方式方法的运用愈是有效，则给参谋对象可能造成的危害全局的后果就愈见严重。

因此，在参谋者系列的链式参谋行为中，起关键、前提作用的，是把握参谋方向。要想发挥正向积极的参谋辅助效应，首先必须把握控制好顺应参谋对象决策意向，促进其达到管理目标的正常参谋方向。参谋方向的偏离或背反，同样将会从根本上导致整个参谋行为可能产生的严重后果。

（2）参谋动机左右方向

动机，是推动人们实施某种行为的主观念头。人的行为一般是有意识、有目标的。人在产生某种行为之前，通常都会有一定的预期目的。这种自觉的主观念头促使人们去实施相应的行为，去控制行为的方向，去推动行为的进展，以求达到预期目标。方向是行为的具体指南，直接决定着行为的目标效应，而又出自动机，直接受着行为动机的制约；动机则是行为的起因和动力，从根本上左右着行为方向及其效应。

同样，参谋者的参谋动机，是其参谋行为的出发点、推动力，亦从根本上左右着其参谋方向及由此而可能产生的参谋效应。因此，对秘书参谋而言，在强调把握控制参谋方向这一关键性参谋行为的时候，也必须深入一层，从根本上注重端正作为参谋行为起因和动力的参谋动机，在此基础上再力争将参谋动机与参谋效应更有机地统一起来。

①参谋动机的体现类型。与泛义行为动机一样，秘书参谋动机，也主要是相关秘书个人的政治观念、思想素质、职业道德即个人品德的集中体现。同秘书个人的品德状况相应，其参谋动机也一般表现为三种类型：

一是纯正的参谋动机。作为参谋主体的相关秘书，秉持着忠实服务于作为参谋对象的领导者的职能宗旨，悉心、积极地为领导者有效进行决策及决策管理而发挥参谋辅助作用，这就是相关秘书纯正的参谋动机。

怀着纯正参谋动机的相关秘书，都具有正确的政治态度、较好的思想素质、较高的职业道德水准。出于纯正的参谋动机，他们一般能恪守参谋辅助职位，摆正自己同领导者及部门等方面的职能关系，贯彻"三服务"的职能宗旨；在实际参谋活动中，注重把握正常的参谋方向，精心组织切实有用的参谋内涵，注意采用得当有效的参谋方式、方法，包括对领导者个人缺失进行无私、坦诚又有效、有度的弥补、提醒、规劝乃至谏净，力争主动地发挥参谋辅助作用。

二是不纯的参谋动机。相关秘书虽然对自己应该忠实服务于领导者的职能宗旨有所认识，通常也能努力为领导者进行参谋辅助服务，但有时却杂以私心私念，往往意欲乘参谋辅助之机，借势谋取个人利益，这就是相关秘书不纯的参谋动机。

具有不纯参谋动机的相关秘书，大多或在政治态度上有所偏差，或在思想素质方面存在明显毛病，因而一般缺乏相应的职业道德修养。怀有不纯参谋动机的相关秘书，一般程度不同地陷于秘书领导观和部门观的误区，不能正确处理自己同领导者及部门、单位、环境群众的职能关系，难能忠实、全面贯彻"三服务"的活动宗旨；在具体的参谋活动中，常杂以私念、囿于偏见，容易游离、偏悖参谋方向，形成片面、失实而不利于领导者决策及决策管理的参谋内涵，运用不当而失度的参谋方式、方法，误导、干扰领导者，以至形成前述的大体正向但却是片面消极的参谋效应。如果相关秘书参谋动机严重不纯、私欲膨胀，则可能酿成会造成严重后果的逆向干扰参谋效应，甚至是逆向破坏参谋效应。

三是异常的参谋动机。相关秘书背离参谋辅助领导者、中介服务部门等方面的"三服务"职能宗旨，立足私利及其他邪恶目的，有意识地给领导者出歪点子、帮倒忙，故意借近身综合参谋辅助领导者之机，企求谋取个人私利，实现其不轨图谋，这就是异常的参谋动机。

蓄怀异常参谋动机的参谋者包括相关秘书人员，一般站在错误的政治立场上，思想素质低劣，无职业道德可言。在私欲邪念的驱使之下，他们往往在所谓忠实、积极的伪装之下，反馈虚妄信息、兜售歪计邪谋，故意诱导领导者顺应自己的图谋，形成典型的前述逆向干扰参谋效应或逆向破坏效应。这样的参谋者，实际上属于领导者及组织系统失察错用的不轨人员或异己分子，应该保持高度警觉，一经察觉就得断然予以清除。

②参谋动机与效应统一。相关秘书要想争取理想的参谋辅助效应，不仅要注意把握可能决定参谋效应的参谋方向，更应注意端正可以直接左右参谋方向的参谋动机，从而从根本上确保参谋动机与参谋效应的高度统一。

参谋者的参谋动机，又与参谋者的意识形态相一致。即良好的参谋愿望与念头，又主要出自参谋者正确的政治信仰、良好的思想素质、较高的道德水准。那么相关秘书人员又应该具备什么样的政治、思想及道德素养呢？这是我们要回答的一个基本问题。

但是，问题还在于，动机与效应之间并不呈现必然的统一关系，并不是有了良好的动机就一定会产生理想的效果；从动机到效果，即要将一定的行为动机变为现实的行为效应，还得由行为主体在一系列具体行为中去中介实现。这些主体行为是否与行为动机一致，是否符合客观实际、得当可行，在相当程度上会成为左右行为效应的种种变数。所谓好心一般会办好事、好心也可能办坏事的说法，就是对这一辩证逻辑的通俗表述。对于秘书参谋同样如此，有了纯正的参谋动机，要取得预期的参谋效应，还得通过始终把牢参谋方向、精心构织参谋内涵、精明运用参谋方式方法等链式参谋行为去具体实现，参谋行为可能出现的偏差、失实及失当，都可能导致参谋动机与参谋效应之间相应程度的冲突乃至背反，即使纯正的参谋动机也会被演化出消极乃至破坏性的参谋效应。

这样，另一个不可回避和忽略的重要问题也就提了出来：相关秘书在抱定了纯正的参谋动机，并因此把握了正常的参谋方向之后，如何才能确保其后一系列链式的具体参谋行为符合参谋动机、顺应参谋方向，使得自己忠实辅助、无私奉献的服务宗旨不受过程干扰，所组织提供的咨询信息、建议、方案、意见切实有用，所运用的参谋方式、方法得当有效，从而使动机与效果高度统一起来，取得理想的正向积极参谋效应呢？显而易见，这就需要相关秘书在具备相应的政治、思想、道德素养的同时，还得具备相当的适应近身综合参谋辅助的知识、业务、能力及作风等方面的素养，以便从参谋主体的角度，为参谋动机与效应尽可能的统一，提供全面的素养条件。

二、秘书参谋的素养

如前所述，相关秘书的实际参谋效应，要受到相关秘书与领导者双方种种因素的制约和左右，但是，关键还是取决于相关秘书的参谋水平及能力。而秘书参谋水平及能力，又同其自身的素质与修养相关。秘书参谋效应的好坏、参谋辅助作用的大小，在正常情况下，同其综合素养的高低存在着对应的正比关系，所谓秘书参谋辅助之本在于秘书的综合素养，此话倒是平实之论。

针对秘书参谋活动的特质及实际情况，秘书要做好参谋辅助工作所必须具备的综合素养，可概括为两大方面：一是秘书参谋的政治思想素质，二是秘书参谋的业务能力修养。下面对此予以分别简述。

1. 秘书参谋的政治思想素质

（1）正确鲜明的政治态度

作为参谋主体，相关秘书的职能任务，就是主要通过思想智力为组织系统的领导者出谋划策，辅助其有效驾驭全局完成政务。领导者的政务也就是严格遵循党的政治路线，在本职管理范围内，具体贯彻党和国家的方针、政策，引导整个系统循着党和国家的既定政治方向和大政方针，去实现系统具体的职能管理目标。因而，履行参谋辅助职能的相关秘书人员，其政治态度必须与领导者的政治态度实际上是必须与党和国家的政治方向保持一致，这是相关秘书能够称职、产生端正的参谋动机、把准正确的参谋方向、进行积极有效参谋辅助的最重要的素质条件。

相关秘书的政治素质，首先表现在要讲政治，要有马克思主义的坚定信仰，要学习、掌握马克思主义、毛泽东思想、邓小平理论的基本精神，理解并贯彻党的一个中心、两个基本点的政治路线，确保自己持有鲜明正确的政治态度和立场，具有能够判明大是大非的政治敏锐性与鉴别力。

其次，必须努力学习、理解党和国家的大政方针，掌握同本系统职能运行密切相关的政策、条例，熟悉本系统内的具有指导意义的具体政策、规章制度。同时，还得学习、掌握相应的法律、法规。保证自己在参谋辅助决策及决策管理过程中，所必须具备的相当的政策水平和法治意识。

（2）无闻奉献的价值观念

一般参谋的作用在于辅助参谋对象，参谋活动的实际价值渗透到被参谋者的决策之中。秘书是领导者的直接从属，要近身从属、综合全面参谋辅助领导者的决策以及决策管理，显然，秘书参谋的本质个性，决定了秘书参谋活动的从属辅助实质及作用价值的从属潜隐特征极为突出，同时，又决定了秘书参谋辅助工作更见被动辛劳、负重清苦。重压重负下重要的辛劳价值，与注定要无闻无显的价值形态，在相关秘书那里形成更为明显的反差。因此，理解这一实际作用与价值潜隐的这一自然反差，树立无闻奉献的价值观念，也就构成相关秘书做好参谋辅助工作所必须具备的基本思想素质了。

相关秘书要具备无闻奉献的价值观念，必须首先从宏观上树立终生为进步事业奋斗、全心全意为人民服务的人生观和价值观，在此基础上，深刻理解并顺应秘书参谋的活动规律，进而切实贯彻"三服务"的职能宗旨。

相关秘书要安于本职，忠于职守，忠实辅助领导者，以随时高效地适应其指挥全局的辅助需要，将力争主动而富创造性地参谋辅助领导者有效进行科学决策及决策管理，作为自己的职能价值目标，以此为荣，以此为乐。

相关秘书要淡泊名利，不为名利所诱，不被世俗所惑；要耐得寂寞，安于清苦，一身正气，两袖清风，兢兢业业，任劳任怨，乐于默默奉献，甘当无名英雄。

（3）辩证创新的思维方式

秘书参谋同泛义参谋虽有区别，但从实质上看，仍然还是主要从智力方面辅助领导者去认识客观世界，形成改造客观世界的决策、方略并将其付诸实施。这属于一种高智力的思维、认识劳动。秘书参谋活动的思维认识特质，决定了相关秘书人员要能称职并有效进行参谋辅助，就必须具备正确认识客观世界的基本观点和方法。掌握正确的世界观和方法论，也就成为秘书参谋必备的一种思想素质了。

相关秘书必须自觉学习并努力掌握马克思主义的世界观及唯物辩证的思维认识方法论。要认识并理解世界是物质的，物质世界本身有着自己的辩证运动规律，任何事物都处在普遍联系与相互作用之中；任何事物都有它产生、发展和灭亡的过程；事物发展的根本原因在于事物内部的矛盾性，矛盾着的对立面又统一又斗争，由此推动事物的运动和变化。相关秘书要按照辩证逻辑的思维方式去把握、研究事物的总和，从事物本身矛盾的发展、运动、变化去观察它们，把握它们，真正认识客观世界的本质。

194

只有掌握并运用这种科学的世界观与思维认识方法，相关秘书才可能避免思想认识的主观性、片面性与机械性，具有客观、全面及活跃、创新的思想素质；才可能在具体的参谋辅助活动中，坚持实事求是的思想路线，发扬积极开拓的创新精神，加强全面深入的调查研究，把握纷繁复杂的管理信息，敏锐地感知新情况，发现新问题，展开由此及彼、由表及里的认知过程，透过现象抓住它们之间的本质联系，获得真知灼见，从而向领导者反馈真、准、全的咨询信息，提供切实中肯、参考度高的参谋建议、方案及意见，真正忠实积极、力争主动地当好参谋助手。

(4) 忠信求是的职业道德

秘书的职位与职责，就是近身从属领导者为之提供直接、综合的辅助服务。相关秘书对领导的参谋辅助职能，实质上是领导者职能的有机延伸与具体补充。因而，他们应该是领导者有效开展领导活动充分信赖、日常倚重的近身参谋助手。由此而来，秘书参谋辅助必须秉持忠信求是的精神，也就成为他们最基本的职业道德准则，其实，也是相关秘书能够合格称职的一项基本的政治思想素质。

所谓忠信，即在忠于国家和人民事业的前提之下，忠于领导者的事业，全心全意、诚信踏实地为领导者卓有成效地进行决策及决策管理提供令其满意的辅助服务。相关秘书必须将领导者的事业目标当作自己的事业追求，始终围绕着领导者的职能辅助需要，自觉受制于领导者的职能意向与指示要求，做老实人，办实在事，忠于职守，有需即应，忠实积极，不负信赖，悉心高效地完成一应参谋辅助任务。忠信参谋辅助，这是领导者对相关秘书最起码也是最看重的素质要求。在参谋辅助中缺乏忠实、诚信，对相关秘书而言，可谓"缺德"，是一大职业禁忌。

所谓求是，即坚持实事求是的工作作风，一切从实际出发，求真务实，将对领导者的忠实同对领导者的事业，最终是对国家与人民事业的忠诚一致起来。相关秘书在具体的参谋辅助活动中，要把准自己的角色地位与职能责任，在忠实受制的同时，深入并立足实际，执著求真，敢于执异，善于务实，围绕适应领导者辅助需要的实质，务求向领导如实反映准确全面的信息，竭尽心智提供切实可行的参谋咨询，针对领导者的职能和个人缺失给予及时拾补和有节有度的提醒、规劝乃至谏诤，既忠实从属受制，又不机械惟书惟上。对秘书参谋而言，出于公心，行以正直，使忠信与求是辩证地统一，是对领导者实质上的忠实，是最佳效应的参谋服务。

（5）勤谨清正的行为作风

领导者担负着统御、控制系统全局运转的重任，其所倚重的为之近身综合辅助服务的参谋助手，自然要在高度被动的状况下，而且还得力争主动地去适应和满足领导者事无巨细、随时即刻的各种职能辅助需要。巨细芜杂、被动繁难，这是秘书参谋辅助工作的一个显著特点。同时，秘书一方面贴近领导者，被其倚重，可受委处事。另一方面又中介沟通系统各方，关系广泛，且被人看重。联系广泛、易被信任这是秘书辅助工作的一个职能条件，也是又一个显著特点。基于这两方面的明显特点，相关秘书要真正做好参谋辅助工作，不给领导帮倒忙，就得具备勤谨、清正这一思想行为方面的作风素质。

相关秘书必须勤勉谨严，辅助促进领导者实现勤政。要全身心、全力以赴投入参谋辅助工作，充分调动耳目功能，做到眼观六路、耳听八方，勤于调研、细心观察，勤于动脑、深入思索，勤于动手、全面服务，有需即应、主动积极，严谨周到、一丝不苟，刻苦耐劳、精益求精。只有这样，才能为领导者成功勤政提供全面、高效的参谋辅助。

相关秘书必须清廉正派，辅助监督领导者实现廉政。要出以公心，警戒偏倚私欲。在与中介各方较为广泛的联系之中，强调和保持正常而密切的职能关系，坚持廉洁公正的行为操守，准确贯彻领导者的决策、意图，热情服务中介各方，警惕并拒绝种种有碍公务的过分关照与交际，当然更要加强自律，严戒以职借势地偏倚行事或谋取私利。

相关秘书保持清廉正派的思想行为作风，是为了适应并促进领导者廉明行政的基本辅助需要。要正视领导者的工作遗漏尤其是有碍工作的个人缺失，敢于执异，敢于批评，敢于实报直谏，同时善

196

于及时有效地拾遗补阙，善于有度有方地规劝谏诤。不能唯唯诺诺、盲目附和，不能见风使舵，更不能曲意逢迎、将错就错甚至狐假虎威，图谋不轨，扩大领导缺失，酿出不可收拾的恶劣后果。

2. 秘书参谋的业务能力素养

（1）广博精专的知识修养

知识即力量，知识是认识和改造世界的能力及转化为能力的基础。在当今知识经济时代，领导者的层次愈高，所需知识修养则也要愈博愈精。但任何领导者，均不可能具备其管理所及的全部知识，因而他们在进行决策及决策管理过程中，要借用外脑，要倚重为之提供近身综合辅助的相关秘书给予咨询、参谋，从知识及智力方面给予补充、辅佐。相关秘书这种必须依靠知识与智力方能适应和做好的参谋本职工作，加之其活动综合化、活动对象多元化的职能特点，要求他们具备相应的知识修养以及与之密切相关的协助领导者获得知识与智力补充的能力。

相关秘书的知识面应该是广博的，在这方面虽然难以用"通才"相称，但尽量博学多才则是实在的；他们用以履行本职的专门业务知识，又应该是精专的，在这方面要尽量向专家型公务人员的标准看齐。相关秘书这种知识面与业务知识的知识修养结构，呈倒"T"形。

其广博的知识面，主要应包含相关的社会科学知识，如经济、法律、政治、行政、社会学等方面的知识；相关的人文科学知识，如哲学、历史、文学、艺术等方面的基本知识；相关的自然科学知识，如数、理、化、生及自然辩证法等方面的基本常识，等等。相关秘书的知识面虽然不需要也难以包罗万象，然而上述所粗列的知识或常识是应该掌握和了解的，这样，才能使自己具备与职能相称的人文素质、社科涵养以及科学精神；同时，在此基础上，具备适应随时的参谋辅助需要的知识储备，掌握全面辅助领导者、随时协助其获取深入的知识、智力辅助的线索或途径。

其精专的业务知识素养，包括：

一是履行参谋职能的业务基础知识，如行政管理学、机关管理学、领导科学、决策科学、行为心理学、公共关系学等。

二是履行参谋职能的职能专业知识，主要是秘书学、秘书参谋学、文书学、机关写作学等，以及所服务的组织系统主要管理职能所涉及的专门学科知识概要。

前者是指相关秘书需要较为系统了解的有关参谋本职的业务基础知识；后者则是相关秘书必须悉心掌握并要求达到精专的职能专业知识。

为具备上述较为广博、精专的知识涵养，相关秘书首先应该具有大学本科以上的学历；其次，也是更重要的，是要适应知识经济时代的要求，适应履行近身综合参谋辅助本职的需要，注重继续学习，自觉挤时间向书本学习，向领导学习，向群众学习，向实际学习，在参谋辅助的实践之中不断学习、总结、积累和提高。

（2）精明干练的行为能力

相关秘书一般是直接从属领导者，为之提供近身、综合辅助服务的参谋助手。他们在参谋辅助活动中，既要忠实受制于参谋对象，又要面对为之进行中介服务的部门、单位及环境群众，有时还包括一般的参谋者；既要参谋辅助领导者进行科学决策，提供智能综合劳动的成果，又要参谋辅助领导者有效实施决策管理，促进决策落实，反馈管理信息，包括辅助追踪决策，同时，还负有监督辅助领导者，为之拾遗补阙、弥缝缺失的责任。他们既谋且干，谋划与干事是交叉结合的。显然，对于相关秘书而言，既精明又干练的行为表现，就成为其适应并当好参谋助手的一种颇具特色的业务能力素养了。

所谓精明干练，指人在思维处事中，机敏聪明，有才气又有经验的一种高效行为的能力表现。精明干练，是相关秘书在参谋辅助活动中，通常应有的一种业务行为的能力体现。在实际工作中，相关秘书要能思维敏锐、机灵周到、耳聪目明，善于调动自己的知识才能，运用自己日常积累的工作经验，去观察、思索、把握、处理本职任务；要能在纷繁复杂的情势之下，全面感知把握各种情况和信息，及时准确接收理解领导者的活动意图，敏锐迅捷抓住事物的关键和实质，迅速周密形成切中领导意向与实际情况的参谋辅助意见；要能立足系统大局，时时追随领导者职能视野，胸怀全局，胸中有数，有备有方，适应领导者的辅助需要，一示即明、一拨即动，暗示亦明、未拨亦动，精明干练地为领导者进行科学决策、实施决策管理提供参谋辅助服务。

（3）简明精当的表述水平

关于文章撰写、语言表述问题，1700 年前晋代的陆机在其《文赋·序》中，便较深刻地论述到其难处："每自属文，尤见其情：恒患意不称物，文不逮意。盖非知之难，能之难矣。"其后宋代苏轼诠释了这一"能之难"：观物之妙，不能了然于胸，了然于胸，不能了然于口和手。而秘书参谋辅助领导、中介服务部门等各个方面，最基本的工具和手段就是文字材料、口头语言及以公文撰拟为主的文字工作、以口头表述为主的语言沟通活动，这是相关秘书赖以当好参谋助手的基本能力和看家本领之一，他们必须做到，既会观物之妙，能了然于胸，又能了然于口和手，即善于将参谋辅助的内涵，成于心，出于口，形于文。这一能力水平的高低，在相当程度上左右着参谋辅助效应，这也是衡量一个秘书合格与否的一个重要标准。

秘书的文字表述集中在一应公文的撰拟方面。相关秘书必须具备较高的公文撰拟水平。首先，要能自觉贯彻公文撰拟的几个基本原则，即符合党和国家的方针、政策，忠实机关制文的基本意图，切合机关内外的实际情况，具有敏捷迅速的撰拟效率。同时，在此基础上，掌握公文的文风特点，运用娴熟的撰拟技能，将进行具体参谋辅助的公文材料，拟写表述得"简、朴、晓、畅"，即：一要力求篇幅简短，在内容充实的前提下，有话则长，无话则短，详略有致，惜墨如金，意尽言止。二要崇尚文笔朴实，在注意生动活泼的同时，力求朴素自然，忠于事物本来面目，力求庄重平易、直截了当、严肃端庄，力求精当得体、用语准确、恰到好处，符合机关及个人职能身份。三要保证内容明晓，坚持一文一事，表述集中。观点与结论鲜明，一针见血。事理阐说贴切、透彻，具有说服力。四要确保行文通畅，思路通畅，逻辑严谨，结构紧密，层次分明，语句规范，文从字顺，好阅读、好理解、好掌握，让人一目了然，便于处理。

相关秘书必须具备较高的语言沟通能力。秘书的语言沟通，是在同参谋、服务对象之间双向展开的，是通过口头语言进行交流的，因此，对相关秘书而言，其语言沟通能力既表现在主体表达方面，同时也表现在对客体表述的听受方面，较高的口语表达水平和较强的语言听受能力，对秘书成功进行参谋辅助，都显得重要。

秘书的口语表达与文字表述虽然不是一回事，但两者都得以意能称物为前提，即都要在观物之妙并了然于胸、成于胸的基础上，出于口，说好话，形于文，作好文。因此秘书的口语表达要求，大体同于前述的文字表述能力。但又必须特别注意：一要清晰，要说普通话，力求口齿清晰。要有与内容相应的抑扬顿挫，讲究语气的轻重缓急，使人听得清楚明白。二要简洁，语句要简练规范，少用长句、复句，少用书面语句，尽量口语化。要干净利落，不能啰嗦、含糊。避免杂语废音干扰，令人听得费劲。三要表达连贯，娓娓道来，一气呵成，不能断断续续，吞吞吐吐。出言要明快，词能切义，语要中的，爽快明晰，让人迅速明了所言，形成沟通。

相关秘书在语言沟通中的听受能力，同表达水平相辅相成。在语言交流过程中，对于交流对象的言辞，要敏于听受、善于领会，以便即时反应，准确应答；还要特别注意掌握和适应直接参谋对象即领导者的语言表达的语音、语气、风格、习惯，以便增强听受能力，达到参谋辅助更好、更快沟通的效应。

当然，对于相关秘书，还应该具有善于使用身势语言如手势、位势、动作、表情、眼神来补充和支持口语表达的本领，具有善于感受参谋、服务对象身势语义的涵养，以提高沟通能力，加强交流效果。

(4) 沉稳坦荡的心理素养

心理学上的"心理"，包括智力因素与非智力因素两个部分。我们这里所言心理素养，是非智力因素的心理状态，即起动力作用的人脑机能，是人们对自己的思想、言行带有指向支配、左右作用的动机、志趣、意志、气质、情绪及性格等方面的心理素质与修养。履行参谋辅助职能的秘书人员，其职能特征使之责任不小、负荷繁重、矛盾突出、付出与获得反差明显。因而，相关秘书要适应并做好参谋辅助工作，培养并具备相应的健康、良好的个性心理素养，也就同样是一个不可或缺的职能条件了。

概括而言，相关秘书要具备如下主要个性心理素养：

其一，弘毅不折的坚强意志。

《论语》有言："士不可不弘毅，任重而道远。"面对繁芜艰难、错综复杂的参谋辅助工作，相关秘书必须具备弘毅不折的意志，去保证一应辅助任务的圆满完成。

要自觉、自信。要有为人民利益竭诚奉献的远大抱负，有忠实辅助领导者实现管理目标的强烈的事业心和使命感，减少盲目被动，同时防止自卑动摇，要清醒自强，坚定积极。能排除干扰，拒斥诱惑，自觉受制，同时又不依附盲从，独立思考，善拿主见，深谋远虑，善言卓行，自觉自信地提供高效参谋服务。

要机敏、坚韧。能出于拘泥，避免优柔，开阔机敏，精细果断，事前多思多虑，事中迅捷利索，力争主动参谋辅助。要不避艰难，克服畏缩，迎难而上，在艰难之中发挥聪明才智，在挑战之下锤炼提高，坚定不移地做好各项参谋助手工作。

其二，自知、自制的承受能力。

相关秘书要有自知之明，善于控制自己，调节平衡情绪，具备良好的心理承受能力。

要自省、自警。能正确认识、剖析自己，既知己所长，善于扬优，自信坚韧，又能明己之短，警惕自负，克服偏执，做到含而不露，谦虚谨慎，取长补短，刚柔兼济。

要自律、自制。秘书的优长与实绩潜隐不显，而其弱点与失误却易被感知。所谓秘书工作少挨批评、少受指责即是成功，确系平实之言。因此，相关秘书要有相应职能心态，能有效调整、控制情绪，处于顺风不争功、不忘乎所以，面对顿挫不透过、不灰心丧气，善于适应环境情势，时刻检点约束思想言行，抑制冲动浮躁，防止脆弱失衡，坦荡磊落，开朗平稳，具备较强的心理承受及心绪平衡能力。

其三，沉着稳健的行为气质。

现代心理学将气质解释为人的心理活动的强度、速度、灵敏度等典型、稳定的心理特征。这里，我们则指这种典型、稳定的心理特征在行为中所表现出的一种相当稳定的行为状态。

秘书近身综合参谋辅助领导者的职能规律，相关秘书作为领导者贴近从属、补充辅助领导者的职能状态，尤其要求他们具备沉着稳健的行为气质。

要冷静、沉着。要能保持一种相对客观和平静的职能心态，做到临乱不慌，处变不惊，不乱方寸，能急中生智，沉着应对。

要精细、稳健。办事扎实稳妥，谨慎行事，得体得力，善于把握分寸，不失之冒失，不流于轻浮，使人信任，令人放心。

其四，戒慎恐惧的职能心态。

戒慎恐惧，出于《礼记·中庸》："道也者，不可须臾离也，可离非道也。是故君子戒慎乎其所不睹，恐惧乎其所不闻。"《墨子·天志下》："戒之慎之，处人之国者，不可不戒慎也。"《易·震》："君子以恐惧修省。"戒慎者，要求人慎独自律，自警自戒；恐惧者，要求人使命感强，多想事物的复杂一面，临事而惧，兢兢业业，切实有效行事。

周恩来在 1943 年提出"要戒慎恐惧地工作"。1961 年又指出："我们应该有临事而惧的精神，这不是后退，不是泄气，而是戒慎恐惧。"戒慎恐惧，是周恩来作为一代伟大公仆所始终保持着的一种管理心态。

保持戒慎恐惧的职能行为心态，也是相关秘书顺应其职能规律的一种必备的职能心理素养。这种职能心态，与相关秘书上述心理素养相辅相成，是他们更为重要的心理素养资源及职能行为准则。

相关秘书要戒慎恐惧，就得对人民、对事业有高度的责任心和义务感，贯彻全心全意为人民服务的职能宗旨，以常人难以承受的辛劳去忠实辅助，竭诚奉献。

就得心系全局，深谋远虑，认清领导者的追求目标，尽全力为之排忧解难，殚精竭虑恪尽参谋辅助职守。

就得深明自己的作用和影响，既热情积极，又谦虚谨慎，处处自重，时时自警，严于自责，严格自律，顽强自励，沉稳持重，审慎务实，不因己过而累及领导者和系统大局。

就得胆大心细，临事而惧，像唐甄在其《潜书·远谏》中所说"战战兢兢，如临深渊，如履薄冰"，遇事多虑在行动之前，唯恐一丝疏忽；厉行在行动之中，毫不苟且大意；瞻前顾后，周密严谨，厚重笃实，令人信任，让人放心，总是周到高效地完成参谋辅助任务。

第七章 秘书参谋规律

秘书参谋规律指秘书参谋活动中的本质联系和必然趋势。它作为秘书参谋活动中的本质联系，规定了秘书参谋活动的发展特质方向；它作为秘书参谋活动的稳定联系，制约着秘书参谋活动的进展与成效。秘书参谋活动中的这种稳定的、反复出现的、不以主观意志为转移的本质联系和必然趋势，体现了秘书参谋的规律性。

秘书参谋活动作为一种客观存在的社会现象，有着特定的参谋环境、参谋范畴、参谋主体、参谋对象、运作机制、参谋形态和相关因素。认识和遵循秘书参谋规律，有利于提高秘书参谋活动的水平，也有利于领导者充分发挥秘书的参谋作用。

第一节 秘书参谋过程

秘书参谋过程，指秘书基于参谋动机，进行参谋思考和组织，提出参谋建议的一系列完整的实践活动过程。在这一过程中，秘书要保持自觉参谋意识，准确把握和捕捉参谋点及善于发现问题抓住问题的症结，善于调用准确有效的信息并综合分析利用这些信息，以较高的参谋智能运筹谋划出供领导决策或实施管理参考的谋略，然后及时采用有效的沟通方式提供给领导者参考，为领导工作进行智能辅助。

一、保持自觉参谋意识

参谋意识是人脑对于客观参谋事物的反映，是秘书参谋感觉、思维等心理过程的总和，也是发现、觉察、感知要参谋的问题，主动开展参谋活动的重要前提。只有保持自觉参谋意识，秘书人员才能自动而有效地发挥参谋作用。保持自觉参谋意识，要注意以下主要方面：

1. 正确认识参谋职能

从担任秘书职务之日起，秘书就扮演着领导者近身参谋助手的角色，必须正确认识自己的职责和应该发挥的作用。

其一，要认识到发挥参谋作用，是领导工作对秘书工作的客观要求。

领导者要求他的近身秘书要提供的综合辅助，就包括事务辅助和参谋辅助两个方面，其中任何一个方面不足，都不能算是符合现代领导工作要求的尽职尽责的秘书。虽然在实践中由于工作分工、环境等具体条件的不同，秘书参谋活动有着一定的差别，但在主辅配合中协助领导发现问题、分析问题、寻求解决问题的需要是相同的。若秘书人员对管理和领导活动中出现的有关问题熟视无睹则只能充当被动办事的工具，这样的秘书是不受领导欢迎的，也是没有尽到自己应尽的职责的。因此，秘书应为全面履行职责，具有自觉参谋意识。

其二，要认识到发挥参谋作用，是提高秘书工作效率的有效途径。

秘书工作效率综合体现在对领导工作辅助和服务的有效程度上。一方面，领导工作中出现的任何偏差或疏漏，都会对组织管理效率产生不同程度的消极影响，也可能使秘书工作成为无效劳动，对错误决定的被动听命操办会产生负面效应，从而直接影响秘书工作效率。秘书有效发挥参谋作用，避免或减少领导活动中的缺失或疏漏，实际上也直接提高了秘书工作的正确性和有效性，有利于提高秘书工作效率而且有利于管理效率和领导工作效率的提高。另一方面，秘书通过参谋活动，加强与领导者之间的沟通与交流，有利于正确理解领导工作意图，把握领导工作思路、进程和辅助需要，在办文、办公、办事、调研、信息、督促检查等业务工作中便能取得主动，进而在适应领导工作需要的基础上，创造性地去提高业务工作效率，并有效地辅助领导工作效率的提高。由此，秘书应为提高自身工作和领导工作效率，保持自觉参谋意识。

其三，要认识到发挥参谋作用，有利于秘书不断提高自身素质和工作才能。

实践出真知。秘书处于组织管理的核心——领导者身边，对组织管理的决策、执行及系统运作有充分了解，对组织适应环境变化的适变应变过程及效果能够全面观察，对组织信息流引导物质流、能量流的各个环节都能参与其中，这是秘书增长才干、提高综合素质极好的实践环境。但是，如果秘书只满足于埋头办事，不愿主动思考问题，不能主动积极地开展参谋活动，就不能真正理解管理和决策中的各种现象、经验、教训和有关理论，就会身居管理中枢仍"不识庐山真面目"。

通过参谋活动，有利于在与领导主辅配合中学习领导工作思路、理论和工作方法及思维方法，学习领导者的胆识、意志和人品。大多数领导者都是经过实践考验和严格选拔到领导工作岗位上的。他们在领导工作中展现出的诸多卓越的才能，是值得秘书学习的；他们工作中出现的某些缺失更需要秘书警醒和鉴戒。秘书只有通过参谋活动，才能深入地观察、认识、理解领导者，从他们身上学到有益的东西；秘书只有在参谋活动的积极思考中，才能磨炼自己观察分析和处理问题的能力，并在与领导者的交流中得到具体的指导和教育。

通过参谋活动，有利于秘书在综合处理信息、调查研究、咨询有关专家内行等实践活动中，广泛吸纳多元智能，不断地丰富自己，提高综合素质。秘书参谋不能仅凭个人的主观臆想，而要在有目的地吸收多方面的信息、知识的基础上，才能有效发挥参谋作用。由此，秘书在参谋活动中收集加工有关信息知识有确定的目的，运筹建议方案有参考价值，提出的参谋意见有领导者的评价和帮助，这对将各方面的知识智能转化为秘书的实践才干，提高秘书的综合素质是极为有利的。

通过参谋活动，有利于激发秘书不断进取的创新思维。当秘书的参谋建议被领导采纳后，参谋成果能激励秘书更为主动积极地吸纳新的知识和信息，进行创新思考；当秘书参谋出现偏差未被采纳时，秘书能及时发现自己的不足，并在实践中努力弥补自己的不足，便能加速成长，提高素质。

有了上述认识，秘书才能在实践中敏于观察，勤于思考，勇于探索，保持和不断强化自觉参谋意识，在与领导主辅配合中积极主动地开展参谋活动。

在秘书与领导者的主辅配合中，领导者常向秘书下达调研任务或征求意见，若秘书缺乏自觉参谋意识，对自身的参谋职能认识不足，就无法完成参谋任务，更无法主动地发挥参谋作用。只有正确认识参谋职能，保持自觉参谋意识，才能根据客观实践的需要，随时发挥参谋作用。

2. 自觉增强参谋责任感

秘书应认识到，领导者面临着复杂多变的、竞争激烈的客观环境，领导工作的科学有效性直接关系到组织兴衰和事业成败。每一个组织成员都有责任支持领导者工作；作为领导者近身的参谋助手，更应在支持和优化领导工作上尽到自己的责任，而发挥参谋作用正是对领导工作支持和优化的重要体现。虽然秘书的参谋任务难以用量化指标下达，但辅助领导决策、协助领导防止或纠正缺失，是秘书应尽之责。

其一，应在主辅配合中自觉增强参谋责任感。

秘书与领导者主辅配合中有共同的实践目的和实践过程，虽然主辅任务和职责分工不同，但工作效果却往往是融合在一起的。秘书加强参谋责任感，一是对自己的辅助对象负责，使领导工作中尽可能避免或减少缺失，优化领导工作效果；二是对自己的工作行为负责，使自己的工作避免在执行错误决定中产生负面效果；三是对事业和组织负责，通过有效的参谋作用，促进事业发展是秘书对事业忠诚对组织奉献的具体体现。

其二，应在具体的日常事务中增强参谋责任感。

秘书的日常事务虽然是操作性的、服务性的，但它是领导工作的铺垫、拓展与伸延。在事务工作中能具体观察、了解组织运转状况和领导工作可能出现的缺失。秘书在日常事务中增强参谋责任感，可以具体地弥补和防止领导工作中的缺失，同时也可使自己的事务工作有效地发挥其作用。

秘书只有自觉增强参谋责任感，才能产生和保持自觉参谋意识，不失时机地发挥参谋作用。

3. 主动观察、积累和思考

秘书在实践过程中主动观察管理和领导工作中出现的各种现象，积累各方面的信息、知识、经验和教训，思考各种隐现或显现的问题，既是自觉参谋意识的具体体现，又能不断地增强秘书自觉参谋意识和参谋才能。

其一，在主动观察中提高观察事物的洞察力。

仅从事物的表象分析问题，是难以有效发挥参谋作用的。秘书人员应在主动观察中不断提高自己观察事物的洞察力。有了一定的洞察力，才能敏锐地发现实践中的新情况、新倾向、新问题；才能及时捕捉反映事物本质特征的有价值的信息。以此为依据，才具有发挥参谋作用的基础性条件。同时，秘书在主动观察中能够加深对决策和管理举措的理解，从而产生和强化自觉参谋意识。

其二，在主动积累中不断丰富参谋智能。

自觉参谋意识必须以一定的参谋智能为基础。对有关事物及其本质特征缺乏了解，缺乏相关知识智能的人，对该事物不会产生强烈的兴趣，也很难具有自觉的参谋意识；即使被动地进行参谋活动，也不会产生有效的参谋效果，从而使其产生才疏学浅无力发挥参谋作用的自卑感，进而淡化自觉参谋意识。因此，保持自觉参谋意识，必须主动积累知识信息，不断丰富参谋智能。具有自觉参谋意识的秘书，为了正确地研究问题，提出对策，也会更加积极主动地在实践中学习，向书本学习，向领导和同事学习，更加主动而有针对性地增强参谋智能。

其三，在主动思考中不断增强参谋活动的有效性。

秘书在敏锐地观察、不断增强参谋智能的基础上，通过主动针对实践中存在的问题进行深入的思考，在参谋活动中不断地使自己认识问题、分析问题、解决问题的能力符合客观规律，并与领导者的工作思路相互影响与磨合，就能增强其参谋活动的针对性和有效性。而秘书参谋活动有效性的提高，更能强化其自觉参谋意识。

4. 紧密贴近领导工作思路

秘书在职能位置上贴近领导，这为其紧密贴近领导工作思路提供了良好的条件。紧密贴近领导工作思路，就能了解领导工作的指导思想，各项工作的意图及需要取得的成效；了解领导工作中的有利因素、不利因素、难处、困惑和成功的喜悦等。这样，秘书在思想感情上与领导有了共同的基础，就能在思考问题的关注点上配合默契。这对秘书保持自觉参谋意识是极为有利的。

其一，贴近领导工作思路，急领导者之所急。

秘书通过贴近领导工作思路，集中思考领导者急于需要解决的问题。若发现自己的想法与领导者想法相吻合，而且在实践中证明这共同的想法是正确的，就能增强发挥参谋作用的信心；若发现自己的想法与领导者不同，而且有依据证明自己是正确的，提出意见和建议就可能对领导者有所补益；若自己的想法是错误的，就能分析原因，找出差距，提高分析能力。

其二，贴近领导工作思路，供领导之所需。

贴近领导工作思路，就能了解领导工作需要哪些信息依据和需要对哪些问题进行决策。秘书针对这些需要收集、加工和提供信息，运筹多套供领导选择的可行方案，就能在参谋活动中保持自觉参谋意识。

其三，贴近领导工作思路，补领导之所失。

智者千虑，必有一失。贴近领导工作思路，才能及时发现可能出现的缺失，才能在不断取得参谋成效中保持自觉参谋意识。

贴近领导工作思路，有利于秘书具体感受到参谋作用的用武之地，从而在实践中保持自觉参谋意识。如果秘书人员虽处在领导近身位置，但对领导工作思路漠不关心，采取不介入的态度，对有关问题就难以有深入的理解，其自觉参谋意识也就难以形成。

5. 磨炼探索创新精神

具有探索创新精神的秘书，其自觉参谋意识能在参谋活动中得到不断强化。有探索创新精神的秘书，往往遇事要问几个为什么，并且要主动地探求怎样做得更好，怎样才能取得更佳的工作成效。这样，不仅能够使其保持自觉参谋意识，而且有利于其发挥更大的参谋作用。在客观实践中，探索创新精神是在实践磨炼中形成的，因此，秘书人员越是主动地开展参谋活动，越能在不断创新中保持自觉参谋意识。

二、把握捕捉参谋点

所谓参谋点，指有利于辅助领导解决实际问题、优化领导工作效果的参谋作用点。秘书把握捕捉参谋点，有利于提高参谋活动的针对性和有效性，捕捉住随机出现的参谋点，就是出现了参谋选题，发现了发挥参谋作用的具体问题。把握和捕捉参谋点，通常从以下方面入手：

1. 在困难中把握关键点

在管理和领导活动中，面临多种困难是不可避免的、经常发生的。这种情况下，领导对参谋辅助的需要极为迫切。秘书面对诸多矛盾和困难，要善于抓住主要矛盾，抓住主要矛盾的主要方面。这往往是解决问题、摆脱困境的关键点，抓住关键点，分析其相关因素和主导因素，提出解决问题的可行对策。一旦关键点上的困难得以解决，其他困难就可能迎刃而解，或者具有了解决的良好条件。因此，秘书在参谋活动中，不能就表层的困难现象，采取相互割裂、头痛医头、脚痛医脚的办法，就事论事地提出建议或意见，这种参谋建议即使被采纳也难以解决根本问题，参谋作用不大。只有抓住了关键点，才能有效地协助领导解决根本问题。抓住关键点的参谋活动，对领导工作的辅助是最为有效的。

2. 在挫折中寻求症结点

在工作中出现各种不同程度的挫折是难以避免的。受到的挫折越大，领导者的压力越大，其对参谋辅助的需要也越大。秘书在组织管理和领导工作中出现挫折时，除与领导一起坚定信心，乐观自信地对待困难外，还要协助领导寻求造成挫折的原因，抓住症结点，深入分析其来龙去脉、前因后果及有关联系，并根据客观实际情况，对症下药，有的放矢地提出解决问题的对策供领导参考，有效地协助领导从挫折中寻求转机，挽回损失，再图发展。

在实践中，造成挫折的症结往往被掩盖而不易发现，秘书人员必须进行深入仔细的调查研究，进行艰苦的探索。一旦抓住造成挫折的症结点，并提出了有效的对策，秘书协助领导从挫折中崛起就大有希望了。

3. 在繁忙中捕捉疏漏点

在工作繁忙的情况下，管理和领导活动中往往易出现疏漏。这些疏漏之处有的是易被忽视的细节问题，有的是隐现的问题，有的是暂时虽不引人重视但对今后工作有重要影响的问题。无论是哪一类问题的疏漏，都会造成不同程度的损失或影响。

秘书在工作繁忙之际，必须保持清醒的头脑，一方面忙而不乱有序地完成工作任务，另一方面要善于全面观察、及时发现可能出现的疏漏点，发挥参谋作用，协调领导者全面完成工作任务，不为今后工作留下隐患或不良影响。

4. 在稳定中把握变化点

管理和领导工作是有张有弛的。当组织运转处于稳定和正常状态时，秘书要善于在有序运作的平静中发现细微的、新的苗头和征兆，善于发现和把握变化点。这种变化点，往往是挖掘极富参考价值的预测信息的起点。由此出发，广泛地收集、综合有关信息，就能提炼出比较准确的预测信息，并能根据预测信息，提出有参考价值的对策方案，应对新一轮的变化，取得主动权。

5. 在发展中关注倾向点

组织发展中往往会出现多种倾向：有的倾向是与既定目标一致的，是可控的；有的倾向是与既定目标不一致的，尚不能完全控制的；有的倾向尚不明确，但可能隐藏着不良影响；有的倾向是意外出现的，既可能带来风险，也可能带来机遇。对可控的倾向，领导者是胸有成竹的。对与既定目标不一致的、不可控的、不明确的或意外出现的各种倾向，秘书必须通过调研、信访、督查等一切可以获取有效信息的渠道，尽可能及时、准确地发现，并深入、具体地分析其形成原因、发展态势及影响，协助领导，制定对策，发挥参谋作用。对尚未完全控制或尚不能控制的倾向，必须加强引导和控制，使之朝着有利于组织发展的方向转化；对尚不明确的倾向，必须明确其性质、状态、构成，然后制定调控对策，避免可能隐藏的不良影响；对意外出现的倾向，必须科学冷静地进行分析，制订多种应对方案，化解风险，确保稳定发展。

6. 在成功中关注负面点

取得成功是管理和领导活动所追求的。它是对付出辛勤劳动的组织成员的回报，是值得高兴和引以为自豪的事。但是，在成功的喜悦中，人们往往容易忽视被成功掩盖下的负面点或在成绩中隐藏的不足或问题。这些负面点或不足之处，可能在某项工作获得成功时尚不处于主导地位，但若长期被忽视而任其发展，就可能出现意想不到的负面影响，发展到某种程度甚至会抵消或掩盖已取得的成功，占据主导地位，造成严重的损失。

秘书在某项工作取得成功后，应该一方面协助领导总结成绩、经验；另一方面应协助领导找到差距、不足和值得改进之处。特别要以冷静客观的态度，认真审视成功中是否隐藏着负面影响。若负面影响确实存在，必须实事求是地向领导者提出，哪怕可能使某些领导人感到扫兴或受到好大喜功的领导者的冷遇，也必须提出有利于使其保持头脑清醒的意见，引起重视。从事业和组织功利出发的中肯的参谋建议最终是会被理解的。

此外，在组织内外环境条件发展变化中，还可能出现多种多样的参谋点。只要秘书保持自觉参谋意识，在实践中全面收集综合各方面的信息数据，就可能在不同的时期、不同的阶段、不同的问题上，发现各类参谋点。及时捕捉和准确地把握参谋点，就能使其参谋活动有的放矢地展开，适应领导工作的需要。

对某个具体参谋点的发现或把握有一定的偶然性和随机性，但对管理和领导活动整体上的缺失或不足，出现秘书需要发挥参谋作用的参谋点而言，又是必然的，有一定规律性的。秘书人员在参谋实践中逐步掌握这种规律性，就可增强其参谋作用。

三、调用处理有用信息

及时捕捉和准确把握参谋点之后，就必须针对参谋点所代表的问题调用处理有用信息和有关依据，为进一步深入具体地分析认识问题作好充分准备。

1. 已存信息的调用处理

已存信息主要指的是电脑信息库里存贮的信息，书面档案文件资料及有关参考书，秘书头脑里存贮的对与参谋点有关的信息、知识智能。其调用的程序，一般是以秘书拥有的智能信息为启动力和选择判断的基础，然后到电脑信息库中按分析问题、解决问题的需要去选取，最后从有关书面档案文件资料及参考书中获取必需的历史凭证、有用的专业理论知识和专门科技知识等。将相关信息收集后，进行分类整理，仔细分析研究各类信息所揭示的本质内容，然后再根据参谋点的要求和与参谋问题的相关程度，进行筛选，若有必要还可进行再次筛选，直到留下的完全是有用信息为止。

2. 短缺信息的搜寻征集

将已存信息筛选整理后，秘书应根据已经掌握的有关情况，正确地认识、分析研究参谋点、制定和论证相应的对策，思考已掌握了哪些信息，还有哪些必需的信息还短缺，短缺的信息应到哪里去调查搜寻，向哪些专家内行咨询或征集。理出个头绪后，再有目的地调查研究，请教有关专家，组织咨询会或研讨会，向有关信息中介机构征集，向有关科研机关请教等。通过多渠道搜寻和征集，尽可能获取必需的、可靠的短缺信息资料，把所有短缺信息都搜寻、征集齐全后，就奠定了进一步开展参谋活动的基础。

搜寻和征集必需的短缺信息，并非一件轻而易举的事，必须拓宽渠道，苦下功夫，虚心求教，不放过每一个可能获取有效信息的机会。从某种意义上讲，有些关键性短缺信息，哪怕是一个数据不准或某个情况不明，都会影响到问题研究的科学性或准确性。

3. 相关规范的全面把握

管理和领导活动是在有关原则和规范指导下运作的，秘书参谋也必须全面把握有关规范。首要的规范是国家法律法规，它是任何组织的秘书参谋都必须遵循的。国家行政组织的秘书参谋必须有利于依法行政，企业组织秘书参谋要有利于依法经营；其他社会组织的秘书参谋都应以法律为准绳。其次是要遵循组织规范，也就是不违背本组织现行管理制度和管理原则。其三要遵循国家有关方针政策。实行市场经济体制后，国家方针政策大多是宏观指导性的。秘书在对具体问题的参谋活动中，也必须注意其总体方向上要与国家方针政策保持一致性。

全面把握国家方针政策、法律法规以及组织制度、组织管理原则等相关规范，其作用体现在两个方面：一方面要以所有相关规范为尺度分析要参谋的问题，特别是参谋点，要具体分析在造成矛盾和问题的各要素中，哪些违背了规范，违背的程度如何，纠正偏向和错误应从哪些方面入手，必须做哪些方面的工作，等等。这方面的分析主要是从法律规范角度分析、认识存在的问题。另一方面，要用相关规范标准，对有用的已存信息和搜寻征集的短缺信息，进行综合整理后，与初步产生的各种解决问题的可能性对照、融合，淘汰那些与法律规范相悖的内容，运用规范与有用信息，综合形成解决问题的新的想法要点。这样的对照、融合、分析、纠正偏向，反复进行多次，深入地研究，就可以对存在的问题认识得比较清楚，对解决问题的要点也逐渐明确了。

4. 价值目标的客观选择

通过有用信息和规范体系的综合分析，还要选择提出参谋建议方案要达到的价值目标。思考和选择价值目标，一是要实事求是。目标定得太高，脱离实际；定得过低，影响发展。二是要正确理解领导意图和组织计划。在客观条件可能的情况下，体现领导意图、实现组织发展计划是秘书参谋活动中必须考虑的；但若客观情况有了重大变化，客观可能性或大于或小于组织领导的期望值时，应在参谋建议中提醒领导遵从客观实际。三是以大体确定的价值目标为宜。在具体对策研究尚未展开之前选择一个初拟的价值目标，为的是使下一步的对策研究目标更为明确，从而增强对策研究的针对性和可行性。初拟的价值目标只是供对策研究参考的目标，在秘书参谋活动的进程中，还可与对策研究相互作对应调整。

四、聚焦形成辅助谋略

在调用处理有用信息并综合分析信息的基础上，已经针对参谋点，得出了一些认识、分析和解决问题的要点和初拟的目标，接着就要将前一阶段信息综合中得出的要点，进行再综合、再提炼，聚焦形成辅助谋略，也就是进行对策研究。这是秘书参谋活动中的关键，是寻找实现解决问题的目的，拟定参谋建议谋略和方案的过程。这一过程，大体上可分三步进行：

1. 形成参谋谋略轮廓设想

轮廓设想是在将各方面的有用信息、规范及价值标准综合研究，将前一阶段得出的所有思考要点聚合到解决问题的焦点上，也就是用系统的观点，从解决存在的问题和实现具体价值目标要求出发，全面分析实现目标、解决问题过程中的各种矛盾及影响目标实现的各种因素，分析可供利用的资源条件和需要付出的代价投入，以及可能获得的效益等，从不同角度和多种途径勾勒出各种不同的谋略设想和方案构架，并将资源投入、付出代价和可能获取的效益一一与各种谋略和方案构架融合，使参谋谋略轮廓设想有一个大体的结构。设计谋略轮廓可利用多种方法，如逻辑方法、数学方法、预测方法、组合方法、创新方法等。

形成谋略轮廓设想中，各种设想和方案构架一般应有一个抽象的思路，概括地体现谋略的主题；在内容上有一个大体的结构，在投入产出上有一个粗略的估计，为下一阶段的分析研究打下基础。

2. 进行参谋方案的细部设计

秘书在谋略轮廓设想的基础上，拟出每一套设想方案的具体条件和要求，步骤和环节，构成要素和各要素之间的相关性分析，实施方案中必须提供和满足的条件，可能出现的变化、风险及有关应变举措，可能得出的几种不同的结果，有哪些是确定的、可控的因素，哪些是不确定因素，不确定、不可控因素出现的几率及对不可确定不可控因素的对应措施等等，都应尽可能详尽地列出。

细部设计与轮廓设想不同。在轮廓设想过程中，主要注重创新，利用总体上的客观条件和问题提出各种抽象思路；细部设计要特别注重面对实际，进行冷静思考和周密的分析，要防止以偏概全和出现各种漏洞。细部设计出的各套可行方案要有整体性、系统性、科学性和可行性。

3. 评估各套参谋方案

为了使参谋方案更为科学可靠，秘书应以对组织负责和客观务实的精神，在提出参谋方案之前，自行对各套方案进行评估。即对其科学性、可行性、可受性、风险性、效益性及各种可能的结果，进行分析、预测、比较、评价；对各方案的利弊、优劣、得失进行对应分析，并将评估分析的结果附在各套参谋方案之后。

拟订参谋方案及形成辅助谋略的过程中，必须注意多样性，必须要有多种谋略或多套方案，供决策者比较选优；各种谋略和方案都要有完整性，应尽量考虑到各种可能的实现途径、方法与措施，各种具体方案之间要有区别，不能相互雷同。

在秘书参谋形成辅助谋略上，也要注重具体情况具体分析。对重大问题和相关因素较多的问题，可按轮廓设想、细部设计、方案评估三步进行；对一般具体的细节问题、工作过程和行为过程中随机出现的缺失，一经确认之后，即可提醒或协助领导弥补。简单的、表层的、细节上的缺失，秘书只需点到为止，领导往往也一点就明，能及时纠正，也就不需要细致的设计了。

五、及时进行有效沟通

秘书参谋辅助谋略形成并经过高度负责的审视评估后，应及时采取有效的沟通方式，向领导者提出，供其参考。对细节的问题，可随机提出，以便迅速纠正或弥补；对预防性的问题，应在错误或缺失发生前提出，以便避免造成损失；对简单的、表层的问题，往往只需用口头沟通方式提出；对复杂的、深层次的、难以解决的问题，可用书面的有情况说明、有分析、有多套对策方案的形式提出，供领导者仔细分析、选择。秘书选择沟通方式既要把握时机，又要根据参谋内容的不同而灵活地把握。

秘书参谋过程，贯穿于由自觉参谋意识产生参谋动机，到主动捕捉参谋点发现参谋目标；由参谋目标到深入具体地以有用信息为基础去认识、分析、研究客观存在的问题；由分析研究存在的问题到酝酿形成辅助谋略和拟定参谋方案；最后向领导者提出方案进行有效沟通的过程。在这一过程中，体现了发现问题、认识问题、分析研究问题、提出解决问题的建议的唯物认识论的规律，也体现了从动机到价值选择，再到具体行为的心理活动发展规律。秘书在参谋活动中，遵循参谋过程的规律性，对强化其参谋作用是十分有利的。

第二节　有效参谋规律

有效参谋规律指的是秘书在参谋活动中，针对参谋问题，利用参谋依据和参谋活动中的各种要素，进行参谋思考，正确处理各方面本质联系和本质关系的规律，也就是秘书参谋活动中秘书与领导在目标指向、思考角度、信息利用、价值观念等方面的本质联系和关系特征。它反映了客观实践对秘书参谋活动的根本要求。秘书有效参谋规律包括主辅谐同律、换位思考律、信息准全律和忠良贴近律。秘书人员遵循有效参谋规律，有利于在参谋实践中摆正参谋位置，正确处理本质关系，有效利用参谋资源，充分发挥参谋作用。

一、主辅谐同律——主辅谐同于全局目标

1. 主辅谐同律的内涵

秘书参谋主辅谐同律，指秘书参谋必须是处于辅助地位的秘书与处于主导地位的领导者，都在系统全局目标的导引下，密切配合、协同作用，才能取得良好效应的活动规律。

主辅谐同律包含以下几层意思：

其一，它指出了秘书参谋活动中目标追求上的本质关系，即共同遵从全局总体目标，这是规范秘书参谋和领导接受参谋作出决定的目标选择的导向。只有符合全局目标，参谋活动中的秘书与领导者才可能达成真正的主辅谐同而取得参谋成效。

其二，它指出了作为参谋主体的秘书与作为参谋对象的领导者，在参谋与被参谋这一联系的本质上是主辅谐同，即领导处于主导地位，起决断作用；秘书处辅助地位，起参谋作用，只谋不断。所谓主辅谐同就是"谋"与"断"遵循全局目标相互作用的统一。秘书从辅助地位参谋领导者发挥参谋作用；领导者从主导地位接受参谋引为参考，作出决断。参谋与决断的结果应符合全局的目标和利益。

其三，从主辅谐同律可以理解到，违背全局目标的秘书参谋是

错误的；违背全局目标的领导者的决断也是错误的。只有在符合全局目标的前提下，发挥参谋作用和接受参谋作出决断才是正确的。

秘书参谋活动中的主辅谐同律，指明了秘书参谋和领导接受参谋这一基本联系的本质——主辅谐同于全局目标。违背主辅谐同律，出现关系错位、联系失调或谐同目标偏离，都会造成负面影响。

2. 主辅谐同律的应用

遵循并应用主辅谐同律应注重以下方面：

其一，正确把握参谋目标。秘书发挥有效的参谋作用，必须遵循全局目标，有利于全局目标的实现，秘书捕捉参谋点，必须针对偏离全局目标，或不利于加速实现全局目标的事物对象；秘书参谋的内容及预期的结果必须有利于实现全局目标。

其二，正确处理参谋与决断的关系。秘书参谋必须在主辅谐同中运作。这就需要秘书在把握全局目标的前提下，正确理解领导意图，有效地辅助领导者进行科学可行的决策和辅助领导实施决策，辅助领导纠正决策在实施中的偏向，克服困难和阻力，对环境变化作出正确有效的应变措施，对实践中可能出现的缺失进行修正、弥补等等。这一切参谋活动都在领导与秘书主辅谐同中进行。只有主辅谐同，才能配合默契，有效发挥参谋作用；否则，就会出现负面影响。

其三，正确调适秘书参谋过程。秘书对领导活动理解得越透彻，参谋智能越适应领导工作需要，领导对秘书参谋引导、指导及调适得越合理有效，主辅谐同的程度越高，参谋作用也就越大；反之，秘书参谋就会出现种种偏差和障碍。

其四，正确把握评估秘书参谋的标准。秘书的具体参谋，在符合全局目标的前提下，对解决具体问题越有效，价值就越大；若违背全局目标，秘书参谋也就失去了采纳的价值。领导者在分析、鉴别秘书参谋时，首先应从全局目标和利益出发，然后再具体分析参谋意见的针对性和有效性。这对正确发挥秘书的参谋作用和鉴别出于不良动机的参谋建议，具有指导意义。

主辅谐同律从秘书参谋活动的目标指向、全局与局部的关系、秘书与领导的关系、参谋与决断的运作及秘书参谋的鉴别等方面，都有实际的应用价值。

二、换位思考律——立足于领导角度思考

1. 换位思考律的内涵

秘书参谋换位思考律，指秘书参谋必须围绕领导者，根据领导工作特征，虚拟性地转换角色位置，立于领导者的位置急其所急，谋其所思，才能有效发挥参谋作用的规律。

换位思考律包含以下几层意思：

其一，它指出了秘书有效进行参谋思考的本质特征，即换位思考。秘书在参谋中只有转换到领导位置，尽可能贴近领导思维进行多角度思考，才能有效发挥参谋作用。

其二，它指出了秘书参谋思考中的本质关系，即秘书作为思维主体，必须从领导工作的客观需要出发，以领导活动范畴为思维客体，通过换位思考，将思考主体与思考客体联系起来。秘书不是仅仅站在自己的角色地位上思考问题，而是站在领导工作范畴内的多种角色地位上思考问题。

其三，它指明了秘书参谋思考从实际出发的思维路线。任何脱离实际的思考问题，对实践活动都是很难发挥积极作用的。秘书参谋思考必须从参谋对象，即从领导活动的客观实际出发，站在领导活动主体或客体的角色位置上去思考问题，才能比较符合客观实际需要，发挥有效的参谋作用。

其四，它指出了秘书参谋思考与其他管理谋划思考的共性和区别。其共性表现为都必须从实际需要出发，实事求是。其区别在于秘书不仅仅是要站在自身职能位置上思考问题，在参谋思考中特别注重转换到领导、被领导及相关角色地位去思考问题；而其他管理谋划主要是立足本职地位，针对客观实际需要去思考问题。

2. 换位思考律的应用

在实践中，人们的思维角度是与思维活动的立足点、出发点、空间分布和时间跨度等联系在一起的；思维角度受着思维主体的社会实践、社会地位及所处的社会环境的直接影响。

秘书参谋思考的位置和角度，按照换位思考律，秘书可从以下方面加以应用。

在参谋活动中，秘书站在领导者的位置上进行思考，有利于正确理解领导意图，有利于正确贯彻执行领导的意图；当发现领导意图出现疏漏和失误时，才能站在领导正确履行职责的高度，提出参谋辅助建议；只有站在领导思维的角色位置上，才能把握领导工作的需要，才能及时、周密、有效地为领导工作献计献策；只有站在领导思维的角色位置，才能将秘书的业务工作与领导的活动进程有机地结合为统一的整体，在与领导主辅配合中，为领导拾遗补阙，优化领导工作。

秘书不是领导，也不承担领导者的责任和不拥有领导者的权力，不具有领导人的法定地位，要想站在领导位置思考问题并非易事。这就需要秘书在思考工作问题时，采取角色模拟法，也就是每当遇见问题或处理工作事务时对自己提出："假若我是领导者，对此事应当怎样处理？""假若我的领导者来处理此问题，他会怎么办？经过两方面的假设推断，把领导者的权力和责任，领导者思考问题的立足点、全局观念，以及领导者的思维个性、领导风格和领导艺术等，与要解决的具体问题，要从事的具体工作紧密地结合起来，从而按领导思维层次，体察领导工作的需要，从秘书对领导的从属和辅助地位，主动地为领导工作提供有效的服务。

3. 与领导同层次思考

与领导同层次思考，秘书一是要正确把握领导工作的价值观，从组织的根本利益、长远利益和整体利益出发，把握领导思维的时空领域和价值取向；二是要准确把握领导的职责范围，从有效发挥领导的职能作用出发，把握领导工作的需要；三是要从领导者思考的个性特征、领导风格、领导习惯出发，把握其领导者工作的思路和对待具体事务经常采用的惯例，以选择为领导者工作进程相适应的辅助和服务的具体手段和工作内容。

总之，秘书与领导的同层次思维，必须以充分了解领导的工作实践为基础，既要了解领导层次法定的权责范围、目标指向，又要了解具体领导人的思维模式和习惯思路；既要站在领导层次思考全局性问题，又要模拟领导者思维方式，对待各种具体问题，只有这样，秘书对领导的辅助和服务才是准确有效的；也只有这样，秘书办理各项具体事务才能符合领导的要求。

秘书是领导者的近身综合性参谋助手，与领导同层次思维的和谐及有效程度，对秘书工作的成效有着直接的影响。如为领导者草拟文稿，若能准确地与领导同层次思维，就能正确地理解领导的意图，不仅文稿的内容、主题、重要观点等能够准确地表达领导的思想，而且语言风格、表达方式、思维思路、气质气魄等都能体现领导人的特征。这样的秘书，才能真正做到与领导者配合默契。

4. 与领导不同层次思考

秘书在工作实践中要与组织中的不同层次的工作人员打交道，既要谋求不同层次的组织成员的支持与合作，又要为不同层次的组织成员提供服务；既要把领导层的决策指挥意图传达到组织的不同层次，又要把不同层次的意见和要求向领导层反映。因此，在处理某些事务中，除了要有与领导同层次的思维外，还要有与领导不同层次的思维。如下基层调查研究中，若仅从领导层次思考就显得不足，必须设身处地为基层着想，以基层工作者的权利义务、环境条件和思维层次考察具体现象，分析具体问题。这样的思维成果，才能对领导思维进行有益的补充。

秘书与领导不同层次的思维，不是在事业目标和价值观念与领导思维相悖，而是在思维方向一致的前提下，对领导思维的拓展与伸延。秘书在具体思维过程中，一是要实事求是，从事业的整体功利出发，考察不同层次的具体问题，不能唯书唯上、先入为主地对待客观现象。二是要从具体层次的具体情况出发，分析考察造成具体问题的原因，并虚心地向该层次的人员请教，不能以上层工作者自居，仅要求下级服从上级而不顾下级的意愿和要求。三是要将领导层次思维的看法与特定层次思维所得出的看法加以比较，找出共同之处和差异之处，并深入地分析形成共同之处和差异之处的原因。在一般情况下，共同之处往往是领导层与下层在认识和实际运转中契合的部分，而差异之处往往是问题之所在。四是要根据出现问题的原因，探求解决问题的办法，若问题是由于领导层不了解下层脱离实际造成的，应建议领导层采取有效措施解决问题；若问题是下层执行错误造成的，应帮助下层工作人员正确理解领导层的决策和指示精神，使问题得到解决。

秘书与领导同层次思考的同时，还要进行不同层次的思考。这两种思维层次的思考活动的结合，有利于秘书在领导层次与下属层次间起到上情下达、下情上达的作用。这对整个组织管理和领导工作，都是十分重要的和不可缺少的。

5. 秘书的多层次思维

秘书在工作中，既要为本级领导服务，又要为上级领导服务，还要为下级和群众服务。尽管在社会主义条件下不同层次的根本利益和事业发展的总目标是一致的，但由于客观环境、工作职能、业务活动的内容的不同，在思维层次以及对服务的要求上也存在某些差异。秘书在处理某些工作中，同时要符合多个层次的要求，就必须进行多层次思维，并将多层次思维有机地统一起来。

如在秘书草拟文件的过程中，首先要遵循上级机关的政策和国家有关法令法规，对此若有偏差就会出现方向性、原则性的错误；其次要忠实地体现本级领导层的决策意图，否则就歪曲和篡改了领导决策精神；再次要符合下级各层次的客观实际，这是基础性的要求，不符合这一要求，起草的文件一经发布，不仅无益，而且有害。

秘书要使自身的工作符合为本级领导工作服务、为上级领导工作服务和为下级群众服务的要求，必须注意以下方面：一是立足为满足本级领导工作需要服务。这类工作是经常的、大量的，是由秘书工作的主要内容，必须及时、准确、周密、全面、高效地做好这类工作。因此，秘书必须与本级领导保持同层次思维，以适应本级领导工作的需要。二是要遵循上级领导的指导原则，这是方向性的、规范性的。秘书必须讲政治、讲学习、讲正气，正确理解、准确把握、坚决贯彻执行国家政策法令和上级机关的指示精神，提高理论和政策水平，坚决抵制形形色色的违法违纪的现象。因此，秘书思维要有正确的价值观念和法制观念，要在较高的政策理解层次和严格的法制规范中思考问题，开展工作。三是要深入下级各层次的客观实际，这是决定事业成败的基础，也是为本级领导工作服务和为上级领导工作服务的前提条件。脱离客观实际，无论对本级还是对上级领导工作的服务，都会陷入误区。各级领导工作，都必须遵循客观规律，适应客观实际的需要。若秘书脱离实际，撰拟的文搞歪曲事实，传递的信息报喜不报忧，操办的会务只重形式不重内容，搞假、大、空等等，对各级领导工作都会造成干扰，带来损失。当然，秘书的工作行为往往是与其直接领导者一体的。秘书工作中的某些错误的做法往往也是受其直接领导者的错误意图影响而产生的。秘书深入到群众中去，具体地考察客观实际，科学地分析研究客观实际，务实求真地向领导反映客观实际，有益于对领导意图的修正、补充和完善。

在一般情况下，上级领导、本级领导及下级各层次和群众对秘书服务的需要和要求，应该是一致的；多层次思维的结果也应该是相容的。但在某种情况下，也可能出现不一致不相容的现象。若出现不相容或出现相冲突的情况，秘书人员必须慎重处理。首先，必须坚持实事求是的原则，向有关方面报实情，讲真话；其次，要坚持法纪规范，坚决执行国家政策和法律；第三，要坚持维护整体利益，维护组织目标，服务于领导工作的需要。秘书要善于运用信息沟通和参谋建议等方式，协调多层次对秘书工作服务的需要，使整体工作和谐运转。

在实践中，秘书要与领导同层次思考、不同层次思考和多层次思考。其思维层次的移动是与秘书的各项业务工作紧密联系在一起的，是由秘书工作的服务对象和工作范围所决定的。只有这样，才能充分地发挥职能作用。

三、信息准全律——善谋出自准全信息

1. 信息准全律的内涵

秘书参谋信息准全律指的是，秘书在参谋活动中，只有依据与客观问题相关的、准确全面的所有有用信息，才能实事求是地进行科学运筹谋划，充分发挥参谋作用。

信息准全律主要包含以下几层意思：

其一，指明了秘书有效发挥参谋作用，必须以客观实践为基础。

所谓依据准全有用信息，就是要从参谋活动针对问题的客观实践出发，脱离客观实践的参谋活动，要么是空发议论、不负责任、毫无参考价值的空谈；要么是仅凭主观想象、个人情绪和个人意识的宣泄；要么是唯书唯上，照搬照抄及权威论断的图解。这类参谋，对解决客观问题，不仅很难具有实际作用，而且可能掩盖问题的实质，干扰正确的思维与认知，把人们引入误区。

所谓"准全"，就是在认识、分析客观存在的问题时，将问题的所有相关因素和有用信息都联系起来，综合研究其中的本质关系和联系，从整体到局部、从局部到整体地分析研究客观问题的成因、结构、特征、关键、变化趋势等，从而寻求解决问题的有效途径和最佳办法。如果违背信息准全律，就会出现以偏概全的片面性，脱离实际产生消极影响。

其二，指明了秘书有效发挥参谋作用，必须坚持实事求是的科学态度。

信息准全律不仅在参谋依据上强调了要准确、全面地利用所有有用信息，强调了认识、分析问题要全面地、深入地研究客观情况，而且强调了在参谋运筹谋划解决问题的办法，提出建议方案的过程中也必须坚持实事求是的科学态度。缺乏实事求是的科学态度，即使获取了必需的、有用的信息，也可能出现对有关重要情况视而不见，仅凭主观意识提出错误的建议。信息准全律从认识分析问题到谋划参谋建议的参谋活动的主要流程上，都强调了要实事求是。

其三，强调了秘书参谋采用信息的有效范围。

信息准全律将参谋活动针对客观问题的所有有用信息作为有效发挥参谋作用的前提条件。所谓"所有"就是指的客观问题的一切相关因素和相关方面，就是要从全局出发，从宏观、中观、微观的环境条件的广视角、多侧面、多层次地去搜寻一切与客观问题相关的信息。所谓"有用"，就是强调在广泛收集信息的过程中，不是兼收并蓄，而是收集那些对参谋活动针对的特定问题紧密关联，具有参考价值的信息。这就需要秘书人员在参谋活动中，必须针对解决问题的实际需要，准确把握收集有用信息的尺度。这就需要具备较高的综合素质和鉴别能力。把握尺度过严，就可能漏掉一些有参考价值的信息；尺度过宽，那些无用信息就可能混杂其间，干扰分析研究的进程，或浪费运筹谋划的时间。认识、分析和解决不同的实际问题，需要的信息依据不同。秘书必须具体情况具体对待，遵循信息准全律，获取所有有用信息。

2. 信息准全律的应用

秘书参谋信息准全律在实践中有极为广泛的用途。一般可按以下方式运作：

其一，方向选择。

秘书在参谋活动中应用信息准全律，必须要根据观察的现象和问题进行分析研究，把握参谋点。参谋点是选择准全信息的出发点和核心点，参谋点的把握使秘书认识到自己针对的是怎样的特定问题，分析和解决该特定问题大体需哪些方面的信息，大体向何处去搜寻和征集等。因此，可以说，准确把握参谋点是迅速、全面、准确地搜寻有用信息的前提，搜寻准全信息从何处着手，怎样选择获取信息的方向都必须以参谋点为依据。从这里可以看出，秘书参谋规律是一个有机联系的整体，秘书参谋过程的规律性，与有效参谋规律，即主辅谐同律、换位思考律、信息准全律和忠良贴近律均有着有机联系。在应用过程中要进行全面理解，综合应用。

其二，标准确定。

准全有用信息除了要根据参谋点把握获取信息的方向外，还必须确定鉴别衡量有用信息的标准。在实践中，鉴别有用参考信息的标准，往往是与参谋点相关性即联系性为标准的。但是，这种相关性和联系性体现在不同的具体事物或问题中往往有着不同的形态。有的是显现的，有的是隐现的；有的是直接的，有的是间接的；有的是关键性影响，有的是连带性影响等。因此，在确定标准时要从解决实际问题的需要出发，对能够反映或揭示具体事物的有关问题是什么，为什么，将要怎么样，如何应对等必须研究深透，由此去把握针对具体参谋点的相关性，确定和把握搜寻准全信息的标准。

其三，层次搜寻。

标准确定和把握之后，秘书就可着手搜寻和征集参谋依据的信息，也就是准全信息。准全信息一般可层递式展开，即由显现的去探求隐现的；由直接的去探求间接的；由紧密的去探求连带的；由表层的去探求深层的，等等。并在获取信息中，不断进行分析综合，在分析综合的基础上不断拓展挖掘有用信息的深度和广度，不断发现和掌握新的有用信息，不断加深对客观问题本质的理解，不断丰富有用信息。搜寻准全信息的过程实际上是一个由局部到整体，由表及里的过程；同时在拓展信息容量的过程中，又通过综合分析比较，去掉虚假不实或无用信息，对初选信息去粗取精、去伪存真。也就是说，在层递搜寻准全信息的过程中，必须坚持实事求是，务实求真。这样，才能为有效发挥参谋作用打下坚实的基础。

其四，分层编排。

分层次搜寻获取了对特定参谋点及参谋问题有了比较全面准确的信息后，秘书就要对所获各方面的信息进行分层分类编排。首先是按相关性程度，将所获信息大体分为紧密相关的关键信息、次相关信息、连带相关信息和外围相关信息若干层次。选择层次按问题的复杂程度而定，一般以两到五层为宜。分层大体确定后，再进行分类，即按特定问题要素的类别将各层信息进行分类。可按人、财、物、时、空及环境等要素分类；可按输入、转换、输出、反馈等运作过程分类；可按决策、计划、指挥、监督、控制、协调、激励等环节分类，等等。这样通过分层分类编排，就可将零散的、相互割裂的、无序的信息转化为整体的、相互联系的有序的信息。分层分类编排，实际上就是对已获信息的分析和综合。它是秘书在参谋活动中，抓住问题本质，探求可行对策不可缺少的环节。信息分层分类是否科学合理，对正确认识问题和研究解决问题的办法有着直接影响。

其五，按需补充。

通过对已获有用信息的分层编排，可发现在有关要素、有关方面的信息短缺。秘书必须根据需要去寻求短缺信息。特别对关键性问题的短缺信息，必须千方百计去寻求，不准确掌握决不罢休。信息短缺特别是关键信息的短缺，就会造成依据不足从而导致参谋活动出现偏差。

获取短缺信息的难度较大，秘书人员应通过反复调查、咨询专家、查阅有关文献资料等一切有效的办法去努力寻求。补充短缺信息往往不是一次完成的。随着秘书参谋活动的深入，可能会不断发现信息短缺的问题。一经发现，就要按需寻求、补充。这样才能真正遵循信息准全律，确保参谋质量。短缺信息获取之后，应立即补充到适当的层次类别中去，和已经分层分类的信息融为一体。

其六，善谋良策。

根据分层分类的全面系统的有用信息，遵循主辅谐同律、换位思考律、忠良贴近律等秘书有效参谋规律，充分调动秘书自身的参谋智慧，酝酿参谋谋略及建议方案。

秘书善谋良策的过程实际上仍是在参谋思考中运用准全有用信息设计解决问题的谋略的过程。一是要在参谋思考中真正运用准全的有用信息，全面综合各方面客观情况，全面分析各种可能性，准确把握环境条件变化，尽可能利用一切机遇和应对所有风险；二是要善于抓住问题的核心、关键和主要矛盾，提出谋略和对策，就能一举中的，迅速、圆满、高效地解决问题；三是要善于在对准全有用信息的思考中，发现新的倾向和趋势，并进行创新思考，谋划出既符合客观实际又富有发展活力的妙计良策。

其七，逐一审析。

对谋划出的各种参谋意见和方案，秘书还应与分层分类的有用信息逐一进行对应分析审查：一是看所有有用信息是否都包容在各建议或意见之中；二是参谋建议方案是否符合各方面的情况。若发现疏漏，立即补充、修正和完善。经过准全信息搜寻加工全过程，形成的科学可行的参谋方案被采纳实施并取得了良好的成果后，可将其经验作为重要的参谋资源保存，在出现相似的问题时，秘书参谋活动可作为借鉴。

四、忠良贴近律——忠诚贴近善于谋划

1. 忠良贴近律的内涵

秘书参谋忠良贴近律指的是，秘书在参谋活动中，必须忠诚、正直、无私地与领导主辅配合，贴近、理解领导活动，从有利于事业发展的良好目的出发善于谋划，提出意见或建议，才能有效地发挥参谋作用。

忠良贴近律主要包含以下含义：

其一，秘书有效发挥参谋作用，必须忠诚、正直、无私。

在参谋活动中，秘书只有对事业忠诚，并将对事业的忠诚与对组织领导的忠诚统一起来，以高度负责的精神，正直无私地对客观存在的问题提出意见和建议，才能有效发挥参谋作用。如果缺乏对事业的忠诚、正直、无私，秘书在参谋的指导思想、负责程度上就会出现各种偏差。或动机不纯，有意"出歪点子"；或怕得罪人，不敢说真话；或事不关己，漠不关心；或不负责任，不愿下苦功夫去调查研究，随便发议论，等等。这些消极现象不仅难以有效发挥参谋作用，而且会产生不同程度的不良影响。

其二，秘书有效发挥参谋作用，必须贴近理解领导。

秘书在领导身边工作，这只是在工作位置上贴近领导。要真正与领导配合默契，有效发挥参谋作用，还必须了解领导工作思路，熟悉领导工作环节和工作进程，并将自己的业务活动主动地围绕领导工作展开。在此基础上，秘书才能从工作目标、思路、流程、环节等方面真正地贴近领导，全面地理解领导，了解领导工作中对秘书参谋辅助的需要，从而及时、有效地发挥参谋作用。所谓贴近，指的是在理解领导的基础上的思想和行动上的和谐的主辅配合；所谓理解，指的是从思想到行动全面主辅配合中的理解。有了这样的贴近和理解，秘书有效发挥参谋作用才能具有自身的职能优势，才能以忠诚和负责的精神对领导者有效发挥参谋作用。否则，就可能在参谋活动中无的放矢，空发议论。

其三，秘书有效发挥参谋作用，必须具有纯正的参谋动机。

良好的参谋动机是以对事业的忠诚为基础的，而从良好的动机出发正直无私地发挥参谋作用，正是秘书对事业、对组织、对领导忠诚的体现。因此，具有良好的参谋动机的秘书，能够以事业公利为参谋活动的价值导向；为了维护事业公利，敢于坚持真理，务实求真，直言上谏；为了维护事业公利，能够深入实际，了解真相，提出有利于促进事业发展的意见和建议。反之，参谋动机不纯的人，无论其提出的意见或建议贴上了如何时髦的标签，迟早都会显露出其利己的目的，也很难有效地发挥参谋作用；即使提出了一些有价值的意见或建议，若在个人名利上不能满足其欲望，其参谋积极性和主动性也不会长久，更难以长期正直无私地发挥参谋作用。

秘书参谋忠良贴近律从秘书职能位置特征——贴近领导，揭示了秘书有效发挥参谋作用，必须坚持忠诚、正直、无私的立场和良好价值目标及动机的规律。违背这一规律，秘书参谋的立足点、出发点就会错位，其参谋活动就难以避免地产生不同程度的消极影响。

2. 忠良贴近律的应用

遵循忠良贴近律，在实际应用中主要应注重以下方面：

其一，立足对事业的忠诚，不断增强秘书参谋智能。

忠诚于事业的秘书，应以有效辅助领导、优化领导工作为自己肩负的使命和责任。为了不负使命尽到近身参谋之责，必须在实践中不断地优化自身的参谋智能，必须勤于学习，学习现代管理理论与实践，学习现代领导理论与实践，广泛地吸纳一切有益的知识、信息；向领导、群众、专家、内行等一切有真知灼见的人们学习。在实践中还要勤于观察、思考，将所学的知识信息转化为参谋智能，使自身的参谋智能能够在实践中不断增强。对事业无比忠诚是秘书增强参谋智能，充分发挥参谋作用，尽到自己参谋职责的动力。秘书只有具有这种动力，才能真正有效地不断发挥自身的参谋作用。

其二，立足对事业的忠诚，贴近理解领导。

遵循忠良贴近律，秘书在工作实践中忠诚、正直、无私地在与领导主辅配合中，全心全意地辅助领导，不带任何私心杂念地贴近领导，理解领导对事业组织所承担的责任和任务，主动地发挥参谋作用。贴近而不媚上讨好，而是真诚无私地参谋辅助；理解而不是盲目惟上，而是正直客观的、务实求真的补益。遵循忠良贴近律，秘书既要在领导科学实践管理方面发挥参谋作用，又要在防止纠正各种可能出现的错误方面发挥参谋作用，特别要在帮助领导正身洁行方面，尽到近身参谋助手应尽的劝谏之责。忠诚正直的秘书在贴近和理解领导、与领导主辅配合中，对领导自身防微杜渐、抵抗腐蚀能起到特殊的积极作用。

其三，立足对事业的忠诚，坚持纯正无私的参谋动机。

对事业忠诚的秘书，在进行参谋活动中首先是要从事业发展的公利出发，自觉地清除自己思想上可能出现的种种杂念，为优化领导工作献计献策和拾遗补阙，不允许自己提出任何有害于事业发展的意见和建议。作为社会成员的秘书也面临着各种物质和利益的考验或诱惑；不少违背公利、违背原则、有损事业发展的消极东西，也经常针对领导者身边的秘书，企图从这里打开缺口，得到某些好处以满足其私欲。意志薄弱者往往经受不住物欲的诱惑，在拉关系走后门托人情者所献上的"好处"面前丧失原则，动摇其对事业的忠诚，在领导者那里为人说情，甚至拉领导者下水，搞权钱交易。这种人一害事业，二害领导，最终使自己堕落。因此，秘书必须具有坚定的政治信仰，严格要求自己，保持清醒的头脑不为任何违纪违法的物欲和诱惑所动。这样才能在参谋活动中不带私心杂念，真正使自己提出的意见和建议出于公心。其次，在提出事实依据充分的正确意见和建议时，要正直无私，不能为个人利益畏首畏尾，不怕压力，不怕打击报复，敢于坚持真理。实践中正直无私、勇于直谏、能当诤友的秘书，是会被组织理解的，也是会被明智的领导所信任的。再次，秘书对事业的忠诚应与对领导者的忠诚有机地统一起来。当领导行为符合组织和事业发展公利时，秘书应竭心尽智地辅助领导者优化领导工作效果；当领导者行为出现疏漏时，秘书应及时周全地弥补其缺失，维护领导者形象；当领导者行为出现重大偏差，甚至有违纪违法倾向时，秘书必须无私无畏地提出意见，指明危害，帮助领导者尽快悬崖勒马。这样坚持原则的参谋建议，实际上是对其领导人最大的爱护，是秘书对组织忠诚与对领导忠诚紧密结合的具体体现。

其四，立足对事业的忠诚，正确引导、指导和发挥秘书参谋作用。

作为秘书参谋的主要对象的领导者，在如何对待秘书参谋上，也必须遵循忠良贴近律。一是要指导秘书以对事业的忠诚的态度正直无私地自觉发挥参谋作用，鼓励秘书从有利于事业发展的目的出发主动地发挥参谋作用。二是对秘书提出的意见和建议，无论是顺耳之言还是逆耳之言，都应以是否有利于事业公利为准则，以法纪组织规范为标准；不能以个人好恶或个人私利定取舍，更不能压制不同意见和对提纠偏意见的人进行打击报复。不能偏听偏信，必须实事求是地进行科学的分析。三是在主辅配合中，领导者必须引导并构建真正的"忠良贴近"关系，而废止或预防人生依附、利益小团体或"哥们义气团体"等消极情况出现。这就需要领导者本着对事业的忠诚，正确对待秘书的"贴近"，即既要让秘书具有接近和理解领导者，发挥参谋作用之便；又不能让这种"贴近"演化为庸俗的关系。秘书对领导能否真正"忠良贴近"，与领导者是否忠诚、正直、无私也有着密切的关系。

秘书参谋忠良贴近律，对秘书参谋活动与领导者如何对待秘书参谋均有着指导意义，对调适和规范参谋者与参谋对象之间的关系也有着关键性作用。

第三节　秘书参谋原则

一、尽职不越位

1. 秘书角色定位

秘书是领导近身发挥综合性参谋助手作用的工作人员。在与领导主辅配合中，领导处于主导地位，秘书处于辅助地位；领导具有法定的决定权，秘书具有制度规定的服从之责；领导具有决定、发起、推动、调控某项职权范围内工作任务的职能，秘书具有服从领导需要、协助领导推动工作的职能。

在组织管理中，秘书是领导者的下级执行者和公务服务者，是领导与群众之间和各部门之间的沟通协调者。秘书从事参谋辅助和事务辅助就是从这一角色地位出发的。秘书尽职不越位，就是要尽到领导近身参谋助手之责，而又不僭越其从属和辅助的职能地位。秘书参谋过程，实际上也是尽职不越位的过程；遵循秘书有效参谋规律，实际上是在秘书角色定位上尽职不越位的运作规律。准确把握自身的角色定位，是秘书人员做到尽职不越位的前提。

2. 不失职、不越权

不失职、不越权是尽职不越位原则对秘书工作行为的客观要求，也是准确把握秘书角色定位的体现。秘书人员只有准确把握其角色定位，工作上做到不失职、不越权，才能算得上是称职的秘书。

所谓不失职，就是秘书职能范围内的工作，都要尽到自己的职责，完成任务。不管是办文、办会、办事、信息、协调、调研、信访、督促检查，还是受权理事、完成领导交办事项，以及辅助决策、拾遗补阙，发挥参谋作用等，都要不折不扣地履行自己的职责。但是，在秘书工作实践中，除了办文、办会、办事等程序化事务工作外，非程序化的协调事务、参谋辅助、突发事件处理等工作准确把握职责范围，并非易事。过于被动，等待领导指示，就可能失职；过于主动，超越领导认可的工作范围，就可能越权。关键在于立足综合辅助的参谋助手角色定位，准确把握领导工作的需要。立足参谋助手角色定位，对重要问题就不会擅自作主和贸然行事，不会出现越权越位行为；准确把握领导工作的需要，就能从被动中求得主动，在参谋辅助和事务服务中尽到自己的职责。因此，尽职不越位原则，既包含着守职、尽职、守纪、守规的规范要求；又必须根据领导工作需要，主动地在参谋和事务方面辅助和补益领导工作。只有这样，秘书才能不失职、不越权，当好领导的近身参谋助手，扮演好自己的角色。

二、善谋不决断

1. 秘书参谋定位

秘书参谋活动的定位，是秘书角色定位在其参谋活动领域里的定位，它实际上包含在秘书角色定位之中。准确把握秘书参谋定位，有利于秘书在参谋这一活动领域极为宽泛、准确把握其标准有一定难度的工作中有效地发挥作用。

秘书参谋仍然定位于领导者近身参谋助手的位置，立足于近身综合辅助。所谓参谋，就是为领导活动和组织管理献计献策和拾遗补阙；所谓助手，在秘书参谋活动中为领导工作和组织管理中收集处理和提供信息，协助调查研究，收集有关资料文献和在办文、办会、办事的事务中提供服务，充当助手，起到辅助作用。智能辅助是秘书参谋活动中的功能定位。秘书只要能充分发挥其智能辅助的作用，就尽到了自己的职责。如果在需要秘书发挥智能辅助时秘书不能或者不愿有效地发挥智能辅助作用，就是失职。

在秘书发挥参谋作用的过程中，立足参谋助手进行智能辅助，仍处于从属地位，从属于决策者，从属于领导者、管理者，从属于事业发展和组织管理需要。只有处于这样的从属地位，才能有效发挥参谋作用。而真正处于从属地位，当好参谋助手进行智能辅助，就必须遵循多谋不断的原则，即在一切需要其发挥参谋辅助的地方，都必须有效发挥其参谋辅助作用。但是，必须多谋不断，不得违背这一原则。否则，就是在参谋活动领域，混淆了秘书角色定位，不仅难以有效地发挥其参谋作用，而且可能干扰组织管理中有序的权力分配和权力运作体系，产生负面影响。

2. 只谋不断

只谋不断是秘书角色定位对其参谋活动的客观要求，是现代管理系统中谋划与决断分工的科学运作机制的需要，也是从秘书参谋定位出发遵循多谋不断原则的具体体现。

所谓只谋不断，指的是无论在为决策的献计献策还是在具体工作中的拾遗补阙，只能提出仅供领导者参考的意见、建议或供选择的方案，不能也无权作出决断；更不能背着领导者或者以领导者的名义作出决定，不能在信息沟通、调查研究等活动中擅自作出决定。

只谋不断应体现在秘书参谋活动的所有领域中。在对决策的参谋辅助中，秘书根据需要可充分进行创新思考，尽可能多地提出各种建议方案或解决客观问题的谋略；但是，是否采纳、采纳的程度如何，均由具有法定决策权的领导者作决定。秘书若认为自己的意见或建议是正确的是应该被采纳的，但没被采纳时，可再次甚至反复提出自己认为正确的意见或建议，但不能干扰决断，也无权介入决断。这就是只谋不断。在纠正各种错误倾向或拾遗补阙的参谋活动中，秘书尽职尽责地发挥参谋作用；但是否采纳，仍由领导者决定。对一般性的问题，秘书可在反复建议中用更加充分的理由和依据证明其正确性；对违法、违纪、违规问题，领导者若不听规劝，秘书则不能听之任之，应按照组织规范或法治渠道加以阻止，尽到一个公民应尽的职责。

三、规劝不失当

1. 规劝缺失的定位

秘书在参谋活动中，对领导和管理中出现的缺失、不足或偏向，必须及时提出，充分发挥参谋作用。但规劝除了要遵循多谋不断原则外，还必须立足从属和辅助地位，定位于下级对上级、助手对主管的适当范围内。在实践中，领导者决定问题，往往是从整体需要和系统发展要求出发的。有时为了全局或整体系统运作上的需要，在某些局部或环节上不惜受到一定程度的损失。这对全局发展而言，仍然是有利的。即使是实际存在的缺失，秘书提出参谋建议后，领导也还需要一个认识或调整的过程。秘书可用适当的办法让领导者尽快地认识或调整，但必须不僭越从属与辅助的定位，不能采取公开对抗或当众指责的不当方式。若在规劝缺失中秘书角色错位，不仅会使领导者反感而影响正确意见的采纳，而且会对领导威信、组织形象、团结等一系列问题产生消极影响。作为领导者身边的综合辅助者，提出的参谋建议不仅要正确有效，而且要采取一切有利于领导理解和接受的方式，才能有效地发挥参谋作用。

2. 谏而有度

遵循规谏不失当原则，秘书在参谋活动中应该谏而有度，不能劝谏失当，更不能劝谏失范。

所谓谏而有度，这个"度"，一是指秘书规劝中把握好下级对上级的限度，符合辅助者对主管建议的规范。三是指秘书进行规劝应控制在不产生负面影响的限度内，即避免产生对立或对抗，避免影响领导威信，避免引发矛盾等，最好选择适当的时机，采用有利于领导冷静思考的个别沟通的方式提出。三是指不侵扰领导的最后决定权，提出的规劝性参谋是从辅助者的角度提出的，仅供领导者参考。四是指在规劝的语言上，不能以说教、教训、指责的态度和口吻说话；而应该以交流、探讨的态度提供信息、分析情况、提出建议，以恭敬、亲切、诚恳、体贴和为其分忧的口吻说话。要避免顶撞领导和干涉领导者行使职权。

谏而有度有利于秘书有效发挥参谋作用，避免产生可能出现的负面影响。

第八章　秘书参谋形态

形态，即事物的形状或体现。秘书参谋的形态，指对秘书参谋活动即动机方向、作用针对、表达方式以及活动发生的时间等不同因素所认定的表现状态。

活动的动机方向、作用针对、表达方式等因素，属于一种空间存在。着眼于空间存在因素的秘书参谋活动，我们称为秘书参谋的空间形态；活动发生的时间状态，属于一种时间存在，着眼于时间状态因素的秘书参谋活动，我们称为秘书参谋的时间形态。

呈空间形态的秘书参谋形态，大略分为正面参谋、负面参谋、管理参谋、规谏参谋、语言参谋、书面参谋六种基本的参谋形态类型；呈时间形态的秘书参谋形态，大略分为预测参谋、追踪参谋、主动参谋、被动参谋、程序参谋、随机参谋六种基本的参谋形态类型。

理解和掌握不同形态类型参谋活动的性质、特点、作用，对于相关秘书进行参谋辅助，自觉追求并取得正面积极的参谋效应，亦具有切实的思想导引与方法论意义。

第一节　秘书参谋的空间形态

一、正面参谋与负面参谋

1. 正面参谋

正面参谋，同负面参谋一样，主要是从参谋动机与参谋方向这两方面参谋活动空间存在因素去认定的参谋形态类型。

所谓正面参谋，指参谋者的参谋动机纯正，参谋方向亦顺应参谋对象决策管理实质目标的参谋活动形态。此种形态的参谋活动，一般会产生促进参谋对象科学决策，进而辅助参谋对象有效实现真正管理目标的正面而积极的参谋效应。

不过，在实际的具体参谋活动中，参谋者虽然在主观上持有忠实端正的参谋动机，却并不一定都能从客观上保证其实际把握的参谋方向同参谋对象决策管理的实质目标完全相符。参谋者有了良好的参谋辅助动机，常常会因自身参谋素养的欠缺、客观情势的复杂、主观认识的局限、分析判断的失误等等因素的干扰，使得自己的参谋方向程度不同地偏离参谋对象所真正追求的决策管理目标，从而使这种主观上的正面参谋辅助，产生程度不同的消极参谋效应。

这样，正面参谋活动形态，也就大体包含着两种类型：

一是正面积极参谋，即参谋者参谋动机纯正、参谋方向亦完全顺应参谋对象决策管理实质目标的参谋活动；

二是正面消极参谋，即参谋者参谋动机纯正，而参谋方向却同参谋对象决策管理实质目标发生偏离的参谋活动。

（1）正面积极参谋案例

李斯谏止秦嬴政逐客。《史记·李斯列传》载：李斯（？—前208年），战国末期楚国上蔡（今河南上蔡县）人，以统一中国之帝业游说秦王，得到信任，拜长史客卿，后官至廷尉，秦始皇统一中国后被任为丞相。

秦嬴政亲政为秦王后，发觉著名水工韩国人郑国乃入秦奸细，欲利用为秦开渠消耗秦国国力，使其无力伐韩。此时，因众多外来客卿谋士受到重用而感到自身权势难保的秦国宗室大臣，借机排斥客卿，认为他们全是奸细，应一律驱逐。于是秦王嬴政采纳了他们的意见，下了驱逐客卿出秦的命令，李斯亦在被逐之列。秦嬴政十年（前273年），李斯向他呈上著名的《谏逐客书》，高瞻远瞩，引古鉴今，翔实雄辩，力谏力参，说服秦王接受了他的建议，撤销了逐客令，还恢复了李斯的官职。李斯《谏逐客书》中的建议主张，对于促进秦国以一扫"六合"、统一天下，建立我国历史上第一个中央集权的封建国家，起到了重要的参谋辅佐作用。

这是一个较为典型的正面积极参谋案例。从该案例可以明显看出正面积极参谋的基本特征和主要效应因素:

一是参谋者的参谋动机纯正。李斯入秦就是看好秦国走向强大的条件和历史趋势,旨在发挥自己的才能,参谋辅佐强秦统一天下,建树功业。这也恰好是他在秦王下令逐客的严峻危难时刻,敢于挺身上书力谏力参的基本动力。

二是参谋者的参谋方向与参谋对象决策管理的实质目标一致。秦嬴政即秦始皇,其所追求的管理目标,就是要进一步强秦,最终吞并六国,一统天下,这是他追求的实质目标。下令逐客,只是嬴政受到韩人郑国事件的影响,在保守的宗室贵族的怂恿之下,所做出的背反其真正追求目标的错误决策。而李斯正是洞察了这一关键情势,从忠实辅佐秦王达到实质追求目标的良好动机出发,紧紧把握住了顺应秦王决策管理实质目标的参谋方向。这也是李斯的参谋建议能被秦王接受,撤回成命,并复用李斯的基本作用因素。

三是参谋者精心组织了参谋内涵,采取了得当的参谋方式。李斯在急迫的情势之下,以其当时作为客卿之一所可能采取的上书参谋方式,保证了其参谋建议能达于嬴政。同时,《谏逐客书》以古鉴今,用事实说话;正反辨正,观点鲜明中肯;极力陈说利害,直迫决策目标;逻辑严密,雄辩有力,言词激越铿锵,有振聋发聩之效,令人心悦诚服。得当的参谋方式、精当的参谋内涵,是参谋者在动机纯正、方向正确的前提下,取得正面积极参谋效应的基本条件。在此案例中,也是李斯取得参谋成功的基本要素之一。

(2)正面消极参谋案例

裴寂参谋李渊北撤太原。《旧唐书·太宗本纪》及《新唐书·裴寂传》所载:裴寂(507—632年),隋末任晋阳宫副监。后支持李渊起兵,攻入长安后,劝李渊称帝。武德年间曾任尚书左仆射,官至司空。

隋末,李渊父子起兵太原,以太原为根据地西进关中欲下隋都长安。此时,隋将宋老生、屈突通引军把守霍邑、河东。李军至霍邑西北的灵谷县遇连绵秋雨不得前进,军粮难支,军心不稳。其时,又传突厥联合刘武周乘虚进攻李军老家太原。危难之中,是继续西进，还是回守太原？李渊失去把握。时任大将军府长史的裴寂参谋：隋将宋老生、屈突通联兵据险而守，不易攻下；另一支义军李密的瓦岗军在洛阳附近，可能乘机争夺长安；突厥与刘武周联合攻袭太原亦有可能；太原为李军老家，一旦丢失，军心更会大乱。因此，"还救根本，然后再图他举"，即放弃西进，撤守太原。李渊接受了裴寂的参谋建议，开始回撤太原。

此时，李渊子李世民兄弟持相反看法，通过哭谏说服李渊连夜追回北撤军队，坚持西进攻取长安，为李唐王朝的建立奠定了基础。

显然，裴寂的这一参谋活动是较为典型的正面消极参谋案例。从中可以看出正面消极参谋的基本特征及其失误的要害因素：

一是参谋者动机纯正。裴寂虽为隋臣，但与李渊交好，他支持了李渊起义，在攻下长安后，又劝李渊称帝。连李渊也当面夸耀：你也是世族名家，历任光显之职，刘季亭长、萧何曹参刀笔之吏不能和我们相比。我与你，无愧前人了。事实也是如此，裴寂忠实参谋辅佐李渊包括此次建议"还救根本"、北撤回守太原的参谋动机，都是毋庸置疑的。良好的参谋动机，是构成此类参谋形态称作正面参谋的基本特征因素。

二是参谋者的参谋方向程度不同地偏离了参谋对象的决策管理目标。当时的李渊，其首要的战略目标就是应该迅速西进关中，攻取长安。因为，长安是隋都，政治上处于号令天下的地位。关中富庶，储备着充足的粮食等战略物资，且李氏家族及亲戚亦散居关中，潜伏着许多从政治、军事乃至经济等方面都会支持壮大李渊的内应势力。如果此时不乘势西下长安，而是撤守太原，必将丧失良机，陷于退守太原坐以待毙的被动危难局面。可见裴寂的参谋取向，严重背反了李渊的根本追求目标，虽然其参谋动机良好，但却是一次会产生灾难后果的消极参谋活动。在参谋动机纯正的前提下，参谋方向的非故意偏离，是正面消极参谋形态的基本特征。

三是参谋者参谋方向发生偏离的主因在于对客观情势的把握和判断失误。该案例中的参谋者裴寂，之所以发生参谋方向的严重偏离，当然首先在于他没能牢牢把握李渊当时必须也应该迅速西进、攻占长安的战略目标，同时也在于他对其时军事态势及争战各方的情况不很明了，分析不够，导致判断失误：他低估了李世民兄弟的雄图大略和左右局面的政治气魄与军事潜能，以及李军箭在弦上只能西进的军事态势；过分看重了太原作为起兵基地却已经过时的后院作用，没有充分看到此时回撤太原、太原亦难守住的现实危险及严重后果；误信了突厥及刘武周联手攻袭太原的传言，忽略了把守马邑、河东的隋军固守牵制重于扰后的意图，也忽略了李密瓦岗军安于割据、难有作为的情势。因而，导致裴寂作出了严重偏离实际情势和李渊实质战略目标的消极参谋建议。

基于上述实例，显而易见：

参谋者必须坚持追求进行正面积极参谋的最佳参谋效应，从动机与效果高度统一的原则着眼，忠实而精明地全面处理好参谋活动链式系列的每一环参谋工作；

参谋者必须警惕只讲动机却疏于把准参谋方向的正面消极参谋的不良效应，将在忠实辅助前提下尽力把握参谋方向这一参谋行为要素，当作关键问题加以对待；

参谋者必须注重对参谋活动客观情势的全面掌握和深入、辩证的分析，加强对此起基石和关键作用的调查研究，掌握准全信息，进行切实科学推理判断的要害工作，避免好心办错事。

2. 负面参谋

相对正面参谋形态而言，所谓负面参谋，是指参谋者的参谋动机不纯，参谋方向亦偏离参谋对象决策管理实质目标的参谋活动形态。此种形态的参谋活动，一般只会妨碍、误导参谋对象正确决策，进而影响、破坏参谋对象有效实现真正管理目标，产生绝对干扰以至破坏性的参谋效应。

根据参谋者参谋动机不纯以及参谋方向偏离参谋对象决策管理实质目标的性质与程度，我们又可将负面参谋形态分为两种：

一是负面干扰参谋，即参谋者的参谋动机有所不纯、参谋方向偏离参谋对象决策管理目标的参谋活动；

二是负面破坏参谋，即参谋者的参谋动机蓄意不良、参谋方向悖反参谋对象决策管理目标的参谋活动。

（1）负面干扰参谋案例

伯嚭参谋夫差放归勾践。据《史记·越王勾践世家》所载：伯嚭（？—前472年），吴国夫差即王位后被任太宰，受吴王重用。前472年，吴被越所平，吴王夫差自杀，伯嚭被越王所诛。

越王勾践元年（前496年），吴攻越失败，吴王阖庐中箭后死去。其子夫差即吴王位，吴、越遂成世仇。前494年，越王勾践攻吴兵败，带残兵五千被吴王围困于会稽山。勾践求和，被夫差所拒。勾践派大臣文种带着美女、宝器贿赂吴国太宰伯嚭，诱使他带文种见到吴王夫差，并乘机参谋："越已服为臣，若将赦之，此国之利也。"夫差竟采纳了他的建议，留勾践为人质，"赦越罢兵而归"，未乘势灭越。前492年，在是否放归越王勾践的关键时刻，伯嚭再同吴国大臣持相左意见，参谋吴王夫差作出了放归越王勾践的致命的错误决策，致使勾践回越"卧薪尝胆"，励精图治，最后打败吴国，夫差自杀。越王勾践在安葬夫差的同时，也诛杀了伯嚭。

显然，伯嚭参谋吴王决策赦免并放归越王勾践的这一参谋活动，属于较为典型的负面干扰参谋的案例。从中，可以看出此种负面参谋形态的基本特征及主要教训：

一是参谋者的参谋动机不纯。伯嚭乃吴国太宰，备受吴王夫差倚重，他与夫差的根本利益一致。吴被越灭，夫差自杀，他亦被越王所诛的最终结局，也部分地说明了这一事实。但伯嚭性贪的弱点被越王利用。他利欲熏心，受重贿之后，为越王勾践说话，其参谋动机严重不纯，导致他在吴国存亡攸关的要害决策中模糊、悖反了吴王应追求的根本目标，两度胡参邪谋，铸成他自己也始料不及的国灭己亦亡的严重恶果。参谋者的参谋动机发生动摇，以至严重不纯，是其进行负面参谋、产生干扰以至贻害参谋效应的直接因素。

二是参谋者参谋方向随着不纯的参谋动机而偏悖参谋对象的实质决策目标。前述案例中，当时吴王夫差的实质决策目标，就是乘势消灭被困于会稽山的越王勾践，以绝后患。但伯嚭两度出谋，促使夫差接受了勾践的臣服，后又放归了勾践，一再失去灭越强吴的绝好机遇，最终使全局发生灾难性逆转。伯嚭的参谋方向严重偏悖了吴王夫差所追求的实质决策目标。伯嚭所以如此，诱因还在于他收受勾践贿赂不得不有所回报的隐情，迫使他原本应忠实辅佐夫差的参谋动机发生了相应变化。很明显，参谋者因不纯的参谋动机导致参谋方向的相应偏离，两者构成因果关系，这是负面干扰参谋活动的又一重要表征。

三是参谋者进行负面干扰参谋活动的根源在于个人人格素质的不纯。伯嚭在此之前，其辅助吴王夫差的参谋动机并非不纯，不然，他不会成为夫差的太宰，他此次造成国破人亡的参谋建议亦难能为夫差迅速采纳。同时，伯嚭前后两度参谋，都存在着尖锐的对立面，同为吴王重臣的伍子胥就坚决反对"赦越罢兵"和放归勾践。伯嚭此次参谋动机的异化、参谋方向的偏悖，其根源还是他贪图财色，人格素质不高。危难中的越王勾践正是相中了伯嚭的要害弱点，通过美女、宝器的贿赂，投其所好，诱迫他误导吴王夫差作出了令其亡国丧命的错误决策。这一历史案例清晰表明，立志做好参谋辅助工作的参谋者，必须强固立身之本，提高人格素质，从源头上堵塞发生负面干扰参谋活动的人格漏洞。

（2）负面破坏参谋案例

庞统参谋曹操连锁战船。《三国志·庞统传》载：庞统(179—214年)，初与诸葛亮齐名，刘备得荆州后以为谋士，与诸葛亮同任军师中郎将。《三国志·诸葛亮传》载有诸葛亮说服孙权派周瑜、程普、鲁肃等率水军三万随诸葛亮到刘备那里协力抗击曹操，曹操在赤壁战败的史实。小说《三国演义·四十七回》演绎了"庞统巧授连环计"的案例。曹操率几十万大军南下攻孙伐刘，在赤壁的长江之北布阵操练水军。曹军北来，不谙水战，不习惯战船颠簸。诸葛亮、周瑜则已定下火攻曹军的策略，并派黄盖用苦肉计、阚泽下诈降书骗取曹操的信任，使之等待受降。但曹营战船单只机动，不利孙刘火攻。此时，本已成为刘备谋士、行踪却有所隐蔽的庞统进入曹营，针对曹操顾虑曹军不习惯水战、单只战船不便操练的心理，向曹操参谋："以大船小船各皆配搭，或三十为一排，或五十为一排，首尾用铁环连锁。"建议正释曹操思虑，当作妙计立即采纳。结果，处于劣势的孙刘联军采用火攻一举得手，曹军连锁的战船在火势的攻击之下，失去机动能力，几十万大军几乎被烧得全军覆没，曹操只带数骑败走华容道。

显然，庞统"巧献连环计"，即是一次典型的负面破坏参谋活动。从此案例之中，可以看出此种参谋形态的基本表征：

一是参谋者参谋动机不良，用心险恶。进行此种参谋活动的参谋者，同参谋对象之间一般存在着利害关系的直接冲突，其参谋行为的目的不在正面辅助，而在蓄意破坏，故而误导参谋对象作出贻害重大的错误决策。此案例中的庞统，本是曹操敌方刘备的重要参谋助手，他进入曹营参谋曹操的真正动机，就是要诱使曹操上当，从而辅助孙、刘有把握地赢得赤壁之战，击败他们共同的敌人曹操。献计参谋曹操是假，误曹辅佐孙、刘是真。参谋者精心掩盖、蓄意贻害参谋对象的参谋动机，是进行负面破坏参谋活动的前提性表征。

二是参谋者的参谋方向完全逆反参谋对象决策管理的实质目标。进行负面破坏参谋活动的参谋者，洞晓参谋对象的真正决策目标，于是从不良参谋动机出发，故意把握着同参谋对象决策目标背道而驰的参谋方向，精心误导参谋对象接受自己的险恶图谋。曹操的决策目标是抓紧训练水军，用更大的优势在赤壁击垮孙、刘，进而统一天下。庞统抱着忠实辅佐孙、刘，抗拒并打败曹操的目的，冒险进入曹营诱说曹操。庞统是蓄意、自觉地把握着逆反曹操决策目标的参谋方向，去对曹操进行负面破坏参谋的。因此，对被参谋者而言，参谋者的不良参谋动机与逆反的参谋方向的结合，是负面破坏参谋活动的重要特征。

三是参谋者的参谋活动具有相当的欺骗性和诱惑力。参谋者进行此种形态的参谋活动，要冒极大风险，因而一般会极力奉迎参谋对象的决策心理，抓住其某些可利用的个性弱点，竭力掩盖真实身份及图谋，精心巧妙地让参谋对象陷入圈套，在不知不觉之中欣然采纳参谋建议。案例中战败前的曹操，一方面刚平定北方，自负轻敌，急欲借此一役而定乾坤；另一方面，曹军北来不习水战，他急于寻找更有效训练其水军以加强战斗力的办法；同时，曹操同样不熟水战，不懂得如何防范火攻这一当时战场的大忌，丧失警惕。庞统正是借助自己的智谋声望，隐蔽了贻害对方的真实意图，巧妙利用了曹操的个性弱点与即时心态，用伪装忠谋实却阴谋的周密献策，欺蒙诱引曹操欣然依计而行，最终酿成赤壁惨败的灾难性后果。因此，参谋者与其参谋动机、参谋方向相应，采用极具欺骗性与诱惑力的参谋内涵、参谋方式，误导参谋对象作出错误决策，亦是构成负面破坏参谋形态的一个必然的特征。

基于上述案例分析，显而易见：

负面参谋，主要源于参谋者错误的参谋动机，由此而来，产生反常参谋方向，导致反常的负面参谋效应。负面干扰参谋，主要源于参谋者因个人人格问题而被异化了的不纯的参谋动机，随之产生并非蓄意偏背的反常参谋方向，导致负面干扰或贻害参谋效应；而负面破坏参谋，则主要源于参谋者蓄意破坏的不良的参谋动机，随之把握自觉故意逆反的反常参谋方向，导致负面破坏参谋效应。显然，进行负面干扰参谋的参谋者，一般属于人品不高、素质低劣，为私利所诱而见利忘义的参谋辅助人员；而进行负面破坏参谋的参谋者，则纯粹是潜伏或打入内部的异己分子或敌特、间谍人员。

对于参谋者而言，鉴于后者，就存在一个为谁而参和为什么而谋的关键问题。作为参谋辅助人员，必须坚持为顺应社会发展的决策领导者而参，为推进正义进步的事业而谋；鉴于前者，则给任何参谋辅助人员都警示了一个最基本的人格素质问题。参谋者要高度注重个人思想、品格、作风素质的纯良和提高，增强识别、抵御利益诱惑的能力，保证参谋动机的纯正，从而从源头上堵塞导致进行负面逆向干扰或贻害参谋的漏洞。

对于被参谋者而言，在高度重视参谋辅助人员的人格素质并注意考察、提高，以避免负面干扰参谋效应的同时，则更要加强自己的领导素养，增强洞察力，严防负面逆向破坏参谋活动的得逞。

二、管理参谋与规谏参谋

1. 管理参谋

管理参谋，同规谏参谋类似，主要是着眼于参谋内涵的具体针对及实际作用这两方面参谋活动空间存在因素去认定的参谋形态类型。

所谓管理参谋，指参谋者的参谋内涵主要针对参谋对象职能管理发挥作用的参谋活动形态。此种形态的参谋活动，旨在对参谋对象的决策及实施决策的职能管理，进行参谋辅助，发挥促进参谋对象科学决策并有效实施决策达到管理目标的参谋作用。

根据秘书参谋的基本特征，按照参谋内涵的具体针对及实际作用，我们也可以将管理参谋形态分为两种：

一是促进决策参谋，即参谋内涵主要针对参谋对象决策辅助需要以促进科学决策的参谋活动；

二是施行决策参谋，即参谋内涵主要针对参谋对象实施决策过程中的辅助需要以促进具体管理的参谋活动。

（1）促进决策参谋案例

吕尚、周公参谋武王伐纣。史载：吕尚，周代齐国的始祖，姜姓，吕氏，名望，一说字子牙。西周初年官太师，亦称师尚父。辅佐武王灭商，封于齐，有太公之称。周公，西周初年政治家，姬姓，名旦，周武王之弟，亦称叔旦，曾助武王灭商。

《说苑·指武》（汉刘向著）载：周武王将讨伐商纣王，但心存两层顾虑，难以决断。一层顾虑是，他"欲不战而知胜，不卜而知吉，使非其人，为之有道乎？"即：他想在未战之前就知能否取胜，未占卜之前就知道是否吉利。进而想到，他讨灭商纣，所依靠的不是他治下的百姓，能否得到他们的拥护。另一层顾虑是，"天下之图事者，皆以殷为天子，以周为诸侯。以诸侯攻天子，胜之有道乎？"即天下谋大事的人，都把商纣作为天子，将他看作天子属下的诸侯。他以诸侯名分上伐天子，即使战胜合乎道义吗？

于是，武王以第一层顾虑询问吕尚，吕尚为之参谋："有道。王得众人之心以图不道，则不战而知胜矣；以贤伐不肖，则不卜而知吉矣；彼害之，我利之，虽非吾民可得而使也。"即：可行也有办法。因为你武王深得民心以伐无道昏君，未战就能知道会取胜；以你之贤而伐不贤的纣王，不卜就断定会是吉利的；现在商纣残害百姓，而我们是为他们除害谋利，即使不是我们的百姓，他们自然也会拥护你而供驱使。这样，消释了武王的第一层顾虑。

武王再以第二层顾虑询问周公，周公为之参谋："臣闻之：攻礼者为贼，攻义者为残，失其民制为匹夫。王攻其失民者也，何攻天子乎？"即：我听说攻伐守礼法的人是坏人，攻伐讲仁义的人是残暴之徒，丧失民心者被称为独夫。而你所要讨伐的商纣，恰恰是失去民心的人，当然就不是攻伐天子了。于是，消释了武王的第二层顾虑。于是，武王"乃起众举师，与殷战于牧之野，大败殷人"。

上述吕尚和周公对周武王伐纣的参谋活动，即属较为典型的促进决策的管理参谋的案例。从中，可以看出此种管理参谋形态的基本特征及其要领：

一是参谋者的参谋内涵集中针对被参谋者进行决策的辅助需要。周武王已有讨伐商纣王的决策意向，但是吉是凶、是胜是负，还无把握。这一疑虑又主要出于他对其伐纣之举是否会得到殷人的拥护支持，是否合乎礼法道义两大疑虑，因而难以决断。吕尚和周公则正是集中适应武王最终决策的辅助需要，给予他以正面有效的咨询参谋，先后迅速地打消了他的两大顾虑，促使他下定决心，起众举师吊民伐商，取得胜利。参谋者直接集中地针对被参谋者的决策政务，发挥促进决策的参谋辅助作用，是进行促进决策的管理参谋形态的基本表征。此种形态的参谋，构成一应参谋活动的主体。

二是参谋者把握着顺应参谋对象决策目标的参谋方向。从案例看，决策中的周武王对攻伐商纣王虽然疑虑重重，但是，其兴师讨伐商纣的决策目标，却是必然的，也是明确的。吕尚和周公是抱着忠实辅佐武王灭商的参谋动机，深刻理解并极力支持其及时伐灭商纣的追求意向，自觉把握着完全顺应其决策目标的参谋方向，去参谋咨询武王的。因此，两人的参谋应对一出，正中武王下怀，促使武王很快坚定了兴师伐商的最终抉择。因此，参谋者明确并把握好参谋方向，是进行促进决策的管理参谋的又一基本特征，亦是在此种形态的参谋活动中取得正面积极参谋效应的关键。

三是参谋者洞悉并切中参谋对象的实际辅助需要。在参谋过程中，参谋对象的实际辅助需要即想要参谋者辅助解决的具体问题，有的是明确的，有的是含糊的。这样，参谋者在参谋咨询之时，就必须在掌握好总体参谋方向的前提下，洞悉参谋对象的具体需求意图，保证精心组织的参谋内容有效切中参谋对象真正的辅助需要。案例之中，周武王的决策意向已定，他只是出于对发动此战的可行性、正义性有所疑虑，从而对胜负缺乏把握。他找吕尚和周公进行参谋的真实意图，就是希望他们参谋论证伐纣的可行性与正义性，从而加强发动此战的理论根据，坚定决策并取胜的信心。但在征询过程中，他却是以近乎反诘的口气向吕尚和周公发问，有意含糊了自己真实的需求意图。实际上吕尚和周公都洞明武王心意，给予了切中其所需的参谋咨询。只是周公在组织参谋内容时更工于心计，用了先抑后扬的参谋方式，更强化了其参谋效应。当武王问话刚落，周公却顺其表面意图以反问对反问："殷信天子，周信诸侯，则无胜之道矣，何以攻乎?"意即，你说的是对的，殷纣如果真是天子，你武王如果真是诸侯，那就无法战胜他了，怎么能去攻伐他呢? 因此，面对这一违背自己真正意图的回应，武王忿然曰："汝言有说乎?"他感到失望而相当不满周公，要他讲出不能讨纣的理由。接着，在引起武王高度关注的情态下，周公再顺乎武王的真正需求，有力地论证了讨伐商纣的合理性和正义性，切中了武王意图，更有效地促进了武王伐纣的决策。可见，参谋者在参谋过程中，摸准参谋对象真实、具体的辅助需求，精心组织对路的参谋内容，必要时采用机变的参谋方式，也是进行促进决策的管理参谋的一大表征，亦是保证有效参谋的一个重要条件。

（2）施行决策参谋案例

冯谖为孟尝君参谋决策施行。《战国策·齐策》（汉刘向整理）载：冯谖，战国时齐国人，因贫穷难以生活，到孟尝君门下作食客。孟尝君田文，齐国贵族，被封于薛地，孟尝君是其封号。

冯谖客田文初，未展现才能，不被重视，被养以粗劣食物。于是，他先后三次弹其剑、铗唱道："长铗归来乎，食无鱼!""长铗归来乎，出无车!""长铗归来乎，无以为家!"田文听到后都满足了他，以上等门客优待。

不久，田文出文告征求门客为他到薛地收债，冯谖签名应征并问田文："债毕收，以何市而返?"田文回答："视吾家所寡有者。"

247

到薛地后，冯谖根据田文的决定和要求，召集应还债的人全都验合了债券之后，却假托田文命令，将债款赐还，并烧了债券，因此"民称万岁"。

冯谖很快回齐向田文报告：债已收毕。"窃以为君市义"，"今君有区区之薛，不拊爱子其民，因而贾利之。臣窃矫君命，以债赐诸民，民称万岁，乃臣为君市义也"。对此，田文并不以为然。第二年，田文回薛地，"民扶老携幼，迎君道中"。他才明白："为文市义者，乃今日见之。"

以上是冯谖为田文参谋执行决策的梗概，这是我国古代一起较为典型的施行决策参谋的管理参谋案例。从中，可以看出此种参谋活动形态的基本特征与要求：

一是参谋者参谋内涵的指向在于参谋对象已作决策的施行。这种施行决策参谋的管理参谋形态，是参谋者针对参谋对象实施既定决策的参谋活动，旨在辅助参谋对象贯彻决策方案，达到既定决策的目标。上述案例中，田文的已定决策有两方面："收债於薛"，"视吾家所寡有者""市而返"。即收回薛地债务，用所收债款买回自己所缺乏的东西。冯谖只是揭榜去辅助田文执行这一决策，在去薛地代为施行这一决策的过程中，发挥了积极的参谋作用，从实质上遵循田文既定决策的意图，使田文达到了所应追求的根本目标。由此看来，参谋者的参谋指向只针对被参谋者既定决策的实际施行，即决策后的贯彻落实，这是此种形态的管理参谋活动的基本特征。

二是参谋者兼有参谋对象的参谋和助手两种辅助职能。就冯谖而言，他代田文去薛收债、市义，是对田文的这一具体的事务和政务的辅助，他是在履行具体的事务和政务辅助职能过程中，充分发挥了他的参谋作用，把任务完成得更符合田文的实质追求目标。实际上冯谖既是田文的职能助手，又是得力的管理参谋。以参谋和助手的职能全面参谋辅助参谋对象，构成施行决策的管理参谋活动的又一重要表征。这一特点，把此种形态的参谋与纯粹参谋决策的泛义参谋活动区别开来，同时，使其成为我们所讲的秘书参谋的一个方面的重要参谋任务。相关秘书人员就是领导者的既参谋决策，亦参谋辅助决策施行及其他具体事务包括不管任务、临时急务的综合性参谋与助手。

三是参谋者在参谋中把握着顺应参谋对象实质管理目标的参谋方向。由于此种参谋活动是参谋者在执行决策的具体辅助过程中的参谋行为，参谋者一般只能在自己忠实辅助参谋对象的参谋动机导引下，从实质上把握顺应参谋对象根本追求目标的参谋方向，在执行决策的具体过程中，根据实际情况，发挥参谋作用，力争主动地将决策的落实同参谋对象的实质管理目标一致起来，从根本上切实有效地贯彻落实好参谋对象的既定决策。案例中，冯谖经人推荐投奔田文门下，在未显露任何才能、却一再要求照顾的情况下，田文一一满足，给予超出上等门客的优待。这是冯谖抱定忠实辅佐田文的参谋动机，并明了田文根本追求目标，从而把握正确参谋方向的重要思想与关系基础。冯谖明确，田文的根本辅助需求不在于"有区区之薛，不拊爱子其民，因而贾利之"，而在于"以债赐诸民"，"为君市义"，即要爱抚其民，以获取民心。由此出发，冯谖在薛地并没有完全机械地按既定决策办事，而是力争主动，有创造性地将"收债"决策，变通贯彻为"以债赐诸民"；将"视吾家所寡有者""市而返"的意图，理解落实为"以债赐诸民，因烧其券，民称万岁"，"以为君市义也"。这样，冯谖真正忠实、正确而又切实、积极地从根本上参谋辅助田文施行落实了这一决策。尽管田文当时并不理解、乐意，可后来的事实却证明了冯谖这一深谋远虑的参谋辅助的正面积极的参谋效应。显然，参谋者抱定纯正的参谋动机，把握正确的参谋方向，在执行决策的过程中，切实积极、力争主动地进行参谋辅助，这是施行决策参谋活动形态的又一重要特点，也是参谋者获取此类形态参谋活动正面积极参谋效应的基本保证。

2. 规谏参谋

规谏参谋，指参谋者直接针对参谋对象影响其具体职能管理及形象威信的个人缺失，进行参谋辅助的参谋活动形态。参谋对象在思想水平、个性素养、行为方式、作风表现等方面，难免出现程度不同的种种缺点和失误，进而会程度不同地影响职能决策和职能形象，最终妨碍全局工作。参谋者针对这些缺失，以提醒、规劝乃至谏诤的形式进行参谋，以辅助参谋对象，弥补、纠正缺失，进而真正作出科学决策，维护加强其职能形象的影响力，这就是规谏参谋。

根据实际情况，考察规谏参谋，也大致包含两种具体的参谋活动形态：

一是管理缺失参谋，即参谋者针对参谋对象影响其决策及决策施行的个人缺失进行规谏的参谋活动形态；

二是形象缺失参谋，即参谋者针对参谋对象损害其职能形象影响力的个人缺失进行规谏的参谋活动形态。

（1）管理缺失参谋案例

触龙巧劝赵太后质子于齐。《战国策·赵策》载此案例。赵太后，春秋时期赵国惠文王王后，孝成王及其弟长安君之母。惠文王死后，孝成王年幼即位，赵国大权实由赵太后掌管。触龙，赵国老臣，时任左师之职。公元前266年，"赵太后新用事，秦急攻之。赵氏求救于齐。齐曰：'必以长安君为质，兵乃出。'太后不肯，大臣强谏。太后明谓左右：'有复言令长安君为质者，老妇必唾其面！'"

在此种严峻情势之下，左师触龙要求晋见。太后虽念其是老臣不好不见，但却还是盛怒以待。触龙一反此前大臣们强谏的方式，而是先以老臣身份，言明看望之意，谈起饮食行动及健身之类话题，隐蔽了劝说之意，使气氛缓和下来，令"太后之色少解"；继而向太后托子，引出如何才是真正爱护子女的话题，在与太后感情融洽沟通之时，突然提出"老臣窃以为媪之爱燕后，贤于长安君"的看法，使得太后有所警悟；进而通过赵国及诸侯其继乏人在于溺子骄子的历史教训，点明言劝主旨：今太后溺爱长安君，不让其质于齐，"不及今令有功于国，一旦山陵崩，长安君何以自托于赵？"一下切中赵太后溺爱长安君而误子误国的要害，使得太后醒悟，放弃了错误决策，同意送长安君到齐国作人质，齐国也随即出兵援赵。

上述触龙言劝赵太后质子于齐的史实，即是一起较为典型的管理缺失参谋的规谏参谋案例。从此案例中，可以看出此种参谋形态的基本特点：

一是参谋者直接针对被参谋者碍及决策管理的个人缺失进行规谏参谋。案例中，秦乘赵太后掌权未稳，进行急攻。赵求齐相援，齐提出"必以长安君为质，兵乃出"的前提条件，而赵太后却不肯作出让子质于齐的决策，以至于大臣纷纷强谏不成，反而激怒了太后。太后强拒这一决策的主要原因，在于不懂得真正爱子，错误地将溺爱之情凌驾于国之存亡的大局之上。正是这一缺失，妨碍了她作出正确抉择并强硬拒谏。左师触龙也正是洞悉了太后拒谏的这一主要原因，针对她的这一个人缺失，利用自己的地位资望并以其适当的参谋方式，让太后警醒，巧妙地说服她同意了让子质于齐的正确决策。可见，参谋者直接针对参谋对象影响决策管理的个人缺失进行规劝，是规谏参谋形态中管理缺失参谋活动的基本特征。

二是参谋者必须出于纯正参谋动机从本质上把握正确的参谋方向。此种参谋活动的参谋对象，主要是因某种个人缺失作怪，使其不能正确决策，偏离自己的实质的决策目标。这样，参谋者进行此种规谏参谋，自然应该从忠实辅助的动机出发，把准顺应参谋对象实质追求目标的参谋方向，针对其个人缺失进行规劝，以清除障碍，使其幡然醒悟，接受参谋建议，作出合乎自己追求目标的正确决策。案例中，赵太后的实质追求目标是既要爱子，又要在秦国急攻的重大关头求得齐国出兵相救。主要是她不懂如何爱子而陷于溺爱的毛病，使得她不肯让次子质齐，偏离了自己的真正追求目标。触龙正是出于一片忠心，把握了顺应赵太后实质意愿的参谋方向，并对症下药，规劝她走出其个人缺失的阴影，由盛怒拒谏到冷静听劝，最终接受了触龙的参谋意见，并让他"为长安君约车百乘，质于齐"。看来，参谋者不为参谋对象所坚持的即时目标取向所左右，而是把握真正符合参谋对象根本利益的参谋方向进行劝谏，是这种规谏参谋的又一重要特征。

三是参谋者必须精心运用得当得力的参谋方式和方法。正因为参谋对象主要由个人缺失而妨碍自己正确决策，而且对不同参谋建议已产生反感，在这种情势下，参谋者要想针对参谋对象的缺失进行有效规谏，无疑面对相当的困难与风险。因此，能否运用得当得力的参谋方式与方法，也就在很大程度上成为规谏参谋成功与否的关键。仍就以上案例而论，试想，在大臣强谏不成，"太后明谓左右：'有复言令长安君为质者，老妇必唾其面'"的情势下，如果触龙仍以强谏、直劝的方式、方法规谏太后，其结果是可想而知的。而触龙则是精心组织了参谋内容，采取了避其锋芒、沟通感情，由近及远、层层疏导，启发自省、促其醒悟等委婉规谏的参谋方式和方法，成功挽回了一次历史决策的失误。所以，进行管理缺失参谋这种规谏参谋活动，参谋者精心采用切实有效的参谋方式和方法，既是此种参谋形态的一个显著特点，也是取得正面积极参谋效应的一个重要保证。

（2）形象缺失参谋案例

令尹子西谏楚昭王罢游。《说苑·正谏》载此案例。楚昭王，平王之子，公元前515—前488年在位。子西，楚平王庶长子，楚昭王时任令尹之职。

楚昭王沉于游乐。一日，他又打算出游荆台，司马子綦出面谏阻："荆台之游，左洞庭之波，右彭蠡之水，南望猎山，下临方淮，其乐使人遗老而忘死，人君游者，尽以亡其国。愿大王勿往游焉。"昭王听罢，十分恼怒，呵斥子綦道："荆台乃吾地也，有地而游之，子何为绝我游乎？"并将子綦责打了一顿。

此时，令尹子西出面，驾安车四马，径于殿下，请昭王出游，并顺其游意道："今日荆台之游，不可不观也。"昭王十分高兴，登车拍着子西的背说道："荆台之游，与之共乐之矣。"

当车马走了十里路之后，子西拉住马缰停止前进，乘机规谏昭王：我听说作臣子的忠于君王，用官爵俸禄赏赐是不够的；作臣子的谄谀君王，用刑罚惩处也是不够的。像司马子綦这样的人，是忠于君王的；像我子西这样的人，是阿谀君王的。因此，"愿大王杀臣之躯，罚臣之家，而禄司马子綦"。

此时，昭王已有所悟，但问道："若我能止，听公子，独能禁我游耳。后世游之，无有极时，奈何？"

于是，子西进一步规谏并出主意："欲禁后世易耳。"只要你在驾崩之后，把陵墓设在荆台就可以禁绝后世到此无完无了的游乐。因为"为陵于荆台，未尝有持钟鼓管弦之乐而游于父祖之墓上者也"。

这样，昭王被说服而回车，遂不游荆台，并下令撤销了此次游乐的所有安排。

以上是我国历史上一个较为典型的形象缺失参谋的规谏参谋案例。品味其过程，可以看出这种形态的参谋活动的基本特点：

一是参谋者参谋指向直接针对损害参谋对象职能形象的个人缺失。楚昭王持钟鼓管弦之乐大张旗鼓出游荆台，沉湎玩乐，疏于政事，其影响极坏，显露出亡国之君的形象。正如司马子綦在规谏中所警示："人君游者，尽以亡其国。"同子綦一样，令尹子西继而规谏，虽然其方法、效果相异，但参谋的直接目标却完全一致，都同样针对昭王这一恣意游乐、耽误国政的重大个人缺失进行规谏，旨在端正昭王的国君形象，劝其励精图治并给后世垂范，以绝恣肆游乐的误国之风。参谋者直接针对破坏参谋对象职能形象的个人缺失进行参谋，以辅助被参谋者纠正缺失、端正职能形象、维护管理权威，这是进行形象缺失参谋的规谏参谋活动的基本特征。

二是参谋者秉持着纯正的参谋动机与正确的参谋方向。案例之中，初谏昭王者子綦，乃楚国公子，昭王至亲，且官为司马重臣；后谏昭王者子西，乃楚平王庶出长子，昭王兄弟，官亦至令尹之尊。无疑，他们见到昭王的作为，都怀着亡国的忧患意识，抱着忠心辅佐昭王的动机与帮助他改正错误以悉心治国的参谋方向，冒险规谏。以至子綦规劝不成反被责打，而子西再度用心规谏，终获成功。显然，进行此种形态的规谏参谋，参谋者一般会抱有忠实辅助的良好动机和顺应参谋对象实质追求目标的参谋方向，并且一般是忠心正谏，逆着参谋对象即时表现出的不当追求进行韧性规劝。这是取得此种形态规谏参谋活动的又一基本特点。

三是参谋者更应该讲究规谏参谋的方法与技巧。前述管理缺失参谋的规谏参谋形态也强调参谋的方式、方法，而形象缺失参谋这种规谏参谋活动，看来更强调参谋的方法与技巧。因为，影响波及形象的个人缺失，对被参谋者而言，更直接出自其个人主观意愿和即时追求，往往被本能地加以固执，不同意见更容易被视为对个人的不忠和逆反，因而规谏参谋的难度与风险往往更大。案例中，即使是其至亲的司马子綦进谏，楚昭王也听不进去，反而感到委屈："荆台乃吾地也，有地而游之，子何为绝我游乎？"因此对子綦"怒而击之"。后来，子西以同样的规谏目的进行参谋，却顺利成功。原因很清楚，在于子西正视了昭王的心态，运用了对路的参谋方法和技巧。他一改子綦正劝直谏的手法，而是顺势迂回，水到渠成。第一步，欲抑先扬。子綦直谏被怒而击之，于是他则积极顺从昭王，驾起车马直到殿下，请昭王出游，故加逢迎。昭王转怒为喜，高兴得拍起他的肩背道："荆台之游，与之共乐之矣。"参谋规劝的障碍顿消。第二步，委婉暗示。出游十里之后，子西止车，趁昭王愉悦并要他"第言之"即尽管讲之时，他引据以爵禄赏赐忠臣不足、以刑罚惩处谀臣亦不够的说法，要求昭王诛杀他并罚及全家，并给子綦加赐俸禄。暗示他促昭王出游是谀臣，子綦谏阻出游是忠臣，因而昭王坚持游乐当然也是错误的。昭王此时已经开始醒悟，只是还有一个结未解：我听你的止游，但这只是禁我一人，后人没完没了地去荆台的游乐那又怎样阻止呢？第三步，深层剖解。针对昭王在接受规谏、更加理智之后的深层忧虑，有备而谏的子西进而参谋道："欲禁后世易耳，愿大王山陵崩陁，为陵于荆台"，因为"未尝有持钟鼓管弦之乐而游于父祖之墓上者也"。就这样，子西以理以谋巧妙说服昭王彻底打消了恣意游乐的错误念头。难怪孔子在鲁国听到此事后，也赞扬有加："美哉令尹子西，谏之于十里之前，而权之于百世之后者也。"

鉴于上述案例，显而易见：

就参谋活动而言，管理参谋与规谏参谋，属于参谋活动的两种最基本的形态，无论是着眼于空间存在因素去认定的其他参谋形态，还是着眼于时间联系因素去认定的参谋形态，都派生于管理参谋和规谏参谋这两种基本参谋形态之中，它们所表现的主要特征及要领要求，在所有参谋形态中具有代表性。

就参谋主体及其职能而言，管理参谋和规谏参谋，都在相关秘书的参谋职能范畴之内，是秘书参谋应有的日常活动内涵。这一点构成了秘书参谋与其他参谋的重要分野。因为，正如本书第一章绪论所述，独立于参谋对象的参谋组织即社会参谋组织，它们只进行促进决策的管理参谋，不涉及施行决策的管理参谋，一般也不进行规谏参谋；隶属于参谋对象的参谋组织中，与秘书参谋部门相对的内设参谋机构，它们一般也只进行管理参谋形态中的促进决策参谋活动，只是在必要和可能情况下，进行一些施行决策的管理参谋活动以及规谏参谋活动，但不属它们日常的参谋职能范围。

就参谋的基本规律而言，管理参谋和规谏参谋都要注意做好整个参谋行为链式要素的每一环节的工作，即：在秉持端正的参谋动机的前提下，注意把握正确的参谋方向，精心组织切实的参谋内涵，善于运用得当的参谋方式与方法，力争提供正面积极的参谋效应。从总体上看，要特别注重保证参谋动机与参谋方向的一致，进而主动追求参谋动机、参谋方向同参谋效应的统一；参谋者欲追求到三者的有效统一，在进行管理参谋，尤其是在进行规谏参谋的过程中，就得高度注意参谋方式与方法的运用，提高整体参谋水平，提高具体参谋活动的成功率。

三、语言参谋与书面参谋

1. 语言参谋

语言参谋，同书面参谋一样，主要是着眼于参谋者向参谋对象表达参谋内容的表述手段或方式这一参谋活动空间存在因素所认定的参谋形态类型。

所谓语言参谋，指参谋者主要使用语言直接向参谋对象表达参谋内容的参谋活动形态。使用口头语言参谋，一般是在参谋者同参谋对象之间需要当面相互咨询、问答或论辩、沟通，才能完成参谋活动的情况下进行。从这一点出发，相对书面参谋而言，语言参谋也可谓一种直接参谋。

语言参谋形态案例：

王珪谏唐太宗送还李瑗之姬。王珪（571—639 年），唐初大臣。李世民即位后，召拜谏议大夫，历迁黄门侍郎、侍中，与房玄龄、魏徵等重臣一起同知国政，多所参谋谏诤，亦备受信任。

《贞观政要·纳谏》（唐吴兢撰）载有王珪当面规劝唐太宗送还李瑷之姬的案例，事情发生在王珪任黄门侍郎之时。

贞观初年的一天，王珪陪侍太宗闲谈。其时，太宗身边侍立着一个被封为"美人"的妇女。此妇人原系庐江王李瑷的小姜，因李瑷谋反失败被太宗所杀，她作为罪人亲属被抄送入宫并被太宗封为美人留侍身边。此前，她也是其丈夫被李瑷所杀之后被李瑷纳为姬妾的。

在闲谈中，太宗指着侍立身边的美人向王珪讲："庐江不道，贼杀其夫而纳其室。暴虐之甚，何有不亡者乎！"

王珪离座问太宗："陛下以庐江取之为是耶，为非耶？"意即您认为庐江王李瑷杀她丈夫又纳她为姜的行为是对，还是错呢？

太宗反诘王珪："安有杀人而取其妻，卿乃问朕是非，何也？"意即李瑷杀了她的丈夫又取她作姜，与我何干，你怎么反倒向我问是非，这是什么道理呢？

于是，王珪引用《管子》一书所载，向太宗讲了一个故事：齐桓公到被灭的郭国，问当地父老：郭国为什么被灭亡？父老们回答：因为郭君爱善而憎恶。桓公不解地反问：如果像你们所说，那郭君应该是贤德之君，怎么会被灭亡呢？父老们进一步回答：不是这样的，因为郭君虽然爱善却不能信用，憎恶又不能加以排除，所以被灭亡了。

至此，王珪紧接着对太宗直言："今妇人尚在左右，臣窃以为圣心是之。陛下若以为非，所谓知恶而不去也。"

王珪讲完，太宗醒悟，"大悦，称为至善，遂命以美人还其亲族。"

王珪对唐太宗的这一规谏参谋，看来是取得了完全成功。

以上所举案例，即是一种颇为典型的语言参谋形态。从中可以看出语言参谋的基本特点及要求：

一是参谋者是使用口头语言来完成其参谋任务的。案例中，王珪进行规劝之前，本来就是在陪侍太宗闲谈。他规劝太宗退回李瑷之姜的参谋行为，就是这种闲谈转入正题的继续。这一参谋活动的全过程，全是在他们君臣之间面对面地谈论与问答之中得以完成

256

的。双方凭借着口语往来，进行了有效的参谋与被参谋的相互沟通。由此可见，使用口头语言进行参谋，是语言参谋形态的基本表征。对这一形态的参谋活动以"语言参谋"冠名，也正是基于这一参谋表述手段，使其同另一相对应的书面参谋形态明确区别开来。

二是参谋者通过语言参谋可以直接并有针对性地临机表述参谋内涵。唐太宗的个人缺失，是在他与王珪"宴语"即随意闲谈中进一步显露出来的。他作为君王，本人就犯了他所指责李瑗所犯"杀人而取其妻"的"不道"之错，而又不知其错。本来就对此有看法的王珪，如果不是乘机当面直接进行言劝，及时扣住太宗所提起的话题，借题发挥，进行有针对性的、层层深入的类比劝导，那是很难使太宗较快彻悟，而心悦诚服地认识错误、接受规谏的。本案例突出体现了语言参谋即时、即景、即情、即事和灵活机动、针对性强、便于沟通、利于发挥的特点。在必须进行当面交流、深入讨论、反复劝谏的参谋活动中，使用口头语言进行参谋的特定作用，往往是书面参谋难以取代的。

三是参谋者进行语言参谋时既要讲究参谋方法，也要讲究口语表述艺术。任何形态的参谋活动，都讲究参谋方法，这是进行有效参谋的重要条件。在语言参谋中，如何通过语言更好地将所组织的参谋内容及所采用的参谋方法表达出来？如何在面对面的相互交流、往来问答或论辩之中，适应复杂、多变的情势，想得到，说得出，准确明快地表达思想，得体得当地切中要义？这只有参谋者具备高超的口语表达能力才能做到。案例之中，王珪作为侍从臣下，要规谏太宗知错而改，退回所宠爱的美人，难度很大，风险亦不小。但他胸有成竹，借与太宗闲谈的融洽气氛，及时抓住对方对李瑗的指责，明知故问地激发与李瑗同错的太宗有所反思；再委婉引证郭国君主"恶恶而不能去"因而被灭亡的历史教训，进行含蓄类比，使太宗意识到自己也犯了近与李瑗一样、远同郭君类似的错误；此时王珪趁势点明参谋规谏主旨：现在您用同样方式取得的妇人就在身边，我觉得您认为这是对的。如果您认为不对而又不改，就正是像郭君那样"知恶而不去"了。就这样，王珪将机变巧谏与能言妙语有机地结合起来，相得益彰，极为成功地说服唐太宗改正错误退回了美人。"太宗大悦，称为至善"，无疑既是对王珪所谏的赞赏，也是对他能言善辩的肯定。

2. 书面参谋

所谓书面参谋，指参谋者通过书面文字间接向参谋对象表述参谋内容的参谋活动形态。在参谋内容丰富复杂，需要系统缜密表述，或者难以接触参谋对象的情况下，一般使用书面文字进行参谋。相对语言参谋而言，因为不是参谋者同参谋对象面对面的直接交流沟通，所以，书面参谋又可称作一种间接参谋。

书面参谋形态案例：

魏徵谏太宗十思疏。魏徵（580—643 年），隋末参加李密领导的瓦岗军，李密失败后归降李唐。后又被窦建德所俘获，任起居舍人。窦失败后，入唐为太子洗马。李世民即位，被擢为谏议大夫，先后参谏二百多件政事。贞观三年（629 年），任秘书监，参与朝政，并多次劝谏唐太宗以隋亡为借鉴。

此书面参谋案例载于《贞观政要·君道》，由魏徵写于贞观十一年（637 年）：

> 臣闻：求木之长者，必固其根本；欲流之远者，必浚其泉源；思国之安，必积其德义。源不深而望流之远，根不固而求木之长，德不厚而思国之安，臣虽下愚，知其不可，而况于明哲乎！人君当神器之重，居域中之大，将崇极天之峻，永保无疆之休，不念居安思危，戒奢以俭，斯亦伐根以求木茂，塞源而欲流长也。
>
> 凡昔元首，承天景命，善始者实繁，克终者盖寡。岂取之易，守之难乎？盖在殷忧，必竭诚以待下；既得志，则纵情以傲物。竭诚，则吴越为一体；傲物，则骨肉为行路。虽董之以严刑，振之以盛怒，终苟免而不怀仁，貌恭而不心服。怨不在大，可畏维人；载舟覆舟，所宜深慎！
>
> 诚能见可欲则思知足以自戒；将有作则思知止以安人；念高危则思谦冲而自牧；惧满盈则思江海下百川；乐

盘游则思三驱以为度；忧懈怠则思慎始而敬终；虑雍蔽则思虚心以纳下；惧谗邪则思正身以黜恶；恩所加则思无因喜以谬赏；罚所及则思无以怒而滥刑。总此十思，宏兹九德。简能而任之，择善而从之，则智者尽其谋，勇者竭其力，仁者播其惠，信者效其忠；文武并用，垂拱而治，何必劳神苦思，代百司之职役哉！

以上是一篇完整的参谋上疏。由此案例我们可以看出书面参谋形态的一些基本特征与要领：

一是参谋者使用书面文字材料间接向参谋对象进行参谋。魏徵与王珪同是辅佐唐太宗的近身大臣，他们共同参谋辅助唐太宗治国安邦。但两人在进行各自相关的参谋活动时，却使用了不同的参谋方式。王珪是利用口头语言面对面地在双方互问互答之中，直接规谏太宗改正"知恶而不去"的形象缺失；而魏徵则是通过一纸上疏即书面文字材料为沟通载体，间接规劝太宗"居安思危，戒奢以俭"。《论语》讲过"工欲善其事，必先利其器"，设想王珪在与太宗"宴语"的当时，不顺势乘机进行语言参谋，而是事前或事后写成谏书规劝，再设想魏徵参谋太宗"居安思危"、"总此十思，宏兹九德"这种带战略性的治国大政，不使用书面上疏系统阐述，而是寻机找太宗进行语言参谋，恐怕都难以因时、因势、因题地取得这两次参谋辅助的最佳效应。魏徵向太宗参谋和规谏过二百多次，其中有书面参谋形态，亦有语言参谋形态，都是视情势、视内容、视需要而切实恰当选用的。显然，同语言参谋相对，根据实际情况和具体需要，通过书面文字载体，间接地、一次性地向参谋对象提供重大、复杂、系统的参谋信息与建议，是书面参谋形态的基本特征，也是对此种活动形态以"书面参谋"冠名的基本依据。

二是参谋者通过书面参谋可以向参谋对象提供全面系统、直观稳定的参谋内涵。作为表达思想、交流沟通的工具，口头语言一般不能传于异地，留于异时，因此，口语一般只适当面即时地使用和临机再组织使用。而书面文字载体，则不受这种时、空局限，也可以由使用者于事前进行精心构思，反复推敲，尽表其意。这样，参谋者就可以通过书面参谋形态，向参谋对象提供全面系统、深刻缜密、直观稳定的参谋内涵，参谋对象也可以得到反复阅看、仔细斟酌、冷静思索进而便于取舍的时、空条件，自然更利于发挥此类参谋活动的效应。就案例看，魏徵的谏太宗十思疏，的确高明地利用和有效地发挥了书面参谋的这种由语言参谋难以取代的显著特点和特定作用，使唐太宗见疏后，"手诏嘉美，优纳之"。

三是参谋者进行书面参谋时既要讲究参谋方法，也要讲究文字表述方法。上述唐太宗见疏之后，不仅格外看重魏徵的参谋建议予以采纳，而且还亲自写诏令给予高度赞扬，其原因当然主要在于魏徵所参谋的关乎政权长治久安的根本政事，显然其谏疏的非凡水平与文采也是一大因素。魏徵的谏疏，起笔高远，出语不同凡响；正反论述，层层逼近主旨；水到渠成，托出治国十思。思想深邃、行文信达、逻辑严谨、气势贯通，用词精当铿锵、走句跌宕起伏。简洁明了的三层阐述之中，"居安思危，戒奢以俭"、"取之易，守之难"、"载舟覆舟，所宜深慎"等修身治国的警句，如层层峰峦兀立其间；"垂拱而治"的"十思"警策，排比之下，犹如江河奔腾，无与伦比的深思熟虑和警辟论说，产生出难以抗拒的吸引力、感染力、震撼力和说服力。这样的书面参谋，自然会令唐太宗"手诏嘉美"，予以"优纳"，也理所当然地成为流传千古的成功谏例和文章典范。历代难以数列的成功的书面参谋案例，都无不表明进行此种形态的参谋，注重将参谋方法与文字功力有机结合起来，通过高超的文字素养将参谋内容一次性地、尽善尽美地表述出来，呈交参谋对象，当是取得书面参谋理想效应的不可或缺的重要条件。

基于上述案例，显而易见：

对参谋者而言，语言参谋同书面参谋是进行任何参谋活动、向参谋对象陈述参谋内涵的两种基本方式或手段。就具体的参谋任务而言，这两种参谋形态，亦可能会交叉使用或同时使用，这种使用状况，在近身、综合参谋辅助领导者的相关秘书那里，是一种经常存在。参谋者应该因情、因势、因时、因地，适应需要地加以选择运用。

这样，对参谋者而言，其相当的口头语言的表达能力和书面文字的运用水平，也就成为必备的基本功。陆机在其《文赋·序》中讲过体会，他"恒患意不称物，文不逮意，盖非知之难，能之难也"。苏轼给予了说明：观物之妙，不能了然于胸。了然于胸，不能了然于口与手。即是说，对于成之于思的客观事物，要用口语表达清楚，进而用文字准确见诸书面，都是有相当难度的，即如陆机和苏轼对此也深以为然。因此，对于参谋者，对于相关秘书人员，不高度注意加强口语表达能力，提高文字运用水平，做到准确清晰出于口，简朴晓畅见于文，则也是难以适应参谋辅助工作的。

第二节　秘书参谋的时间形态

一、预测参谋与追踪参谋

1. 预测参谋

预测参谋，同追踪参谋一样，主要是着眼于所参谋政事的未来发展与现实进程等时间状态因素，去认定的参谋形态类型。

所谓预测参谋，指参谋者为参谋对象某一政事的未来发展出谋划策的参谋形态。此种参谋活动的参谋指向，是鉴往说来，针对某一问题的未来趋势提出看法或对策，因此称为预测参谋，从另一侧面看，也可称为超前参谋或者预后参谋。

预测参谋案例：

案例一：管仲谏齐桓公勿用竖刁和易牙。《说苑·权谋》载："管仲有疾，桓公往问之曰：'仲父若弃寡人，竖刁可使从政乎?'对曰：'不可! 竖刁自刑以求入君，其身之忍，将何有于君?'公曰：'然则易牙可乎?'对曰："易牙解其子以食君，其子之忍，将何有于君? 君用必为诸侯笑。'及桓公殁，竖刁、易牙乃作难，桓公死六十日，虫出于户而不收。"

案例二：雷英夫预警麦克阿瑟登陆仁川。据王庆新在《参谋的艺术》一书中引述：

1950 年 6 月，驻日美军司令麦克阿瑟被任命为"联合国军"

总司令，拟执行援救李承晚政权的计划，欲在仁川登陆，切断朝鲜南下军队的供给线和退路。

就在麦克阿瑟召开仁川登陆作战会议前后，周恩来总理的军事秘书雷英夫已预测出这一重大军事行动，并立即向周总理和毛泽东主席作了分析报告。

他的报告根据有关麦克阿瑟的一些资料说明麦克阿瑟惯于岛屿作战，而朝鲜半岛利于发挥其所长。美军海、空军力量较强，便于实施海空联合作战，在岛屿作战中，会使用海军陆战队实施登陆，进行前后夹击。他还列举了第二次世界大战中麦克阿瑟在指挥美军冒险从太平洋上洛斯内格罗斯岛实施两栖登陆击败日军，以及同时在吕宋岛林加延湾和纳苏格布海岸登陆，切断日军退路，进攻马尼拉的两次战例。他还分析，当时，麦克阿瑟的第八集团军已困守釜山，新从美国本土调运的几个师的美军正集结日本。若将这支重兵海路调运朝鲜中部港口登陆，就会切断朝鲜人民军的退路和补给线，使之腹背受敌。同时，雷英夫还认为，美军要实施此一作战计划，在仁川登陆的可能性要比群山大，因为群山离釜山太近，难以造成夹击合围正在进攻釜山的朝鲜人民军。而仁川在朝鲜半岛中部，虽然有潮汐影响，地形条件也较复杂，但因位置适中，容易出奇制胜，达到上述作战目的。

毛主席、周总理极为重视雷英夫的分析预测，并及时向朝鲜作了通报。9月13日，正如雷英夫所料，麦克阿瑟实施了在仁川登陆两栖作战的计划。

以上两个案例，都是颇为典型的预测参谋形态。从中可以看出预测参谋的基本特征及实施要领：

一是参谋者的谋划指向集中于参谋对象相关政事的未来发展。参谋者是以对相关政事今后一段时间发展趋向的判断及相应对策来参谋辅助参谋对象，带有显著的预见、预后和超前、预测性质。案例一中的管仲，是根据齐桓公的用人咨询，向他谈出自己对竖刁和易牙两人的预见看法及对他们不可信任的超前判断，坚定地劝诫齐桓公不要重用他们。而在当时竖刁和易牙两人都以对齐桓公的异常忠实表现获得齐桓公的信任。案例二中的雷英夫，则是以他对麦克

262

阿瑟侵朝军事行动的预见看法及将会在仁川登陆两栖作战的超前判断，参谋毛主席、周总理进一步洞察当时这一极其严重的军事动向，及时采取可能的应对措施。而当时麦克阿瑟将会在仁川登陆、切断朝鲜南进重兵的退路造成他们被合围夹击的严重态势，并未引起相应关注，尤其是未被朝鲜方面察觉。显然，参谋者参谋指向集中于所参谋政事的未来趋向，为参谋对象的预后应对出谋划策，是预测参谋形态的基本表征，是构成此种参谋形态的基本个性特点。

二是参谋者的预测判断及预后谋略建立在全面深入的认知基础之上。参谋者预测参谋的真正价值，在于其预测判断及预后谋略的准确程度，而这种预见准确度及预后可行度，则又以参谋者对以往已知信息的全面掌握与深入认知为前提。否则预测参谋将是一种缺乏根据的臆测和臆断乃至空中楼阁，不仅不能具有超前预后的魅力与价值，反而可能对被参谋者产生严重干扰与误导。与上面两个成功而典型的预测参谋案例相反的案例，在历史上和现实中亦不少见。管仲的预测参谋之所以灵验，以至"及桓公殁，竖刁、易牙乃作难"，他死后六十天其尸虫爬到室外都无人给予收殓安葬，就是因为管仲早已看透竖刁和易牙的伪善与图谋，一个自行阉割以惑齐桓公，一个肢解儿子供齐桓公所食，他们的祸心同是向齐桓公邀宠以图自身腾达，并非忠诚齐桓公。雷英夫之所以预料得那么准确，就是因为他发现了驻日美军的动向，掌握了当时朝鲜战场的态势，把握了麦克阿瑟的用兵特长与习性，大量相关信息，是他鉴往观来的基础依据。因此，参谋者心存全面、准确、及时的相关信息并以此为依据进行预测判断，构成预测参谋的又一基本特征，成为向参谋对象提供正面积极的预测参谋效应的前提因素。

三是参谋者具有敏锐感知和正确判断的超前预料的参谋素养和能力。要成功进行预测参谋，不具备敏锐感受，不捕捉重大迹象、情报，以及对它们和综合情势进行深入切实分析、判断的素养与能力，也是难以想象的。管仲能对竖刁与易牙的伪善本质有深刻认识，从而作出准确预测，就在于他能透过两人忠诚有加的表象，敏锐捕捉到并深入分析了他们违悖情理的异常行为和伪善图谋。雷英夫更是如此，他极为敏锐地捕捉并感知到驻日美军的情报与动向，触发了自己的联想，调动了平时所掌握的大量相关信息，综合、深入地进行了逻辑严密及合乎情理的推测判断，使他的重大预料同三个月之后的现实几乎吻合。情况表明，敏锐感知和捕捉蛛丝马迹、透过现象直取本质、善于把握和调动信息储备进行深刻切实分析判断的素养和能力，实在是有效进行预测参谋的灵魂所系，也说明，这是做好预测参谋辅助工作的基本要求及关键要领。

2. 追踪参谋

所谓追踪参谋，指参谋者集中针对被参谋者的既定决策或决策实施中的再决策，继续进行咨询参谋的参谋形态类型。参谋者如果认为参谋对象的既定决策不当，在事后主动进行参谋，或者在参与决策施行过程中针对所施行决策的补充、完善或后续新作决策的需要进行参谋，这种参谋活动，即属于追踪参谋形态。从时间上看，前述预测参谋发生在参谋对象作出决策之前，且是预测参谋未来；追踪参谋则发生在作出决策之后包括该决策施行之中或结束之时，都是针对既定决策而展开，且是参谋咨询现实的。因此，我们将这种参谋活动称作追踪参谋，或称作追踪决策的参谋活动。

追踪参谋案例：

案例一：管仲参谋齐桓公报怨以德。《说苑·权谋》载："齐桓公将伐山戎、孤竹，使人请助于鲁。……鲁许助之而不行。"即鲁国口头答应相助却不行动。

这样，"齐已伐山戎、孤竹，而欲移兵于鲁"。即齐桓公攻打山戎和孤竹两个北方小国之后，作出了借势攻打没有实际助战的鲁国的决策。

此时，管仲参谋："不可！诸侯未亲，今又伐远还诛近邻，非霸王之道。"并进一步建议："君之所得山戎之宝器者，中国之所鲜也，不可以不进周公之庙乎？"

于是，齐桓公采纳了管仲的参谋建议，改变了还伐鲁国的决策，并"分山戎之宝，献之周公之庙"。

果然，第二年，齐国兴兵攻打莒国，鲁国下令征发所有成年男丁，包括三尺多高的童丁，一起助齐伐莒。"孔子曰：'圣人转祸为福，报怨以德。'此之谓也。"

264

案例二：第二次世界大战中美国海军司令部上校参谋洛建议用舰载轰炸机偷袭日本东京。据王庆新《参谋的艺术》所引：第二次世界大战时期，罗斯福决定轰炸日本本土。但当时日本对其本土防卫严密，美国也没有续航八百多公里的远程舰载轰炸机，借用航空母舰又无法接近日本近海，难以闯入日本警戒区。要实施罗斯福的这一决策，美国军方无能为力。

此时，美国海军司令部上校参谋洛，通过陆军轰炸机在机场上演练对航母实施轰炸的启示，将陆军轰炸机与海军的航母联系起来，提出让改装后的此种轰炸机在航母甲板起飞袭击日本本土的建议，一下为海军司令部采纳，并于1942年4月28日采用此法偷袭日本东京，成功地实施了罗斯福的决策计划。

上述两个案例，均属于颇为典型的追踪参谋形态。案例一是追踪参谋以改变既定决策的追踪参谋形态类型。案例二是追踪参谋以促进决策施行的追踪参谋形态类型。综而观之，追踪参谋具有如下基本特征：

一是参谋者的参谋指向始终针对或围绕参谋对象的既定决策。案例一中的管仲，就是针对齐桓公"伐远而还诛近邻"的"非霸王之道"的决定，而极力参谋说服齐桓公放弃这一不当决策，并进而建议齐桓公采纳了"分山戎之宝，献之周公之庙"的决策方案，达到了对近邻鲁国"报怨以德"而获得其竭力相助的目标。案例二中的洛上校，也是紧紧围绕罗斯福要轰炸日本本土这一既定决策计划而进行追踪参谋的。他是根据实施罗斯福决策的具体辅助需要，提出了克服决策施行中关键障碍的具体机谋，促进了这一重大决策计划的成功实施。很明显，参谋者追踪参谋对象的既定决策进行参谋建议，构成此种参谋形态的基本特征。

二是参谋者进行追踪参谋一般要提出具有价值的建议和谋划。因为追踪参谋紧紧针对参谋对象的既定决策，要改变既定决策，或者要促进决策施行难题的破解，没有成竹在胸的切实正确的主意和方案，那是很难奏效的。案例一中的管仲，能够说服齐桓公放弃"伐远"之后"还诛近邻"的决策计划，既在于他以"诸侯未亲，今又伐远还诛近邻，非霸王之道"的主体说辞，深刻打动了齐桓公，还在于他为齐桓公追加了一条"分山戎之宝"进献周公庙堂以成就"霸王之道"的深远谋划。案例二中的洛上校，正是通过他富于联想与创新的计谋，使得横亘在实施罗斯福决策计划道路上的几乎是无解的难题，得以顿然破解，美国舰载轰炸机偷袭东京的成功，震撼了当时的世界。成功的追踪参谋活动，必须跟进对参谋对象具有相当说服力和价值感的参谋建议、方案，当然还必须有相应的参谋方式与方法，这既构成追踪参谋形态的又一基本特征，亦是进行追踪参谋的基本要求。

基于上述案例，显而易见：

预测参谋和追踪参谋，都是根据它们表现出的时间状态因素而划分的两种参谋形态。前者一般发生在参谋对象的决策形成之前，主要是以前瞻和预见的超前思维活动辅助参谋对象形成决策；后者发生在参谋对象的决策形成之后，主要以逆反和辨证的认知活动，改变、完善所形成的决策，或者辅助参谋对象在既定决策施行之中或之后的继续跟踪决策。这两种参谋活动，对参谋者尤其是秘书参谋，也都是常见常用的两类基本参谋形态。

预测参谋和追踪参谋，需要参谋者尤其是相关秘书人员具有主动精神、敏锐素质、认知本领，以及善于审时度势、捕捉参谋时机、灵动机变的参谋能力。这些基本素养与能力的综合，才能保证完成好这两种要求颇高的基本参谋活动的任务。

二、主动参谋与被动参谋

1. 主动参谋

主动参谋同被动参谋一样，主要是着眼于参谋者对被参谋者主动先发和被动后发进行参谋的先后时间状态因素，去认定的参谋形态类型。

所谓主动参谋，指参谋者并未直接受参谋对象之求，而是主动先发地为参谋对象出谋划策的参谋形态。参谋者有所思索、建议，针对参谋对象科学决策和有效施行决策的实际需要，在未经参谋对象直接交待或征询意见，甚至在参谋对象对有关问题尚未被纳入视野的情况下，主动地先发进行参谋，这种形态的参谋活动，我们称

266

为主动参谋，或说主动先发参谋。

主动参谋案例：

案例一：司马相如谏阻武帝射猎。司马相如（前179—前117年），西汉辞赋家。汉景帝时为武骑常侍，汉武帝时用为郎官。《汉书·司马相如传》载：相如"从上至长杨猎，是时天子方好自击熊豕，驰逐野兽"，相如上疏谏曰：

臣听说物有同类而能力特殊的，故人里面力大者推乌获，行快者是庆忌，勇猛者数贲育……人既如此，兽类亦然。现在您喜欢登临险要之地，射猎猛兽，若突然遇到凶猛异常的，受惊从意想不到的地方窜向车驾，车驾来不及掉转，人又猝不及防，即使有乌获、逢蒙的本领也使不出来，那时连路上的枯木朽株也会成为障碍……这种境地岂不是相当危险吗？

就是万无一失，这种险境也不是您所应该面临的。再说天子出行，都要清道才上路，先缓行一程方驱马疾驰，即使这样，还会出现因马嚼损坏、马脱缰狂奔而翻车的事故，何况射猎要踏越草丛、奔驰荒丘，眼前有贪猎野兽的乐趣，可思想却没有防范，此情之下，是很容易酿成灾祸的。因此，您轻天子之尊而以乐，却喜行千万有一危之途以为娱，我认为这不可取。

大凡聪明人能洞察灾祸于未萌之际，明智者能免祸患在未见之时，能发现危险于众人所忽略之中……臣愿陛下留意幸察。

案例二：朱可夫建议斯大林暂时放弃基辅。第二次世界大战中，德军进逼基辅，基辅有被合围攻陷的危险。为了免遭不必要的损失，避开德军锋芒，保存调整兵力，争取时间，朱可夫向斯大林建议暂时放弃基辅。

这是一个极富胆略的战略性建议，但在当时却又实难令人接受。放弃乌克兰首府，对全苏人民的心理将是极大的心理冲击。因而斯大林没让朱可夫讲完，就怒斥他在胡说八道。而朱可夫就是坚持建议，以致被从苏军参谋长职位调到前线任一个方面军司令员。但是，朱可夫在前线进一步了解了敌情，更坚定了他暂时放弃基辅的谋略，又先后三次向斯大林提出这一建议。他在最后一次建议时恳求道："斯大林同志，无论多么痛心，基辅必须放弃，我们别无出路。"终于促使斯大林下了放弃基辅的决心。

上述两次参谋活动，都是较为典型的主动参谋形态的案例。从中不难看出此种形态的参谋活动的基本特征与要求：

一是参谋者是在参谋对象并未提出辅助需求的情况下主动先发进行参谋的。案例一中汉武帝沉迷于"自击熊豕，驰逐野兽"的射猎之娱乐，不知危险，亦不知其错，也就根本没有这方面的参谋辅助要求。司马相如作为随从他出猎的郎官，突然主动地向他上疏劝谏，指出此种行为潜藏巨大危险，于天子不宜，请他停止这种不当行为。案例二中的斯大林，当时对整个战局的严重态势缺乏深入了解，他只想拼死守住基辅，以求稳住防线、稳定民心，也根本没有想过要放弃基辅。这从他首次听到朱可夫这一建议时怒斥其胡说八道，并随后调离朱可夫的反应之中即可看出。而时任苏军参谋长的朱可夫，正是在斯大林连想都没想的状况下，主动进行参谋，提出这一建议。可见，在参谋对象没有明确辅助需求，或者没有思想准备的情况下，参谋者自觉主动、积极先行地向参谋对象提出参谋建议，是构成主动参谋形态的基本个性特征。

二是参谋者进行主动参谋一般胸怀切实或深远的谋略。主动参谋类似毛遂自荐，如果所提参谋建议平庸无奇，同时参谋方式、方法也不当不力，则是很难取得参谋对象的认同与积极反应的。像司马相如谏阻武帝射猎，实在是给武帝"自击熊豕，驰逐野兽"的热情泼冷水。但他却将这种娱乐迷恋同武帝的生命危险类比，以此影射武帝轻天子之尊，自然得出沉迷于此"非天子所宜近"及"为陛下不取"的结论。这是切中汉武帝要害的建议，而且书面谏疏巧妙的构思，层层递进的论理，凝练犀利的文笔，以及穷极事物特殊性与偶然性的类比手法，更增添了此一参谋建议的警诫说服力。同样，朱可夫暂时放弃基辅的建议，历史证明是一个切实而深远的重大谋略，这是固执的斯大林最终还是采纳这一参谋建议的主要原因。而不可忽视的是，如果不是忠于国家、使命感极强的朱可夫将真知灼见主动呈明，而且不避巨大风险再三再四地主动劝说，这一对当时的苏联具有重大战略意义的决策建议，恐怕是不会被见诸行动的。显然，进行主动参谋，更需要参谋者具备相当的主动精

268

神、创新思维、深刻谋略及参谋艺术，这既成为主动参谋的又一显著个性特点，也是成功进行主动参谋的基本要求。

2. 被动参谋

所谓被动参谋，指参谋者应参谋对象的征询、交待等明确具体的参谋辅助需求，被动后发进行参谋咨询的参谋形态类型。参谋对象主动地征求意见、询问看法，或者直接布置一项参谋辅助任务，参谋者根据参谋对象的决策意向和实际情况，被动后发地给予咨询回应、出谋划策，这种形态的参谋活动，我们称为被动参谋，或说被动咨询参谋。

被动参谋案例：

案例一：东方朔参谋汉武帝戒奢侈。东方朔（前154—前93年），西汉著名文学家。性格诙谐滑稽，善于言辩，武帝时任太中大夫。《汉书·东方朔传》载："时天下侈靡趋末，百姓多离农田。上从容问朔：'吾欲化民，岂有道乎？'"

应武帝当面征询，东方朔应对道："尧舜禹汤文武成康上古之事，经历数千载，尚难言也，臣不敢陈。愿近述孝文皇帝之时、当世耆老皆闻见之。"

接着他讲道：孝文帝"贵为天子，富有四海"，却身着黑色厚实衣服，脚穿生皮所做之鞋，佩剑毫无装饰，睡席用草苇编成，兵器如木无刃，殿帷用大臣装奏章的织物做成。他"道德为丽，以仁义为准。于是天下望风成俗，昭然化之"。可是，"今陛下以城中为小，图起建章，左凤阙，右神明，号称千门万户"；木雕的土地神穿上丝绣外衣，狗马披着五彩毛织品；宫女头插玳瑁簪，垂摇珠玑；"设戏车，教驰逐，饰文彩，丛珍怪；撞万石之钟，击雷霆之鼓，作俳优，舞郑女。上为淫侈如此，而欲使民独不奢侈失农，事之难者也"。

至此，东方朔乘势进言："陛下诚能用臣朔之计，推甲乙之帐燔于四通之衢，却走马示不复用，则尧舜之隆宜可与比治矣。《易》曰：'正其本，万事理；失之毫厘，差以千里。'愿陛下留意察之。"

案例二：朱可夫参谋斯大林进行莫斯科阅兵并守住莫斯科。

269

1941 年 1 月，几十万德军围攻莫斯科，情势紧张危急。斯大林仍然拟举行红场阅兵式，但缺乏十足把握。于是专门召见时任苏军元帅的朱可夫进行征询：阅兵式是否举行？战局情势是否允许？

朱可夫十分理解斯大林意图，他冷静分析了局势，对红场阅兵表示了坚决支持，坚定了斯大林循例按期在莫斯科红场举行阅兵式的重大历史决策。

接着，德军加紧进攻莫斯科，包围圈越缩越小，战局极其危急。此刻的斯大林又询问时任莫斯科保卫战的最高指挥官朱可夫："你坚信我们能够守住莫斯科吗？我怀着沉重的心情问你这个问题，希望你能作为一个共产党员诚实地回答我。"面对异常危急的战局和如此严重的问题，朱可夫还是冷静断然地回答："毫无疑问，我们能守住莫斯科！"再次坚定了斯大林坚守莫斯科、挽狂澜于既倒的非凡决心，历史正是按照他们的意图走了过来。

鉴于以上案例，显而易见：

一是参谋者是在参谋对象有所征询、要求的状况下进行咨询参谋的。案例一中的东方朔，是以汉武帝有所思索因而从容询问他我想教化百姓，你有什么办法的情况下，而临时给予参谋回应的。案例二中的朱可夫，两次参谋咨询，都是面对斯大林单刀直入的严肃提问，而临场被动地给予了直截了当的参谋回应。这里，不妨用前述朱可夫参谋斯大林暂时放弃基辅的主动参谋活动同此次被动参谋作一对照，前者是在斯大林无任何表示的情况下，朱可夫自觉主动、反复先发地进行参谋建议；后者两次参谋咨询，却都是应斯大林明确提问，被动后发地临场给予对方回应的。显然，与主动参谋相对，被动参谋的基本特征，就在于参谋者是在参谋对象主动征询、要求回应的情况下，被动后发地给予对方咨询回答。这一主动与被动所体现出的先、后时间因素，将这两种参谋形态既联系在一起，又明显地区分开来。

二是参谋者要完成被动参谋任务必须具备更高参谋素养与临场应对能力。大凡参谋对象主动征询、直接提出的参谋辅助需求，一般事关重大并已有深入思索，参谋者临时面对此种重要辅助需求，要能有效给予对应参谋，自然相当被动，难度可想而知。如果没有高度参谋素养和临场应对能力，显然是难以力争主动地交出满意参谋答卷的。从东方朔应汉武帝之询，那么平静且由远及近、说古论今、循循善诱的参谋状态，从朱可夫面对斯大林突如其来的重大而严肃的问题，却能从容不迫地给予果断回应的参谋表现，我们都可以清晰而深切地感受到他们那种不凡的综合素质、参谋素养及从容镇定、应对裕如的参谋能力。

鉴于上述分析，可以看出：

主动参谋和被动参谋是参谋者经常进行的两种参谋活动形态。对照这两种参谋活动的基本特点，可以看出，社会参谋组织及内部专设的参谋机构所进行的参谋活动，尽管也有主动参谋形态，然而主要的还是被动参谋形态，因为它们的参谋咨询多是受参谋对象的委托、布置而进行的。

对相关秘书而言，主动参谋和被动参谋也是他们经常进行的两种参谋活动，这是由他们近身、综合参谋辅助领导者的职能特征所决定的。相关秘书应不断提高自己的综合素养和参谋水平，既悉心履行自己经常性的被动参谋职能，又积极多做主动参谋工作，使自己真正全面综合、力争主动地完成参谋职能任务。

三、程序参谋与随机参谋

1. 程序参谋

程序参谋同随机参谋一样，主要是着眼于参谋者是按程序应时还是视情势随时进行参谋活动的时间状态因素，去认定的参谋活动形态。

所谓程序参谋，指参谋者循正常参谋程序、依参谋对象认可的时间按时有序进行参谋咨询的参谋形态类型。一般情况下，参谋者是应参谋对象的参谋辅助需要，在其安排或认可的时间里，或主动或被动、或口头或书面进行参谋咨询，呈现常规管理的有序状态，体现出日常行政管理的程序性。因此，我们将这种参谋形态称为程序参谋，或说程序性参谋。

应该说，本章前面所列各类参谋形态的绝大多数案例，都可以认定为程序参谋类型。此类参谋类型的基本特征在于：

一是参谋者是依据同参谋对象的职能关系按管理程序因需应时、有序进行参谋。一般情况下，首先是参谋对象明确提出或实际潜在某一参谋辅助需要；接着参谋者应需思考组织参谋内容；继而参谋者在参谋对象约定或认可的时间内或口头或书面向参谋对象或被动或主动提供参谋咨询；最后参谋对象或当面或独自对参谋者的谋划建议作出判断：或采纳，或拒纳，或引作参考。参谋的主客体双方互相作用的一系列行为过程，从宏观上看，都按管理程序先后有序发生，基本上是一次性的，系列行为过程完成，参谋活动即告结束。前述李斯谏止秦嬴政逐客案例，首先是秦嬴政错误下令逐客；其次是李斯作为被逐之列的辅佐者针对嬴政潜在的实质辅助需求，以《谏逐客书》的书面参谋形态进行一次性的间接规谏参谋；嬴政见书深以为然，立即采纳建议收回逐客令。朱可夫参谋斯大林进行红场阅兵并守住莫斯科案例，都是由斯大林主动当面明确提出参谋辅助需求；朱可夫则直接针对征询，临场当面参谋应对，两次参谋建议都完全符合斯大林的决策意图，坚定了施行决策的信心。上述两个案例都基于参谋主客体双方的职能关系，按一般管理程序，先后有序地而且都是一次性地展开并完成全部参谋行为过程，体现出较为规范的程序性。

二是参谋者进行程序参谋所针对的一般是参谋对象的重大政务。参谋者与参谋对象共同完成程序参谋活动，是郑重、严肃的管理行为，参谋对象有所思虑，参谋者一般有所准备，因而，参谋所向也就自然针对必须如此郑重、严肃处理的重要政务决策。从上述两个案例以及前引其他有关案例之中，都可以清楚地看出程序参谋的这又一基本特征。常情下，大凡进行重要和重大政务的决策，或者进行此类决策的参谋，参谋对象和参谋者双方都会如此郑重、规范行事。

2. 随机参谋

所谓随机参谋，指参谋者不按正常参谋程序，而是根据有效参谋的需要，视参谋对象的情态寻机适时进行参谋的参谋形态类型。参谋者有所建议咨询或提醒规劝，但碍于参谋对象难以接受和不宜及时提出的情绪状态与时地情势，而细心体察、捕捉相宜的机会，或者采取反复参谏的形式进行参谋，这种参谋形态，我们称作随机参谋，或说择机参谋，或与程序参谋相对，称为非程序参谋。

随机参谋案例：

案例一：少孺子创机谏阻吴王伐荆。《说苑·正谏》载：

"吴王欲伐荆，告其左右曰：'敢有谏者死。'舍人有少孺子者，欲谏不敢。"

于是少孺子"则怀丸操弹，游于后园，露沾其衣，如是者三旦"。

吴王知道后，很不理解，找到少孺子问道："何苦沾衣如此？"

少孺子趁机回答："园中有树，其上有蝉。蝉高居悲鸣饮露，不知螳螂在其后也；螳螂委身曲附欲取蝉，而不知黄雀在其傍也；黄雀延颈啄螳螂，而不知弹丸在其下也。此三者，皆务欲得其前利，而不顾其后之有患也。"

此时，吴王醒悟，称赞道："'善哉！'乃罢其兵。"

案例二：鲁肃寻机参谋孙权拒迎曹操。《三国志·鲁肃传》载：

当时孙权"得曹公欲东之，问与诸将议，皆劝权迎之，而肃独不言"。

当"权起更衣，肃追于宇下，权知其意，执肃手曰：'卿欲何言？'"

此时，鲁肃讲出了孙权不能迎降曹操的一番道理，劝孙权"早定大计，莫用众人之议也"。

孙权听完叹息道："诸人持义，甚失孤望。今卿廓开大计，正与孤同。此天以卿赐我也。"

案例三：赵普反复力劝宋太祖用人。赵普（922—992年），北宋政治家，曾作赵匡胤幕僚，宋初任枢密史，乾德二年（964年）起任宰相，宋太祖赵匡胤多次采纳其建议，深受倚重。《宋史·赵普传》载：

赵普"尝奏荐某人为某官，太祖不用。普明日复奏其人，亦不用。明日普又以其人奏，太祖怒，碎裂奏牍掷地。普颜色不变，跪而拾之以归"。

过了几天，赵普"补缀旧纸复奏如初，太祖乃悟，卒用其人"。

又有一次，有大臣应该升官，但"太祖素恶其人，不与。普坚以为请，大祖怒曰：'朕固不为迁官，卿若之何？'"

赵普力陈应升任此人的道理，"太祖怒甚，起，普亦随之。太祖入宫，普立于宫久之不去，竟得俞允"。

以上三个参谋案例，都可看做较为典型的随机参谋形态。综而观之，此种形态的参谋活动具有两方面显著个性特征：

一是参谋者不按正常参谋程序而是视情势随机进行参谋。案例一中的少孺子是创造时机进行参谋。吴王夫差决定伐荆，已明令"敢有谏者死"，此情之下，他也不敢再按程序进谏了。于是他想了个办法，故意"怀丸操弹，游于后园"，让露水打湿了衣裳，连续三天早上都是如此。这样怪异的行为自然引起夫差的兴趣，使其主动相问。这就创造了接触夫差、利于进谏的时机。他趁势编了一个螳螂捕蝉、黄雀在傍、弹丸在下的动人故事回答夫差。在夫差听得入神之时，他道出真意：这几个虫雀都只图得到眼前利益，而不顾后患。这样，在他创造的机会与巧言喻谏之中，夫差终于醒悟伐荆犹如只图眼前利益、不顾后患的几个虫雀，因而称善罢兵。案例二中的鲁肃，在众臣皆说迎曹、孙权亦不便决断的情势下，他一言不发。一旦发现孙权如厕更衣，他立即尾随檐下，讲出了必须拒曹的道理和建议，一下正中孙权心意，坚定了力排众议而拒曹的决心。鲁肃成功地进行了这一参谋活动。

案例三中的赵普对赵匡胤的两次参谋，既体现出反复持续的时间状态因素，可谓一而再、再而三的反复参谋类型，同时，也属于随机参谋之列。因为赵普坚持劝谏，以至跪着拾起被赵匡胤撕碎的荐奏，回去补贴好再奏，以致使赵匡胤盛怒而去，他却尾随不舍，站在宫中就是不走，这实际上是彻底甩开了参谋程序，趁势而参，制造了一种令人动情从而难于坚拒、不得不听的情势与时机。

二是参谋者要进行随机参谋一般具备近身参谋对象的职能条件。不是参谋对象的近身辅助人员，就难于体察参谋对象的决策意向、身边环境、即时情态，也就没有随时随地捕捉和利用时机进行随机参谋的前提。上述三个案例中的少孺子是吴王掌宫中之政的舍人；鲁肃是孙权敬重的高级军事参谋，孙权接受其建议后，随即任他为赞军校尉；赵普早就是追随赵匡胤的幕僚，后被任为枢密史、宰相。显然，进行随机参谋的主体，一般会是参谋客体的近身亲近人员。这一点，构成了随机参谋形态的又一显著特征，也是进行随机参谋的一个重要前提条件。

基于上述分析，可以看出：

程序参谋和随机参谋，主要是根据参谋活动是循序应时或因势随机的时间状态因素所划分出来的一种参谋形态的两个类型。参谋者虽然都要使用这两个参谋类型，但从总体上看，使用程序参谋类型的频率比使用随机参谋类型要高，随机参谋是程序参谋的一个借以临机应变的补充性参谋活动类型。

基于参谋者与参谋对象的职能关系，显然，社会参谋组织以及组织系统内部专设的参谋机构，它们基本上是通过程序参谋类型进行参谋活动的，一般不使用或很少使用随机参谋类型去完成参谋咨询任务。

对于秘书参谋部门及相关秘书人员，出于他们近身、综合参谋辅助领导者的职能特点，既要经常地通过程序参谋类型进行参谋职能活动，又要积极发挥自己近身领导者与之关系密切的优势，紧密围绕领导者的领导活动及与其职能相关的个人行为，注意依照随机参谋类型做好参谋辅助工作，以全面灵活、力争主动地提供有效的参谋辅助服务。

第九章　秘书参谋方法

秘书参谋方法指的是秘书在发挥参谋作用时，针对实际需要，协助领导者为解决特定问题而提出意见、建议等参谋活动的途径、过程和办法。科学的秘书参谋方法是在秘书参谋活动实践中产生，并经过实践检验行之有效的参谋方法。秘书根据需要灵活准确地选用有效的参谋方法，是其充分发挥参谋作用的需要。

第一节　宏观参谋方法

所谓宏观参谋方法，主要是指制定宏观政策和适应宏观环境变化方面的参谋方法。除高层机关的秘书外，一般秘书的宏观参谋方法，主要是指适应宏观环境变化方面的参谋方法。

一、随时关注宏观环境

环境对组织管理及领导活动的影响是不可低估的。宏观环境的变化对组织和领导活动的影响更大，它可能提供极好的发展机遇，也可能出现风险或危机。秘书人员在实践中必须协助其领导者，适应宏观环境的变化，充分地发挥参谋作用。因此，秘书必须密切关注宏观环境，注重宏观环境变化的征兆和趋势，辅助领导者在宏观环境发展变化中取得主动。

1. 关注国际环境情势

随着我国对外开放的全面推进及经济全球化的发展，国际交流、合作及竞争对组织管理及领导活动的影响越来越大。秘书应关注国际政治、经济、科技、文化、外交等方面的状态，关注紧张与缓和、竞争与垄断、科技发展前沿、国际资本的流向、国际金融涨落态势等，特别要关注国际环境变化与本组织管理及领导活动的关联性。将这些结合起来思考，就能协助领导者有效利用国际环境资源，适应当代国际发展的形势，借鉴国际先进的科学、技术、经营、管理成果或经验，加速本组织的发展。在具体方法上，一是要把握关注的内容。秘书不是分析国际问题的专家，不需要也不可能全面深入地关注国际问题的所有细节，只需关注与我国及本组织紧密关联的有关问题，以便使收集的有关情况和信息对本组织管理和领导活动有参考价值。二是要系统关注，即关注对本组织有着影响和联系的国际问题，弄清来龙去脉，把握前因后果及发展趋势，以便协助领导者对本组织状况的调适和发展对策进行谋划。三是要善于比较，即从国际相关问题的变化中，分析比较本组织的优势、劣势、差距和可供选择的发展途径、可供利用的资源条件及机遇、可能遇到的风险和困难等。这样从宏观视角的参谋，对本组织参与国际合作与竞争，利用国际资源，赶超国际先进水平，是十分有利的；对本组织制定长远发展规划，克服夜郎自大的自满情绪，也是颇有参考价值的；对帮助领导者开拓视野，跟上时代发展，在决策和管理中具有远见卓识，是有所补益的。

必须强调的是，运用关注国际环境影响的参谋方法，一定要务实求效，不能流于空谈，更不能把发达国家的东西说得一切都好，把本组织看得一无是处。一定要把握可比性、客观性，具体分析哪些是可以借鉴的，哪些是应该引以为戒的，哪些是我们的长处和优势，哪些是我们的不足和问题。只有这样，才能起到具体的参谋作用；否则，不负责任的发议论，不仅于事无补，而且有害。

2. 关注国内环境情势

国内环境包括自然环境和社会环境。领导和管理活动只有领导者正确认识、有效适应国内环境，科学地利用国内环境资源，才能带领组织成员进行创造性的生产和管理活动，在国家现代化发展的宏观环境中取得快速、持续、稳定的发展。

秘书关注国内环境的影响，必须关注天气、地理、生态等自然环境，关注国家政治、经济、科技、文化、民族、宗教等社会环境；特别要关注各种环境因素对本组织生存发展的关联及影响，把握各环境要素发展变化的态势及其规律。秘书应根据国内环境的变化，协助领导者在研究和制定事业发展战略及有关方针政策中，适应国内宏观环境；在施行战略决策的过程中，要与国内宏观环境保持一致，进行有效的适变和应变；特别要注重在利用诸如西部大开发、产业结构调整等国内环境发展提供的机遇上，根据本地区、本单位的实际，提出有价值的参谋建议，协助领导者促进组织发展。要关注在人口膨胀、环境污染、权力腐败、体制不科学、市场供求关系失调、科学技术管理落后等方面的消极因素可能对本组织发展造成的困难或风险。秘书参谋若能从全国宏观环境的大局出发，提供具有针对性和参考价值的建议，对协助领导者促进组织发展是十分有利的。

在具体方法上，一是要注重整体性。即既要把国内各环境要素及其变化作为一个整体进行思考，全面地把握国内宏观环境的变化态势；又要把全国宏观环境与本地区、本单位的情况作为一个有机整体来进行思考。这样才能对本组织管理和领导活动产生具体的参谋作用。二是要注重深刻性。即要透过现象抓住本质，把握国内宏观环境变化的本质特征及发展趋势，不能被某些表象所迷惑，特别要注重我国社会主义市场经济及有中国特色的社会主义现代化事业的本质特征和发展规律。这样提出的参谋意见和建议才能对领导和管理活动起到有效的参谋作用。三是要注重前瞻性。即提出的参谋意见和建议是以发展的眼光看问题的，是从宏观环境未来发展的客观需要出发的。四是要注重具体有效性。与关注国际环境发展参谋作用一样，关注国内宏观环境发挥参谋作用，必须与本组织的领导和管理活动紧密地联系起来，立足本组织运转和客观实际，对照宏观环境状况和发展趋势，对符合宏观环境要求的，应协助领导者促其加速发展，通过参谋活动使之优化，以保证其发展的稳定性、效益性和可持续性；对与宏观环境不相契合或不协调之处，应协助领导者进行调整，对不相契合及不协调之处，要具体分析：是体制上的原因，还是运作上的原因；是发展滞后，还是代表未来发展趋势的超前发展。只有在针对具体情况进行科学分析的前提下，才能提出具有参考价值的意见和建议，才能产生具体的作用。特别要防止脱离实际的倾向。脱离全国宏观环境提出对本组织发展重大问题的建议，很难与宏观环境保持一致，其可行性和有效性就会受到极大的限制；脱离本组织的实际，仅就外地、外单位的宏观情况提出的某些构想，也很可能没有具体的参考价值。

在实践中，国际与国内宏观环境既有密切的联系，又有区别。秘书关注宏观环境变化，开展参谋活动，既要注意两者的联系，又要特别注意国内宏观环境的影响。开发利用国际国内两个环境的资源是我国建设发展的方向，把我国的事情办好，加速我国的现代化发展是我们的立足点。因此，秘书在关注宏观环境开展参谋活动的过程中，必须立足本单位发展的实际，将两个方面的环境条件有机联系起来，使自己的参谋思考更具战略眼光，更具参考价值。

二、透彻了解参谋对象

秘书参谋是以领导者及其管理活动为参谋对象的。只有透彻了解参谋对象，才能使参谋活动有的放矢；只有透彻了解参谋对象，才能从实际出发，提出的参谋建议才具有实际参考价值。

1. 追踪战略视野

秘书要进行宏观参谋，必须追踪领导者的战略视野，即领导者宏观战略计划的内容，秘书必须追踪了解。既要了解领导战略视野内客观事物历史发展和现实状况，更要关注发展趋势并科学地预测将来；要追踪了解领导关注的战略视野内事物发展变化的过程、承继关系和变化特征。当发现领导者关注的战略视野内的宏观环境要素发生了变化，而领导者对这一新变化尚未予以重视时，秘书应发挥参谋作用，对这一宏观变化进行科学分析，并提出有关对策举措供领导者参考；当发现组织运转趋势与有关宏观环境要素不符时，秘书应分析其成因、危害，并提出多套可行的对策供领导者参考、选择；当发现领导战略视野以外的某些宏观环境因素随着时代的发展已对本组织产生影响，即有效地调适可能是一次发展机遇，否则，可能引发危机时，秘书应提醒领导，拓宽战略视野，并根据新的宏观环境因素的影响，调整宏观战略。

秘书追踪领导的战略视野发挥参谋作用，秘书自身必须具有一定的战略眼光，能够运用换位思考律站在领导思考问题的全局高度看待宏观环境问题。这就需要秘书一是要加强理论学习，具有战略思考的理论水平；二是要自觉地留心观察宏观环境的变化与发展，提高对宏观要素的观察和分析能力；三是要从办文、办会及与领导者交流中，留心了解、把握和追踪领导者的战略视野，根据需要发挥参谋作用。

领导者的战略视野，直接关系着组织的战略决策，其是否准确，直接影响组织战略决策的科学可行性；若出现偏差，战略决策方面的失误所造成的消极影响是全面性的、长期性的，有时甚至是难以弥补、无法挽回的。因此，秘书在这方面的参谋活动，必须周密、谨慎，遵循客观规律，讲究科学可行。而领导者在宏观发展战略方面的思考，更需要有远见卓识，经过长期观察、分析和论证，才能比较符合客观实际，符合宏观环境条件的客观要求。

2. 把握思虑热点

所谓把握思虑热点，主要是指要了解领导者正在集中思考哪一方面的宏观战略问题。宏观环境条件的发展和变化，其影响是全局性的、整体性的。因此，每当宏观环境发生重大变化发展时，往往会引起全社会密切关注，成为全社会思考的热点；但是，不同的组织，其关注的热点又有所不同。当"热点"出现时，有的人能够敏锐地观察到发展的趋势、速率及对本组织的影响，结合本组织的实际，制定或调整宏观发展战略，以维护组织的有序发展；有的人却在"热点"的影响特别是在人们对"热点"的议论及炒作下，头脑发热，失去冷静客观思考的能力，脱离本组织的实际，不顾本组织的运转规律和发展的承继性、有序性，去应对"热点"；有的则乱了方寸，被动等待，失去主动应对的能力。

秘书面对宏观环境的变化，一方面要冷静客观地分析其变化的趋势及对本组织发展将产生的影响，冷静客观地分析人们议论的热点，弄清楚哪些看法是符合客观实际的，哪些看法是有失偏颇的；另一方面，要了解本组织领导应对宏观环境变化思虑的热点。在将两方面密切结合的基础上，协助领导者进行科学的、缜密的思考，发挥参谋作用：一是要协助领导者把握宏观环境发展变化的本质和趋势；二是要尽可能周全地分析对本组织运转将产生的影响；三是要具体地分析本组织结构和功能方面，哪些是适应新的宏观环境变化的，哪些尚不能适应，哪些需要调整；四是初步拟定多套应对方案，对各种可能出现的情况主动做好准备；五是协助领导者反复论证和科学设计，形成宏观战略思路和规划。这样，就能有效地发挥参谋作用。

宏观环境的发展和变化，引起普遍的关注，成为社会热点是十分正常的事，因为它关联着每一个社会成员，所有的社会行为主体都必须做出应对和反应。但是，应该认识到人类社会环境的变化不是天外之物的突然显现，而是在过去的客观环境中孕育着现实变化的动因，现实发展中已蕴含着未来变化的征兆。社会发展是不可割断的，是有着承继关系。因此，面临宏观环境的变化，完全没有必要头脑发热，乱了方寸，也不能否认或舍弃已有的一切，从头开始。如有人对知识经济缺乏全面了解，认为知识经济时期就不需要普通劳动者；有的对办公自动化理解片面，认为它将完全取代秘书工作。诸如这类错误的认识，秘书必须保持清醒的头脑，协助领导者形成科学合理的战略思路。

三、全面掌握宏观动态

宏观环境的每一动态变化都会对组织管理和领导活动产生不同的影响。秘书应掌握宏观环境的变化态势，特别是要准确把握与本组织生存发展直接关联的系统内的动态变化情况，有效地发挥参谋作用。

1. 网络化敏锐掌握宏观信息

宏观信息的生产、流动、传播是在极为广阔的时空领域内。秘书只有网络化地、敏锐地掌握宏观信息，在宏观参谋活动中才能具有可靠的信息依据。

所谓网络化地掌握宏观信息，主要指的是秘书的信息触角，要渗透到所有的与组织运转相关的领域中去，在各有关领域设置确定的信息点，构建畅通的信息渠道，并保证经常性的、不断的信息沟通。所谓敏锐地掌握宏观信息，指的是宏观环境中一旦出现了新情况、新倾向、新矛盾、新问题时，能够及时捕获，及时透过各种表象，抓住其本质和规律。

要想网络化地、敏锐地掌握宏观信息，并非易事。不管是精明干练的秘书，还是智能齐全的秘书班子，都无力独自承担此任。秘书和秘书机构必须借助组织已经具有的管理信息网络，借助社会信息中介机构、社会一切信息渠道，获取所有需要的宏观信息。其中，借助管理信息网络的纵向信息网络、横向信息网络、扩散信息网络、伸延信息网络是获取宏观信息的基本条件。宏观环境变化在管理信息网络系统上往往有所反映。捕捉到这些反映，就为进一步掌握宏观环境变化提供了便利条件。然后，再利用一切可以利用的信息渠道，广泛地获取有用的信息，加以综合分析，相互印证，就可能全面、准确、及时地掌握宏观环境变化信息。

秘书网络化地、敏锐地掌握宏观信息，必须注重以下方面：

其一，必须注重网络的全面性。这个网络是组织管理信息网络与社会各方面的信息网络紧密联系、有机结合而形成的。两方面的有机结合，要足以涵盖宏观环境因素中一切与本组织有关的方面，不能漏掉或忽视某一方面，否则，就会出现认识上的偏差，提出的宏观谋略方面的建议，也就会产生消极影响。

其二，必须注重敏锐性。网络运作必须敏锐，即敏锐地捕获、敏锐快捷地传递、敏锐地揭示有关信息的本质。只有这样，提出的参谋建议才能在应对宏观环境变化中准确有效。

2. 系统化准确掌握行业态势

每个社会组织都有其特定的组织目的、职能活动范围和业务活动特征，都具有不同的行业特征。各类社会组织之间的竞争、合作、交流、发展一般在本行业系统内运作，并从本行业之外获取有关联系和支持。因此，秘书在运用宏观参谋方法，全面掌握宏观动态，网络化敏锐掌握宏观信息的基础上，还必须系统化准确掌握行业发展态势。

首先，必须了解国际国内本行业发展的前沿动态，即本行业前沿有哪些关于科学、技术、管理、发展谋略、政策措施等方面的创新和发展，这些创新发展取得了哪些成效，还有哪些问题尚未解决，有哪些值得借鉴的经验和教训，等等。了解这些行业发展前沿的宏观动态，为秘书发挥参谋作用提供比较准确的参照系。其次，了解与本组织大体处在相似水平上的同行业组织的运转状况、实力、发展战略、经验和教训等。通过对应比较，既可了解本组织在系统内的地位，又可通过比较更加清醒、客观地认识和分析本组织的状况。再次，了解与本组织存在竞争关系的组织，通过对应比较把握本组织在同行业竞争中的优势和不足。

以上三方面的比较不是一次性地，而是不定期地、多次性地随时把握与本行业前沿的距离，随时把握本组织在行业系统内的位次及其变化，随时掌握本组织与竞争对手的优势劣势的转换，这样，秘书在宏观参谋中，就能比较准确地把握标准，选取有价值的信息和提供比较具体的可行的谋略。

四、从局部到整体

在认识客观事物的过程中，可以从全局到局部，也可从局部到整体。在秘书进行宏观参谋过程中，可以从宏观环境变化态势的把握，形成本单位宏观发展谋略方面的建议；也可从宏观环境因素或现象中的某一有代表性、倾向性、典型性的事物出发，进行深入的剖析，然后推断或逐步认识宏观发展态势，进而谋划全局。这种方法在实践中是经常运用的，若运用恰当，也是十分有效的。

1. 局部切入点的选择

如何准确选择推断全局的局部切入点，是从局部推断全局的关键。在全局发展变化过程中，总有一些具有典型性、代表性的局部，先行表现出代表全局变化的征兆和倾向。若能准确地把握这些征兆，及时对这些有代表性、典型性的事物作深入剖析，就能准确地抓住从局部推断全局的切入点。

要准确选择这种切入点，一是要坚持实事求是的科学态度，不能按主观意识作出选择。也就是说，要客观地分析准备切入的点，是否具有全局的代表性，是否表征着全局变化的发展趋势，要深入地分析该事物的环境、条件、构成、特征是否具有普遍意义。若具有普遍性，就可初步选择为切入点。二是要考察切入点代表的范围。即其能代表哪一类事物，在多大的时空范围、怎样的客观环境下具有代表性。任何具有代表性的事物，都只能是与其相同或相似事物的代表；若超越其能够代表的范围，去进行推断，其前提就不足以推断出正确的结论，也就会犯以偏概全的错误。

在实践中，具有代表性、典型性的事物，往往是那些具有发展生机与活力的新事物。它一经出现，就反映出与旧事物不同的特征。因此，选择切入点还必须从历史的、发展的角度加以考察，将其环境、条件因素联系起来分析。

准确选择了切入点，从局部推断全局才有了可靠的基点。

2. 以子谋局

在切入点选定之后，就要深入地分析切入的具有代表性的事物的本质特征、本质关系和发展趋势，分析该事物的内部结构和外部条件。在透彻地分析了选择为点的局部后，就可开始以具有代表性的点为"子"，开始谋划全局。

其一，以一子考察全局发展的趋势。

准确把握全局发展的趋势，秘书提出的参谋建议才能符合宏观环境发展的需要和要求。我国土地改革、合作化、农村联产承包责任制等在全国推行的过程中，都使用过以子谋局的方法。凡是选点准确，推行务实，都能取得成功的经验和良好的成效；凡是选点错误、缺乏典型性，推行策略脱离实际，不能从实际出发，都出现过种种挫折和教训。因此，在以子谋局的过程中坚持实事求是，从实际出发是取得良好成效的关键。

其二，以一子研究应对全局发展谋略。

从具有典型性、代表性的局部，进行深入剖析后，进行局部性的创新试验，取得成功之后，再将成功的经验全面推广；或者将具有普遍性的局部经验，加以充分论证其科学性和可行性后，向全局推广。秘书在协助领导进行局部创新试验和推广局部经验的过程中，都能有效地发挥参谋作用。

必须强调的是以子谋局的过程中，秘书必须协助领导，严格考察局部经验是否具有全局性的普遍意义。若没有普遍意义，就不能全面推广；若存在某些差别，就必须对局部经验进行调适，使之符合全局需要后再推广。

其三，以一子创新引发对全局的新思维。

这种以子谋局只是从局部事物中引发一种对全局问题的新思路，新的思维角度，从而启发对全局战略形成新的构想。至于如何谋划和安排全局，则应按新的思维和全局的需要，有序地、合理地进行设计。这种方法在秘书调查研究、处理信息等过程中，很有实用价值。若发现一些新的经验、新的思路或新的做法，就可启发秘书的参谋思维，激发其将实践中的创新信息吸纳到参谋思维创新中去，以协助领导者在宏观战略上的创新。

五、变被动为主动

秘书在与领导主辅配合中，一般处于从属和被动地位。在秘书参谋活动中则应在被动中求得主动；特别是在有关宏观参谋活动过程中，更要变被动为主动，及时地向领导者提出宏观谋略方面的建议。

1. 瞻前预后

秘书主动地发挥参谋作用，要能够为领导瞻前预后，预测未来宏观环境变化状况，提出适应未来发展的对策。在管理和领导活动中，对未来预测得越准确，领导和管理活动就越有效。

前瞻宏观环境的发展趋势，预测与谋划今后的发展，是高智能参谋活动。作为秘书人员来说，必须经过长期积累、艰苦磨炼才能具备这种能力。

2. 厚积薄发

秘书有效进行宏观参谋，必须对宏观环境坚持长期观察、思考，主动地积累宏观环境要素方面的知识信息，丰富自身的参谋智能。一旦发现宏观环境变化尚未被领导者重视，或者组织与领导活动不符合宏观环境的客观需要时，就能及时发现、厚积薄发、有的放矢、对症下药地提出有效的参谋建议，协助领导者迅速进行调整。

秘书在实践中坚持长期观察、思考和积累有关知识信息，除了能使自己不断地丰富智能外，一是可保持自己对宏观环境观察思考的敏锐性，提高洞察力；二是有利于系统地、发展地了解和分析环境条件的动态发展演变过程，提出的参谋建议更有准确性；三是有利于在实践中将客观环境变化与本组织的运转状况结合起来分析问题，这样就能提出有价值的参谋建议。

第二节　中观参谋方法

所谓中观参谋方法，指的是秘书针对组织中观环境即直接影响组织运转的内外环境变化及应对措施的参谋活动方法，是秘书在开展其业务工作中发现问题、发挥参谋作用的方法。

一、办文中的参谋方法

撰拟文稿，收发处理文书，整理保管、开发利用文书档案等，是古今中外秘书工作的重要职责，也是秘书发挥参谋作用的重要途径。秘书办文过程中代表或体现组织和领导的意图，因此，便于对管理和领导活动有透彻的了解，从而有效地发挥参谋作用。

1. 办文中参谋作用的体现

秘书办文过程中，有着极为广泛的发挥参谋作用的空间。就撰拟文稿而言，秘书撰拟文稿的过程，实际上就是对领导者意图的展开和系统化。展开的过程，就是使之更为鲜明、更为周全、更为完善的过程，这就在文字表达中起到了参谋辅助作用。特别是领导者在交代关于文稿的主题、重要观点、写作目的的过程中，秘书若发现缺失，可在与领导讨论中发挥参谋作用。在收集信息资料和有关法规依据后，秘书若发现领导授意中的某些观点或提法，与依据的信息材料不相符，或与有关法规相悖时，也可发挥参谋作用，使之更为准确、规范，符合客观实际。秘书在撰拟文稿中的参谋作用，既包括对重大决策的参谋辅助，又包括在文字、逻辑、个别提法和依据材料上的拾遗补阙及完善优化。从某种意义上讲，这是秘书参谋综合发挥作用的重要体现，是秘书参谋的一大特征。在收文处理中，文件的分办、拟办，对文件的分流处理，提高领导批办的准确性及提高办文效率，秘书均起到不可低估的参谋作用。在发文处理中，除了拟稿可发挥重要的参谋作用外，在修改、核稿等环节中，秘书仍可发挥极为重要的参谋作用。办理完毕，有保存价值的文件有序整理和保管，积累成文件档案的珍贵资料信息库，通过有效的开发和提供利用，对管理和领导活动具有不可替代的参考价值。秘书视领导工作的需要，及时提供有用的文件资料，就能凭借其原始凭证记录性和凭证依据性，发挥极为关键的参谋作用。

文书，特别是公务文书是领导者行使其职权，发挥其职能作用的重要工具。秘书办文是与领导者主辅配合的重要内容。因此，在办文过程中，秘书能清晰、具体地发现领导工作对参谋辅助的需要，发挥的参谋作用也更具针对性和时效性。

2. 办文中的参谋方法

办文中秘书可选用的参谋方法很多，常用的有以下几种。

其一，请示性共商。

领导授意秘书草拟文稿时，秘书若发现领导者立意含糊或有关观点提法不够准确，可在与领导者交流中提出自己的看法，在主辅共商中，协助领导者明确文稿的主题，升华提炼出正确鲜明的观点。秘书以请示的口吻提出有关问题及自己的看法，协助领导者将文稿的观点进一步规范化。正确地使用这种参谋方法，有利于提高文稿的质量，有利于促进领导水平的提高，有利于优化领导与秘书的主辅配合，也有利于秘书准确理解领导意图。

其二，规范性修正。

领导者在领导活动中若出现偏离方针政策法规或出现与已经发布并正在执行的本组织的文件精神相冲突时，秘书及时提供有关文件、法规依据，协助领导者纠正偏向，加强规范性。特别是在有关决策文件出台的过程中，领导者很可能重视了事物的一个方面，忽视了其他方面；而秘书若及时提供政策法规依据，对防止偏向，规范决策，具有重要的参谋作用。这种参谋方法，在领导者正式作出决策前运用，可修正偏差。

其三，依据性补给。

领导者授意秘书草拟有关决定或指示性文件时，秘书若发现信息及事实依据不足，应及时进行补给，使领导者的决定更加贴近客观实际，从而使决定更加完善可行。采用这种参谋方法，最好在领导者作出决定之前，提供必要的信息和文件档案依据；若在领导者作出决定后发现依据不足而有所漏失，也必须及时提供事实依据，协助领导者修正和补充。

其四，充实性补益。

在秘书为领导者草拟讲话稿的过程中，秘书正确理解领导意图后，并在得到领导者认可的前提下，可将有关典型材料、关键数据，顺着领导的思路，围绕讲话稿的主题，充实到文稿中去，使讲话稿有理有据，更具说服力和感召力。发挥这方面的参谋作用，是执笔撰稿的秘书应尽的职责，对领导讲话起到重要的补益作用。

其五，建议性辅助。

秘书在收文处理中，对具体文件的处理，提拟办建议，对领导批办工作具有不可低估的参谋作用。此外，当秘书发现领导和管理活动出现某种缺失时，秘书根据文件档案、法规依据及事实信息依据，针对特定问题，提出建议，供领导者参考，可起到重要的参谋辅助作用。特别当某些新情况、新问题尚未被领导者重视时，秘书能提出有关建议，对领导者的参谋辅助作用是不可低估的。

其六，表述性完善。

领导者授意秘书草拟文件时，对有关内容、提法、构架提出的要求，是秘书草拟文稿过程中的指导思想和重要依据。但在草拟过程中也可能出现某些缺漏和表达上不够准确之处。秘书可在草拟过程中加以完善。对于语言、逻辑上的问题，秘书可在行文中自行处理；对于细节上的问题，也可在草拟中主动加以完善；但对有关观点、提法的问题需经领导同意后方能加以完善。领导是立意者，对文件承担全部责任；秘书是草拟者，规范的表达应对领导者负责。文稿在领导者审批后才能生效。秘书发挥参谋作用应在此主辅分工配合的框架之内。

其七，理论性升华。

秘书在草拟文稿时，根据领导者的授意和思路，对有关内容进行画龙点睛的理论升华是完全必要的，这也是秘书参谋辅助的重要体现。采用这种参谋辅助方法可与动笔前的请示性共商结合起来。

在请示中与领导交流，谈出自己对领导意图的理解，得到领导认可后在行文中对有关问题进行精要的理论分析和概括，使之更有深度和理论上的高度，更具指导意义，经领导者审批确定后，文件的质量就能有效提高。秘书对文稿的理论升华不能过泛，只能点到为止，恰到好处，忠实于领导者的原意。

其八，反馈中的调适。

秘书既要在办文中操办发文，又要操办收文。将发文的决定、指示，与收文的汇报、请示等文件加以对照，从决策信息的发布和执行信息的反馈中，可以比较系统、全面地了解领导和管理状况。若发现执行偏离、执行失调、执行受阻或决策疏漏、执行环境变化等问题时，就可提出建议，供领导者在进行调适或加强控制时参考。

办文中秘书还可采用其他参谋方法，以协助领导者优化管理，提高领导工作效率。

二、办会中的参谋方法

会议是领导者沟通信息、议定事项、行使领导职权的重要手段。秘书操办会务是对领导者利用会议手段实施领导的综合性辅助。秘书不仅在事务工作方面能够为领导提供及时、周密、有效的服务，而且能为实现会议目的、优化会议效果发挥不可低估的参谋作用。

1. 办会中参谋作用的体现

秘书在操办会务的过程中，结合会前准备、会间服务、会后工作的大量事务工作，能够全过程地发挥参谋作用。从会议议题的征集、选择到会场、会期、与会人员的确定；从会前的准备、谋划，到文件准备、接待安排；从议程安排，到会场组织调度；从优化会议效果，到对会议实施有效控制、端正作风等各个环节，均能发挥参谋作用。

领导者是会议的主持者，秘书是会务的具体操办人和各项工作事务的实际组织者。秘书正确地理解领导开会要达到的目的和要求，并将领导意图展开为周密有序的会务工作程序，实际上就是对领导工作的参谋。在操办会务工作中，提出预案、弥补缺失等，均能有效地发挥参谋作用。

2. 办会中的参谋方法

在办会过程中，秘书既可跟踪会议全过程，系统地发挥参谋作用，又可对随时出现的问题，弥补缺失。

其一，议题选择的参谋方法。

会议议题是根据领导的意图和管理活动的需要确定的。在某种情况下，需要会议议定或处理的问题较多，领导班子内的各领导成员都有着不同的事项需要交会议议定。秘书往往在会前受命于主持会议的领导者向各分管领导和与会者征集议题，了解有关议题必须提交会议的理由。在向主要领导汇报时，应将不同议题按轻重缓急进行整理，并将有关材料一起提供给主持会议的领导者，供其参考。一次会议的议题不宜过多，过多难以取得良好的会议成效。因此，秘书对领导者准确选择议题发挥参谋作用是十分有益的。

其二，预案设计的参谋方法。

领导者决定会议议题后，秘书就应根据领导确定的会议议题、内容、要求等，对会期、地点、与会者范围提出建议；得到领导者的决定后，就要对会议事务筹备工作的全部事项及所有细节作出系统、周密的安排，设计会议预案。负责操办的责任人、督导人和检查时间，对整个会议的经费、时间、人力、物力等投入要列出明细的预算，供领导者参考。领导者批准了会议预案后，会议预案就成为整个会议筹备工作的行动计划。它可为会议准备工作周密有序、按质按量按期完成提供依据。

其三，文件准备的参谋方法。

重要会议文件的撰拟、审核、选择中，秘书都要发挥重要的参谋作用。会议主题报告一般由秘书负责草拟；会议总结、会议决议文件及会议纪要大多由会议秘书根据会议的内容和会议记录草拟，草拟过程中要运用办文中的参谋方法。下级单位及有关与会者的发言稿或有关典型材料要经会议秘书处审查，秘书应对材料与会议主题是否相符发挥参谋作用。

其四，议程安排的参谋方法。

秘书应对确定的议题、程序、环节，按会期限定的时间，作出有序的安排供领导者参考，经领导确认后，应印制发送给每个与会者，让其胸中有数，做好准备。议程安排的建议方案为领导者有序地领导会议进程提供参考。

其五，会间服务的参谋方法。

会议期间，秘书要根据会议进程的需要和与会者的要求，向主持会议的领导者提出分组讨论、会间休息娱乐、与会者摄影留念等事项的建议。秘书在提出建议及组织会议活动过程中，一是要注意为会议主题服务，二是要尊重与会者的要求和需要，三是要保证有序进行。

其六，优化会议成果的参谋方法。

秘书要根据会议的需要，建议将会议情况进行宣传报道，以扩大会议影响，宣传会议精神，优化会议效果。另外，还要针对会议精神落实的情况，建议领导进行督促检查工作，使会议议定事项落到实处。

其七，会议控制的参谋方法。

文山会海是当前管理活动中的一大公害，它不仅要耗费大量人力、物力、时间等重要资源，而且还会助长形式主义、公款吃喝等不正之风。秘书要根据实际需要，针对会议是否需要召开，可否用电话或其他形式代替，可开可不开的会议可否不开，会议的规模和时间可否压缩等问题，提出建议，供领导者参考，协助领导精减会议，发挥参谋作用。

三、协调中的参谋方法

协调是领导和管理活动中的重要环节，是领导者的重要职责。秘书协助领导进行综合协调，在协调事务上发挥参谋作用，是其应尽之责。

1. 协调中参谋作用的体现

作为领导者近身的参谋助手，在领导决策、计划、组织、指挥、监督、控制、激励等每一项领导职能活动中，秘书都要提供有效的参谋辅助。每一项领导活动中都可能出现不同形式、不同程度的失调，秘书必须针对不同的失调原因和失调状况，提出协调建议，发挥参谋作用。

秘书在办文、办会、办事、督促检查、信访工作、信息工作等业务活动中，也能发现领导和管理活动中的失调。秘书对这些失调矛盾提出协调的办法供领导参考，就能协助领导者维护组织的协调运转。

2. 协调中的参谋方法

组织运转失调是因不同的原因产生的，秘书应根据不同的失调原因和状况，采用不同的参谋方法。

其一，对沟通不畅产生的误会性失调，应建议加强沟通与理解，进行协调。

沟通不畅会产生各种误会或隔阂，若长期得不到解决，就会产生离心力，出现严重的失调。秘书可建议领导者通过互通情况、民主生活会等方式，加强相互理解，进行协调。

其二，对权力关系交叉出现的失调，应建议通过会商、会稿进行协调。

当处理某一方面的问题，涉及两个或两个以上管理部门职权时，若看法不一，就会出现失调。秘书可建议有关部门对该问题进行会商，共同研究妥善的处理办法，共同起草符合各方面职能管理规则又能解决问题的文件，并共同签署发布文件，达到协调解决问题的目的。

其三，对利益矛盾出现的失调，应建议采取求同存异、化异求同方法进行协调。

在管理实践中，出现局部的、暂时的利益失调是难以避免的。秘书发现这类失调问题后，就应建议进行利益协调。首先，要强调根本利益、长远利益的一致性，强调共同利益占主导地位，并取得失调各方的认同；其次，要在维护共同利益的基础上，将差异之处暂时搁置，形成各方都能接受的相互配合的方案；再次，随着配合的加强，逐步协调解决差异之处。这样，就可通过求同存异到化异求同，彻底解决失调矛盾。

在协调参谋中，秘书应按照发现失调现象，分析失调原因，构思协调方案，提出协调建议的一般程序进行。

四、督查中的参谋方法

督促检查是领导者确保决策有序进行、取得良好的效果的重要工作环节，也是秘书发挥参谋辅助作用的重要工作内容。

1. 督查中参谋作用的体现

在秘书发挥综合辅助作用的过程中，若发现决策执行或领导交办的事项出现长期搁置或办理不力或办事越轨，就应建议领导者进行督促检查。在具体督促检查中，不仅要检查有关事项是否办理，办理的进度和效果如何，出现了什么困难和问题，而且要针对存在的问题进行分析研究，提出参谋建议，协助领导者实现管理目标。督促检查的过程，实质上就是一个了解情况、分析问题和解决问题的过程。秘书在协助领导者进行督促检查的过程中，都可以能动地发挥参谋作用。

2. 督促检查中的参谋方法

督促检查中，秘书应根据发现和了解到的不同情况，一方面按督促检查的任务要求向督查对象进行督查，另一方面应按不同情况，发挥参谋作用，使用不同的参谋方法。

其一，执行中的纠偏参谋方法。

在督促检查中，若发现督查对象执行中背离了上级确定的任务目标或偏离了有关要求，秘书一方面要按照组织目标要求协助领导者进行督导，另一方面要分析其是认识偏差造成的，还是某种利益趋向造成的；分析这种偏差是个别现象，还是带有一定的普遍性。若发现带有一定的普遍性，就必须根据偏差成因，提出有关对策建议，对领导指挥全局发挥有效的参谋作用。

其二，执行中应对环境变化参谋方法。

秘书在督促检查中，若发现执行者是按照领导者的指示精神忠实地贯彻的，但执行中已暴露出种种失调现象和不良效果，这时，秘书就应将领导者交办工作时的客观情况特征，与执行中的客观环境相比较，若发现环境变化的差异，是造成失调和不良效果的根本原因，就可根据客观环境变化的需要，研究新的谋略，然后向领导者提出建议，协助领导者对原来的决策计划作出适当的调整以适应客观情况的发展。

其三，执行中的创新参谋方法。

在督促检查中，若发现执行单位在忠实执行领导决策的前提下，还根据自己的实际情况有所创新，取得了极好的成效，就可深入分析其创新成功的经验及其推广价值。然后向领导者汇报推荐，建议领导向全局推广，发挥参谋作用。

秘书在督促检查中的参谋方法，总体来说，是在向领导者汇报督查情况中提出的。除了上述三种参谋方法外，对督促检查中发现的领导者决策方案的疏漏或失误，对因干部工作作风问题或腐败问题造成的执行偏差，对基于小团体主义和本位主义而采取的上有政策下有对策的不良现象等，均应在实事求是地进行客观分析的基础上，研究解决问题的对策，协助领导者解决问题，以便推进工作。

五、信息工作中的参谋方法

信息是决策的依据。秘书信息工作的重要使命，就是为领导和管理工作提供情况和依据。因此，秘书在信息工作中，能够充分地发挥参谋作用。

1. 信息工作中参谋作用的体现

秘书在领导决策制订、论证、执行、总结评估的全过程中都要提供及时、准确、周密、有效的信息服务。在为决策提供信息服务的全过程中，都能体现其参谋作用。在管理活动的各个环节中，都伴随着信息流动，而各环节、各子系统的信息流动，都要流经秘书部门操控的信息枢纽。因此，秘书可以把握组织管理全局的动态。若发现矛盾或问题，就可综合情况，分析问题，研究对策，发挥参谋作用。特别在秘书综合处理有情况、有分析、有对策的高层次管理信息的过程中，本身就是对领导者极有价值的参谋活动。秘书在收集反馈信息的过程中，往往是发现问题、分析问题的最好时机。秘书从各方面的反馈信息中，可以收集到大量有用的参谋依据，因此，秘书以此为基础提出的意见或建议，正是领导工作所需要的，也是极有参考价值的。

2. 信息工作的参谋方法

秘书在信息工作中，可以采用多种有效的方法。常用的方法有以下几种。

其一，信息追踪法。

秘书在信息工作中，若发现异常信息，及时追踪了解造成异常的原因，发挥参谋作用。如某些部门生产突然出现严重亏损，某些下属单位上访、揭发信突然增多，某些区域出现突发事件等等。追踪了解有关情况，探求其中的原因，根据实际情况研究可行对策方案，就能有效地发挥参谋作用。通过这种方法，也可从新情况、新经验、新动向信息的追踪了解、分析研究中，发现新的机遇或值得推广的新典型，发挥极有价值的参谋作用。

其二，信息综合法。

秘书在信息工作中，若发现在大量信息中包含有为数不少的反映同类问题的信息，就要将这些相互割裂的、零散的、局部的信息进行综合处理，就可能会发现某一方面的重要情况或问题。将这种情况提供给领导者，就能起到重要的参谋作用。如通过不同的信息渠道，了解到不少地区农民对各种收费意见很大的多则信息，秘书将这方面的信息进行综合，并进一步弄清有关数据后，就可发现农村存在乱摊派，农民不合理负担过重的问题及造成问题的主要原因。运用信息综合法，同样可以发现实践中的积极因素，建议领导者正确引导或加以利用。

其三，信息审查法。

在实践中，有些决策的目标、动机及所依据的理论等都是正确的，但执行的效果达不到预期的目的，有的甚至出现严重的消极效果。在这种情况下，秘书协助领导重新审查决策所依据的信息数据。若发现这些决策依据的信息是虚假不实的，就可建议领导者根据各方面收集的真实信息，重新审查决策方案的科学性和可行性，这样就可起到不可低估的参谋作用。

其四，信息比较法。

秘书在信息工作中，将输出的决策、指令、指示的目的、任务、标准以及在数量、质量、时限上的要求等信息，与对应的执行反馈信息相比较，从比较中得出的结果若大体相符，证明组织运转是正常的、稳定有序的；若比较的结果是执行反馈信息反映的实际成果要大大超过决策要求，就说明执行实践中有了创新发展，或者具有了原来估计到的有利因素，秘书进一步查清原因后，就可建议领导者对此充分地加以利用；若比较的结果是实际成果未达到决策要求，就可查出原因，研究对策，发挥参谋作用。

其五，信息证实法。

在实践中，当秘书发现领导者在决策意图和管理举措上有所偏失是由于对有关信息和事实不了解或了解得不全面所造成的时，可向领导者及时提供真实信息和事实真相，领导者了解事实真相后，就能认识和纠正错误偏向。

六、调查研究中的参谋方法

1. 调查研究中参谋作用的体现

秘书调查研究的目的，就是为了协助领导者真实地了解客观情况，科学地分析问题和解决问题。秘书调查研究的过程实际上就包含着参谋辅助作用；而秘书对重大问题的参谋辅助，都必须进行调查研究。

从调查研究的过程看，确定的调研课题实际上就是领导工作中需要准确了解、深刻认识和研究的问题；调查的过程就是围绕领导和管理的需要，收集信息情况，向领导者提供有关依据的过程；而研究过程，就是对客观情况进行由表及里、由现象到本质的探索，查明原因，研究对策，协助领导探寻解决办法的过程。每一个环节都与秘书参谋活动融合在一起。秘书具有主动参谋意识，在调查研究中就能发挥主观能动性。秘书具有很强的调研能力，其参谋水平一般也很高。

2. 调研中的参谋方法

秘书调查研究中有很多调研方法，不同的调研方法可灵活选用或结合运用，并与参谋方法有一定的关联。就秘书在调查研究中的参谋方法而言，常用的主要有以下几种。

其一，诊断参谋法。

领导者在实践中常遇到一些难题，既找不到造成问题的主要原因，又难以找到解决矛盾的有效办法。在这种情况下，秘书无论是受命被动承担调研课题去开展调查研究，还是主动建议领导者进行调研并承担调研任务，都要查清问题的来龙去脉，探求造成问题的根源，从现象到本质了解问题的相关因素、主要矛盾和主要矛盾的主要方面，找出问题的关键，比较确定地指出症结之所在，发挥参谋作用。秘书通过调研应用诊断参谋法，有利于领导者有的放矢、对症下药地去解决问题。

　　其二，治理参谋法。

　　在某种情况下，问题的实质、特征及症结是比较明确的，但一时找不到有效的对策，或已经采用的对策都不能取得良好的效果。秘书承担调研任务以后，在更加深入细致地调查了解造成问题原因的基础上，在实践中广泛地收集群众的意见和建议，收集群众中的新的经验和思路，向专家内行请教，查寻有关参考资料，并进行综合处理，最后形成多套解决问题的可行方案，供领导者选择，发挥参谋作用。

　　在实践中，诊断参谋法和治理参谋法往往是结合运用的。秘书人员在调研中找出了有关问题的症结之后，一般要探求解决问题的办法，提供有关治理对策方案；在治理参谋法运用的过程中，往往也要对造成问题的原因重新查对核实，这样才能取得良好的参谋效果。

　　其三，评价参谋法。

　　在领导和管理活动中，适时地对工作效果作出准确的评价，对领导者把握工作进程，纠正工作偏向，优化工作行为，提高工作效率，安排后期工作等，均具有重要意义。为了提高评价的准确性和客观性，除了对执行反馈信息进行评价外，还需对调查研究情况进行评价，两者相互印证。秘书承担了这类调研任务之后，不管是进行阶段性评价还是进行总结性评价，都必须以务实求真的精神，调查了解客观效果，并与决策计划要求的有关标准相对照，与执行反馈作出的评价相比较，作出实事求是的评价，指明与决策要求是否存在差异，与反馈评价是否存在差异，造成差异的原因是什么，并对如何进行必要的调适提出自己的看法。秘书在调研中应用评价参谋法，对领导者有效进行指挥、协调、控制和激励，都是十分有益的。

其四，铺垫参谋法。

当领导者在作出重要决策或布置重要工作前，需要对客观实际有进一步透彻的了解，以便使决策和工作布置更加符合实际，更有可行性和针对性。秘书承担调研任务以后，在准确理解领导决策意图和布置工作的思路的基础上，要充分调查各方面的有关情况，研究相关因素和关键因素，研究有利条件和不利条件，分析拥有哪些优势资源和短缺资源，研究人民群众的意愿和要求等等，在综合分析的基础上，撰写出可行性调研报告，为领导者正式决策和布置工作作铺垫。

其五，态势分析参谋法。

当内外环境条件出现重大发展和变化时，领导者必须科学冷静地准确把握客观环境发展变化的态势，才能作出有效的适变应变的调整，以保持组织稳定有序地发展。秘书承担调研任务之后，要对组织内外环境条件进行全面的调查研究，要通过变化前后的内外环境要素进行比较，分析各要素变化的程度、倾向及对本组织可能产生的影响，研究哪些是起主导作用的变化要素，哪些是相关的次要因素，并综合分析整个变化总体倾向、特征、程度和影响，为领导者准确把握发展变化态势提供参考。

在实践中，秘书的信息工作与调查研究工作是密不可分的。全面、及时、有效地提供信息服务，需要调查研究；调查研究的过程中，也离不开收集、处理、加工利用信息。因此，信息工作中的参谋方法与调查研究中的参谋方法，往往是结合应用、互为补充的。秘书应根据实际需要，灵活选用。

七、信访工作中的参谋方法

信访工作对调处矛盾，维护稳定与发展，增强凝聚力，密切联系群众，了解社情民意，清除不正之风和腐败现象等，都具有不可替代的重要作用。

1. 信访工作中参谋作用的体现

群众来信来访是领导者的重要信息渠道。秘书根据有关方针政策法规和领导意图正确处理来信来访，不仅能有效地协助领导者发挥领导职能，实现为人民服务的根本宗旨，而且在下情上达、上情下达中能够发挥重要的参谋作用。在领导和管理实践中和群众来信来访中，秘书可以了解领导决策和管理举措的执行反馈，了解实践中存在的问题和实际生活中的经验、教训等，将这些东西进行综合分析处理，然后提供给领导者，就能发挥有效的参谋作用。特别是来信来访中的有关建议、意见更具有参考价值。在具体的信访事务的办理过程中，秘书负责接谈、登记、阅信、呈阅、转办等具体事务，领导者要负责指导、批办等重要工作。秘书在与领导的主辅配合中，发挥重要的参谋作用。

2. 信访中的参谋方法

信访工作中，秘书可用多种方法发挥参谋作用。其中常用的有以下方法。

其一，信访动态参谋法。

秘书在信访工作中，定期对一段时间内信访工作的主要内容，反映问题的主要倾向，各类信访事件的次数，群众提出的意见、建议、要求等，进行综合处理，形成比较全面而又有一定深度的信访信息反映材料。这样一份信访信息综合反映材料，由于用具体的信息数据描述了一段时期一定范围内的社会信访动态，揭示了这段时期内的主要矛盾及发展趋势，这对领导者而言，具有极高的参考价值。特别是秘书根据一段时期内的信访信息进行预测，这对领导者一段工作的安排也能发挥重要的参谋作用。

为了配合中心工作和特殊工作，秘书还可根据需要进行不定期的信访信息处理和反映。如在旧城改造、移民拆迁等工作中，在相关区域内及时反映信访信息情况，有利于领导者及时解决群众急需解决的问题，使工作取得主动等。

其二，民意综合参谋法。

秘书在信访工作中，将人民来信来访反映最集中、最强烈的问题，进行综合整理，并根据信访调查处理过程中对实际情况的了解和分析研究，提出有关建议，就能起到重要的参谋作用。如在一段时间内发现有关职称评定不公的来信来访的事件明显上升，经调查，大多是事实，因此群众对职称评定要公正、公平、公开的要求十分强烈。秘书将此民意要求综合反映给领导者，对领导者遵从民意实施领导和管理，就具有极大的参考价值。

其三，个案处理参谋法。

在信访事务中，有很多涉及重大问题的事件，秘书要根据调查、办理过程中对问题的了解和分析，对领导者提出建议，可协助领导者依据有关政策法规，客观公正地处理问题。特别是有关腐败分子压制民主，打击报复，为非作歹，包团成伙，相互包庇的有关个案，秘书抓住有关事实依据，向领导者提供有价值的解决问题的对策，就能协助领导彻底解决问题。重大个案的正确处理，不仅能够解决问题，平民愤、顺民心，产生极好的影响，树立良好的领导形象和组织形象，而且对解决类似个案提供了借鉴。

其四，效果反馈参谋法。

从信访工作中，可以收集到很多有关重要决策举措效果的反馈。秘书对这些反馈信息进行综合分析，并将情况提供给领导者。领导者便可准确了解执行的效果：哪些执行效果好，哪些效果不好，哪些有积极效果，哪些有消极效果等。这种反馈参谋对领导者弥补缺失，改善和优化工作，取得良好的工作绩效，极有参考价值。

效果反馈参谋法的关键：一是要实事求是，务实求真，客观准确地向领导者反映；二是要透过现象，抓住问题的本质，有的放矢地指出有关问题的关键，使领导者把握主要问题，抓住典型，指导全局工作。

八、突发事件中的参谋方法

秘书在协助领导者处理突发事件的过程中，要充当参谋助手。突发事件来势迅猛、出乎意外、变化难测、影响极大，若处理不当，就会扩大事态，造成极大的损失。秘书在与领导主辅配合的过程中，有着极为广阔的发挥参谋作用的空间。

1. 突发事件中参谋作用的体现

秘书在与领导者主辅配合的过程中，要协助领导者观察动态，分析情况，研究对策，及时采取种种有效的措施。在这一过程中，体现了秘书的参谋作用。

在处理突发事件中，事态紧急，往往来不及像处理一般问题那样集体研究讨论，秘书在领导身边的参谋作用就显得尤为重要了。秘书不仅要协助领导控制事态，处理问题，还要弥补紧急情况下，领导者可能出现的偏差或缺失。

2. 突发事件中的参谋方法

突发事件种类很多，既有自然灾害，又有社会事件；既有各种事故，又有各种政治经济问题酿成的群体活动。因此，秘书协助领导处理突发事件，必须根据具体情况，灵活选用多种方法。

其一，事态辨别参谋方法。

当突发事件出现后，秘书必须协助领导者准确辨别事件的性质、内容、强度和影响。只有这样，才能正确地采取处理措施。

在复杂、紧急的突发事件出现后，领导者及时作出准确的判断是有一定难度的。秘书人员要善于敏锐的观察，冷静的思考，对事件迅速做出分析判断。若是自然灾变，则应判断紧急程度或影响的严重程度；若是社会问题，则应判断是工作失误造成的，还是有坏人操纵等等，作出准确判断之后，才能从维护事业的稳定发展和维护最大多数人民利益出发，向领导者提出建议，协助领导者作出正确及时有效的处理。若领导者作出错误的判断和决定，并拒不接受正确的建议时，秘书应及时力谏，晓之以利害；若领导者仍坚持错误决定，将造成严重损失时，秘书应本着对事业忠诚对人民负责的精神，向上级领导报告，提出自己的看法，避免遭受重大损失。

其二，事态控制参谋方法。

突发事件爆发后，往往来不及深入具体地分析原因，必须先要控制事态，严格防范消极影响的扩散和蔓延。作为领导者近身参谋助手，秘书必须敏锐地分析突发事件迅猛发展变化的主要危险，怎样迅速有效地控制事态不向危险的方向变化，建议领导者采取一切有效的、合理的措施，调动一切可以调动的力量，取得广大人民群众的支持与合作，防止事态恶化。对自然突变，秘书应建议领导者首先要考虑如何有效保护人民的生命财产安全；对于社会事件，秘书应建议领导者首先要防止矛盾激化，要取得绝大多数人民群众的理解与支持。

秘书建议控制事态，应根据具体情况，提出说服教育、动员引导、纪律约束、法律制约等具体的对策，也应分清矛盾的性质，准确地把握分寸，协助领导者采取合理及有效的控制事态的措施。这样，就能为进一步妥善处理突发事件争取时间和创造有利条件。

其三，分类对应参谋方法。

秘书应针对实践中可能发生的各种突发事件，分别采取不同的措施。如火灾应及时报火警，工伤事故应尽快联系急救中心并将伤员送往医院，社会性风波应及时向有关领导部门报告等。一旦各类突发事件出现时，秘书应提醒领导者尽快处理，以求得到必要的支持和帮助，避免贻误时机造成重大损失。

其四，稳定秩序参谋方法。

突发事件中非常容易出现混乱，而在混乱中又极易造成事态扩大、恶化。因此，无论是哪一类突发事件发生，秘书都应协助领导，尽力恢复和稳定秩序。

秘书建议领导恢复和稳定秩序，一是要建议确立领导指挥中心，确立领导指挥的权威性，要求一切有关人员听从指挥；二是要迅速做出应对事件的具体安排，并坚决按安排执行；三是要稳定人心，强调步调一致，制止各种无序现象。任何明智的领导者，在面对突发事件的紧急时刻，是十分需要并愿意接受秘书提供的有效建议的。

其五，分析根源参谋方法。

在控制住事态，初步恢复和稳定秩序后，就应该深入分析酿成突发事件的原因，探寻造成突发事件的根源，为彻底清除突发事件带来的消极影响找到可靠的依据。

秘书分析突发事件根源的参谋方法，一是从突发事件发生和处理中遇到的各种现象入手，分析各种现象的相关因素；二是追踪各种现象和因素，进行深入调查，找出直接原因；三是进行综合分析，找出酿成突发事件的根源，提出对策建议，根治突发事件造成的消极影响。

当突发事件的消极影响基本消除后，秘书还可根据突发事件的形成原因、处理过程，总结经验教训，并将此提供给领导者，对今后预防和处理类似突发事件起鉴戒作用。

其六，事先预防参谋方法。

突发事件虽然是难以预测的，但若能事先采取有效的防范措施，就能避免或减少损失。秘书在这方面，应充分发挥参谋作用。一是对各种自然灾变、事故、突发社会事件等应分别根据各自的特征，建议制定配套的防范和应急处理措施；二是建议强化全体组织成员的预防意识和应变训练，使组织具备应付突发事件的能力；三是建议加强观察，发现征兆和隐患，立即加以处理，并建议完善和健全各种预防制度，责任到人，分工合作，做到防患于未然。

第三节　微观参谋方法

所谓微观参谋方法，指的是秘书针对领导者个人工作行为或工作过程细节上的参谋活动方法，或秘书在为领导工作提供事务服务过程中通过与领导者进行人际沟通发挥参谋作用的方法。这类参谋方法在沟通的范围，或涉及的领域，或发挥作用的范围虽然大多体现在微观层面上，但是对优化领导工作，仍有不可低估的参谋作用。

一、领导活动安排中的参谋方法

1. 领导活动安排中参谋作用的体现

领导工作活动的总体任务是由其法定的职责确定的，领导者工作的内容及程序的总体安排也是由领导者为其行使职权承担职责的需要确定的。但是领导者在其职责范围内事务繁多，为了保证领导活动有序进行，避免出现错漏，提高领导工作效率，秘书必须协助领导者安排活动日程，并按时序和工作活动的轻重缓急进行合理排列，实施中提醒领导按时序逐项完成，建议并协助领导者对每项工作做好准备。

领导活动安排中秘书的参谋作用，一是体现在使多头、复杂的领导活动有序进行；二是体现在对各项领导活动的注意事项和准备工作提出意见或建议；三是当领导者可能出现某项工作疏漏时，秘书及时提醒，使领导活动按计划有序进行。

2. 领导活动安排中的参谋方法

秘书在领导活动安排中的参谋方法，主要有以下几种：

其一，统筹安排参谋方法。

秘书将领导者的一段时间内需要开展的活动项目汇集在一起，如会议通知、会见、会谈、出差事务、检查工作、学习交流等都收集在一起，并按规定的时间排列；若遇到同一时间有两件或两件以上的事务需要领导者去完成的话，就必须与有关方面协商进行必要的调整，避免在时间上的冲突。一段时间内领导活动预案安排有序后，还得由领导者审定。领导者认可后才能作为实施的依据。根据领导工作的需要，领导活动一般有月安排、旬安排、周安排、日安排。这些安排是环环紧扣、相互关联的。秘书既要注重配套有序地进行安排，又要注重根据需要进行必要的调整。在领导活动安排时序调整以后必须重视与有关方面联系、协调，避免造成误会。

其二，事前准备参谋方法。

为领导者的公务活动作准备，是秘书工作的重要职责。秘书除了为领导者作好事务准备外，还应该运用事前准备参谋方法，建议领导者做好准备。

事前准备参谋方法指的是秘书对将要进行的领导活动事务的要点、对象、背景和领导者应该承担的任务或应该扮演的角色，简要地向领导者陈述一遍，若发现领导者掌握得比较清楚，秘书的陈述可尽量简略；若发现领导者对有些事项忽略或漏掉，则应该对有关要点加以强调；特别是对领导者在工作活动中的发言稿和有关文件，要提醒领导者随身携带，并熟悉其内容，避免出现错漏。

其三，随机提醒参谋方法。

领导活动安排的时序表，应一式两份，一份交领导者掌握，一份由秘书保管。当领导因公务活动繁忙，到临近开展下一项领导活动时尚未作准备，或可能出现遗忘时，秘书应按时序表上的安排，提醒领导者尽快停止手头的工作，准备按事先约定的时间去进行下一阶段的工作，避免领导活动出现失约失信的漏洞。

二、办公室活动中的参谋方法

1. 办公室活动中参谋作用的体现

秘书往往在领导者办公室临近的办公室工作，或是在领导者办公室的外间工作，为领导者整理办公室和提供事务服务。在提供事务服务的过程中，同样要求发挥参谋辅助作用。如当领导者在集中思考某个问题时，为领导者及时提供所需的有用的文献资料和有用的信息；当领导者批阅文件时，秘书对领导者要批阅的文件须区分轻重缓急，依次排列，让领导者按工作需要有序批阅文件；特别是每天清晨秘书在帮助领导整理办公室时，应把领导者当天的工作日程和有关重要信息的简报，放在领导办公桌上的显眼位置，供领导者参考。这些工作都体现了秘书的参谋作用。

2. 办公室活动中的参谋方法

秘书在办公室为领导者提供服务的过程中，发挥参谋作用的方法很多，经常运用的有以下几种：

其一，提供资料参谋方法。

秘书应根据领导者工作的需要，为领导者提供必要的参考资料。无论是领导者交待秘书去收集有关资料，还是秘书主动为领导收集资料，秘书一定要准确了解和把握领导的具体资料需要，也就是把握领导者对资料的用途，这样秘书提供资料就有了明确的方向和用途。

其二，提示要务参谋方法。

在办公室事务服务中，秘书要结合领导活动安排及信息服务，运用提示要务参谋方法，发挥参谋作用。其具体做法一是用简要的文字书面反映当日领导者要办理的要务和有关重要信息；二是要注重针对性和有效性，要根据领导者意见进行必要的调整；三是要有可靠的依据，领导活动要务要与领导活动安排保持一致，重要信息要有比较稳定的信息源，具有可靠性。

其三，辅助运作参谋方法。

秘书对领导者要阅批的文件要按轻重缓急排列阅办文件的顺序，并按顺序提供有关政策、法规及事实依据，以辅助领导者批文中有序运作，并提高准确性。

其四，减少干扰参谋方法。

领导者在办公室处理公务中，经常受到电话或来访者的干扰。秘书一是可建议领导者确定接待日，让领导者集中时间定期接待群众来访；对特别重要的来访者，制定标准，按预约接待。二是对领导者的电话，建议领导者区别对待，一般性事务可由秘书处理；对重要电话才由领导者亲自处理，以便控制和减少干扰。控制和减少领导者办公时的干扰，一定要得到领导者的认可，不能影响领导工作。

三、伴随领导者出差中的参谋方法

1. 伴随领导者出差中参谋作用的体现

秘书在伴随领导者出差的过程中，不仅要为领导者出差提供周密的事务服务，而且要发挥参谋辅助作用，以保证领导者出差顺利完成和达到目的。秘书在选择出差路线、制订出差活动计划、筹备公务活动、安排领导者旅途休息等方面，都应发挥一定的参谋作用。

2. 伴随领导者出差的参谋方法

在伴随领导者公务出差的过程中，领导者远离组织，领导者有许多事务需要独自处理。因此，就更需要随行秘书发挥参谋辅助作用。

其一，出差预案的参谋方法。

在领导者出差之前，秘书应根据领导者出差的任务、目的地、旅途交通条件及时限要求、领导者的意图及身体状况，制定出差预案，对出差日程、交通工具安排、旅途食宿、公务联系、会见会谈、返程安排、经费使用、携带物件等，作出系统的计划，得到认可后，就成为出差活动依据。秘书在拟定领导者出差预案的过程中，必须征求领导者的意见，尽可能使领导者出差更为方便，提高工作效率。

其二，出差活动的参谋方法。

秘书在出差中对领导者公务活动发挥参谋作用，一是要根据领导者出差的目的了解有关方面的情况，并与领导者商讨具体安排，准备具体开展公务；二是为有关公务会见、会谈方面准备文件，进行有关工作布置的筹划，以便公务活动取得良好的成效；三是对某些难以处理的事项建议领导者通过长途电话商讨，以便使公务处理得更为妥当。在领导者出差办理公务时，有可能出现预想不到的情况，秘书有责任协助领导者处理这些问题，有效发挥参谋作用。

其三，出差生活调节的参谋方法。

秘书在伴随领导者出差的过程中，要关心领导者的生活与健康。特别对年老体弱的领导者，若发现身体不适，要建议到医院去检查治疗；若发现过于劳累，要建议领导者适当休息，进行一些积极健康的娱乐活动。

四、会见接待中的参谋方法

1. 会见接待中参谋作用的体现

秘书在为领导者会见接待重要客人的事务服务中，要协助领导者与来客约定会见时间，制订会见程序，提供来客的背景材料，准备有关文件。这些工作均能发挥秘书的参谋作用。

2. 会见接待的参谋方法

会见接待来客中的参谋方法主要有以下几种：

其一，会见安排参谋方法。

重要来客信息收集到后，秘书应立即了解来客的目的、要求及有关内容，然后将了解的情况向领导者汇报，根据领导者的工作安排，提出会见时间，并按有关礼仪程序接待客人。这样，才能有效地维护组织形象，加强合作，取得良好的效果。

其二，提供背景参谋方法。

领导者会见重要来客时，秘书应尽快收集整理有关来客的背景及有关资料。如来客的姓名、籍贯、职务、主要经历及所在组织的基本情况；来客在事业上的主要贡献、著作或创造发明；来客的主

307

要目的及可能要问到的有关问题；本组织需要与来客合作与交流的有关事项等，将这些背景材料和有关资料提供给负责出面会见接待的领导人，这对领导者与来客进行交流，增进相互了解与友谊，极有参考价值。

其三，设计程序参谋方法。

秘书要根据领导者的意图和来客的目的，设计会见接待程序，如采用何种仪式，由谁致欢迎词，来客致答谢词由谁出面，主客致词内容事前是否需要双方秘书进行协调沟通，会见要安排哪些陪同人员，要安排哪些其他事项。安排设计注重礼仪，尊重来客习俗，特别是要尊重少数民族和外国客人的习俗，接待计划方案设计好后，还要反复修改，经领导者审批后，方能执行。

五、反腐倡廉中的参谋方法

反腐倡廉是关系到国家稳定和事业兴衰的大事，是管理工作的重要内容。秘书在反腐倡廉中的参谋作用，主要体现在监督、提醒、拾补、规劝，促进领导者正身洁行、严于律己、廉明行政的参谋活动之中。领导者自身反腐倡廉，是其领导下的组织内反腐倡廉的前提；若失去这个前提条件，反腐倡廉就难以正常开展。因此，秘书人员在这方面正确积极地发挥参谋作用，是十分必要的。

1. 坚定信仰的参谋方法

在我国，各级领导者都应具有坚定的无产阶级信仰，遵循为人民服务的根本宗旨。对此，理论上是不难理解的，也是为所有领导者口头上表示赞同和遵从的。但是，在各种腐朽没落的剥削阶级意识形态的影响下和各种利益驱动和物欲诱惑下，不少人口头上讲信仰，行动上讲私利；口头上称公仆，行动上是人民头上的老爷。为了整治这种现象，除了从体制、政治思想教育、法纪约束等方面进行综合治理外，领导者坚定信仰是反腐倡廉的重要因素之一。秘书作为领导者的近身参谋助手，在此方面能够发挥有效的参谋作用。

在具体方法上，一是在起草领导讲话稿或草拟有关文件的过程中，坚持"三个有利于"的标准，立足"三个代表"的立场，使文稿充满正气，宣传政治信仰，弘扬正义，使领导者在教育和感召群众的同时，也激励和鞭策自己坚定信仰。二是秘书应认真学习和牢记领导者在公开场合中关于坚定信仰问题的讲话，不仅自己坚决落实到行动上，而且在领导者面临物欲考验时向领导者提醒其讲过的有关坚定信仰的内容。三是秘书要善于发现群众中信仰坚定、无私奉献的先进典型，并经常向领导者汇报，让领导者在宣传先进典型中促进自己坚定信仰。四是当领导工作中干出得民心的业绩受到人民群众的赞誉时，秘书及时收集反馈信息，激励领导者为人民多干好事不干坏事，严格按公仆要求鞭策自己，坚定政治信仰。五是从惩处腐败的个案中，秘书认真思考其中的教训，并利用适当的机会向领导者汇报自己的体会，共同引为鉴戒。领导者在其成长过程中一般有过正确的政治信仰。其身边的秘书在主辅配合中共同接受实践的考验，能动地发挥参谋作用，相互激励和鞭策，对坚定无产阶级信仰，防腐抗变是十分有益的。

2. 依法用权的参谋方法

在我国，领导人的权力是人民通过法定程序授予的。领导人使用权力必须受到人民的法律的制约。秘书除了在决策、管理等方面要辅助领导者科学用权外，还应在依法用权，杜绝以权谋私方面，发挥参谋辅助作用。

具体方法上，一是一旦发现了不良倾向，要坚决提出规劝，晓之以利害，指明违法用权、以权谋私的严重后果。二是建议领导者实施公开制度，堵塞可能滋生以权谋私的漏洞。三是要利用办文办会办事的机会宣传依法用权和严禁行贿受贿的有关法规，形成反腐倡廉的氛围，使领导者对侵蚀或污染保持高度警惕性。

3. 律己洁行的参谋方法

领导者严于律己、正身洁行对廉政建设能起到极佳的表率作用。秘书一是要建议领导者反腐倡廉从领导机关抓起，从自己做起，并严格实行民主监督制度，形成良好的廉政环境；二是当发现领导者放松对自己的要求，律己不严时，秘书应立即提醒领导者遵守法纪，带头廉政。

4. 反腐从严的参谋方法

所谓反腐从严，是针对惩治腐败斗争中说情、包庇、层层保护的现象而言的。有的腐败分子凭借着长期营造的关系网对抗法律，从种种保护伞下溜掉。

秘书应建议领导者，一是在惩治腐败中坚决依法办案，不受任何说情或来自各方面阻力的干扰。对腐败分子，是否能依法严惩，不仅是一个案件是否能依法处理的问题，而且是组织在向社会表示是真反腐败还是假反腐败。如果对腐败问题拖着不办，包庇纵容，群众就会对反腐败失去信心，对组织和领导者失去信任，同时也会助长不正之风，让腐败分子更加猖獗。秘书不仅要通过参谋建议让领导者理解这个道理，而且要以具体的情况和数据，证明这个道理。二是要在领导者的老下级、老朋友和亲属出现违法腐败时，秘书应建议领导者坚决依法惩处，决不以情代法。领导者一旦有了包庇腐败分子的行为，组织和领导者的形象就会受损，反腐败也很难顺利进行。在实践中，领导者也是有感情的，要亲自严惩自己的亲友是一件十分痛苦的事，秘书的劝谏可帮助领导人缓解痛苦心情，坚定惩治腐败的决心。领导人对自己的亲友能依法严惩，对尚未发现的腐败分子具有巨大的震慑力；对支持反对腐败的人民群众，是极大的鼓舞。

5. 倡廉不懈的参谋方法

从历史发展来看，廉政建设是一项长期的任务。因此，与反腐败一样，廉政建设也应常备不懈地进行下去。秘书对此应充分地发挥参谋作用：一是要在不同时期不同工作任务中，及时向领导反映廉政建设的情况和信息，提醒领导者，在任何情况下都不能忽视或放松廉政建设问题；二是要在不同工作环节和环境变化情况下，向领导反映廉政建设中的新问题和新趋势，建议领导者根据客观需要，采取行之有效的新的举措，使廉政建设随着经济和社会的发展不断取得成效；三是当廉政建设工作有所松懈时，秘书应从实际出发，向领导者指出问题，并应根据确凿无疑的信息数据，分析问题的严重程度，提出加强廉政建设的可行对策。

6. 加强监督的参谋方法

加强监督力度既是反对腐败的需要，也是廉政建设的客观要求。秘书在加强监督力度方面的参谋，一是要准确掌握监督乏力的具体表现。二是要深入分析监督乏力所带来的消极影响。领导者只有理解了其消极的严重性，才会采纳加强监督力度的建议。三是要具体地分析，哪些监督乏力，是立法监督乏力还是行政监督乏力，是纪检监督乏力还是司法监督乏力，是群众监督乏力还是舆论监督乏力，不同的监督乏力的原因是什么，哪一方面监督乏力是主要的、决定性的原因。只有把这些问题分析清楚后，才能找出解决问题的有效对策。四是根据存在的问题，提出综合强化监督力度的办法，这样对领导和管理的监督系统的强化，能起到参谋辅助作用。

从宏观、中观、微观三个层面划分秘书参谋方法，只是相对的，不是绝对的。三个层面的参谋方法是相互联系、相互渗透的。如反腐倡廉的参谋方法中，既有从微观角度促进领导个人的清正廉洁的参谋方法，又有涉及宏观和中观的参谋方法。同时，在对某些复杂问题的参谋活动中，秘书要善于从三个不同的层面，综合运用多种参谋方法。

第十章 秘书参谋艺术

秘书参谋艺术属于秘书参谋方法论范畴，是指秘书在参谋活动过程中，为有效地辅助领导及其管理活动，促进实现组织目标，而灵活运用的各种技巧、手段和特殊方法，是秘书机变能力在参谋活动中的具体体现。

第一节 秘书参谋艺术概说

秘书参谋艺术是秘书运用自己的科学知识、实践经验、聪明才智和胆识魄力，在秘书参谋实践中遵从客观规律，巧妙地运用秘书参谋方法，有效地实现参谋目的的高层次状态或境界。

一、秘书参谋艺术的特点

秘书参谋艺术可从以下五个方面理解：一是秘书参谋艺术是建立在秘书已有的科学知识、实践经验、聪明才智和胆识魄力之上的。它是秘书人员的智慧、学识、才能、胆略、经验的综合反映，是秘书综合素质的重要体现。二是它必须遵循秘书参谋活动规律，即秘书参谋活动中所固有的本质联系。三是它巧妙地运用秘书参谋方法。所谓巧妙，指的是具有灵活性，是因时、因地、因人而异的；又具有适应性，是符合实际，实事求是的；还具有创造性，是不断创新的，不受条条框框的限制。四是它有利于实现秘书参谋目的，能够较好地把握参谋对象的特征和需要而获得理想的参谋效应。如果无效，就无所谓秘书参谋艺术。五是它代表秘书参谋实践中的最高境界，每一个秘书都在进行参谋辅助实践，其中有失败的参谋实践，有成功的参谋实践，但一般不是真正的参谋艺术；只有那些获得理想效应的复杂艰难的参谋活动，才可能渗透着参谋者高超的参谋艺术。

可见，秘书参谋艺术不是纯经验的、低级的、非科学的东西，也不是无先例可鉴、无规律可循、只可意会、不可言传、玄妙莫测、高不可攀的方法运用。秘书参谋艺术是有先例可鉴、有规律可循、可以传授、可以学习、可以把握的技巧和手段，是能够"熟能生巧"、不断提高的一种综合能力。

秘书参谋艺术有以下特点：

1. 原则性与灵活性的结合

秘书参谋艺术是离不开原则性的，丧失原则性就不可能被领导接受，不可能有效发挥参谋作用。但秘书参谋艺术决不是原则的演绎，它是原则性与灵活性的有机结合；否则，就失去了秘书参谋艺术的生命力。灵活性是指对具体问题具体分析。实际生活不是静止的而是不断发展变化的，领导工作要面对不断变化的实际情况，有着不同的参谋需要，秘书也就面临着不同的参谋问题。秘书在参谋实践中要把诸多客观因素和主观因素完美地结合起来，找到有助于领导者实现目标的最佳途径和奇谋，取得良好的参谋效果，必须要求秘书参谋艺术具有灵活性。

2. 理论的普遍性与经验的特殊性的结合

从秘书参谋艺术的运用来看，秘书参谋艺术总是一定的秘书人员将其科学知识、科学方法、参谋经验与一定的工作实际相结合。同样一种参谋方法，由不同的秘书来运用，其表现和效果都不会完全一样。因为秘书在参谋活动中，离不开秘书个人的经验、体会和直觉，秘书参谋艺术必然是理论的普遍性与经验的特殊性相结合的。秘书参谋艺术受秘书人员个人素质、具体的参谋活动环境条件、具有普遍性的参谋理论与规律等方面的影响，而秘书作为参谋者的参谋经验、阅历和体会是很重要的个人素质。个人素质在参谋活动中对于秘书进入参谋角色、临场发挥、随机应变有重要作用。秘书参谋艺术是离不开个人智慧和经验的。按程序化处理问题，属于方法的范畴。千篇一律是无艺术可言的。

3. 规范性与创造性的结合

创造性指的是面对客观事物不因循守旧，不墨守成规，勇于创新，别开生面。秘书参谋艺术的生命力也在于创造。秘书参谋活动中遇到大量反复出现的常规性事件，可按照组织管理规范、程序提出参谋建议。秘书参谋艺术也不能背离组织管理规范，但更多地体现为非程序化、非模式化，体现为秘书生机勃勃的创造力。因为秘书参谋活动本身就是一种创造性实践，而参谋艺术的创造性更强。也正因为如此，秘书参谋活动的方式方法才能不断更新、不断丰富和不断发展，秘书参谋效能才越来越显著。秘书参谋实践中磨炼出大批优秀的参谋者，就是在创新实践中成长起来的。

4. 条理性与模糊性的结合

所谓模糊性指的是对事物之间的关系难以用定性方法作无穷无尽的分析或用定量方法作十分精确的描述，而是努力把握整体和整体的普遍性。黑格尔认为，无穷的分析如同剥洋葱，剥到最后就没有洋葱了。马克思认为抽象以分析为前提，对商品的分析和抽象只能到使用价值和价值为止，如再分析抽象，比如对使用价值，抽出其色、重、硬度及功用，就成了物理学和商品学，而不是政策经济学了。参谋艺术的魅力从某种意义上来说就在于它的模糊性。一切清清楚楚就难以显示参谋艺术的特点了。必须强调的是模糊性不是糊涂性，它仅仅是对于不需要清楚的不必力求清楚，但大的原则、结构和条理应是清晰的。

二、秘书参谋艺术的功能

1. 实现最佳参谋效能

秘书参谋效能是以取得积极的参谋效果为尺度的。秘书参谋活动所追求的是对领导者有所补益的最佳参谋效能，而秘书参谋艺术可以使领导活动取得事半功倍的效能，取得意想不到的成果。如秘书开展参谋活动中必须实事求是。若把它理解为根据实际情况采取针对性的措施，也是正确的；但这仅仅是一般方法的运用而已，取得的参谋效果也是一般性的。如果因势利导并加以创新，那就包含着超越一般方法的参谋艺术了。秘书参谋艺术所取得的积极参谋效果是远非一般参谋方法可比的。

2. 增强信任与谐振程度

秘书参谋活动中提出的建议、意见或预案，必须得到广泛的认同，特别是要得到领导者的认同，才能充分地发挥参谋作用。《孙子·计篇》写道："道者，令民与上同意也，故可以与之死，可与之生，而不畏危。"秘书合理地运用参谋艺术可以产生和增强难以估量的认同感，迅速得到包括领导者在内的广泛的认同。

必须说明的是，秘书参谋艺术所产生的认同感，决不是对领导人投其所好，看领导的脸色行事，更不是搞小恩小惠笼络人心的雕虫小技。秘书参谋活动中首先考虑的是参谋的积极效用，要凭其参谋价值取得认同。有助于领导工作效果的优化，有助于事业的发展，是秘书参谋的价值指向，也是秘书参谋艺术取得认同的基础。因此，在运用秘书参谋艺术时，要坚持务实求真，实事求是，在此基础上灵活选用秘书参谋艺术，才能取得积极的参谋效果。

3. 推动参谋活动有效进行

秘书在参谋活动中，灵活有效地运用参谋艺术，可以趋利避害，化解可能出现的阻力和消极因素，调动积极因素。如当秘书提出参谋建议时，发现参谋对象对该问题有很深的误会或反感，在此情况下若直接提出参谋建议，就可能被拒绝。因此，秘书就需要采取随机应变的参谋艺术，让参谋对象了解真相，或消除误会，以求取得良好的参谋效果。

4. 提高参谋和领导水平

秘书参谋艺术是创造性地运用参谋方法，有效地辅助领导者实现领导目标。这类参谋活动，是秘书参谋的创新实践，这对秘书参谋水平的提高无疑会产生极大的促进作用。而高水平的参谋建议，对参谋对象的领导者而言，不仅有利于其优化领导工作效果，而且能促进其领导水平的提高。

三、秘书参谋艺术的层次及相关关系

1，秘书参谋艺术的层次

从秘书所处的领导机关而言，具有层次性；所辅助的领导者地位的高低，也具有层次性。秘书参谋艺术的层次，与其所处的职能

层次不呈对应关系。秘书参谋艺术的层次，指的是参谋者水平的高低、适用范围的大小、有效时间的长短等，它与领导者的层次及秘书所处的职能地位有着密切的联系。

从参谋水平看，参谋艺术有高低之分。就要求而言，高层次领导机关和领导者对秘书参谋水平的要求要高于低层次的秘书；同一层次秘书的参谋艺术也有高低之分，体现出层次性。从运作范围看，参谋思考的领域有宏观、中观、微观之分。宏观参谋关系到战略谋划问题，需要有极为丰富的知识、经验，极为广博的见识和卓越的智慧与胆略。中观参谋关系到本地区、本系统、本单位领导和管理的策略运筹问题，需要对本地区、本系统、本单位的情况有透彻的了解，这需要具有一定的专业知识和运筹能力。微观参谋主要是指在具体问题上的战术参谋。秘书要善于在敏锐观察和发现问题中随机发挥参谋作用，辅助领导优化职能工作。这就是参谋艺术的层次性。从时间上看，参谋活动中有深谋远虑的谋划艺术，能够高瞻远瞩、运筹帷幄、审时度势地设计在较长时间内影响力大、影响面广的谋略。这种谋略，也许近期还无法看到效果，但在长远的发展中将会发挥其独特的作用。相对而言，为了在短期内应付某种情况运用的参谋艺术一般称为权宜之计，而在应急情况下提出对策建议，则称之为随机应变的参谋艺术。

2. 参谋艺术与参谋规律

秘书参谋艺术与秘书参谋规律既有联系又有区别。秘书参谋规律是指秘书参谋活动中的本质联系。秘书参谋艺术是秘书遵循秘书参谋规律，巧妙地运用秘书参谋方法，有效地发挥参谋作用的状态或境界。比较之下，一是它们都以参谋实践为基础，存在于秘书参谋活动之中，没有秘书参谋活动实践，也就无所谓秘书参谋规律和秘书参谋艺术了。二是秘书参谋规律是带有普遍指导意义的本质的东西，它的那些非规范或暂时无规范的灵活性或随机性的东西舍弃了。秘书参谋艺术是秘书参谋规律的有效运用，它具有普遍性、规范性的一面，又具有经验的特殊性、丰富性的一面。三是一个成熟而有作为的秘书参谋者，应当把秘书参谋理论与参谋实践结合起来，把秘书参谋规律与秘书参谋艺术结合起来。

3. 参谋艺术与参谋方法

秘书参谋方法是秘书实行参谋职能的方式和手段。秘书参谋方法与参谋艺术有紧密的联系。秘书参谋艺术在很大程度上是指秘书对参谋方法熟练而卓越的运用，而参谋艺术中的那些有规范的东西，可以概括为参谋方法，二者常常融为一体，不可分割。秘书参谋活动中，参谋者与参谋对象之间，有信息情况的交流，也有思想感情的交流，参谋内容广泛，环境条件千变万化，十分复杂。在实践中经常出现某种随机现象、模糊现象，处于意向不明、关系不清的状态，这是一般秘书参谋方法难以解决的。它要靠参谋者的聪明才智，临机处理，这便需要运用秘书参谋艺术。秘书参谋方法与参谋艺术的区别：一是秘书参谋艺术是对参谋方法的应用，但不是简单的应用，而是有突破、有创新。二是秘书参谋方法是经过系统化的、规范化的经验、技巧，有的还可以用数学模型来表示，属于理性知识范畴，它构成了秘书参谋措施的骨架。秘书参谋艺术是直感的技巧、经验，具有明确的感性知识的特点。三是秘书参谋方法以知识形态出现，比较稳定；参谋艺术的形态则具有多样性、多变性的特点。四是参谋方法往往以科学的程序、原则展开参谋过程；参谋艺术往往以直观判断、随机应变、快速想象力和创造力进入参谋过程。可见，秘书要有效地发挥参谋作用，既要熟练掌握各种科学的参谋方法，又要具有灵活的参谋艺术。

第二节　提高参谋质量的艺术

秘书在参谋活动中要尽可能提高谋划质量，提出极具参考价值的妙计良策。这不仅需要具有良好的综合素质，还必须掌握和应用高超的参谋艺术。

一、秘书参谋思维艺术

秘书参谋活动中，主要应掌握以下思维艺术。

1. 辩证逻辑思维艺术

辩证逻辑思维艺术指的是在秘书参谋思维活动中要遵循唯物辩

证法和认识论规律。秘书在参谋思维活动中，要做到以下几个方面的结合：一是归纳与演绎相结合，即从个别到一般，从一般推断出对个别事物的认识，并将两者有机地结合起来，两者互为前提，互相促进，辩证统一。在现代化事业中，秘书只有将归纳与演绎相结合，才能有效地对具体情况具体分析，充分发挥参谋作用。二是分析与综合相结合。这是辩证思维的核心。分析是把对象整体分解为各个部分加以研究，从复杂的现象中发现本质。综合是在分析的基础上，将事物各部分、各要素结合为一个整体，把握对象的本质规律。两者有机结合，秘书才能抓住最有代表性的信息材料，发现并遵循规律，提出有价值的参谋建议。三是抽象与具体相结合。思维中的抽象是从多种事物中舍弃个别非本质的东西，取出共性的本质的东西。具体是通过抽象得到的共性本质的东西，来认识和研究具体的事物。两者结合，得到对事物的正确认识。四是把历史分析与逻辑分析结合起来，按照事物发展的过程及内在的逻辑关系，研究问题的因果关系和各种联系。上述四种思维艺术综合使用，有利于提高秘书参谋思维水平。

2. 系统思维艺术

所谓系统思维艺术，指的是秘书在参谋活动中，一是要注重事物的整体性、综合性，要从整体出发，注重整体与要素、系统目标与子系统目标、整体效益与局部效益的关系，全面地思考问题。二是要注重系统联系性，即注重系统内部的结构联系和系统与环境的输入、输出、转换联系，从而透彻地把握各种关系与联系。三是把握事物的动态性。领导和管理活动是一个动态发展变化的过程，秘书必须注重收集信息情报，把握组织内外的动态变化；必须预测未来发展的趋势，才能协助领导者在环境条件变化中取得主动，并在变化中提出抵御风险、抓住机遇的良策。

3. 创造思维艺术

秘书有效运用创造思维艺术，有利于提出改革创新的谋略，促进领导和管理活动的创新，提高工作的效率和效益。秘书在参谋活动中运用创造思维艺术，一是要善于统摄思考，即把全局统摄在胸，从总体上把握发展时机、发展方向，发现主要矛盾、关键因素和问题的要害，思考出具有创造性的对策方案。从某种意义上讲，统摄思考提出的参谋谋略，有利于避免片面性。二是要善于侧向思考，即从其他领域取得启示的思考艺术。他山之石，可以攻玉。广泛地涉猎其他国家或地区、其他学科、其他业务领域的有用信息，广取各家之长，从不同角度启发自己的思考，提高创新智能。三是要善于运用联想思考，即让不同的概念相接近以产生新概念、新思想。联想能够克服概念（事物属性）在意义上的差距，把它们联结起来，激发创造能力。四是要善于灵活思考。即秘书参谋活动中，要具有思维从一类对象迅速地转变到另一类内容相隔很远的对象的能力。这样就能克服思维的刻板、僵化或呆滞，使思维空间更加开阔，形成新的思路，获取丰富的思维材料，使参谋思维具有创新性。五是要善于灵感思考。灵感是思想高度集中、思绪十分活跃时突发性的创造能力。严肃勤奋的劳动态度和负责的精神，丰富的实践经验和知识积累，深厚的修养和高超的智慧是获取灵感的前提条件。秘书在参谋活动中积累充实自己的知识、经验和智能，有效利用灵感思维，提高参谋思考的创新能力。

4. 模糊思维艺术

为了协助领导者解决外延不清晰、关系不明朗的问题，并在处理模糊性问题过程中取得主动地位，秘书应掌握模糊思考艺术，发挥参谋作用，对解决各种棘手问题和复杂问题献计献策。秘书在参谋思考中，一是对待模糊问题要善于进行"粗"与"细"的处理。对重大决策、原则问题要深入细致地进行调查研究，分清是非，但对许多模糊问题，应宜粗不宜细。如对一些不团结问题、人际关系问题，每个细节都搞清楚，不大可能，也无必要。只要宜粗不宜细地在大的原则和总体目标上协调一致，用模糊艺术构思出解决的办法就行。二是要善于对某些模糊问题采取宽容大度的态度。在群众内部、团体内部或人际关系之间的非原则性问题上，秘书应以宽容大度的态度，从大处着眼，提出协调建议，而不宜去具体地深究是非，协助领导者采取各方都能接受的办法，促进问题的解决。三是要善于对某些模糊问题采取缓冲办法协助领导解决问题。对于重大的、紧急的、明朗的问题，秘书应协助领导果断地解决问题；对于某些模糊问题，如可开可不开的会议、可发可不发的文件、可管可不管的事务等，拖延或沉默不会产生不良影响，即可协助领导者不要急于作出决定。这些模糊问题不少可在组织运转实践中自行得到解决；那些不能自行解决的模糊问题也会在实践中逐渐明朗化，然后再加以引导，协调解决。四是要善于在某些利弊交混的复杂问题中，要协助领导者利益取最大，为害取最小，避免无从着手，无所作为。

总之，在处理模糊问题的秘书参谋活动中，必须避免简单化与绝对化，要将原则性和灵活性统一起来。

5. 深谋远虑的谋划艺术

对全局性重大问题的参谋活动，秘书必须具有远见卓识，要从一个特定系统的最高层次上观察整个系统内部状况及系统与外部环境的关系。在时间、空间不断转换的可能性中，该系统涉及的范围大、因素复杂，从全局和整体目标来运筹，就必然要求谋划者思想水平高，善于分析和综合各方面的信息资料，周全而准确地作出判断，富有创意地谋划出可行良策。秘书在参谋思考中必须将个体与群体、情感与理智、经验与理论、形象与抽象、常规与非常规、静态与动态、横向与纵向、定性与定量、输出与反馈、超前与反思、单向与全方位、系统与辩证等方面结合起来进行思考。概括地讲，秘书在参谋思考中要具有远见卓识，一是要善于从系统整体和长远发展的角度看问题，注重共时观察思考与历时观察思考相结合。二是要善于从具体到抽象、从抽象到具体地客观科学地思考问题，实事求是，不能主观臆断。三是要善于将组织整体的利益目标与谋划依据相吻合，从而使系统整体与系统要素之间的关系统一起来。依据要证明结论和谋略的正确性，谋略要符合整体目标并与各要素的客观要求保持协调一致。这样的参谋建议，才能站得高，看得远，具有科学性和可行性。

远见卓识与深谋远虑是紧密联系在一起的。有远见卓识的秘书在参谋思考中必须深谋远虑。深谋方知趋利避害，远虑才能扬长避短。只有深谋远虑才能清醒客观地面对现实和面对未来，才能正确地认识到长与短、优与劣、利与害、强与弱等各种关系及其转化趋势，才能科学有效地利用一切可供利用的资源，提出针对性强、有参考价值的建议和方案，协助领导者维护组织的稳定。

6. 着眼全局知己知彼的谋划艺术

秘书在为重大决策提供参谋辅助中，要善于从全局着眼，知己知彼。事物发展具有阶段性，总的目标是分步骤进行的，为达到一定的战略目标，必须统一计划，在一定方向上和时间内要有配套的具体步骤和措施，而每一个具体步骤和措施都必须是为总目标服务的。秘书在围绕领导决策展开的具体计划的参谋辅助中，必须着眼全局。局部得失不是最终的结果，如果不能为全局利益着想而过分强调局部利益和眼前利益，就会给全局的最终效果带来消极影响。秘书在全局问题的参谋活动中，要全局在胸、存利去弊，时时处处从大局出发，眼光要远大，目标点要准确清晰。

秘书在参谋思考中要善于知己知彼，所谓"知"，不是一般性地了解，而是全面、详尽、客观地把握。秘书在对某项决策提供参谋辅助的过程中，首先要做到"知"，要对客观事物进行全面、透彻的了解，既要知己又要知彼，要准确把握如何求知和应知什么，这样才能有效地发挥参谋作用。

7. 因势利导与选点突破的艺术

客观事物的变化有时是出人意料的，领导和管理活动的内外环境条件往往处于瞬息万变之中。秘书参谋活动中要善于变化，因势利导。所谓因势就是要看准事物的发展趋势，顺应客观事物的发展规律。所谓利导就是要设计高明的谋略促进事物向着有利的方向发展和转化。在制订和执行决策、计划、部署时，秘书应根据实际情况和条件的变化，准确把握时机，对原决策计划及措施提出相应的修改、补充和完善的建议，因势利导地发挥参谋作用。

在面临全局发展的诸多矛盾和问题中，秘书参谋除了要统观全局和因势利导外，还要善于抓住关键，选点突破。在关键时刻、关键问题上，选择准确，谋略巧妙，实施得力，一点突破，可带动全局发展。因此，秘书在参谋活动中若能善于选择突破点，拿出具有创新意义的谋略来，这对领导者的工作是极有参考价值的。

8. 推陈出新独辟蹊径的艺术

社会科技、文化、经济及管理等，都必须推陈出新，才能求得发展。秘书在参谋活动中要协助领导者改造旧事物，使其品质得到提高和完善，也就是在推陈方面发挥参谋作用。拓展新领域、创造新品种、开辟新途径，叫出新，秘书应在创新方面发挥参谋作用。

秘书在参谋活动中，要善于向专家内行学习，向群众学习，广泛地开发智能资源。这样才能站在巨人的肩膀上，推陈出新，谋划出妙计良策，促进组织发展。

在竞争越来越激烈的情况下，要想在竞争中取得主动，立于不败之地，秘书在参谋活动中要善于独辟蹊径，协助领导者以新求活，以奇制胜。秘书在参谋思考中要善于打破常规，提出创新谋略，给组织管理注入新鲜血液，使组织永远充满发展活力。

9. 审时度势随机应变的艺术

秘书在参谋活动中，要善于审时度势，随机应变，不能墨守成规，刻板行事。事物是不断变化的，纵有较为完善的计划，也不可能面面俱到，因为有些情况的出现往往出乎人们的意料之外。秘书必须审时度势，发挥参谋作用，协助领导者对意外问题灵活处理，在某种情况下，要协助领导者修改原来的决策计划；当基层领导者在远离上级独立完成某项任务的时候，在紧急的情况下，秘书应协助领导者，灵活地作出处理。这类问题的风险性大，责任也大，秘书必须有效地发挥参谋辅助作用。

10. 时空运筹集中优势的艺术

秘书在参谋活动中，不仅在时间上要抓住机遇，抢占有利的形势和主动地位，而且要在空间、趋势、资源状况等方面取得优势。在针锋相对的竞争中，谁占有时空方面的主动，谁就具有优势。秘书在参谋活动中，必须充分考虑时空要素，为领导者在时空要素上取得主动和优势。

集中优势是在竞争中取胜的重要谋略。古代田忌赛马的故事就是集中优势以弱胜强的例证。中国人民解放军在三年解放战争中集中优势兵力，以小米加步枪打败国民党的飞机加大炮，更是集中优势取得辉煌胜利的典范。在管理实践中，在基本实力不变的情况下，是否能集中优势，巧妙地排列组合，有效地优化机制，是事业取得成功的关键。秘书在参谋活动中，应协助领导者，集中优势设计发展谋略，以促进组织发展。

二、秘书力争主动参谋的艺术

秘书在参谋活动中的主动性，是秘书自觉地、能动地发挥参谋作用的体现。秘书只有准确认识了客观事物的必然性，才能自由地发挥创造力，对客观存在的问题，主动地发挥参谋作用。

1. 善于认识必然性的艺术

所谓必然性，是指事物内部的本质联系和客观存在的规律性，它是由事物内部的根本矛盾决定的。秘书要善于认识事物发展的必然性，一是要认清必然性和偶然性的关系，通过偶然性认识必然性。偶然性是客观事物联系和发展中并非必然发生的，具有一定随机性和不确定性的状态。它不是由事物内部的根本矛盾决定的，是不稳定的、暂时的。它既同必然性相对立，又相统一，并在一定条件下互相转化。因此，秘书在参谋活动中要善于通过偶然性认识必然性。要认识到，被断定为必然性的东西，是由纯粹的偶然性构成的；而所谓偶然性的东西，是一种有必然性隐藏在里面的形式。带有必然性的东西，往往通过偶然现象表现出来。偶然性背后总是隐蔽着必然性，它是必然性的表现形式和补充。秘书提出参谋建议，要把握必然性，就必须透过现象看本质，善于从大量偶然现象中捕捉某些必然的联系。这样，才能从一般表象信息中抓住反映事物本质的信息，提出有价值的参谋建议。要注意必然性与偶然性的区别，绝不能把偶然现象当作必然规律并作为参谋依据。二是要善于从总结过去、研究现状中去认识必然性，提高参谋水平。总结过去，就是总结历史经验，总结已经实践过的东西，包括正面和反面、成功和失败两方面的经验。先哲们有名言：成功能使一个傻瓜变得聪明；失败是成功之母；崇高的失败远远胜过低级的成功，等等。秘书要善于从国内外、省内外、市内外、县内外、行业内外、组织内外的实际情况出发，从中找出固有的而不是臆造的规律性，即找出事物变化的内在联系，以此作为参谋活动的向导和依据。秘书要善于从事物的偶然性去认识事物的必然性，从总结过去去研究

323

现状和将来，这样就能使参谋活动取得主动。

2. 善于顺应时势的艺术

秘书参谋活动必须要善于顺应时势。所谓时势，就是时代发展的趋势。顺应时势就要抓住机遇。抓住了机遇，就抓住了主动。领导工作的参谋辅助的需要，就是秘书发挥参谋作用的机遇；而组织内外环境条件的变化及领导和管理必须进行的修正、补充和优化，就是领导工作需要参谋辅助的集中体现之处。随着客观环境条件的发展和变化，领导工作对参谋辅助的需要也在不断的变化之中，因此，秘书的参谋辅助机遇也是稍纵即逝的。秘书必须从组织内外环境条件的变化状态出发，全面地积累信息依据与参谋智能，一旦发现领导工作参谋辅助需要，就能顺应时势，抓住机遇，积极进行参谋思考，把长期积累的参谋智能，迅速转化为高水平的谋略思考，提出有价值的参谋建议。

3. 灵活机变的参谋艺术

灵活性是与主动性联系在一起的。只有灵活机变才能取得参谋活动的主动权。被动僵化的人是难以发挥参谋作用的。秘书必须根据客观情况，审时度势，面对具体问题，及时、恰当地构想出有效的对策方案。灵活机变，就是绝不因循守旧，即使对成功的经验也应作具体的分析，审视哪些是适应该问题的部分，哪些有了变化。针对不同的情况，应采取不同的对策。只有这样，才能主动地发挥参谋作用，提高参谋的针对性和有效性。在复杂多变的客观问题中，迅速找到有效的对策方案。

4. 科学预测的艺术

科学预测是秘书主动发挥参谋作用，提高参谋质量的前提。凡事预则立，不预则废。秘书在科学预测的基础上，就能提高参谋水平。为之于未有，治之于未乱。秘书在科学预测的基础上，提出的前瞻性的建议，对领导者而言，是极有补益作用的。在实践中，秘书掌握预测艺术，要注重以下方面：一是要根据事物的客观规律进行预测，就是依据事物自身的规律去推断未来。二是要通观全局，全面分析。自古以来不谋全局者不足谋一域。即便谋一域也要站在全局的高度。三是要以敏锐的洞察力、深刻的分析力，透过现象，抓住本质，才能进行准确预测。在准确预测的基础上，才能有效地发挥参谋作用。四是要准确把握事态的发展进程。抓住了事物发展的一般进程，就能提高预测的准确性。五是要着眼发展，着眼于长远利益，即所谓智者所虑，虑于未萌。只有从全面发展来看问题，才能避免一叶障目，在科学预测的基础上提高参谋水平。

5. 把握政策特征的参谋艺术

秘书的参谋建议往往都是围绕制定和执行政策展开的。了解政策的特征，才能使秘书参谋活动具有主动性，提高有效性。

政策是掌握一定公共权力的领导机构为达到一定的目标而制定的行动策略和准则。政策由四大要素构成：一是政策行为的主体，即政策的制定者和执行者。秘书明确政策行为主体，才能明确其参谋对象。一般而言，秘书参谋应为自己的领导机关制定和执行政策提供参谋辅助。二是政策对象，即政策是解决什么范围的什么问题的，它有很明确的界限。秘书参谋活动应针对特定政策的范围和问题，去收集情况，分析问题，发挥参谋作用。三是政策目的，即政策所要达到的目标和意图是什么。秘书明确了政策目标，就把握住了参谋方向和参谋活动的作用点。四是政策手段，即实现政策目标的具体办法、措施。秘书透彻地、系统地把握政策手段及其已经产生或将要产生的效果，其参谋思考才能深入下去。

秘书围绕政策发挥参谋作用，还应注重政策的特点：一是政策的阶级性，不同阶级的政策不同；二是政策的目的性，政策是为实现确定的目标服务的；三是政策的权威性，政策必须有很强的影响力和约束力，有很高的可信度；四是政策的严肃性，制定和执行政策都必须严肃认真；五是政策的约束性，政策是对人们某些行为的限制；六是政策的操作性，政策的内容要具体，要有步骤、方法、要点，便于施行；七是政策的稳定性，一项政策在一定的时间和范围内保持不变；八是政策的配套性，政策之间和政策的各环节之间应衔接和配合；九是政策的阶段性，政策只在一定的时间内发挥有效作用；十是政策的变通性，执行政策中，在原则不变的情况下，容许灵活变通。秘书在围绕政策的制订和执行发挥参谋作用的过程中，只有全面地理解和把握政策的特点，才能主动地发挥参谋作用。

6. 制定政策过程中的参谋艺术

秘书在为制定政策提供参谋辅助的过程中，除了要提供及时、准确、有效的信息以外，还必须重视以下几个方面的问题：一是准确把握制订政策目标。政策目标是政策实施后所要达到的计划效果。它具有引导和鼓励人们自觉努力的作用。确定政策目标要实事求是，恰如其分，太高难以实现，会使组织成员失去为之努力的信心而放弃这种努力；太低则不作努力也可实现，不能激发组织成员的干劲、挖掘其潜能。秘书要协助领导者根据实际情况，将政策目标确定在经过全体组织成员的努力可以实现的基点上。要善于思考负目标。政策所主张的、所允许的那些效果，就是正目标；相反，政策所反对的、禁止的那些效果就是负目标。秘书在为领导确定正目标提供参谋辅助的同时，还要对明确负目标发挥参谋作用，防止出现某些不良现象或偏向。二是要关注政策的约束力。政策的约束力来源于政策从物质上和精神上给人们带来利害得失。秘书必须协助领导者，从物质配置和执行纪律上设计硬性约束，从精神观念、说服教育上设计软性约束即有效引导。通过秘书的参谋作用，协助领导者制订出行之有效的政策。三是要在政策配套方面发挥参谋作用。政策的各项措施方面要配套，政策与其他政策之间也要配套，主导性政策在政策体系中起核心作用，其他配套性政策以主导性政策为依据制订；要注重政策协调，对与主导政策不相符合的政策要作适当的修改；要协助领导恰当安排政策出台的时间次序，要有先有后，有序推出。四是要在政策更替中充分发挥参谋作用。要协助领导者在新的发展阶段和新的环境条件下制订新的政策来替代旧政策，对错误的政策也必须更替。在政策更替中会带来思想观念和利益关系的变化，秘书应在政策更替中充分发挥参谋作用，尽可能减少或避免可能造成的混乱和无序。

7. 执行政策过程中的参谋艺术

政策不同，客观环境不同，执行政策中的参谋辅助活动也就千差万别。在实践中，秘书发挥参谋作用应注重以下方面：一是要把握政策执行的阶段。要弄清执行政策各阶段的要求以及实际状况，一旦发现实际状况与要求存在差距，就要分析原因，提供解决问题的对策；要善于领会政策的意图，只有善于领会政策意图，才能发挥参谋作用；要根据政策的性质、范围、阶段及效果，从政策执行的行政手段、经济手段、教育手段、情感疏导手段等方面，发挥参谋作用。二是在执行政策的配合中发挥参谋作用。在实践中，往往是多项政策同时执行。秘书必须协助领导协调配合贯彻落实。可以协助领导以一项主导性政策为中心工作，其他政策配合执行；可以协助领导用会议的形式统一布置安排下去，并按期督促检查；秘书还可把经常性政策汇集起来，编制成一个系统的考核指标，领导将此考核指标下达后，执行政策的工作人员就能全面把握各项政策的要求，避免顾此失彼，自觉地按照各项政策的要求去办。领导者按期检查，就能将各项政策相互配合地落实下去。三是在政策执行的变通中发挥参谋作用。事物存在着多样性，同一事物可能有多种表现形式，所以事物都存在着变通的可能。在执行政策中完全照抄照搬往往是行不通的。秘书应协助领导者，按照政策精神，根据客观要求改变实现形式和实现渠道，这样才能切合实际地实现政策目标。变通的具体作法多种多样，总的来说都是要找到联系政策精神实质和客观实际的现实途径。通过这个途径去实现政策的要求。在秘书参谋中，可用参照变通发挥参谋作用，即根据事物在地位、作用上相似的特点，一事物可以参照另一事物提出贯彻落实的建议；可用相关变通发挥参谋作用，即根据事物相互联系相互影响的连锁关系和变化去实现变通，提出政策执行的参谋建议；可以用跨越变通发挥参谋作用，即根据事物在深层次本质上的一致性特点，一事物可以借用另一事物的某些作法，提出执行政策的建议。无论采用哪一种变通参谋思路，其关键都在于发现和把握事物之间的联系。四是在提高政策执行的自觉性上发挥参谋作用。把正确的政策变为群众的自觉行动，是执行政策的最佳状态。对一项正确政策的执行，秘书要在宣传政策方面起到参谋作用，通过办文、办会和其他形式，使群众真正认识政策的内容和意义；要善于在执行政策中协助领导与群众进行思想感情的沟通，以增强群众对组织的亲和力；要在制造政策执行的声势方面发挥参谋作用，以扩大政策的影响和强化政策执行的力度；要在运用典型方面发挥参谋作用，要协助领导发现、树立、推广典型，以带动全局。

三、秘书参谋自我调控艺术

提高秘书参谋质量，秘书要自觉调控，保持良好的心态，克服各种可能出现的消极心理，以高度的责任感和饱满的热情去进行参谋活动。

1. 调控受挫心理

秘书自身挫折心理，是指秘书个体在从事参谋活动中遇到障碍，或不被接受，或遭受误解，或被采纳后在执行中出现负面效果受到非议等，致使秘书的参谋目的不能实现，实现参谋价值的欲望不能得到满足，在这种情况下产生的心理情绪是挫折心理。秘书参谋中的挫折在程度上可分为一般挫折和严重挫折；从思想准备上可分为意料中的挫折和意料外的挫折；从现实性上可分为实质性挫折和想象性挫折。另外，还可从其他方面对挫折进行分类。

构成秘书参谋活动受到挫折的原因是多方面的，有客观因素也有主观因素。心理素质状态不佳的秘书在其参谋活动受到挫折时，采取的是消极态度。其表现一是妥协。如提出的正确的意见和建议被拒绝或受到批评压制后，不再坚持自己正确的看法，而且从此不再提出参谋意见或建议；推诿，将自己提出的不正确的建议推诿于他人，或者受挫折后领导向他征求其他方面问题的意见，他以情况不了解推脱；辩解，即犯有错误后想出各种理由原谅自己或为自己辩解；压抑，即用意志力量抑制住愤怒、焦虑的情绪状态。二是倒退。秘书在参谋活动中受到挫折后，有时会表现出一种与自己的身份和一贯作风不相称的幼稚行为，如闹情绪，不安心工作等。三是攻击。受到挫折后，秘书有时会产生愤怒的情绪，对自认为使其遭受挫折的人或事进行攻击，或者抱怨组织不信任自己，或者怨领导有眼无珠，或者说同事背后捣鬼，有时还把愤怒和不满情绪发泄到其他人身上，迁怒于别人。这种挫折心理情绪对秘书是十分有害的。一是伤害领导和群众，影响团结，有损于自身的参谋环境；二是伤害了自己，影响自己的身心健康，导致意志消沉，失去活力。

秘书在参谋活动中受到挫折时，应采取正确的态度，有效地调控挫折心理情绪。首先，要冷静分析受挫折的原因。是来自主观方面的原因，就应该从动机、认识水平、谋略水平、参谋方法和艺术上去完善自己；是客观方面的原因，就应该通过自己的职能活动，去改善有关环境条件。其二，要正确认识自身的参谋活动是在主辅配合、谋断分工的体制下运作的。处于辅助地位的参谋活动必然要受到处于主导和决断地位的领导者的制约。领导者对秘书建议言听计从反而是不正常的现象。其三，要认识到在实践中受到挫折是难以避免的。所谓"一帆风顺，万事如意"只是人们的良好祝愿或一厢情愿。因此，受到挫折不必大惊失色，惊慌失措。秘书应该具备临危不惧、处变不惊的品质，应在实践中不断增强应付挫折的适应能力，具有清除来自主观和客观上各种障碍的思想准备。其四，要增强对挫折的承受能力。秘书对挫折的承受能力有个性差异。有的能忍受严重的挫折，有的则受到轻度挫折就会出现意志消沉。究其原因，主要在于综合素质特别是思想素质的差别。思想素质高，其抗挫能力就强；反之则弱。因此，秘书必须不断提高自身的思想境界，淡泊名利得失，增强对挫折的承受能力，保持健康的心理状态。其五，要增强积极的遇挫反应能力。如化消极为积极的升华反应，吸取教训，变挫折为力量；重新调整参谋思路，构思更加贴近实际的有实际价值的参谋方案；更加努力地全面收集信息依据，学习相关知识，不断丰富和优化自身的参谋智能等。

2. 调控自身偏颇心态

秘书在参谋活动中的自身偏见，是其对领导者、对组织、对同事不正确的认识和态度所引发的不正常的心理状态，既与其性格特征和修养有关，又与不正确的信息来源有关。调控秘书参谋中的自身偏见：一是要克服主观性偏见。有些秘书以为自己水平高、能力强、点子多而自以为是，不能广泛吸取群众中的智慧，不能虚心求教，因此提出的参谋建议往往带有主观性、片面性。有这种偏见的人在自我调控时，要谦虚为怀，看到自己的不足，要真正认识到任何智者也有不尽完善之处，需要别人的补充、修正和完善；要养成虚心听取各方面的意见的习惯，这样坚持下去，久而久之，就会克服主观性偏见。二是要克服事务主义偏见。这种秘书人员成天忙于被动办事，在办事中不能主动进行思考，更不关心管理和领导工作中的缺失，不愿主动发挥参谋作用。有这种偏见的秘书，要认识到弥补领导和管理工作中的缺失，发挥参谋作用，是自己应尽之责。有了这种正确认识，才能关心领导和管理工作，在事务工作中主动观察和思考问题，主动做好信息服务，发现问题后主动发挥参谋作用。三是要克服迷信权威的偏见。有的秘书认为领导者职务高、水平高、能力强。领导者的行为是完美无缺的，无需自己发挥参谋作用。要纠正这种偏见，必须破除对权威的迷信，认识到任何人的学识、经验和占有的信息依据都是有限的，在实践中出现缺失或偏差都是可能的，领导者也不例外。而领导工作中的缺失对组织带来的消极影响是不可低估的。作为领导者身边的秘书，有责任及时发现和弥补领导者的缺失，发挥参谋作用，避免或减少消极影响。有了这种认识，秘书才能纠正偏见，在主辅配合中有效发挥参谋作用。四是要克服对参谋对象不信任的偏见。有些秘书认为对领导者提意见会遭到领导者的打击报复，因而不愿意提出意见和建议，明知不对也少说为佳。有这种偏见的秘书应加强事业心和责任感，同时也要相信领导是有事业心、责任感和较高思想水平的。在一般情况下，领导者是想努力把工作搞好的，因而对弥补其缺失、纠正其偏差的意见和建议是欢迎的，特别对秘书的参谋辅助是欢迎的。有了正确的认识，就能加强对领导者的信任感，从而消除"怕"字，主动地发挥参谋作用。

3. 调控自身嫉妒心态

秘书参谋中的嫉妒心理，是指其不甘心上级、同级和下级在某些方面的优秀表现所产生的、以多种形式表现出来的不健康心理情绪。它是情感消极堕落和心理污染的标志，是有损于事业功利，产生内耗的腐蚀剂。尽管人人都知道它的危害，但仍然在现实生活中有着一定的影响。具有嫉妒心理的秘书，对领导采纳其参谋方案后取得政绩而自己只能居于幕后无名无利而产生嫉妒；对同事或下级单位的工作人员在学识、才智及工作成绩优于自己产生嫉妒；对职位、收入优于自己的人产生嫉妒，心理不平衡而产生对别人的反感，甚至敌意。

有嫉妒心理的秘书的表现：一是总感到对自己不公平，怀才不遇，没有得到更高的职位，在参谋建议中总是计较个人名利；二是嫉贤妒能，怕别人超过自己，取代自己，往往利用参谋活动之便，捕风捉影，不负责任地打小报告；三是不愿意承认自己的弱点，不愿意因别人的长处而正视自己的短处，发现好的经验和值得推广的先进典型，也不愿意建议领导者加以推广。秘书有这样的嫉妒心理是十分有害的：一是危害事业。其口头上是为了事业，实际上是为了个人。很多好的经验和典型被其掩盖，很多不实的信息被其传递给领导者。二是危害领导者，使领导者不能得到积极有效的参谋辅助。三是危害贤能之士。贤能之士一般是实践中的出类拔萃者，有嫉妒心理的人把贤能之士当成自己向上爬的绊脚石而采取恶意中伤或打小报告的种种手段，影响杰出人才充分发挥其作用。四是危害组织，影响团结。五是危害自己，使自己身心处于病态而失去进取活力。"损人——害己——再损人——再害己"是有嫉妒心理的人的一般逻辑。这些人也可能得意于一时，但长久下去必然以害己告终。

秘书对自身嫉妒心理的调控，一般可分以下几个阶段：

初始阶段。秘书由于处于综合地位，看到别人出色的成果或优势，有时会产生一种羡慕感，继而产生可望而不可即的失望情绪，转而萌发醋意，由此产生嫉妒心理。这时，秘书可通过自我反省，把注意力集中到事业成就上来，从事业成功的喜悦中去消除醋意。

发展阶段。秘书感到成功者对自己构成了威胁，认为自己的落伍或无能完全是对方的积极进取造成的，因此耿耿于怀，怨气十足。在这一阶段，秘书只有通过深刻的自我反省，提高思想境界和道德修养，才能跳出自身嫉妒心理圈，克服个人主义的消极情绪。

危险阶段。处于这一阶段的秘书，已经不满足于怨天尤人的发泄，他会对被嫉妒者充满敌意，有强烈的报复打击对方的动机，这就处于十分危险的地步。如果不悬崖勒马，就会害人害己，造成恶果。这时，必须以法律、纪律和组织规范强制和约束自己，逐渐克服严重的嫉妒心理。

对于秘书而言，警惕嫉妒的产生，自觉消除嫉妒的产生，是秘书自觉完善和确立人格的需要。

四、激励秘书有效参谋的艺术

领导者对秘书参谋活动进行激励，正确处理与秘书的关系，对提高秘书参谋质量是具有积极意义的。

1. 用信仰和目标进行激励的艺术

这是以信仰和目标激励秘书振奋精神，积极发挥参谋作用的艺术。领导者要善于利用各种机会，采用丰富多彩的方式和艺术进行理想和信念教育，用信仰激励秘书自学增长参谋智能、主动发挥参谋作用。伟大目标是一种精神动力。领导者要善于以群体、组织目标鼓舞秘书为实现目标献计献策，使秘书在辅助决策中感受到伟大目标是可望而可及的，从为实现目标的献计献策中得到感召和鼓励。

2. 增强信心的激励艺术

领导者要采用多种方式，不断强化下属实现组织目标的信心，进而使事业不断取得胜利。一个人不可没有志气，一个民族不可没有民族自尊心和自信心，一个国家不可没有雄立于世的自信心。领导者要善于增强秘书的自信心，使秘书相信国家能够发展，自己所在的组织能够有所作为，自己提出的参谋建议能够有效地促进组织发展。这样，秘书就能主动地发挥参谋作用。

3. 通过奖罚进行激励的艺术

奖罚是重要的管理手段，同样适用于激励秘书充分发挥参谋作用。奖励是肯定和表扬的正激励，惩罚是否定、批评、处罚的负激励。在秘书参谋活动中，不少领导人对积极发挥参谋作用，提出有价值的意见和建议的秘书人员，肯定和表扬显得不够；对出歪点子的人也未进行严厉的批评。这对充分发挥秘书参谋作用是不利的。对秘书而言，参谋活动应甘做无名英雄；但对领导人而言，适当运用奖罚手段是完全必要的。这样可激发秘书正确地发挥参谋作用，规范和引导秘书的参谋行为。这种激励可以采用多种手段。如对有价值的参谋建议，可在与秘书沟通中给予必要的肯定，对其有创新意义的闪光点表示赞赏，或对其负责精神表示肯定，或对其提供的重要信息表示重视等等。这对秘书积极开展参谋活动无疑是十分有益的。对错误的参谋建议，可加以指导。如对认识不足的错误，可助其提高认识；对动机不纯的错误，可给予必要的批评。这样，有利于提高秘书的综合素质。参谋与接受参谋是一种思想认识的双向交流。领导者在双向交流中处于主导地位，适当地采用灵活有效的激励艺术，能使双向交流更加有效，更为和谐。

4. 满足正当利益的激励艺术

社会成员个体、群体、阶层、阶级、国家都有其追求的利益目标。正确的利益目标是人们行为的动力，是激励人们改造客观世界而自觉活动的重要动因。领导者对秘书有效发挥参谋作用要善于运用利益激励的艺术。如在总结工作时，对尽职尽责完成日常事务而又充分发挥有效参谋作用的秘书，应像干出实绩的其他工作人员一样给予必要的奖励；对提出了重要创新谋略取得实效的秘书应像创造发明者一样给予适当的物质和精神上的报偿；对勇于直谏，避免了重大损失的秘书要在热情肯定的同时，委以重任。这样，不仅是对提出参谋建议的秘书是极大的鼓励，而且对全体组织成员积极参与管理，形成民主管理风气也有极大的促进作用。

5. 体现信任关怀的激励艺术

领导者对秘书的信任程度，是影响秘书参谋积极性的重要因素。领导者对秘书的充分信任，对工作、生活、学习、成长等方面的关怀，能有效地激励秘书人员创造性地进行工作，充分地发挥参谋作用。如将重要的调研课题下达给秘书去完成并给予必要的指导，在某些问题上征求秘书的看法，都体现了领导对秘书的信任。这种信任，有时比物质奖励更具激励作用，它能使秘书增强责任感、使命感和受到重视的心理满足，从而转化为积极工作、充分发挥参谋作用的动力。又如在秘书工作中、生活上出现某些困难时，领导者给予关怀和帮助。这样就能使秘书更为深切具体地感受到组织的温暖和领导的关怀，从而更加竭心尽智地当好参谋助手。

6. 以身垂范的激励艺术

榜样的激励作用是巨大的、不可替代的。领导者要善于运用榜样激励艺术，充分地发挥秘书的参谋作用。一是领导者自身要重视科学决策和管理，重视各方面的信息，敏于观察，勤于思考，虚心听取各方面的意见和建议，勇于创新思考，为秘书做出榜样。古语云：军井未达，将不言渴；军幕未办，将不言倦；军灶未炊，将不言饥。领导者不畏困难，勇于面对困难，坚定不移地追求科学决策，就能为群众特别是身边的秘书树立榜样，激励他们去面对客观实际，谋划战胜困难的办法，积极主动地发挥参谋作用。若领导者在困难面前消极悲观、一筹莫展、被动等待，就会给整个士气带来消极影响，也会使秘书参谋产生畏难情绪而无所作为。二是要善于树立榜样。要善于在组织的普通成员和秘书人员中，对那些深入实际、为组织发展献计献策的人，应给予热情肯定，号召大家向他们学习。在普通成员或一般秘书中树立献计献策，发挥主人翁精神的榜样，可使人们感到可学可做，破除运筹参谋的神秘感，从而激发参谋活力。领导者对那些提出了点滴有益建议的人都应热情地表示欢迎和鼓励，对那些提供了重要谋略的人大力表彰和奖励，就能起到极大的激励作用。这对秘书参谋活动而言，既优化了其参谋环境，又激发了其参谋热情。

对秘书参谋的榜样激励艺术丰富多彩，领导者能灵活采用，会起到极佳的效果。

7. 增强对秘书参谋吸引力的激励艺术

领导者经常与秘书打交道，领导者是否能对秘书开展参谋活动具有吸引力，对秘书参谋活动的积极性具有不可低估的影响。如果领导与秘书关系融洽，就能把秘书的智能吸引到领导的谋略思想活动中来，缩短上下级之间的距离，营造一个协调和谐的参谋环境。要如此，领导者一是要平等待人。这是进行有效沟通，使秘书充分发挥参谋作用的前提。领导者要认真听取秘书的建议，对秘书的参谋劳动给予必要的尊重，不要求全责备，对有益的建议，哪怕是仅有点滴合理部分的建议也能认真对待，这样就能起到有效的激励作用。二是要严于律己。领导者不仅要作风正派，以身作则，而且要在秘书提出自己工作中的缺失时，要虚心接受，并加以改正，感谢秘书的及时捉醒。这样，能够确立领导者实事求是，知错必改，从善如流的领导风范，从而激发秘书更加积极主动地开展参谋活动。如果领导者心胸狭窄，拒不接受别人的批评意见，甚至打击报复，就会产生离心力，使人避而远之，对秘书参谋的积极性就会带来消极影响。三是要创造目标一致前提下的和谐交流的气氛，要让秘书认识到实现共同目标是领导与秘书主辅配合的共同使命，相互坦诚交流，互相勉励，为优化决策与管理共同努力。

8. 加深理解的激励艺术

领导者要真正理解秘书，才能与秘书有效交往，从而发挥其参谋作用。在当今管理实践中，信息总量急剧增加，更新的速度日益加快，秘书的信息服务和操办事务的工作难度也不断加大。秘书提出参谋建议，有效发挥参谋作用，是其事业心、责任感和敬业精神的具体体现。领导者应该理解秘书工作的辛劳和秘书参谋的良苦用心。在此基础上，领导者才能重视秘书的参谋建议。在实践中，领导者一是要理解秘书信息枢纽的优势和近身观察，具体了解领导和管理活动的优势，又要理解其必须深入基层深入实践的需要。因此，领导者既要发挥秘书的优势，又要给秘书人员提供深入基层、深入实践的条件，让他们通过调查研究，提出更有参考价值的参谋建议。二是要帮助秘书正确把握领导工作对参谋辅助的需要。秘书在与领导主辅配合中，对参谋的需要是十分了解的，但与领导者的决策思路和管理意图，尚需深入了解。如果让秘书具有更多的了解领导意图的机会，其参谋建议也就更具针对性和有效性。三是要加强与秘书的感情交流。感情世界是一个纷繁复杂的世界，它一方面包含人自身对客观世界丰富细腻的反应与体验，另一方面又影响自身的认识行为，形成人们了解、把握自身的一把钥匙。支配人们行为的，不仅仅是理性，很大程度上还受感情的影响。因此，领导加强与秘书的感情交流，就能激发秘书的参谋热情，更加主动地发挥参谋作用。

第三节　增强参谋效应的艺术

秘书人员要想有效发挥参谋作用，除了提高自身素质和参谋能力以外，还必须在实践中不断总结经验，努力学习和掌握有关社会、心理、行业礼仪等多方面的知识，在表达参谋建议的过程中善于处理公共关系、人际关系，创造良好友善的气氛，以提高参谋方案的采用率，尽力使自身参谋辅助的智能劳动，在组织运转中产生更积极的实践效应。

一、营造和谐气氛的参谋艺术

人们的思想情绪受社会环境的影响，同时也与人际交往气氛有着极为密切的联系。在友善和谐的气氛中，人们交往轻松、诚恳、坦荡、随和。秘书人员若在这样的气氛中提出参谋建议，往往就很少遇到情绪对立、固执己见等消极情绪的干扰，取得的建议效果也较佳。秘书人员在参谋活动中，必须掌握制造和谐气氛的参谋艺术。

1. 营造友善气氛的艺术

在秘书人员参谋活动中，若能在向领导提出意见或建议时善于创造友善、亲密、和谐的气氛，对事物的看法就容易达到认同，不同看法也容易心平气和地进行交流，不会产生对立情绪。营造友善气氛的艺术，通常可采用以下途径：

①先扬后抑的善意劝告。秘书人员提出意见或建议，往往是对领导者疏漏或失误的纠正。对此，领导者应持欢迎态度。但实践中的领导者并非都是虚怀若谷的谦谦君子。有的领导者对批评意见，特别是来自下级的意见难以接受。秘书人员若能巧妙地采用先扬后抑的方法进行善意的劝告，往往能起到较好的参谋效应。

某单位领导年轻有为，大学毕业仅五年就被上级任命为一家国有大公司的经理。他上任不久，就接到母校请他回校参加校庆的请柬。他一时高兴，随手写了张条子，决定划50万元捐赠给母校购买教学设备，并让秘书小王到财务处去办理。小王拿着经理的条子，觉得不妥当，违背了公司的财务制度规定。他笑着说："经理，您对母校的感情还是很深的嘛，在大学一定是位高才生。"

"高才生谈不上，不过，母校和老师们对我的教诲我还是终生难忘的。"经理愉快地说。

"听说您读大学时就发表了《论投资效应与投资控制》的论文，还荣获了一等奖。"小王说。

"你怎么知道的?"经理好奇地问。

"我去年写毕业论文时导师向我推荐过，还详细地介绍了您这位大作者哩。"

"你也是华大毕业的?"经理又问。

"是呀。可我没有您这位学长的能耐，大笔一挥，就是50万元。这对母校校庆无疑是一个头号新闻。华大几十年毕业了数万学生，除了海外的富豪，国内特别是担任公职的只是您一位了。"

"是吗?"经理有些警觉了，"你觉得有些不妥当吗?"

"尊师重教，怀念母校之情，我是敬佩的。但这笔开支，好像公司还没有先例。"小王说。

经理点了点头，接过刚写的条子，仔细地看了看，笑着说："是有不妥，谢谢你的提醒。个人对母校的感情，还是以个人的方式表达为好。"经理把那张纸条抛进了废纸篓。

这种先扬后抑提出意见和建议的方法，在实践中能起到十分明显的效果，不仅避免了对立情绪，而且能使领导在理解与善意的气氛中，冷静地思考，提高认识，接受意见。

②淡化抵触情绪。在某种情况下，对已经出现的问题，领导已形成了自己的看法，并对不同意见有了明显的反感。秘书人员若不淡化其抵触情绪，提出的参谋建议就很难发挥作用。

某单位职工小杨为工资问题找一把手无理取闹，一把手十分恼火，决定将小杨开除，二把手觉得处理过严，但一把手不听劝阻，坚持己见，并要秘书小王立即起草处分文件。

小王说："我同意经理严肃处理。我们单位数百人，人人都找领导闹工资，单位业务就无法开展了。再说您这样处理也是出于公心，小杨还是您的表弟，自以为是领导的亲戚就无视单位纪律，如不严肃处理，消极影响就更大。"

"是呀，公是公私是私呀! 他像在家里一样无理取闹，叫我怎么当这个领导?"

"群众对您的心情是十分理解的。要是小杨不是您的表弟，您

337

还不会处理这么严的。"小王说。

"就是嘛！不能正己，焉能正人。越是表弟，越是要求严格。"

"不过，小杨已经认识了错误，真的开除了对他的前途有影响，再说他在单位也是个业务能手……"小王委婉地说。

"那，那就暂不发除名决定吧，看看他的工作表现和认识错误的态度……"

小王首先赞赏领导严格管理，不徇私情，淡化其抵触情绪，进而使领导接受了自己正确的建议。

③婉转暗示的奇效。在某些场合，婉转的暗示比尖锐的批评或长篇的说理更能起到良好的效果。

某单位秘书打印领导亲自撰写的年终总结报告，报告从宏观到微观，旁征博引，满纸书卷气，对单位一年来的具体营运情况却很少涉及。他想，领导新上任不久，一是不了解单位的实际，二是不大好开口让秘书代笔。于是，秘书向领导说："您写的这份材料，理论性很强，如果整理加工一番，是一篇很好的理论性文章哩！"

领导笑了笑摇头说："没有深入实际，只能不着边际，我看还是不作报告为好。我知道这不像总结报告。"

"我这里有几份调查材料，您需不需要参考一下？材料里反映的是单位一年来的综合情况。"秘书诚恳地说。

"好，你快拿来，我再把报告修改修改。"领导说。事后，领导重写了总结报告，有理有据，受到全体员工的好评。

秘书用暗示委婉地帮助领导修改了空洞无物的报告，从此成为领导得力的帮手。

④责己的铺垫。当发现某些问题与自己有一定的关系，若首先主动承担责任，自责疏忽，然后提出解决问题的意见或办法，往往容易被领导所接受，取得较好的参谋效果。

某公司经理从外地回来后找营销部主任商量问题，却发现营销部主任三天没来上班了，为此，经理十分恼火，批评其工作不负责任。秘书小王连忙对经理说："都怪我没及时向您汇报，销售部主任的妻子难产，他虽白天在医院里，晚上他还到公司处理事务，让他母亲在医院照料……"经理一听，马上亲自到医院探望，顺便

338

去商量工作，一场误会就此避免了。

⑤给对方留下思考的空间。直陈见解是一种提出意见或建议的方法。但在某种情况下，秘书人员发现了某种现象，只需提请领导注意，领导即能妥善地进行处理。

如一年一度的五一节，单位照例要组织庆祝活动和对职工有所福利照顾。今年由于领导工作太忙，还没有考虑到。秘书小王对领导说："局长，五一节马上就到了，不知单位是否已作安排？"局长马上引起了重视，说："你看，我差点把这事忘了。下午你通知几位副局长到我这里开个会，专门讨论一下五一的评比表彰活动和职工生活福利安排问题。"这时，局长已在他的工作簿上，写下了好几条五一节活动安排。

2. 避免干扰伤害的艺术

秘书人员参谋的目的是帮助对方，有益于工作。因此，提出意见建议时，务必要避免伤害对方。伤害对方会使其自尊心和自信心受到损害，会使对方产生反感和对立情绪，影响参谋建议效果。

①给人留面子以保护其自尊和自信。当人们明白了自己的错误和过失之后，内心总是痛苦的。因此，有的责怪自己，产生消极的自卑感；有的心里明知自己有过错，嘴里却拼命为自己辩护；有的对别人的批评不接受，以保护自己的自尊。在这种情况下，任何有损其"体面"或"面子"的意见或建议，都会引起反感。秘书人员在向领导提出意见或建议时，最好也不要在公开场合，有损其面子，尽可能在私下进行，一则可心平气和地进行交流，二则有利于维护其威信，三则能保全其"面子"，使其自尊心不受伤害，也不会造成反感。

②肯定成功一面的巨大作用。在实践中，成绩与缺点不是截然分开的。有时错误的方案中，有正确的动机或可取之处；有时正确的方案中，也有错误或疏漏。秘书人员在参谋中，除了要坚持实事求是以外，还应注意，对错误方案提出参谋建议，应肯定其正确部分。这样，既实事求是，又有利于化解对方的抵触情绪，还有利于增强其改正错误的决心和工作的自信心。

③要帮助领导维护好名声。每个人立足于社会，都想有一个好

名声。秘书人员在提出参谋建议时，也应维护领导的好名声。只要不是重大的原则性问题或触犯国家法律的问题，秘书人员若发现领导的疏忽或过错，提出意见或建议，都要注意场合和范围，不宜影响领导的名声，不应当"小广播"到处散布。因为领导的名声，不仅是关系到他个人的社会影响，也关系到组织形象和组织的公共关系。秘书人员在协助领导弥补缺失时，特别应注意树立组织形象和维护领导的好名声。

3. 促进坚定进取的艺术

秘书人员对领导提出意见或建议，不仅要使对方认识到疏忽和失误，或者认识到参谋建议的合理性，而且要使对方树立改进工作的信心，或者产生采纳实施建议方案的决心。因此，秘书人员在提出参谋建议的同时，应帮助对方强化乐观进取的精神。

①"相信您成功"的魔力。信任是一种能量，它能激发人们乐观、自信的健康情绪，从而使其内在的潜能被发掘出来，以惊人的智慧和力量，推动其工作取得成功。

某单位管财务的副经理由于工作经验不足，被"皮包公司"骗走了万元公款。虽然事后追回公款，这位年轻的副经理从此对主管财务工作失去了信心。办公室秘书老黄找机会与这位副经理谈心说："我在公司工作二十多年，先后与十几位经理、副经理共过事，没有一个领导没出现过失。有了错误，改了就行。吃一堑长一智嘛！您年轻，事业心强，作风正派，上级没有看错人，群众也相信您能当好这个副经理。"

老秘书的一席话使这位年轻的副经理恢复了信心，后来成为公司理财的能手。

②使对方愉快地接受建议。人们如果在某种压力下不得不接受意见或建议，其建议效果一定会受到影响。秘书人员在提出参谋建议时，若注意表达艺术，使对方乐意接受，并愉快地按建议去办，其参谋建议效果会更佳。

某公司商品滞销，资金周转不灵。销售部部长因病住院。在公司办公会上，办公室主任老刘建议，由主持全面工作的常务副总经理老王负责，突击抓销售，解决滞销问题。老刘的建议得到了与会各负责人的赞同，只有王副总经理没有表明态度。

老刘接着说："这次滞销，不仅会影响今年公司的任务，而且还会影响明年公司的发展。这是全公司的头号大事，本来应该总经理亲自抓，但总经理年龄大，身体又不太好。所以我建议王副总经理亲自抓。王副总经理年富力强，是搞销售的老手，现在又主持公司全面工作，代替总经理挂帅抓销售，王副总经理是最合适的人选。"王副总经理脸上露出了笑容，其他负责人也一致表示同意。王副总经理果然不愧为搞销售的行家，不负众望，开辟了新市场，出色地完成了销售任务。

③要善于描述未来。人们若在美好未来的憧憬中，孜孜不倦地为追求远大目标而努力，就会生活得充实而有信心。虽然会有暂时的困扰和挫折，他也会不以为苦，而乐在其中。只有对未来绝望的人，才会为个人前途苦恼消沉。

秘书人员在对领导提出参谋建议时，特别是在领导遇到困难或挫折时，要善于描绘未来，要注重参谋建议产生乐观的效应。要使困境中的人看到希望，相信未来，并鼓励其去为远大目标而奋斗。领导也是人，在困境中也可能出现软弱的一面，秘书人员作为领导的参谋助手，要在精神上给领导以支持。

有位经理在公司面临破产时又愁又急，病倒了。他觉得上愧对组织的信任，下愧对全体员工，几次产生了轻生的念头。

秘书老王到医院探望他，给他带来了一幅绘制精美的设计图。

老王说："这是我花了半个多月画出来的公司发展规划图，请经理看是否合适。"

"别安慰我了，公司都快散伙倒闭了，还谈什么发展。"经理说，"都怪我没有能力"。

"经理，公司的困难，也不能全怪您。您调到公司才一年，工作勤奋，作风正派，全公司职工心里都有数。只是国家产业结构调整，我们公司经营项目与市场需要对不上口，这是谁都没有办法的事，不过，产业结构调整从长远来看，也是一件好事。我看了市里的城市规划图，我们公司将三面临街，占地面积又大，正处市中心区的黄金地段，如果调整经营项目，用不了三年的时间，我们就可大变样……"

老王一席话说得经理从病床上跳了下来，说："快走，我们回公司好好商量商量……"

秘书老王对未来的描述，又燃起了经理的希望之火。

二、避免冲突谋求共识的艺术

秘书人员的参谋要想发挥作用，必须注意表达技巧，要善于说服领导同意和采纳自己提出的正确的参谋建议。

1. 避免冲突的艺术

秘书人员进行参谋、提出意见或建议，往往是发现了某种问题或错误，或看出疏漏或失误，或发现新的情况或倾向。此时，秘书人员必须把自己的认识和参谋的建议以适当的方式表达出来，争取领导认同，并采纳实施。但是，每个人都有自己的思维方式，往往都认为自己的看法是正确的。特别是担任领导职务拥有决断权的人，都会在下级面前表现出较强的自信心和自负感。秘书人员要想说服领导，改变观点，听从自己的建议，不是一件容易办到的事。处理不当，不仅对方不愿接受，而且会发生冲突，造成矛盾，不利于工作。在参谋建议过程中，避免冲突应注意以下几个方面：

①不要争当辩论的表面胜利者。古往今来，辩论是社会生活中极为普遍的活动。然而，秘书人员在参谋建议、阐发己见的过程中，却不能像外交论坛、学术讲坛和法庭辩论那样，以学识的力量、真理的力量和逻辑的力量，以及言辞的尖锐机警，去争当获胜者，去压倒对手。辩论场上，虽有胜负，但要想失败的一方完全接受获胜一方的观点是十分困难的。而秘书人员提出参谋建议，是要凭借价值分析、利弊权衡与领导者求得共识，形成一致的看法。因此，以咄咄逼人的气势去驳倒对方的做法是不妥当的，而应该娓娓动听地、入情入理地、不露锋芒地去拨动对方的心弦，以站在对方的角度，为全局着想的真诚态度去感染自己的领导，才能取得良好的效果。因此，在提出参谋建议时争胜占上风的心理是不可取的。

②要善于消除沟通的障碍。人生活在复杂多变的社会生活中，要想绝对不犯错误是不大可能的。我们只能争取少犯错误，犯了错

误尽快认识，及时改正。罗斯福在执政期间承认，假如他在当政期间四分之三的时间里干的事是正确的，那他就算达到了自己预定的目的的顶峰了。我国不少伟人评价自己的功过只要能三七开也就够了，即七分正确三分错误。伟人尚且如此，一般人犯错误就更是难免了。因此，秘书人员对领导出现的过失应抱宽容友善的态度（当然，这里所说的错误绝非违法乱纪的罪行），绝不能以寻觅别人的错误来显示自己的高明，更不能以挑毛病踩着别人作为向上爬的阶梯。与人为善，助人发展，诚心待人是秘书人员提出参谋建议的基本态度。

秘书人员提出意见或建议时，最好不要用这样的话语开头："你的看法不对！让我告诉你……"这样的开头语，往往会使人感到你是在说："我比你高明，你得听我的。"这是一种挑战，很容易把参谋对象推到对立面。听话人很可能在未听到你的建议时就准备和你较量一番。既然我们参谋的目的是诚心诚意地帮助对方，又何苦要在表达的语言上刺伤对方为沟通思想设置障碍呢？好雨知时节，润物细无声。暴风骤雨不仅难以"润物"，而且可能摧残枝叶。秘书人员提出参谋建议，应采取"润物"的态度和方法。开头语最好平和谦虚一些，如："对这个问题，我有点肤浅的看法，说得不对，请你指正……"这样的导语，没有显示自己比对方高明，只表达了共同寻求正确答案的良好愿望，对方是没有理由拒绝合作的，这就为相互沟通扫清了障碍。

③消除对抗才有认同的基础。秘书人员在参谋建议中，与领导谋求认同，更要避免对抗。在现实生活中，爱骂子女的父母，飞扬跋扈的领导，唠叨不休的妻子，都难以说服自己要说服的对象，何况作为下级的秘书人员若不能避免对抗，是很难说服其领导的。

2. 扩大共识的艺术

秘书人员要想使自己的意见或建议被领导采纳接受，必须使领导同意自己的看法。认同是接受参谋建议的基础。秘书人员在表达自己的意见和建议时，必须善于谋求认同。谋求认同，秘书人员应注意以下方面的问题。

①不要使人对你的话感到厌烦。有的人虽然思维敏捷，口齿伶

俐，但听他的话往往使人产生厌烦情绪。

一个喜欢卖弄自己的才华，显示自己长处的人，往往会无意或有意地贬低别人，伤害听话者的自尊心。特别是秘书人员在向领导提出参谋建议时，想出了好办法，策划出好的方案，但切不要过分地夸耀自己提出的方案，把它美化成无价之宝、济世良策，比其他方案不知要好多少倍。如果过分夸耀，无异于向对方宣称，自己是天才，人家是蠢材。这样就会引起对方的反感和厌恶。秘书人员切不可在参谋建议中吹嘘自己，使人感到厌烦。

②善用理智为参谋铺路。秘书人员在失去理智的情况下，是很难成功地进行参谋建议的。其原因是：一方面失去理智就难以全面、客观、冷静地分析问题，提出切实有效的参谋建议方案；另一方面，失去理智即使有妙计良策，也难以用平和的态度，妥帖的方式提出。粗暴、尖刻地提意见，是很难让人接受的。

在提出意见和建议时，秘书人员一定要理智地分析问题，理智地寻找提出意见和建议的时机，理智地选择领导容易接受的方式。这样提出的参谋建议，才可能取得良好的效果。

③在欣赏对方的长处中寻求认同。有经验的秘书人员在参谋中，不仅善于补充和纠正领导的疏漏和错误，而且善于从领导决策思维的合理部分得到启示，并以此作为提出参谋建议的证据。秘书人员若能合理地吸收领导决策思考中的闪光部分，在阐述自己的建议方案中，顺着领导的决策思路，让领导回应出一系列的"对、对、对"，这样，认识就逐步走向一致，形成一种"认同惯性"，领导对秘书人员提出的修正、补充性建议也会点头说"对"的。在善于肯定对方的交流中，往往促进认识的统一，使参谋建议自然地被领导接受。

④培养亲近感是认同的重要媒介。我国有天时不如地利，地利不如人和的古训。在秘书人员向领导提出参谋建议时，理解、信任和亲近感对参谋成效影响很大。当然，培养亲近感不是毫无意义地套近乎，更不是一味迎合，而是在实事求是地寻求解决问题的办法中，增进相互理解、相互尊重和友谊。作为秘书人员，如果他能从参谋活动中体察到领导决策的艰难和辛劳，体会到领导的甘苦，领

导也会体会到秘书人员参谋的诚恳和为决策服务的敬业精神，相互的亲近感就会油然而生。这种亲近感，对充分发挥参谋作用是具有积极意义的。

⑤把正确的结论让对方作出。不少人喜欢以人生导师的姿态，指引别人应如何如何面对社会实践的难题，像喋喋不休的牧师，向人揭示神的旨意。然而，在不少场合，他们往往是白费口舌。在人们的潜意识里，更乐意自己探索成功之路。

秘书人员在提出参谋建议时，当领导逐步接受了自己的建议和意见，最终的结论最好让领导自己作出，让领导最后表示"我决定这么办"、"这个办法行"。正确的结论由领导作出是对决策者的尊重，也有利于决策之后领导坚定地指挥决策的执行。

3. 谋求理解的艺术

在参谋建议中，秘书人员不仅要善于理解领导，而且要善于谋求领导的理解。缺乏领导的理解，参谋作用就会受到限制。谋求理解，应注意以下方面：

①设身处地为对方着想。在一般情况下，人们犯错误，往往不是有意的。只有傻瓜才会干出对自己领导的单位不利的错事。因此，当秘书人员发现领导的疏漏或失误时，不要埋怨，应该设身处地地为领导着想，将心比心地自问："假如我处在领导的地位，会不会产生这种失误？产生失误后会有什么想法？会采取怎样的方式去补救？"这样，就可以更加理解领导的决策思路，理清领导决策中失误或疏漏的主客观原因。在此基础上进行参谋也就更有针对性。秘书人员在参谋中能理解领导，也就为领导理解秘书人员的参谋活动打下了基础。

②体谅对方的目的和动机。人们的社会实践活动是有目的和动机的。作为领导决策或经营活动来说，大多目的或动机是正确的，有时在达到目的的具体做法上出现失误或疏漏，也有时目的和动机自己认为是正确的，而站在客观的立场上分析则是错误的。在领导的自我意识里，往往是认为值得去做的事，才会去做。

秘书人员提出参谋建议时，若能对领导正确的决策目的和决策动机表示赞同，然后再对其决策方案中的不足或疏漏进行补充和修正，势必能得到比较好的参谋效果。若不加分析地否定其良好的愿望和正确动机，就可能引起对方的反感和对立，其参谋效果也会大受影响。

秘书人员在提出参谋建议时，运用类似的开头语，可以得到较好的效果："您的良好的愿望是令人钦佩的，但是……""您的这种想法是不足为怪的，假如我是您的话，我无疑也会有您的这种想法。"有了这样的开头语，就是争强好胜的人听了，也不好意思拉下脸皮来进行争论。秘书人员真心实意地体谅对方，接受参谋建议的领导者又怎么会唇枪舌剑地对待秘书人员呢？

③从思想共鸣中提出对策。提出参谋建议和采纳参谋建议，往往是由于秘书人员与领导思想上产生了共鸣。思想的共鸣，意见的交流，能够促进认识的统一。

在一般情况下，人们都愿意做一个办事正确、行为正派的人。有的人用口头宣称正确的主张，有的人用行动证明自己的正确。无论是口头还是行动，人们都公开表达对真理的追求，都希望自己是一个办事出于公心、受人尊敬的人。秘书人员在参谋活动中，要善于将领导平时口头讲的、实际工作中表现出的正确主张和正确做法，收集起来，作为提出参谋建议时的引证材料，充实参谋建议的内容。这样做，容易从思想上与领导产生共鸣，提出的对策意见也容易被领导理解和采纳。

如某单位领导平时大手大脚造成了一些浪费，但有一次大会作报告讲勤俭节约问题讲得很生动，很具体，也很深刻。

秘书小王会后对领导说："群众纷纷反映您的讲话很好，要求作为文件下发执行，您看行不行？"

"我随便讲的，要作文件下发，还得修改一下，只有请你这个秀才代劳了。"领导说。

"是不是根据您讲的内容，后面还定出几条反浪费的办法来？"小王趁机建议说。

"行！你去写吧。"

小王在整理领导讲话稿时，增加了几条反对浪费的具体措施，其中有些内容就是针对领导的浪费现象的。文稿交上去后，小王心里有些后悔。没想到领导很快批准下发，并且亲自送到小王手上说："你改得好啊，打印下发到各基层单位吧！"

"我可是照您讲的整理的啊！"小王说。

"我知道是我讲的。"领导笑着说，"我也会照着我讲的去做的。"

发文以后，由于领导带头执行，公司的浪费现象有了很大的改观。

三、获得欢迎的参谋艺术

感情像影子一样伴随着人们，它像镜子一样反映着人们的思想，影响着人们的行动。秘书人员的参谋活动，既要对客观现象进行综合分析研究，又要对参谋对象的主观思想情绪进行思索，以获得参谋对象的信赖和欢迎，这样，才能更有效地发挥参谋作用。

1. 选择适当表达方式的艺术

提出参谋建议的表达方式多种多样，但要根据具体情况进行选择，才能取得满意的参谋效果。

①微笑的魅力。商场上有这样一句谚语："脸不带笑的人决不能做生意。"而带笑容的人往往到处受人欢迎。笑容向人表示："我非常高兴见到你，见到你使我感到十分愉快。"这种真诚的笑容，能消除人与人之间的隔离感和陌生感，使人们彼此关系更为贴近。

秘书人员的参谋，本意就是为了帮助领导取得更好的工作成效。若在提出参谋建议时，面带诚恳的微笑，就有利于相互沟通与交流。

②轻松地交流。秘书人员的参谋活动中，并不是所有的参谋内容都是十分严肃的原则问题。对一些一般性问题的参谋建议，若能在轻松的融洽气氛中进行交流，能够得到比较好的效果。即使是原则问题，用轻松的语调表达出来，也能得到很好的效果。

如某经理因为市场变化，公司经营情况不好，心情不佳，稍不顺心就发脾气。

"这鬼天气，热死人了！"经理抱怨着。

"经理，天有不测风云，听说过几天就要转凉了。"秘书说，

"人说心静自然凉，您可不能烦躁啊！"

"是啊，不能烦躁。"经理若有所悟地说。

"经理，我今天从《经济参考》上看到，好像市场风向也在转变啊，您看，在这！"秘书把报纸递过来，经理接过来仔细看了一遍，说："这可是一阵清风啊！"

"趁风扬帆，您又要忙乎了。"秘书说。

"对，趁风扬帆，你快去把几位副经理请来，我们研究研究。"经理已开始构想新的经营谋略。

秘书以轻松的语言，劝告经理保持冷静，克服市场变化的烦躁情绪，并提供市场信息，起到了良好的参谋效果。

③提意见建议也要有点幽默感。秘书人员提出参谋建议，也需要有点幽默感。如果秘书人员提出参谋建议时，语言风趣、机警，把经营管理的道理寓于富有情趣的事例之中，其效果一定比枯燥的大道理和乏味刻板的陈述要好得多。

某公司新任经理是位刚到 30 岁的年轻人，担任经理后仍然成天在车间基层转，公司里很多大事显得群龙无首。

办公室主任老王找经理闲谈说："经理，你家小宝宝谁带？"

"小保姆带呀。"

"柴米油盐谁管？"老王又问。

"我妈管呀。"

"要是你把带孩子、柴米油盐的事都管起来，那会怎么样？"老王继续问道。

"哈！老王，您是话中有话吧？"经理笑着说。

"我想，你如果成天专带孩子，小保姆一定会对你有意见；你如果把柴米油盐管起来，你妈也会有意见的。"

"你是说我管多了？"经理问。

"不，是要各司其职，在其位谋其政，经理办公室里总不能老是空着啊！"

年轻的经理点头不语。后来，他虽然也经常下基层，但每天都要到经理办公室把该处理的事情处理好。公司工作走上了正轨。

老王的话语使经理调整了工作方式。

2. 注意表达态度的艺术

秘书人员的参谋活动，总的目的是为了组织的发展，帮助领导提高工作效率和效益。但表达意见、建议时的态度不同，参谋的效果也有很大的差异。以挑毛病的态度不行，以好为人师的态度也不行。秘书人员要以真诚、友善的态度去进行心灵的沟通，才能得到较好的效果。

①真诚是打开心扉的钥匙，在秘书人员参谋中，真诚是十分关键的。秘书人员若虚伪地欺骗了上司并被发现以后，其上司就会用怀疑和戒备的目光看待他，他提出的参谋建议和意见就大为减色。

秘书人员切忌以利己为目的提出参谋建议，不能以漂亮的言词，掩盖自己的真实目的，导致对方上当。虽然虚伪的欺骗可以使自己得利于一时一事，但一次欺骗就等于给自己设置一个障碍。只有真诚待人，才能得到友好和信任的回报，才能赢得对方的欢迎。

秘书人员提出参谋建议时的真诚，主要体现在讲实情、说真话，诚心诚意表达帮助领导改进工作的种种想法。这样提出的参谋建议，领导也会诚心诚意地听取、分析，只要合理可行，他就会采纳。即使不能采纳，他也会作为重要参考，并真诚地感谢参谋建议者。

待人以诚是做人的原则，也是秘书人员必备的职业道德。在参谋活动中，真诚是衡量秘书人员参谋动机的重要标准，也是打开对方心扉的钥匙。

②耐心倾听的作用。有些人向别人提意见或建议时，总是滔滔不绝地阐述自己的看法，仿佛唯恐失去了讲话的机会，不顾别人是否有兴趣听，是否能听明白，是否有话要说。有时甚至他讲的越多，别人越听不明白或越不愿听。这样提出参谋建议是很难发挥作用的。其原因一是他采取的是单向信息注入，不是采取的双向信息交流，没有倾听对方的想法；二是没有观察对方对自己讲话的反应，无反馈就无法调整自己表达意见的方式。

秘书人员不仅要恰当地、准确地表达自己参谋建议和意见的内容，而且还应引起双向沟通，认真地、耐心地听取领导的想法和意见，只有这样，才能得到比较满意的参谋建议效果。

在某种情况下，耐心地倾听本身就能起到辅助作用。

美国南北战争最艰苦的岁月里，林肯写信约一位老友到华盛顿来，说有些问题需要和他一起探讨。这位老友来到白宫，林肯为发表一篇解放奴隶的宣言是否适当一直谈了几个钟头，一直都是林肯一个人在讲话。几个小时后，林肯向老友道了晚安，没有向老友征求任何意见就送走了老友。事后，他的老友说："谈话以后，他好像觉得轻松多了。"可以看出，当时林肯所需要的是一个忠诚的、友好的、富有同情心的听众，他要在这位听众面前叙说以卸下思想上的重负，同时在叙说中清理自己的思路。

秘书人员有时也要充当领导叙说的忠诚听众，这样，可以更加了解对方，有的放矢地进行参谋。

秘书人员要想使自己提出的意见或建议引起对方的注意，吸引对方，最好先耐心地倾听对方的陈述，鼓励对方谈论自己的成就与欢乐、迷茫与痛苦，然后提出自己的参谋建议。秘书人员切不可在自己的长篇宏论中自我欣赏，不要做一个夸夸其谈、令人生厌的说教者，而要在认真的倾听中，做领导的知音和贴心人，适时地、有的放矢地提出建议和意见，给予必要的帮助。

③运用共同话题促进相互沟通。秘书人员提出参谋建议，必须善于找到与领导共同的话题，有了共同的话题，双方沟通才有兴趣。

秘书人员在提出参谋建议时，若能找到对方感兴趣的话题为切入口，参谋效果会更好。作为总统的罗斯福，当他和别人交谈时，十分注意选择对方感兴趣的话题，秘书人员就更应该在这方面下功夫了。谈论使对方感兴趣的问题，才会被对方欢迎。在此基础上提出参谋建议，才能引起对方思考，被对方所重视。

后　记

全国高等教育自学考试秘书学专业统编教材——《秘书参谋职能概论》，是由全国考委办公室统一组织编写的。其内容、水平、体例等，符合相关课程自学考试大纲的规定，适应考生个人自学、社会助学的需要及社会实际需要。由于秘书学本科自考专业刚刚建立，秘书参谋职能概论这一秘书学的学科分支亦是初步建立，因此，本教材将在实际使用中，听取各方面的宝贵意见，以便修订。

本教材由武汉大学张清明教授和湖北大学方国雄副教授编写。先由两人提出编写纲目，武汉大学陈广胜教授参与了纲目讨论，张清明确定纲目。编写分工如下：

第一章、第五章、第六章、第八章由张清明编写；第二章、第三章、第四章、第七章、第九章、第十章由方国雄编写。全书统稿修改由张清明进行。

本教材由成都大学常崇宜教授、湖北大学饶士奇教授、湖北省直属机关党校姜德兴教授参加审定，常崇宜为主审。

全国高等教育自学考试
指导委员会秘书学专业小组

2000 年 7 月

附 录

全国高等教育自学考试指导委员会

高等教育自学考试

秘书参谋职能概论
自学考试大纲

秘书学学专业

（含考核目标）

出 版 前 言

　　为了适应社会主义现代化建设事业对培养人才的需要，我国在20世纪80年代初建立了高等教育自学考试制度，经过近20年的发展，高等教育自学考试已成为我国高等教育基本制度之一。高等教育自学考试是个人自学、社会助学和国家考试相结合的一种新的高等教育形式，是我国高等教育体系的一个组成部分。实行高等教育自学考试制度，是落实宪法规定的"鼓励自学成才"的重要措施，是提高中华民族思想道德和科学文化素质的需要，也是造就和选拔人才的一种途径。应考者通过规定的考试课程并经思想品德鉴定达到毕业要求的，可以获得毕业证书，国家承认学历并按照规定享有与普通高等学校毕业生同等的有关待遇。

　　从80年代初期开始，各省、自治区、直辖市先后成立了高等教育自学考试委员会，开展了高等教育自学考试工作，为国家培养造就了大批专门人才。为科学、合理地制定高等教育自学考试标准，提高教育质量，全国高等教育自学考试指导委员会（以下简称全国考委）组织各方面专家对高等教育自学考试专业设置进行了调整，统一了专业设置标准，全国考委陆续制定了几十个专业考试计划。在此基础上，各专业委员会按照专业考试计划的要求，从造就和选拔人才的需要出发，编写了相应专业课程的自学考试大纲，进一步规定了课程学习和考试的内容与范围，有利于社会助学，使自学要求明确，考试标准规范化、具体化。

　　全国考委根据国务院发布的《高等教育自学考试暂行条例》，参照教育部拟定的普通高等学校有关课程的教学大纲，结合自学考试的特点，组织制定了《秘书参谋职能概论自学考试大纲》，现经教育部批准，颁发试行。

《秘书参谋职能概论自学考试大纲》是该课程编写教材和自学辅导书的依据，也是个人自学、社会助学和国家考试（课程命题）的依据，各地应认真贯彻执行。

全国高等教育自学考试指导委员会
2000 年 8 月

目　　录

I　课程性质与设置目的

一、课 程 性 质

秘书参谋职能概论课，作为全国高等教育自学考试秘书学专业必考课，是本专业本科段的一门分量最重、学分也最高的专业课程。

秘书参谋职能概论，是秘书学的重要学科组成部分，是理论与实践结合、侧重实际应用的一个新的分支学科。本概论以马克思主义、毛泽东思想、邓小平理论为指导，阐述参谋与秘书参谋的同、异，秘书参谋与领导职能的关系，中外秘书参谋的比较；秘书参谋的机理、范畴、效应、素养、规律、形态、方法及艺术。本概论运用了相关的学科知识，体现了多学科交叉的发展趋势。

二、设 置 目 的

本课程的设置目的在于：引导自学应考者通过学习，较为全面、系统地理解秘书参谋职能的基本理论，掌握秘书参谋的基本方法，具有秘书参谋的基本素养和能力，以适应国家现代化建设中各方面领导工作对相应秘书参谋辅助的现实需要。为此，学习本课程的基本要求是：

1. 注意理解秘书参谋的基本理论和方法，学会履行秘书参谋职能；

2. 注意理解秘书参谋中秘书同领导、部门之间的正常职能关系，把握进行秘书参谋的规律、原则，从认识上提高进行有效参谋辅助的自觉性；

3. 理论联系实际，注意通过实际与案例掌握秘书参谋的范畴、形态、方法及艺术，获得进行实际秘书参谋辅助的能力。

II 课程内容与考核目标

第一章 绪 论

一、学习目的与要求

通过本章学习，在首先了解秘书及秘书工作基本知识的基础上，理解泛义参谋的概念、实质、组织，进而掌握秘书参谋特性、涵义，明确秘书参谋部门及相关秘书人员工作的基本内容及本质特征；理解秘书参谋对领导活动的作用，以及深入研究和学习秘书参谋职能对深化秘书学理论，探讨、推动秘书工作实践的重要意义。本章学习的重点和难点，在于泛义参谋同秘书参谋的基本区别、秘书及秘书参谋的基本概念，以及深入研究、系统学习秘书参谋职能的重要意义。

二、课 程 内 容

第一节 秘书及秘书工作

（一）秘书

领导活动的特定辅助需要：事务辅助需要，政务辅助需要，拾补辅助需要。特定辅助需要的特征：属于领导职能范畴，围绕领导近身辅助，全方位的综合辅助。秘书的概念。秘书群体。秘书基本分类：事务类秘书、政务类秘书、公务秘书、民务秘书。

（二）秘书工作

秘书工作的概念。秘书工作的基本内容：庶务办理，中介沟通，文书工作，信息工作，参谋政务，协调督查。秘书工作的突出特性：政治性、辅助性、近身性、综合性等。秘书工作的本质特征：近身、综合的辅助性。

（三）参谋辅助

秘书工作的固有内涵。政务辅助的基本形态。

第二节　参谋与秘书参谋

（一）泛义参谋

参谋概念。参谋实质：参谋主体的智能劳动，密集综合的信息利用，相对独立的思维活动，供作参考的智能辅助。参谋组织的类型：独立于参谋对象的参谋组织，隶属于参谋对象的参谋组织。

（二）秘书参谋

秘书参谋与其他参谋的比较：职能性质方面的比较，参谋内涵方面的比较，同参谋对象的关系比较，参谋方式方面的比较。秘书参谋的概念。秘书的深层职能：秘书参谋是秘书更深层的任务，是领导者更需要的辅助，需要秘书有更高素养，同事务辅助密切关联。

第三节　秘书参谋与秘书学

（一）领导活动的实质辅助需要

领导事务与政务，后者是更为实质的领导职能。秘书与领导决策，领导者进行决策管理必须秘书参谋辅助。现代领导的现实追求，领导决策的显著变化，要更多借助包括秘书参谋在内的参谋辅助作用。现代领导的现实需要，必须深入研究秘书参谋职能。

（二）秘书学科的重大研究课题

秘书参谋研究的历史回溯。秘书参谋研究的淡化与强化。秘书参谋研究淡化的思考：政治体制对秘书职能认识的制约，研究的借鉴不足带来的制约，正面深入研究的时期未臻成熟。秘书参谋研究强化的思考：适应现代领导活动对秘书参谋辅助的现实需要，有利于克服秘书参谋辅助中的负面效应，有利于秘书学理论的拓展与深化。强化秘书参谋职能研究的基本内容。

三、考核知识点及要求

（一）考核知识点

1. 秘书及秘书工作

2. 泛义参谋

3. 秘书参谋

4. 领导活动的实质辅助需要

5. 秘书学科的重大研究课题

6. 强化秘书参谋研究的思考

（二）考核要求

1. 秘书及秘书工作

（1）识记：①领导者的三种辅助需要。②领导辅助需要的三种主要特征。③秘书概念。④秘书基本类分。⑤秘书工作的基本内容。⑥秘书工作的主要特点。

（2）领会：秘书工作的本质特征。

（3）简单应用：简要说明秘书参谋是秘书工作的固有内涵。

2. 泛义参谋

（1）识记：①参谋概念。②参谋组织类型。③各类型参谋组织的概念。

（2）领会：秘书参谋部门。

（3）简单应用：简要说明参谋活动的四个实质特点。

3. 秘书参谋

（1）识记：秘书参谋的概念。

（2）领会：秘书参谋同其他参谋的四方面比较。

（3）简单应用：说明秘书参谋主要是中、高层次的政务类秘书的基本职能。

4. 领导活动的实质辅助需要

（1）识记：①领导者事务与政务的关系。②领导政务的基本内涵。③领导决策的显著变化。④现代领导既重决策，也重决策落实。

（2）简单应用：深入研究秘书参谋职能是适应现代领导活动的现实需要。

5. 秘书学科的重大研究课题

（1）识记：①有效领导者都重视秘书参谋辅助。②《册府元龟·幕府部》一书简介。③《佐治药言》一书简介。

（2）简单应用：简要叙述我国历史上对秘书参谋问题的探索情况。

6. 强化秘书参谋研究的思考

（1）识记：①我国秘书参谋研究一度淡化的原因。②研究一度淡化的影响。③强化研究的主要理由。

（2）领会：正面深入研究秘书参谋职能的主要内容。

（3）综合应用：说明深入研究和系统学习秘书参谋职能是当前深化秘书学理论研究的切入点和推动秘书工作实践的现实需要。

第二章　秘书参谋源流

一、学习目的与要求

通过本章学习，了解中外古代秘书参谋活动的发展概况，理解不同历史时期中外秘书参谋的异同；深刻理解并掌握我国现代管理中对秘书参谋作用高度重视的体现。外国首脑机关秘书机构参谋活动的几种类型。中外现代秘书参谋在参谋辅助环境、参谋辅助功利目标、参谋辅助能量、参谋辅助层次区别、参谋辅助运作方式、参谋辅助障碍等方面的差异之处。

二、课程内容

第一节　中外古代近代秘书性参谋

（一）外国古代近代秘书性参谋活动

外国远古秘书性参谋活动。原指部落首领身边的参谋活动。东方早期奴隶制国家国王身边的秘书性参谋活动。古希腊奴隶制国家的秘书性参谋活动。古罗马的秘书性参谋活动。欧洲封建社会的秘书性参谋活动。欧洲中世纪工商业城市的秘书性参谋活动。西方殖民活动中的秘书参谋活动。西方近代秘书参谋活动。

（二）中国古代近代秘书性参谋

中国远古秘书性参谋活动。原始部落首领身边的参谋活动。夏商王朝的秘书性参谋活动。西周王朝的秘书性参谋活动。春秋战国秘书性参谋活动。封建集权开明时代的秘书性参谋活动。封建集权变革时代秘书性参谋活动。封建王朝没落时期秘书性参谋活动。城市的秘书参谋活动。外交事务中的秘书参谋活动。中国近代秘书参谋活动。南京临时政府的秘书参谋活动。国民党政府的秘书参谋活动。中国近代企业的秘书参谋活动。

（三）中外古代近代秘书参谋比较

远古秘书参谋比较。封建政权机构秘书参谋比较。城市秘书参谋比较。近代秘书参谋比较。近代企业秘书参谋比较。

第二节　中外现代秘书参谋

我国对秘书参谋作用的高度重视。外国首脑机关秘书机构的参谋活动。中外现代秘书参谋比较：参谋辅助环境的差异，功利目标的差异，能量的差异，参谋层次区别的差异，参谋辅助运作上的差异，参谋辅助障碍上的差异。

三、考核知识点及要求

（一）考核知识点

1. 原始部落参谋方式

2. 西方近代政权机构秘书参谋

3. 西方近代企业秘书参谋活动

4. 我国原始社会秘书性参谋活动的萌生

5. 夏、商、西周秘书性参谋活动

6. 春秋战国游士秘书性参谋活动

7. 封建社会开明时期、变革时期、没落时期秘书性参谋活动状况

8. 我国封建社会城市秘书性参谋辅助

9. 我国明清时期外事管理机构的秘书性参谋活动

10. 我国近代的秘书性参谋活动

11. 中外远古秘书性参谋比较

12. 中外封建政权机构秘书性参谋比较

13. 中外近代秘书参谋比较

14. 我国现代对秘书参谋作用高度重视的体现

15. 中外现代秘书参谋

(二) 考核要求

1. 原始部落参谋方式

(1) 识记：助理首领的作用。结绳记事。

(2) 领会：对后世的影响。

2. 西方近代政权机构秘书性参谋

(1) 识记：①英国国家机关对秘书工作的重视。②法国国民会议文件档案馆对秘书参谋活动的作用。

(2) 领会：英国国家机关重视秘书档案活动。

3. 西方近代企业秘书参谋活动

(1) 识记：①西方近代企业重视秘书工作的体现。②西方近代企业参谋的主要内容。

(2) 领会：西方近代企业秘书工作的发展对秘书参谋的意义。

(3) 简单应用：西方近代企业秘书工作的发展。

4. 我国原始社会秘书性参谋活动的萌生

(1) 识记：①纳言的职能。②黄帝身边的记言记行参谋活动。

(2) 领会：占卜预测参谋活动。

5. 夏、商、西周国家的秘书性工作

(1) 识记：夏、商王朝秘书性人员"解释天意"的参谋。

(2) 领会：西周王朝秘书性工作较夏、商有所发展。

6. 春秋战国游士秘书性参谋活动

(1) 识记：游士秘书性参谋活动出现的背景。

(2) 领会：决定游士能否发挥参谋作用的主要因素。

(3) 简单应用：游士秘书性参谋的主要特点和影响。

7. 我国封建社会开明、变革、没落时期秘书性参谋活动状况

(1) 识记：①开明时期秘书性参谋活动的状况。②变革时期秘书性参谋活动的状况。③没落时期秘书性参谋活动的状况。

(2) 领会：①开明时期统治者对秘书性参谋活动的基本态度。

②没落时期的秘书性参谋环境。

（3）简单应用：①开明时期秘书性参谋能发挥巨大作用给后世的启示。②变革时期秘书性参谋活动的特点。

8. 我国封建社会城市秘书性参谋活动

（1）识记：城市户籍管理中秘书性参谋活动。

（2）领会：①官营工商组织中的秘书性参谋活动。②工商行会中的秘书性参谋活动。

（3）简单应用：城市秘书性参谋活动的体现。

9. 我国明清时期外事管理机构的秘书性参谋活动

（1）识记：市舶司、茶马司内的秘书性参谋活动。

（2）领会：外交活动中的秘书性参谋活动。

10. 我国近代的秘书性参谋活动

（1）识记：①晚清国务活动中秘书性参谋活动的变化。②晚清幕僚参谋活动。

（2）领会：南京临时政府的秘书工作及参谋活动。

（3）简单应用：旧中国与西方近代企业秘书参谋活动的差异。

11. 中外远古秘书性参谋比较

（1）识记：中外原始社会秘书性参谋活动的相似之处。

（2）领会：中外原始社会秘书性参谋活动的差异之处。

（3）简单应用：①中外奴隶制国家秘书性参谋活动的相似之处。②中外奴隶制国家秘书性参谋活动的异同。

12. 中外封建政权机构秘书性参谋比较

（1）识记：中外封建社会秘书性参谋的相似之处。

（2）简单应用：中外封建社会秘书性参谋的差异之处。

13. 中外近代秘书参谋比较

（1）识记：中外近代秘书性参谋对象的不同。

（2）领会：中外近代政权体制不同给秘书参谋带来的差异。

（3）简单应用：中外近代企业秘书参谋的差异。

14. 我国现代对秘书参谋作用高度重视的体现

（1）识记：对"既要参与政务，又要掌管事务"的理解。

（2）领会：对"三个服务"、"四个转变"的理解。

（3）简单应用：对秘书机构"三个作用"的理解。

15. 中外现代秘书参谋

（1）识记：中外现代秘书参谋环境的差异。

（2）领会：中外现代秘书参谋功利目标的差异。

（3）简单应用：①中外现代秘书参谋能量的差异。②中外秘书参谋层次的差异。③中外秘书参谋运作上的差异。④中外秘书参谋障碍的差异。

第三章　秘书参谋机理

一、学习目的与要求

通过学习，理解秘书参谋活动的职能基础，深刻理解社会实践对秘书参谋的需要及秘书参谋的特质和功能，从而正确把握秘书参谋机理，有效发挥参谋作用。

秘书参谋职能基础和社会对秘书参谋的需要是本章重点。秘书参谋特质和功能是本章难点。

二、课　程　内　容

第一节　参谋职能基础

（一）秘书参谋职能的前提因素
领导的本质需要。系统中介位置。民主管理的环节。
（二）参谋主体的角色优势
综合辅助的条件。沟通枢纽的条件。近身服务条件。

第二节　秘书参谋特质

（一）职能的自觉性
担任参谋角色的自觉性。参谋思考的自觉性。
（二）内涵的综合性

对领导各项职能的综合参谋。对领导各项活动的综合参谋。对领导处理各种关系的综合参谋。

（三）活动的受制性

受制于领导者。受制于组织环境。受制于秘书自身。

（四）作用的随机

承担参谋任务的随机性。进行参谋辅助的随机性。

第三节　秘书参谋功能

（一）综合的信息智能支持

初始信息的本质挖掘。特殊信息的典型研究。动态信息的发展预测。

（二）跟踪的系统参谋辅助

对决策管理的跟踪参谋。对管理各环节的系统参谋。对各发展阶段的全程参谋。

（三）贴近的拾遗补阙辅助

对领导者认识上的拾遗补阙。对领导者管理行为的拾遗补阙。对领导者个人缺失的监督辅助。

三、考核知识点及要求

（一）考核知识点

1. 参谋对象的本质需要

2. 秘书参谋主体的角色优势

3. 秘书参谋职能的自觉性

4. 秘书参谋内涵的综合性

5. 秘书参谋活动的受制性

6. 秘书参谋作用的随机性

7. 综合的信息智能支持

8. 跟踪的系统参谋辅助

9. 贴近的拾遗补阙辅助

（二）考核要求

1. 参谋对象的本质需要

（1）识记：①从领导活动过程看其对秘书参谋的需要。②从领导活动主体看其对秘书参谋的需要。③从领导与被领导的关系看秘书参谋活动。

（2）领会：①从领导活动目标指向看其对秘书参谋活动的需要。②从领导活动环境看其对秘书参谋活动的需要。

（3）简单应用：①从领导人承担的权责压力看其对秘书参谋的需要。②从决策看领导对秘书参谋活动的需要。

（4）综合应用：多角度理解领导对秘书参谋作用的需要。

2. 秘书参谋主体的角色优势

（1）识记：①秘书在组织结构中的中介位置对其参谋活动提供的便利条件。②从秘书活动内容看其参谋活动的便利条件。

（2）领会：①从秘书的系统中介位置看其与其他工作人员参谋活动的区别。②秘书要立足于中介位置发挥参谋作用必须克服的错误倾向。

（3）简单应用：①在民主管理中秘书发挥参谋作用的体现。②在民主管理中秘书参谋活动所拥有的便利条件。

（4）综合应用：秘书参谋角色优势的体现。

3. 秘书参谋职能的自觉性

（1）识记：秘书充当参谋角色的自觉性。

（2）领会：秘书缺乏参谋思考自觉性的原因和影响。

4. 秘书参谋内涵的综合性

（1）识记：秘书对领导各项职能的综合参谋。

（2）领会：①秘书对领导各项活动综合参谋的体现。②秘书对领导处理各种关系综合参谋的体现。

（3）简单应用：秘书参谋内涵综合性的体现。

5. 秘书参谋活动的受制性

（1）识记：①秘书参谋受制于领导权限和管理意向。②秘书参谋受制于领导素质。

（2）领会：①秘书受制于领导者的信任程度。②秘书参谋受制于领导者的认知状况。③秘书参谋受制于领导者的心理情绪。

（3）简单应用：①秘书参谋受制于组织环境。②秘书参谋受制于自身素质。

（4）综合应用：秘书参谋受制性的体现。

6. 秘书参谋作用的随机性

（1）识记：秘书承担参谋任务的随机性。

（2）领会：秘书进行参谋辅助随机性的体现。

（3）简单应用：秘书参谋随机性的体现。

7. 综合的信息智能支持

（1）识记：①秘书加工初始信息对领导的参谋作用。②秘书综合加工信息的要求。

（2）领会：①秘书对领导者信息智能支持的特征。②特殊信息的典型研究对领导工作的意义。③秘书通过对特殊信息典型研究发挥参谋作用的主要途径。④动态信息的把握和科学预测的作用。

（3）简单应用：①秘书与领导主辅配合以典型带动全局实践中应注重的要点。②秘书在实践中加工预测信息的基本方式。③秘书加工预测信息的立足点和可能出现的误区。

（4）综合应用：秘书对领导综合的信息智能支持的主要体现。

8. 跟踪的系统参谋辅助

（1）识记：①对决策管理的跟踪参谋。②秘书参谋在决策中的地位。

（2）领会：在管理各环节中领导对秘书参谋辅助的需要。

（3）简单应用：秘书在组织发展各阶段发挥参谋作用的有利条件。

（4）综合应用：秘书对领导工作跟踪参谋辅助作用的体现。

9. 贴近的拾遗补阙辅助

（1）识记：秘书对领导者认识的拾遗补阙。

（2）领会：①秘书对领导者管理行为的拾遗补阙。②秘书对领导个人缺失的监督辅助。

（3）综合应用：秘书参谋功能的主要体现。

第四章 秘书参谋范畴

一、学习目的与要求

通过学习，了解秘书参谋辅助职能活动的范围，理解并把握秘书辅助决策形成与施行的程序和要领，掌握辅助领导获取有效信息和进行信息沟通的原则和方式，掌握秘书有效进行庶务辅助参谋的重点，理解并掌握秘书辅助领导正身洁行参谋活动的重要性和有效发挥参谋作用的途径。

秘书对领导决策与决策施行的参谋辅助为本章的重点。

秘书对领导正身洁行的参谋辅助为本章的难点。

二、课 程 内 容

第一节 辅助决策的形成与施行

（一）决策形成的参谋

决策准备阶段的秘书参谋，包括权责与法规分析，问题分析，时机分析，信息资料分析，理解决策意向，提出参考意见或建议。决策形成阶段的秘书参谋，包括设计性参谋，分析性参谋，补充完善性参谋。决策论证阶段的秘书参谋，包括选优、排除、论证等环节的参谋。

（二）决策施行的参谋

对决策施行偏差的参谋，包括对例行事务疏漏的参谋，对重大施行失误的参谋，对施行失调的参谋。对决策疏漏的参谋，包括对目标失误的参谋，对决策方案失误的参谋，对决策局部失误的参谋。对环境变化后的应变参谋，包括把握环境变化态势的参谋，寻找环境机遇的参谋，应对环境风险的参谋。

第二节　辅助信息的获取与沟通

（一）信息获取的参谋

获取信息方向的参谋。扩大信息量的参谋。优化信息结构的参谋。

（二）信息沟通的参谋

选择沟通对象的参谋。沟通方式的参谋。排除沟通障碍的参谋。排除感情障碍的参谋。排除利害障碍的参谋。

第三节　辅助庶务的可行与有效

（一）促进庶务可行的参谋

物财条件的参谋。改善环境面貌的参谋。遵循法律规章的参谋。提高庶务效率的参谋。协调具体关系的参谋。

（二）促进庶务有效的参谋

时间把握的参谋。供需协调的参谋。优化庶务效果的参谋。

第四节　辅助领导正身洁行

（一）辅助领导正身洁行的指导思想

坚持根本宗旨的参谋辅助。坚持公仆角色的参谋辅助。遵守行为规范的参谋辅助。

（二）正确维护领导形象

建设领导形象的参谋，包括辅助领导者以民为本，辅助领导者为民造福，辅助领导与民同心。维护领导者形象的参谋，包括预防维护参谋，拾补维护参谋。

三、考核知识点及要求

（一）考核知识点

1. 决策形成中的秘书参谋

2. 决策施行中的秘书参谋

3. 信息获取的秘书参谋

4. 信息沟通的秘书参谋

5. 促进庶务可行的秘书参谋

6. 促进庶务有效的秘书参谋

7. 辅助领导正身洁行的指导思想

8. 建设领导形象的参谋

9. 维护领导形象的参谋

（二）考核要求

1. 决策形成中的秘书参谋

（1）识记：①决策准备阶段的参谋。②决策准备阶段权责与法规分析的参谋。③决策准备阶段问题分析的参谋。

（2）领会：①权责与法规分析的作用。②时机分析的内容。③信息资料分析的内容。④秘书对领导决策意向提出参谋建议的科学态度。

（3）简单应用：①秘书在决策准备阶段进行权责与法规分析的要点。②秘书根据领导意图发挥参谋作用的要领。③秘书务实求真提出参谋建议要注重的方面。④决策论证阶段秘书参谋的体现。

（4）综合应用：决策形成阶段秘书参谋的体现。

2. 决策施行中的秘书参谋

（1）识记：①决策施行中领导对秘书参谋的需要。②秘书对决策施行偏差的及时参谋。③对例行事务疏漏的参谋。④对重大施行失误的参谋。

（2）领会：秘书对决策施行失调的参谋。

（3）简单应用：①对施行偏差的秘书参谋内容。②对决策疏漏的秘书参谋内容。③对施行中环境变化的秘书参谋内容。

（4）综合应用：决策施行中秘书参谋的体现。

3. 信息获取的秘书参谋

（1）识记：①秘书信息辅助的重要性。②秘书在获取信息方向上的参谋作用。③秘书对扩大领导信息量的参谋作用。④秘书对优化信息结构的参谋作用。

（2）领会：①决策者在获取信息的方向上常见的偏向及秘书的参谋作用。②秘书辅助领导扩大信息量常用的方法。

（3）简单应用：秘书辅助领导优化信息占有结构的参谋。

4. 信息沟通的秘书参谋

（1）识记：①领导信息沟通中秘书参谋的作用。②领导保持良好沟通状态的要求。③领导常有的信息沟通方式及秘书的参谋辅助。

（2）领会：①排除信息沟通中思想障碍的参谋手段。②信息沟通中排除时间障碍的参谋。③信息沟通中排除感情障碍的参谋。④信息沟通中清除误会的参谋。⑤加强沟通调解矛盾的参谋。⑥加强沟通达成共识的参谋。

（3）简单应用：①秘书辅助领导把握信息沟通对象的参谋。②辅助领导选用沟通方式的参谋。③辅助领导排除沟通障碍的参谋。

（4）综合应用：秘书参谋信息沟通的体现。

5. 庶务可行的秘书参谋

（1）识记：①庶务可行的参谋。②辅助领导对庶务统筹计划和有效控制的参谋。③辅助领导满足庶务需要提高效率的参谋。④辅助领导物尽其用反对浪费的参谋。⑤辅助领导坚持原则堵塞漏洞的参谋。

（2）领会：①秘书辅助领导在庶务中改善环境面貌的参谋体现。②辅助领导在庶务中遵循法律法规的参谋体现。③辅助领导改进庶务低效环节的参谋体现。④辅助领导适应发展优化庶务管理的参谋体现。⑤辅助领导激励庶务创新的参谋体现。

（3）简单应用：秘书辅助领导提高庶务效率的参谋的体现。

（4）综合应用：秘书辅助领导在庶务中协调具体关系的参谋的体现。

6. 庶务有效的秘书参谋

（1）识记：①秘书在庶务中辅助把握时间的参谋。②时间调整的参谋。③协调特殊需要的参谋。

（2）领会：①立足全局运转优化庶务效果的参谋。②针对领导工作需要优化庶务效果的参谋。③收集庶务反馈信息优化庶务效果的参谋。

（3）简单应用：①秘书辅助把握时间的参谋体现。②协调供需参谋的体现。③优化庶务效果参谋的体现。

7. 辅助领导正身洁行的指导思想

（1）识记：①秘书辅助领导遵循根本宗旨的参谋。②辅助领导加强公仆意识的参谋。

（2）领会：①秘书辅助领导坚持"三个代表"的思想的参谋。②辅助领导遵从行为规范的参谋。

（3）简单应用：秘书辅助领导正身洁行指导思想的重点。

8. 建设领导形象的参谋

（1）识记：①秘书辅助领导以民为本的参谋。②辅助领导为民造福的参谋。③辅助领导与民同心的参谋。

（2）领会：辅助领导者建设领导形象的参谋内容。

9. 维护领导形象的参谋

（1）识记：①预防维护参谋。②拾补维护参谋。

（2）领会：秘书辅助领导者建设领导形象与维护领导形象两种参谋活动的关系。

（3）简单应用：①预防维护参谋的内容。②拾补维护参谋的内容。

（4）综合应用：秘书如何参谋维护领导形象。

第五章　参谋对象与参谋效应

一、学习目的与要求

通过本章的学习，理解秘书参谋效应对组织系统目标管理的特定作用，明确左右秘书参谋效应的领导者及职能部门等方面所持有的秘书观及其误区。

本章的重点和难点在于领导者及部门等方面应持有的正确秘书观及应克服的观念误区。

二、课　程　内　容

第一节　参谋效应与左右因素

（一）秘书参谋效应的尖锐性

秘书参谋效应的概念。秘书参谋效应的尖锐性。构成秘书参谋效应尖锐性的基本理由：参谋活动内涵主要指向领导者的基本职能；参谋内涵还要指向领导者的个人缺失；秘书工作的本质属性潜在着强化秘书参谋效应的作用。

（二）秘书参谋效应的左右因素

社会活动效应的左右因素：活动主体、活动客体、活动环境及各方面对活动规律、运作方式和方法的认识与运用。秘书参谋活动效应的三个基本左右因素：秘书与领导者的关系状态，秘书与职能部门的关系状态，秘书、领导者、部门三方调整处理矛盾的关系状态。秘书与领导的关系状态是左右秘书参谋效应的主要因素，领导者是主要的一方。

第二节　领导与秘书参谋效应

（一）领导的秘书观

领导与被领导的四种基本关系形态。领导者正常的秘书观：秘书是领导者的职能从属、领导者的综合助手、领导者的直接参谋和领导者的监督借鉴。

（二）领导秘书观的误区

领导行为的内涵。领导观念与行为的缺失及其影响。领导者秘书观的误区及其危害：领导者将秘书视为个人附庸；将秘书视为琐事工具；将秘书视为亲信代理；将秘书监督视为非分干扰。领导者如何发挥秘书参谋的正面效应：端正自身形象；强化教育管理；给予切实关心。

第三节　部门与秘书参谋效应

（一）具体职能部门与综合辅助机构

部门的概念；部门与秘书工作机构及相关秘书；部门秘书观对秘书参谋效应的重要性。

（二）部门正常的秘书观

系统领导者的职能延伸观念，观念的实际体现；部门等方面的中介参谋观念，观念的实际体现。

（二）部门秘书观的误区

境外关于部门秘书观误区的看法。部门秘书观的误区及危害：漠视抵制秘书的固有职能；曲解利用秘书的特定职能。

三、考核知识点及要求

（一）考核知识点

1. 秘书参谋效应的尖锐性

2. 秘书参谋效应的左右因素

3. 领导的秘书观

4. 领导秘书观的误区

5. 部门的秘书观

6. 部门秘书观的误区

（二）考核要求

1. 秘书参谋效应的尖锐性

（1）识记：秘书参谋效应的含义。

（2）领会：秘书参谋效应对系统目标管理的尖锐性。

（3）简单应用：简要说明秘书参谋效应尖锐性的三方面的基本理由。

2. 秘书参谋效应的左右因素

（1）识记：①一般社会活动的左右因素。②左右秘书参谋效应的三方面的客体因素。

（2）领会：领导者同秘书的关系是左右秘书参谋效应的主要因素。

3. 领导的秘书观

（1）识记：①领导与被领导的四种基本关系形态。②领导者对秘书所应持的四个基本观念。

（2）领会：①秘书是领导者的直接参谋这一领导的秘书观的具体体现。②秘书是领导者的监督借鉴这一领导的秘书观的具体体现。

4. 领导秘书观的误区

（1）识记：①领导行为的概念。②领导行为的三方面内涵：人格特征、行为倾向、领导方式。

（2）领会：①领导观念与领导行为、行为缺失的关系。②领导秘书观的四个观念误区。③领导者走出秘书观误区发挥秘书参谋效应的三个途径。

（3）简单应用：①简要说明将秘书视为琐事工具这一领导的秘书观误区的体现及危害。②简要说明将秘书监督视为非分干扰这一领导的秘书观误区的体现及危害。

5. 部门的秘书观

（1）识记：①部门的一般概念。②部门与秘书在组织系统内的基本职能关系及影响。

（2）领会：部门等方面对秘书所应持的两方面秘书观。

（3）简单应用：简要说明系统领导者的职能延伸这一部门秘书观的具体体现。

6. 部门秘书观的误区

（1）识记：①境外关于部门秘书观误区的观点。②部门秘书观的两个误区。

（2）领会：漠视或抵制秘书固有职能这一部门秘书观误区的具体体现。

（3）简单应用：简要说明曲解或利用秘书特定职能这一部门秘书观误区的体现及危害。

第六章 参谋主体与参谋效应

一、学习目的与要求

通过本章的学习，明确秘书获取参谋效应的客观条件，掌握秘书的领导观、部门观及相应观念误区，以端正观念、回避误区、提高客观环境的信任与支持。同时明确秘书参谋所应该具备的特定综合素养与能力要求，从主观上保证全面有效地进行参谋辅助服务。

本章的重点与难点是秘书的领导观、部门观、参谋动机和方向同参谋效应的关系。

二、课 程 内 容

第一节 秘书参谋主体与对象

（一）获取参谋效应的客观条件

相关秘书获取参谋效应的客观条件，集中反映在参谋对象与相关秘书之间的互应互动状态上：参谋对象对秘书的信任度，秘书与参谋对象之间的谐振度。信任度与谐振度的内涵、特征及两者之间的关系。

（二）左右参谋效应的内在因素

相关秘书获取参谋对象信任度和谐振度的主观努力，是矛盾的主要方面，是左右参谋效应的内在因素；相关秘书的主观努力，在于端正自己的领导观、部门观，提高秘书参谋的综合素养。

第二节　秘书的参谋对象观

（一）秘书的领导观剖析

领导者是组织系统内的全局指挥。基于这一领导观，相关秘书要将领导者视为主要参谋辅助对象，同时将部门等方面视为中介服务对象；注重发挥参谋决策及决策管理的功能，完成"四个转变"。误区在于：违背领导者统御全局的认定，只将领导者视为辅助服务对象；违背领导者以决策管理为主要职能的认定，忽视参谋辅助职能。

领导者是秘书职能活动的核心主导。基于这一领导观，相关秘书要将直接参谋辅助领导者作为本职，紧密围绕领导者进行辅助服务；明确近身从属领导者的角色定位，在领导者的主导制约下进行参谋辅助活动。误区在于：模糊了本职对象意识，不能紧密围绕领导者进行参谋辅助；模糊了近身从属领导者的职能关系，不能严格遵循领导者管理思想进行参谋辅助。

领导者是秘书监督辅助的职能对象。基于这一领导观，相关秘书要具备全面的参谋辅助意识，自觉担负起监督辅助职责；正确处理忠实受制与监督辅助的关系，坦诚、有效地弥补领导者缺失。误区在于：不明了参谋辅助的全面内涵，将监督辅助排除在职能之外；不明了受制与监督的辩证统一关系，不能正确履行监督辅助职能。

（二）秘书的部门观剖析

部门等方面是组织系统的职能实体。基于这一部门观，相关秘书要将部门等方面视为同层级、同目标的同事与同志，发挥中介服务作用共赴系统管理目标。误区在于：忽略了部门等方面的职能实体地位，带着盲目优越感处理与部门等方面的职能关系。

部门等方面是参谋职能的基础支持。基于这一部门观，相关秘书要将部门等方面视为参谋辅助的职能基础，积极争取他们的信任与配合。误区在于：忽视部门等方面对履行参谋辅助职能的基础作用，难以取得相应的信任度与谐振度。

部门等方面是中介服务的重要对象。基于这一部门观，相关秘书要将部门等方面视为本职活动的重要对象，在直接辅助领导者同时，积极服务，促进部门职能管理。误区在于：将参谋辅助领导者同中介服务部门等方面割裂开来，变服务部门为让部门服务自己。

第三节　秘书参谋方向与素养

（一）参谋方向与动机

参谋行为。参谋行为要素：参谋方向，把握参谋方向；参谋内涵，组织参谋内涵；参谋方式，运用参谋方式；参谋效应，获取参谋效应。衡量参谋效应的标准：即时效果，深远效果。获取正向积极参谋效应。

参谋动机与效应。参谋方向决定效应，参谋行为的系列链式；参谋动机左右方向。参谋动机，参谋动机的体现类型：纯正参谋动机，不纯参谋动机，异常参谋动机。参谋动机与效应的统一。秘书素养是动机与效应统一的重要条件。

（二）秘书参谋的素养

相关秘书的综合素养。秘书参谋的政治综合素质：鲜明正确的政治态度；无闻奉献的价值观念；辩证创新的思维方式；忠信求是的职业道德；勤谨清正的行为作风。秘书参谋的业务能力素养：广博精专的知识修养；精明干练的行为能力；简明精当的表述水平；沉稳坦荡的心理素养；弘毅不折的坚强意志；自知自制的承受能力；沉着稳健的行为气质；戒慎恐惧的职能心态。

三、考核知识点及要求

（一）考核知识点

1. 获取参谋效应的客观条件
2. 左右参谋效应的内在因素
3. 秘书的领导观剖析
4. 秘书的部门观剖析

5. 参谋方向与动机

6. 参谋动机与效应

7. 秘书参谋的政治思想素质

8. 秘书参谋的业务能力素质

（二）考核要求

1. 获取参谋效应的客观条件

（1）识记：与秘书参谋效应直接相关的客观环境条件。

（2）领会：①参谋对象的信任度。②参谋对象的谐振度。

（3）简单应用：简要说明信任度与谐振度的关系。

2. 左右参谋效应的内在因素

（1）识记：秘书的主观努力是内在因素。

（2）领会：内在因素包括：秘书的职能观念，综合素养和能力。

3. 秘书的领导观剖析

（1）识记：①秘书的三方面领导观。②相应的三方面领导观误区。

（2）领会：秘书三方面正确领导观的体现。

（3）简单应用：简要说明秘书领导观误区的表现与危害。

4. 秘书的部门观剖析

（1）识记：①秘书的三方面部门观。②相应的三方面部门观误区。

（2）领会：秘书三方面正确部门观的体现。

（3）简单应用：简要说明秘书部门观误区的表现与危害。

5. 参谋方向与动机

（1）识记：①参谋行为的概念。②参谋行为四个基本要素的含义。

（2）领会：衡量参谋效应的两种客观标准。

（3）简单应用：简要说明参谋方向是参谋行为的第一要素。

6. 参谋动机与效应

（1）识记：①参谋行为要素的系列链式。②链式中各具体行为要素的含义。③参谋动机的概念。

（2）领会：三种类型的参谋动机。

（3）简单应用：通过三种参谋动机的作用简要说明参谋动机左右参谋效应。

7. 秘书参谋的政治思想素质

（1）识记：秘书参谋必备的五个方面的政治思想素质。

（2）领会：五个方面的政治思想素质在秘书参谋中的具体作用。

8. 秘书参谋的业务能力素养

（1）识记：秘书参谋必备的四个方面的业务能力素养。

（2）领会：五个方面的业务能力素养在秘书参谋中的具体作用。

（3）简单应用：简要说明秘书精明干练的行为能力和戒慎恐惧的职能心态这两种素养对秘书参谋的重要性。

第七章　秘书参谋规律

一、学习目的与要求

通过学习，了解秘书参谋活动的过程，理解秘书参谋活动中的本质关系；掌握秘书参谋主辅谐同规律、换位思考规律、信息准全规律、忠良贴近规律；理解并把握秘书参谋尽职不越位、多谋不决断、规劝不失当的原则。

理解并应用秘书参谋规律是本章的重点。把握秘书参谋原则是本章难点。

二、课 程 内 容

第一节　秘书参谋过程

（一）保持自觉参谋意识

秘书必须正确认识其参谋职能，必须自觉增强参谋责任感，必须主动观察积累和思考，必须紧密贴近领导工作思路，必须不断磨练探索创新精神。

（二）把握捕捉参谋点

秘书必须在困难中把握参谋活动的关键点，必须在挫折中寻找症结点，必须在繁忙中捕捉疏漏点，必须在平衡与稳定中把握变化点，必须在发展中关注倾向点，必须在成功中关注负面点。

（三）调用处理有用信息

秘书参谋中必须对已存信息有效地调用处理，必须及时获取短缺信息，必须全面把握相关规范信息，必须客观地把握价值目标。

（四）聚焦形成辅助谋略

秘书要善于形成参谋谋略的轮廓设想，要善于进行参谋方案的细部设计，要善于准确评估各套参谋方案。

（五）及时进行有效沟通

秘书对细节性问题、预防性问题、简单表层的问题、复杂深层次的问题、难以解决的问题应采取灵活的沟通方式。

第二节　有效参谋规律

（一）主辅谐同律

主辅谐同律的内涵。主辅谐同律的应用。

（二）换位思考律

换位思考律的内涵。换位思考律的应用。与领导同层次思考。与领导不同层次思考。

（三）信息准全律

信息准全律的内涵。信息准全律的应用。

（四）忠良贴近律

忠良贴近律的内涵。忠良贴近律的应用。

第三节　秘书参谋原则

（一）尽职不越位

秘书角色定位。不失不越。

（二）多谋不决断

秘书参谋定位：只谋不断。

（三）规劝不失当

规劝缺失的定位。谏而有度。

三、考核知识点及要求

（一）考核知识点

1. 秘书要保持自觉参谋意识

2. 秘书要把握捕捉参谋点

3. 秘书要善于调动处理有用信息

4. 秘书要善于聚焦形成辅助谋略

5. 秘书要进行有效的参谋沟通

6. 秘书参谋主辅谐同律

7. 秘书参谋换位思考律

8. 秘书参谋信息准全律

9. 秘书参谋忠良贴近律

10. 秘书参谋尽职不越位原则

11. 秘书参谋多谋不决断原则

12. 秘书参谋规劝不失当原则

（二）考核要求

1. 秘书要保持自觉参谋意识

（1）识记：①秘书应自觉增强参谋责任感。②秘书应主动提高洞察力。③秘书应主动积累参谋智能。④秘书应不断增强参谋活动有效性。

（2）领会：①秘书参谋应急领导之所急。②秘书参谋应供领导之所需。③秘书参谋应补领导之所失。

（3）简单应用：①秘书自觉增强参谋责任感的主要要求。②秘书主动观察积累和思考的着重点。③秘书紧密贴近领导工作思路的要领。④秘书磨练探索创新精神的体现。

（4）综合应用：秘书保持自觉参谋意识的途径。

2. 秘书要把握捕捉参谋点

（1）识记：秘书参谋要把握困难中的关键点。

（2）领会：①秘书参谋要在挫折中寻求症结点。②秘书参谋要在繁忙中捕捉疏漏点。③秘书参谋应在平衡与稳定中把握变化点。

（3）简单应用：①秘书参谋应在发展中关注倾向点。②秘书参谋应在成功中关注负面点。

（4）综合应用：秘书把握参谋点的主要体现。

3. 秘书要善于调用处理有用信息

（1）识记：秘书要有效调用处理已存信息。

（2）领会：①秘书要有效搜寻短缺信息。②秘书要全面把握相关规范。

（3）简单应用：秘书参谋要准确客观地选择价值目标。

（4）综合应用：秘书参谋有效调用处理有用信息的要领。

4. 秘书要善于聚焦形成辅助谋略。

（1）识记：秘书参谋形成谋略轮廓设想的过程。

（2）领会：①秘书参谋进行方案细部设计的要领。②秘书参谋要正确评估方案。

（3）简单应用：秘书聚焦形成谋略的要点。

5. 秘书要进行有效的参谋沟通。

（1）识记：秘书有效进行分类沟通的要领。

（2）领会：秘书有效进行参谋活动的心理过程。

（3）简单应用：秘书进行有效参谋沟通的要领。

（4）综合应用：秘书参谋过程中一般要抓住的要领。

6. 秘书参谋主辅谐同律

（1）识记：秘书参谋主辅谐同律的表述。

（2）领会：秘书参谋主辅谐同律的理解。

（3）简单应用：秘书参谋应用主辅谐同律应注重的主要方面。

（4）综合应用：秘书参谋主辅谐同律的应用。

7. 秘书参谋换位思考律

（1）识记：秘书参谋换位思考律的表述。

（2）领会：秘书参谋换位思考律的理解。

（3）简单应用：秘书参谋换位思考律的应用。

8. 秘书参谋信息准全律。

（1）识记：秘书参谋信息准全律的表述。

（2）领会：秘书参谋信息准全律的理解。

（3）简单应用：秘书参谋信息准全律的应用。

9. 秘书参谋忠良贴近律

（1）识记：秘书参谋忠良贴近律的表述。

（2）领会：秘书参谋忠良贴近律的理解。

（3）简单应用：秘书参谋忠良贴近律的应用。

10. 秘书参谋尽职不越位原则

（1）识记：秘书角色定位。

（2）领会：秘书参谋不失不越的理解。

（3）综合应用：用秘书参谋尽职不越位原则分析具体问题。

11. 秘书参谋多谋不决断原则

（1）识记：秘书参谋定位。

（2）领会：对秘书参谋只谋不断的理解。

（3）综合应用：用秘书参谋多谋不决断原则分析具体问题。

12. 秘书参谋规劝不失当原则

（1）识记：秘书参谋规劝缺失的定位。

（2）领会：对秘书参谋谏而有度的理解。

（3）综合应用：用秘书参谋规劝不失当原则分析具体问题。

第八章　秘书参谋形态

一、学习目的与要求

通过本章学习，明确什么是秘书参谋形态，划分参谋形态的依据，掌握两种基本参谋形态。领会、掌握不同参谋形态所含各对参谋类型的定义、特征、作用、要求。

本章学习的重点和难点在于掌握两种基本参谋形态所含各对参谋类型的主要特征及运用要求。

二、课　程　内　容

序引。秘书参谋的空间形态；秘书参谋的时间形态。呈空间形态参谋活动的三对参谋类型；呈时间形态参谋活动的三对参谋类型。

第一节　秘书参谋的空间形态

（一）正面参谋与负面参谋

正面参谋的定义。正面参谋类型中所含正面积极参谋与正面消极参谋的定义、案例、基本特点、运用要求。

负面参谋的定义。负面参谋类型中所含负面干扰参谋与负面破坏参谋的定义、案例、基本特征、教训。

（二）管理参谋与规谏参谋

管理参谋的定义。管理参谋类型中所含促进决策参谋与施行决策参谋的定义、案例、基本特征、运用要求。

规谏参谋的定义。规谏参谋类型中所含管理缺失参谋与形象缺失参谋的定义、案例、基本特征、运用要求。

（三）语言参谋与书面参谋

语言参谋的定义、案例、基本特征、运用要求。

书面参谋的定义、案例、基本特征、运用要求。

第二节　秘书参谋的时间形态

（一）预测参谋与追踪参谋

预测参谋的定义、案例、基本特征、运用要求。

追踪参谋的定义、案例、基本特征、运用要求。

（二）主动参谋与被动参谋

主动参谋的定义、案例、基本特征、运用要求。

被动参谋的定义、案例、基本特征、运用要求。

（三）程序参谋与随机参谋

程序参谋的定义、案例、基本特征、运用要求。

随机参谋的定义、案例、基本特征、运用条件及要求。

三、考核知识点及要求

（一）考核知识点

1. 认定参谋形态的依据、两种参谋形态及各自所含参谋类型

2. 正面参谋与负面参谋各自的定义、特征、要求或教训

3. 管理参谋与规谏参谋各自的定义、特征、要求

4. 语言参谋与书面参谋各自的定义、特征、要求

5. 预测参谋与追踪参谋各自的定义、特征、要求

6. 主动参谋与被动参谋各自的定义、特征、要求

7. 程序参谋与随机参谋各自的定义、特征、运用要求及条件

（二）考核要求

1. 认定参谋形态的依据，两种参谋形态及各自所含参谋类型

（1）识记：认定参谋形态的空间存在因素与时间状态因素及相应的两种参谋形态。

（2）简单应用：用图表示空间参谋形态与时间参谋形态所含各种参谋类型。

2. 正面参谋与负面参谋各自的定义、特征、要求或教训

（1）识记：①正面参谋类型的定义。②负面参谋类型的定义。③正面积极参谋和正面消极参谋的概念。④负面干扰参谋和负面破坏参谋的概念。

（2）领会：①正面积极参谋的基本特征与要求。②正面消极参谋的基本特征与教训。③负面干扰参谋的基本特征与教训。④负面破坏参谋的特征与教训。

（3）综合应用：①利用相应的案例简要说明正面积极参谋类型的基本特征。②利用相应的案例简要说明负面干扰参谋类型的基本特征。

3. 管理参谋与规谏参谋各自的定义、特征、要求

（1）识记：①管理参谋类型的定义。②规谏参谋类型的定义。③促进决策参谋和施行决策参谋的概念。④管理缺失参谋和形象缺失参谋的概念。

（2）领会：①促进决策参谋类型的基本特征与要求。②施行决策参谋类型的特征与要求。③管理缺失参谋的特征与要求。④形象缺失参谋的特征与要求。

（3）综合应用：①利用相应的案例简要说明促进决策参谋类型的基本特征。②利用相应案例简要说明形象缺失参谋类型的基本特征。

4. 语言参谋与书面参谋各自的定义、特征、要求

（1）识记：①语言参谋的定义。②书面参谋的定义。

（2）领会：①语言参谋的基本特征。②书面参谋的基本特征。

（3）综合应用：利用相应的案例简要说明语言参谋的运用要求。

5. 预测参谋与追踪参谋各自的定义、特征、要求

（1）识记：①预测参谋的定义。②追踪参谋的定义。

（2）领会：①预测参谋的基本特征。②追踪参谋的基本特征。

（3）综合应用：利用相应的案例简要说明进行预测参谋所需要的敏锐感知与正确判断的超前预料的素养和能力。

6. 主动参谋与被动参谋各自的定义、特征、要求

（1）识记：①主动参谋的定义。②被动参谋的定义。

（2）领会：①主动参谋的基本特征。②被动参谋的基本特征。

（3）综合应用：通过主动参谋主动先发和被动参谋被动后发的各自特征，说明两种参谋类型的区别。

7. 程序参谋与随机参谋各自的定义、特征、运用要求及条件

（1）识记：①程序参谋的定义。②随机参谋的定义。

（2）领会：①程序参谋的基本特征。②随机参谋的基本特征。

（3）简单应用：通过相应案例简要说明随机参谋创造时机、寻找时机、趁机反复进行参谋的随机参谋特征。

（4）综合应用：根据秘书参谋的基本特点，说明相关秘书在经常运用程序参谋的同时，更要注意通过随机参谋类型全面、主动完成参谋辅助任务。

第九章　秘书参谋方法

一、学习目的与要求

通过学习，理解秘书参谋方法的重要性，理解并掌握适应宏观环境变化的参谋方法，理解并掌握适应组织内外环境变化的中观参谋方法，理解掌握对领导个人及工作中具体问题的微观参谋方法。

中观参谋方法是本章的重点。宏观参谋方法是本章的难点。

二、课　程　内　容

第一节　宏观参谋方法

（一）随时关注宏观环境

关注国际环境的影响，关注国内环境的影响。

（二）透彻了解参谋对象

追踪战略视野。把握思虑热点。

（三）全面掌握宏观动态

通过网络敏锐掌握宏观信息。系统准确掌握行业态势。

（四）从局部到整体的参谋

局部切人点的选择。以子谋局。

（五）变被动为主动的参谋

瞻前预后。厚积薄发。

第二节　中观参谋方法

（一）办文中的参谋

办文中参谋作用的体现。办文中的参谋方法：请示性共商、规范性修正、依据性补给、充实性补益、建议性辅助、表述性完善、理论性升华、反馈调适。

（二）办会中的参谋

办会中秘书参谋作用的体现。办会中的参谋方法：议题选择参谋法、预案设计参谋法、文件准备参谋法、议程安排参谋法、会间服务参谋法、优化会议成果参谋法、会议控制参谋法。

（三）协调中的参谋

协调中的参谋体现。协调中的参谋方法。

（四）督查中的参谋

督促检查中参谋作用的体现。督促检查中的参谋方法：执行中纠偏参谋法、执行中应对环境变化参谋法、执行创新参谋法。

（五）信息工作中的参谋

信息工作中参谋作用的体现。信息工作中的参谋方法：信息追踪法、信息综合法、信息审查法、信息比较法、信息证实法。

（六）调查研究中的参谋

调查研究中的参谋方法：诊断参谋法、治理参谋法、评价参谋法、铺垫参谋法、态势分析参谋法。

（七）信访中的参谋

信访工作中参谋作用的体现。信访工作中的参谋方法：信访动态参谋法、民意综合参谋法、个案处理参谋法、效果反馈参谋法。

（八）突发事件中的参谋

突发事件中参谋作用的体现。突发事件中的参谋方法：事态辨别参谋方法、事态控制参谋方法、分类对应参谋方法、稳定秩序参谋方法、分析根源参谋方法、事先预防参谋方法。

第三节　微观参谋方法

（一）领导活动安排中的参谋

领导活动安排中参谋作用的体现。领导活动安排中的参谋方法：统筹安排参谋方法、事前准备参谋方法、随机提醒参谋方法。

（二）办公室活动中的参谋

办公室活动中参谋作用的体现。办公室活动中的参谋方法：提供资料参谋方法、提示要务参谋方法、辅助运作参谋方法、减少干扰参谋方法。

（三）伴随领导出差中的参谋

伴随领导出差中参谋作用的体现。伴随领导出差中的参谋方法：出差预案参谋方法、出差公务参谋方法、出差生活调节参谋方法。

（四）会见接待中的参谋

会见接待中参谋作用的体现。会见接待中的参谋方法：会见安排参谋方法、提供背景情况参谋方法、设计程序参谋方法。

（五）反腐倡廉中的参谋

坚定信仰的参谋方法。依法用权的参谋方法。洁行律己的参谋方法。反腐从严的参谋方法。倡廉不懈的参谋方法。加强监督力度的参谋方法。

三、考核知识点及要求

（一）考核知识点

1. 随时关注宏观环境

2. 透彻了解参谋对象

3. 全面掌握宏观动态

4. 从局部到整体的参谋

5. 变被动为主动的参谋

6. 办文中的参谋

7. 办会中的参谋

8. 协调中的参谋

9. 督促检查中的参谋

10. 信息工作中的参谋

11. 调查研究中的参谋

12. 信访工作中的参谋

13. 突发事件中的参谋

14. 领导活动安排中的参谋

15. 办公室活动中的参谋

16. 伴随领导者出差中的参谋

17. 会见接待中的参谋

18. 反腐倡廉中的参谋

（二）考核要求

1. 随时关注宏观环境

（1）识记：①关注国际宏观环境的方法。②关注国际宏观环境的着重点。

（2）领会：秘书关注国内宏观环境的要领。

（3）简单应用：秘书参谋关注国际国内宏观环境的方法。

2. 透彻了解参谋对象

（1）识记：秘书参谋追踪领导战略视野的要领。

（2）领会：秘书参谋要把握领导的思虑热点的要领。

（3）简单应用：秘书参谋透彻了解参谋对象的要领。

3. 全面掌握宏观动态

（1）识记：秘书参谋通过网络敏锐掌握宏观信息的要求。

（2）领会：①秘书参谋要掌握系统行业态势的原因。②秘书参谋系统准确掌握行业态势的要领。

（3）简单应用：全面掌握宏观态势的要领。

4. 从局部到整体的参谋

（1）识记：①秘书参谋从局部到整体把握态势的需要。②秘书参谋选择局部切人的要领。

（2）领会：①秘书参谋过程中"以子谋局"的含义。②以子谋局的要领。

（3）简单应用：秘书参谋从局部到整体谋划的要领。

5. 变被动为主动的参谋

（1）识记：①对秘书参谋变被动为主动的理解。②对秘书参谋中瞻前预后的理解。

（2）领会：①对秘书参谋中厚积薄发的理解。②秘书参谋中厚积薄发的要领。

（3）简单应用：秘书参谋变被动为主动的要领。

（4）综合应用：秘书参谋应用宏观参谋方法的要领。

6. 办文中的参谋

（1）识记：①秘书办文中的参谋。②办文中秘书参谋的体现。

（2）领会：办文中秘书参谋的主要方法。

7. 办会中的参谋

（1）识记：①办会中的秘书参谋。②办会中秘书参谋作用的体现。

（2）领会：①议题选择参谋法。②预案设计参谋法。③文件准备参谋法。④议程安排参谋法。⑤会间服务参谋法。⑥优化会议成果参谋法。⑦会议控制参谋法。

（3）简单应用：办会中的秘书参谋方法。

（4）综合应用：办会中秘书参谋的体现与方法。

8. 协调中的参谋

（1）识记：秘书协调中的参谋。

（2）领会：协调中的秘书参谋方法。

（3）简单应用：秘书在协调中参谋作用的体现与参谋方法。

9. 督促检查中的参谋

（1）识记：督查中的秘书参谋。

（2）领会：督查中的秘书参谋方法。

（3）简单应用：督查中秘书参谋的体现和方法。

10. 信息工作中的参谋

（1）识记：信息工作中的秘书参谋。

（2）领会：①信息追踪法。②信息综合法。③信息审查法。

④信息比较法。⑤信息证实法。

（3）简单应用：信息工作中的秘书参谋方法。

11. 调查研究中的参谋

（1）识记：调查研究中的秘书参谋。

（2）领会：调查研究中的参谋方法。

（3）简单应用：秘书在调查研究中参谋作用的体现及参谋方法。

12. 信访中的参谋

（1）识记：秘书在信访中的信访动态参谋方法。

（2）领会：民意综合参谋法。个案处理参谋法。效果反馈参谋法。

（3）简单应用：信访中的秘书参谋方法。

13. 突发事件中的参谋

（1）识记：突发事件中的秘书参谋。

（2）领会：①事态辨别参谋法。②事态控制参谋法。③分类对应参谋法。④稳定秩序参谋法。⑤分析根源参谋法。⑥事先预防参谋法。

（3）简单应用：突发事件中的秘书参谋方法。

14. 领导活动安排中的参谋

（1）识记：领导活动安排中的秘书参谋。

（2）领会：①统筹安排参谋法。②事前准备参谋法。③随机提醒参谋法。

（3）简单应用：领导活动安排中的秘书参谋方法。

15. 办公室活动中的参谋

（1）识记：办公室活动中的秘书参谋。

（2）领会：①提供资料参谋方法。②提示要务参谋方法。③辅助运作参谋方法。④减少干扰参谋方法。

（3）简单应用：秘书在办公室活动中的参谋方法。

16. 伴随领导出差中的参谋

（1）识记：伴随领导出差中的秘书参谋。

（2）领会：①出差预案参谋方法。②出差公务参谋方法。③

404

出差生活调节参谋方法。

（3）简单应用：秘书伴随领导出差中的参谋方法。

17. 会见接待中的参谋

（1）识记：会见接待中的秘书参谋作用的体现。

（2）领会：①会见安排参谋方法。②提供背景情况参谋方法。③设计程序参谋方法。

（3）简单应用：会见接待中的参谋方法。

18. 反腐倡廉中的参谋

（1）识记：反腐倡廉中的秘书参谋的重要性。

（2）领会：①坚定信仰的参谋方法。②依法用权的参谋方法。③洁行律己的参谋方法。④反腐从严的参谋方法。⑤倡廉不懈的参谋方法。⑥加强监督力度的参谋方法。

（3）简单应用：反腐倡廉中秘书的参谋方法。

第十章　秘书参谋艺术

一、学习目的与要求

通过学习，了解秘书参谋艺术的特点、功能、层次及相互关系；理解并掌握提高参谋质量的参谋思维艺术、力争参谋主动的艺术、秘书参谋自我调控艺术、激励秘书发挥参谋作用的艺术；理解并掌握参谋影响力和创造和谐气氛的参谋艺术、参谋建议的表达艺术、获得欢迎的艺术。

提高参谋质量的艺术是本章的重点。增强参谋影响力的艺术是本章的难点。

二、课　程　内　容

第一节　秘书参谋艺术概说

（一）秘书参谋艺术的特点

原则性与灵活性的结合。理论的普遍性与经验的特殊性的结合。规范性与创造性的结合。条理性与模糊性的结合。

（二）秘书参谋艺术的功能

实现最佳参谋效应。增强认同感。产生巨大的推动力。

（三）秘书参谋艺术的层次及相关关系

秘书参谋艺术的层次。参谋艺术与参谋规律。参谋艺术与参谋方法。

第二节　提高参谋质量的艺术

（一）秘书参谋思维艺术

辩证逻辑思维艺术。系统思维艺术。创造思维艺术。模糊思维艺术。具有远见卓识的谋划艺术。因势利导与选点突破的艺术。推陈出新独辟蹊径的艺术。审时度势随机应变的艺术。时空运筹集中优势的艺术。

（二）秘书力争参谋主动的艺术

善于认识必然性的艺术。善于顺应时势的艺术。科学预测的艺术。把握政策特征的参谋艺术。制订政策过程中的参谋艺术。执行政策过程中的参谋艺术。

（三）秘书参谋自我调控艺术

调控自我挫折心理。调控自身偏见。调控自身嫉妒心理。

（四）激励秘书有效发挥参谋作用的艺术

信仰和目标激励。信心激励艺术。奖罚激励艺术。利益激励艺术。信任关怀激励艺术。榜样激励艺术。增强对秘书参谋吸引力的艺术。

第三节　增强参谋效应的艺术

（一）创造和谐气氛的参谋艺术

创造友善气氛的艺术。无伤害艺术。促进乐观进取的艺术。

（二）避免冲突谋求共识的艺术

（三）获得欢迎的参谋艺术

三、考核知识点及要求

（一）考核知识点

1. 秘书参谋艺术的特点

2. 秘书参谋艺术的功能

3. 秘书参谋艺术的层次及相关关系

4. 秘书参谋思维艺术

5. 秘书力争参谋主动的艺术

6. 秘书参谋自我调控艺术

7. 激励秘书有效发挥参谋作用的艺术

8. 创造和谐气氛的参谋艺术

9. 避免冲突谋求共识的艺术

10. 获得欢迎的参谋艺术

（二）考核要求

1. 秘书参谋艺术的特点

（1）识记：①秘书参谋艺术。②秘书参谋原则性与灵活性的结合。

（2）简单应用：秘书参谋艺术的特点的体现。

2. 秘书参谋艺术的功能

（1）识记：秘书参谋艺术功能。

（2）领会：增强认同感的功能。产生巨大推动力的功能。促进秘书参谋水平和领导水平提高的功能。

（3）简单应用：秘书参谋艺术的主要功能。

3. 秘书参谋艺术的层次及相互关系

（1）识记：秘书参谋艺术的层次。

（2）领会：秘书参谋艺术与参谋规律的联系与区别。

（3）简单应用：秘书参谋艺术与参谋方法的联系与区别。

4. 秘书参谋思维艺术

（1）识记：秘书参谋中辩证逻辑思维艺术的应用。

（2）领会：秘书参谋中系统思维艺术和创造思维艺术。

（3）简单应用：模糊思维艺术、具有远见卓识的谋划艺术、知己知彼的谋划艺术、因势利导与选点突破的艺术、推陈出新独辟蹊径的艺术、审时度势随机应变的艺术、时空运筹集中优势的艺术。

5. 秘书力争参谋主动的艺术

（1）识记：秘书力争主动参谋。

（2）领会：秘书参谋善于认识必然性的艺术。

（3）简单应用：①秘书参谋善于顺应时势的艺术。②灵活机变的参谋艺术。③科学预测的参谋艺术。④把握政策特征的参谋艺术。⑤制定和执行政策过程中的参谋艺术。

（4）综合应用：秘书力争参谋主动艺术的具体体现。

6. 秘书参谋自我调控艺术

（1）识记：调控自身挫折心理。

（2）领会：①调控自我偏见。②调控自身嫉妒心理。

（3）简单应用：秘书参谋活动中自我调控艺术的体现。

7. 激励秘书有效发挥参谋作用的艺术

（1）识记：①信仰和目标激励艺术。②信心激励艺术。

（2）领会：①奖罚激励艺术。②利益激励艺术。

（3）简单应用：①信任关怀激励艺术。②榜样激励艺术。③增强对秘书参谋吸引力的艺术。④加强理解的激励艺术。

（4）综合应用：激励秘书有效发挥参谋作用艺术的体现。

8. 创造和谐气氛的参谋艺术

（1）识记：和谐气氛对秘书参谋活动的影响。

（2）领会：应用先扬后抑、淡化抵触情绪、婉转暗示、责己铺垫、引而不发等艺术创造友善气氛。

（3）简单应用：①无伤害参谋艺术的应用。②促进乐观进取参谋艺术的应用。

9. 避免冲突谋求理解的艺术

（1）识记：秘书参谋避免冲突的艺术。

（2）领会：①秘书参谋不要争当表面的胜利者。②要善于清除沟通的障碍。③要避免对抗。

（3）简单应用：秘书参谋谋求理解的艺术。

10. 获得欢迎的参谋艺术

（1）识记：有效的参谋表达方式。

（2）领会：把握表达参谋建议的态度和发挥参谋作用的参谋艺术。

（3）简单应用：获得欢迎的参谋艺术。

Ⅲ 有关说明与实施要求

为了使本大纲的规定更好地在个人自学、社会助学和考试命题中得到贯彻落实，特就有关问题作如下说明，并提出具体实施要求。

一、关于课程和考核目标的说明

1. 大纲与教材的关系：大纲是秘书参谋概论课程学习和考核的依据，教材内容是大纲规定内容的具体化。本大纲规定的课程内容和考核知识点，教材中都有体现。

2. 本大纲在规定课程内容的基础上，对各章提出了考核的目标，包括考核知识点和考核要求，目的在于使本课程的自学考核要求规范化、标准化。这便于考生进一步明确本课程考核的内容和要求，更有目的地系统学习教材；同时也便于统一把握命题范围，更准确在把握试题的知识能力层次和难易度。

3. 本大纲各章考核要求中，按识记、领会、简单应用、综合应用四个层次，规定其应达到的能力层次要求。各个能力层次又反映出递进等级关系。

识记：要求考生能知道课程中的有关名词、概念、原理、知识的含义，并能正确认识和表述。

领会：要求在识记的基础上，能全面把握课程中的基本概念、基本原理、基本方法，能掌握有关概念、原理、方法的区别与联系。

简单应用：要求在领会的基础上，能运用本课程有关概念、原理、方法中单个或少量知识点，分析和解决有关理论问题。

410

综合应用：要求在简单应用的基础上，能运用本课程规定的多个知识点，综合分析和解决比较复杂的理论问题特别是实际问题。

二、学习的教材与主要参考书

全国高等教育自学考试教材：

张清明主编：《秘书参谋职能概论》，武汉：武汉大学出版社，2001 年。

主要参考书目：

方国雄著：《商务文秘运筹学》，长沙：中南工业大学出版社，1996 年。

王庆新著：《参谋的艺术》，北京：知识出版社，1997 年。

三、自学方法的指导

1. 学习《秘书参谋职能概论》，必须把握其系统性。绪论是本课程的理论基础，正确理解绪论提出的有关基本概念和基本知识，是全面理解课程内容的前提。课程中的秘书参谋源流、机理、范畴、效应、规律、形态、方法、艺术各章都有内在的逻辑联系，学习过程中相互联系地理解，可起到举一反三的作用。

2. 要把学习理论知识与掌握实践方针结合起来，把理论命题与论证中的案例和论证过程结合起来。这样便于加强理解，将理论知识转化为实践能力。

3. 要善于在学习过程中抓住秘书参谋活动中的主要矛盾和主要关系，即秘书与主辅配合关系，本课程各章内容都围绕这一对主要关系展开。抓住这一主要关系进行学习，便于加深对课程内容的理解。

4. 要注重应用，努力培养观察、分析和解决问题提出有价值的参谋建议的能力。要应用课程中的理论和方法分析理解课程中列举的案例，加强分析问题的能力；要通过考核要求的揭示，学习、培养和提高参谋活动能力；要用课程中学到的理论和方法分析社会实践中的参谋现象和具体的参谋问题，使自己具有一定的秘书参谋水平。

四、对社会助学的要求

1. 社会助学单位应根据本大纲规定的课程内容和考核目标，认真研究并熟悉国家考委指定组编的教材。首先，要明确本课程与其他课程不同的特点和学习要求，按照教材进行切实有效的全面辅导。其次，要注重重点难点的把握，联系实际，不能照本宣科。再次，要引导学生结合学习教材，阅读有关参考书，扩大知识面，并善于独立思考。

2. 在社会助学中，要注重本大纲与教材的关系，要注重大纲提出的知识点和考核目标，要有主有次地学习教材内容。要注重教材与自学指导书的关系，在理解教材内容的基础上，学习自学指导书上的内容提示和做同步练习，加深对教材内容的理解，准确掌握知识点，把握考核目标，提高考生学习成效。

五、关于命题考试的若干规定

1. 本课程采用闭卷考试。考试时间为 150 分钟。

2. 本课程的命题考试，应以本大纲为依据，即根据大纲规定的课程内容和考核目标来确定考试范围和考核要求。本大纲各章所规定的基本要求、知识点及知识点以下的知识细目都属于考核要求。不要任意扩大或缩小考试范围，也不要提高或降低考核要求。考试命题一般要覆盖到各章，但要适当突出重点章节，加大重点内容的覆盖密度，要有足够的试题量，试题量应以中等水平的应考者能在规定的时间内答完全部试题为度。

3. 本课程在试题中对不同能力层次要求的分数比例，大体为：识记占 15%，领会占 25%，简单应用占 30%，综合应用占 30%。

4. 合理安排试题的难易程度。试题的难易程度为四个等级：易、较易、较难、难。试卷中不同难易度试题的分数比例一般为 2：3：3：2。要注意，试题的难易度与能力层次不是一个概念，各能力层次对不同的考生都存在着不同的难度，两者不可混淆。

5. 本课程考试命题的主要题型一般有：单项选择、多项选择、判断改错、简答、论述和案例分析。各种题型的例题可参见本大纲附录。

附录　题型举例

一、单项选择题（从备选项中选出一个正确的，并将其序号写入括号内）

1. 秘书参谋辅助主要针对领导者的（　　）。

   A. 事务管理

   B. 政务管理

   C. 人事管理

   D. 财务管理

2. 秘书参谋效应指秘书对领导者进行参谋活动所（　　）。

   A. 产生的实际作用，即正面积极影响

   D. 产生的实际作用，即负面消极影响

   C. 产生的实际作用，即正面或负面影响

   D. 产生的实际作用，即被采纳的程度

二、多项选择题（从备选项中选出 2~5 个正确的，将选出的项的序号写入括号内）

1. 秘书参谋活动的角色优势具体体现在（　　）。

   A. 职能管理的条件

   B. 职权宽泛的条件

   C. 综合辅助的条件

   D. 沟通枢纽的条件

   E. 近身辅助的条件

2. 秘书参谋行为的要素有（　　）。

   A. 把握参谋方向

   B. 组织参谋内涵

C. 采用参谋方式

D. 获取参谋效应

E. 进行参谋激励

三、简答题

1. 简述秘书参谋效应的左右因素。

2. 什么是秘书参谋的主辅谐同律?

四、论述题

1. 论述秘书参谋活动的四个实质特点。

2. 试论主动参谋的基本特征与要求。

五、案例分析题（根据案例内容，运用所学的参谋理论与参谋方法，分析问题，分点写出自己的看法）

1. 三国时，本已是刘备的谋士而又有所隐蔽的庞统进入曹营，针对曹操顾虑曹军不习惯水战、不便操练的心理，向曹操献计：大小战船连锁在一起，或 30 为一排，或 50 为一排。结果，处于劣势的孙、刘联军诈降火攻，一举得手。曹军连锁的战船在风助火势之下，失去机动能力，几十万大军几乎被烧得全军覆没。

A. 根据案例内容分析，庞统对曹操的参谋属于什么形态的参谋，结合本案例谈谈这种参谋形态特征。

B. 联系实际谈谈如何从参谋和参谋对象的角度，谨防和抵制这类参谋形态活动的发生。

2. 某公司商品滞销，资金周转不灵。销售部部长长期住院。在公司办公会上，办公室主任老刘建议，由主持全面工作的常务副总经理老王负责突击抓销售，解决滞销问题。老刘的建议得到了与会负责人的普遍赞同，只有老王反应冷淡。

老刘接着说："这次滞销，不仅会影响今年公司的盈亏，而且会影响明年的发展。这是全公司的头等大事，本应由总经理亲自抓，但总经理年龄偏大，身体又不好，只有由王副总经理代劳。王副总经理年富力强，是销售行家，有丰富经验，是挂帅解决这次滞销矛盾的最佳人选。"王副总经理露出了笑容。会议形成决议，老王愉快地接受了任务。他果然不负众望，开辟了新市场，疏通了销售渠道，出色地解决了滞销问题。

A. 分析案例：办公室主任老刘主要运用了什么参谋艺术？

B. 如果老刘用干部能上能下，服从公司需要来参谋说服老王，可能会出现几种后果？

后　记

全国高等教育自学考试《秘书参谋职能概论自学考试大纲》，由全国考委办公室统一组织编写。该大纲的编写，根据国家有关文件精神，遵循了自学考试的特点与要求，是编写《秘书参谋职能概论》教材的依据。

由于秘书参谋职能概论属于秘书学的新建分支学科，也是秘书学专业本科段的新设主干课程，因此，本大纲要在实际使用中，听取各有关方面的宝贵意见，以利修订完善。

本大纲由张清明、方国雄合作编写，由张清明修改定稿。

参加本大纲审稿会的有常崇宜、饶士奇、姜德兴三位教授，常崇宜为主审。

本大纲由全国高等教育自学考试指导委员会审定，经教育部批准颁发试行。

全国高等教育自学考试指导
委员会秘书学专业小组
2000 年 7 月